兒童福利—兒童照顧方案規劃

作者◎ 郭靜晃 等著

兒童福利政策規劃——序

　　長久以來我們不知不覺中運用代代傳承而來的育兒知識教育我們的子女，所有的孩子幾乎在相同的照顧理念與模式下成長，分享文化、教育及福利資源並塑造價值理念；二十世紀末面對二十一世紀多元面向思考時代的來臨，不禁思考如何讓我們的兒童們具備創造屬於他們紀元的能力。

　　「何種照顧服務對兒童最適切」，一直是挑戰人類智慧的課題，以問題取向為主的弱勢兒童福利工作固然有其迫切性，但是，以發展取向為主體的一般兒童福利工作，也是同樣地不可偏廢；政府及民間部門試圖將對於兒童照顧的工作落實成為一種生活態度、價值共識及制度措施，以「兒童最佳利益」的精神，強調兒童照顧本身應有其共通的發展特質，以滿足兒童需求、保障兒童權利，為兒童照顧終極目標。

　　我國為維護兒童身心健康，促進兒童正常發展，保障兒童福利，於民國六十二年訂頒兒童福利法，使我國在兒童福利工作之推展，有所依據；復於民國八十二年修正兒童福利法，各級政府並陸續配合訂頒各項福利措施，奠定我國兒童福利的基模。然而，在多元主義下，公共政策對資源的分配過程中，兒童係為明顯的弱勢族群，如何使兒童獲得適切而合理的對待與發展，是兒童福利政策所要努力的標竿。

　　爰此，宜如何規劃建構全面福祉的兒童照顧服務，為整體社會共同追求的願景，也是現階段兒童福利工作的迫切性業務，這

項兒童照顧政策攸關到戶政、社政、勞工、警政、醫療、衛生、司法、教育、傳播等業務，於現行法治與實務、理論與實務間如何整合等等都是值得探討的議題。

　　《兒童福利—兒童照顧方案規劃》一書，由中國文化大學社會福利系郭主任靜晃，協同黃教授志成、王副教授順民、蔡副教授宏昭、張講師瓊云、東海大學社會工作系曾教授華源及兒童局劉局長邦富共同執筆，剖析我國現行兒童福利法及兒童福利政策實際執行情況，全書從兒童本位出發，針對兒童經濟安全、兒童托育照顧、兒童福利服務、兒童保護與安置、兒童教育與休閒、兒童醫療與保健等面向剖析國內現階段執行情況、輔以國外文獻資料及未來規劃面向等，全面解讀兒童福利政策之規劃原理及方向，該書另一特色為每一章節皆可視為單一研究極具可讀性。

　　茲值本書付梓之際，除對作者表示由衷的謝意外，更盼望經由本書的出版，傳承分享兒童福利政策理論與實務的經驗，對兒童福利工作者有所助益，並祈不吝指導斧正。

內政部兒童局

劉邦富 謹識

郭序

　　「今日不投資，明日一定會後悔」！各先進國家的政府一直標舉著養兒育女的兒童照顧是個人、是家庭、是社會、也是國家的責任；甚至於提撥預算，制定支持家庭的政策，更結合民間企業及相關團體共同戮力提供一個安全、健全及優質的生活照顧。因為大家皆明白，投資今日的兒童，可以厚植國力、增值國本，更能預防明日的危機。

　　台灣社會在社會巨輪的快速變遷下，造成家庭組織結構巨變及家庭人口數縮減，也衍生了雙生涯家庭，而婚姻穩定性不夠也形成單親家庭，諸此種種造成家庭功能式微，甚至於造成到家庭解組，也造成父母無法負擔子女保護及照顧的職責。除此之外，社會變遷也加諸到兒童個人的人身權益，例如，兒童被綁架、撕票、虐待、強暴、猥褻、自殺、適應不良及色情傳播等等社會事實，諸此種種皆衝擊著我們所揭櫫的「兒童是國家社會的主人翁」以及「兒童是家庭的珍寶」的價值理念，更衝擊著我國對兒童人權的提倡與保障的正當性與迫切性。

　　兒童福祉的照顧是文明社會與福利國家的一項發展性指標，準此，諸如：受虐兒童、重病醫治、危機處遇、緊急安置，以及孤兒照顧等以問題取向為主的弱勢兒童福利工作，固然有迫切執行的優先考量，但是以正常兒童主體所提供的發展取向的一般兒童福利工作，更是不可偏廢，比如：兒童人權保障、休閒與安全

的提倡以及質優量足托育服務的提供等。兒童照顧的終極目標是形塑一個以兒童為中心，讓兒童免於恐懼、壓力，根絕兒童人身遭受危險與侵害的社會，相對地，更要結合各種資源，支持家庭為本位，提供健全家庭功能的政策與福利服務來支持家庭的兒童照顧服務，這也是我當前社會共同追求的願景。

本研究小組，由筆者協同系上同仁—黃志成教授、蔡宏昭副教授、王順民副教授、張瓊云助理及好朋友—東海大學曾華源教授拔刀相助，共同承接內政部兒童局所補助整體兒童照顧的政策與方案規劃的研究，利用文獻蒐集方法及學者專家的圓桌座談法，剖析我國兒童福利政策及福利服務提供之實際執行現況。本書試著以兒童為中心、家庭為本位為出發點，分為兒童經濟安全、兒童托育照顧、兒童福利服務、兒童保護與安置、兒童教育與休閒，以及兒童醫療與保健等面向，分別針對國內現階段執行現況，並輔以國外文獻，加上對國內行政部門及民間團體所提供之資源作為檢討，以提供未來規劃之參考。本書更獲得兒童局劉邦富局長共同執筆，不但充實本書之內容，更兼顧了政策與實務、廣度與深度之層面，俾利本書的可讀性。

本書之出版，得助於作者群的通力合作，科技整合是本書的一個特色，而本書的另一特色是，本書的每一章節皆是研究的一個面向，可以單獨教授。今日付梓成冊在即，筆者才疏學淺，恐有疏誤之處，尚祈專研兒童福利之先進不吝匡正。期盼本書之出版能分享、傳承作者群之想法與理念，更殷盼廿一世紀台灣的兒童是健康、安全及幸福的。

郭靜晃 謹識

於中國文化大學 華岡

作者簡介

王順民
中正大學社會福利研究所博士
文化大學社會福利學系副教授

張瓊云
文化大學兒童福利研究所碩士
文化大學推廣教育部兼任講師

郭靜晃
美國俄亥俄州立大學家庭關係與人類發展博士
文化大學社會福利學系教授兼系主任

曾華源
台灣大學社會學研究所應用社會學組碩士
美國加州大學洛杉磯分校（UCLA）社會福利研究所研究
東海大學社會工作系研究所教授

黃志成
美國紐約州立大學教育碩士
文化大學社會福利學系教授

劉邦富
東海大學社會工作系博士班
內政部兒童局局長

蔡宏昭
中正大學社會福利研究所博士
文化大學社會福利學系副教授

目錄

我國整體兒童照顧走向之建議

表目錄

圖目錄

1

緒論

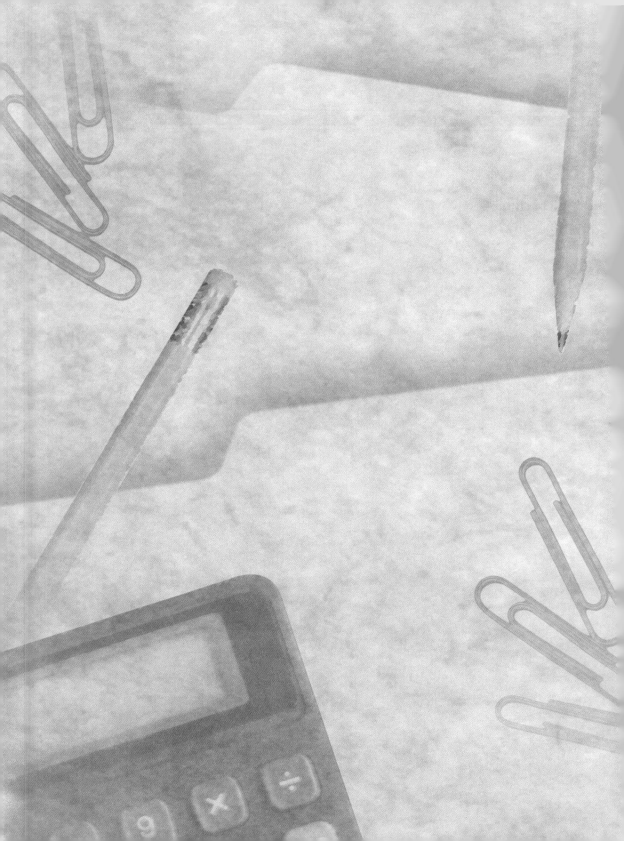

緣起：打造一個兒童天堂

所謂「政策」，常因研究者所研究之對象性質的不同而有見解互異；Harold D. Lasswell和Abraham Kaplan指出：「政策乃係為某項目標、價值與實踐而設計之計畫；政策過程則包括：各種認同、需求和期望之規劃、頒布與執行」（Lasswell & Kaplan, 1950）；David Easton將其界定為：「對整個社會所從事權威性之價值分配」（Easton, 1953）；而T. R. Dye指出政策乃是「政府選擇作或不作為的行為」（Dye, 1975）。由此可知，公共政策即政府透過政府機關、團體或個人，從許多可行方案中選優而行，以解決某一項社會問題（郭靜晃等人，1995）。

慣常在探討社會福利政策時，需求（need）的概念是基本且必要的，事實上，大部分的福利服務方案也正是為了因應需求的不同而被設計與提供的。然而，需求的界定不可避免地會涵涉某些的價值判斷與價值選擇，就此而言，社會福利政策釐定過程當中的首要工作便是希冀能夠更清楚地找出確認需求的方法以及掌握有關需求的各種假設。（McKillip, 1987）

在社會福利領域裡最常被援引的需求類型是Bradshaw的類型區分，據以區分出自覺性需求（felt need）、表達性需求（expressive need）、規範性需求（normative need）以及比較性需求（comparative need）（詹火生，1987）。只不過，需求指標本身作為一項社會和文化性的建構，並且與時俱變，就此而言，如何在人們真正的需求（real need）與一般性的規範性需求彼此間取得一個平衡點，這會是一項基本的課題思考。連帶地，扣緊兒童福利的關懷旨趣，即便僅僅是在規範性需求的單一思考面向底下（表1-1），這也點明出來：對於兒童相關人身權益的保障與看顧是

表1-1 兒童福利規範性需求一覽表

兒童類型	福利需求項目
一般兒童	專責單位、社工員、托育、兒童圖書館、諮商輔導、親職講座、兒童健保、義務教育、生活教育、安全教育
低收入戶兒童	家庭補助、托兒服務、免費醫療服務、學前輔助教育、免費義務教育
原住民兒童	兒童娛樂場所、親職教育、社工員服務、醫護健康檢查、加強師資素質、營養午餐、母語教學、謀生補習、圖書設備、課業輔導、學前教育、獎勵就學措施
意外事故兒童	親職教育、安全教育、急救照顧措施、醫療措施、醫療補助、心理輔導及諮詢
單親兒童	現金津貼、住宅服務、醫療保險、就學津貼、法律服務、就業服務、急難救助、課業輔導、托兒服務、心理輔導、親職教育、學校輔導
未婚媽媽子女	收養服務、寄養服務、機構收容服務
學齡前兒童	托兒設施、課後托育、假期托育、托育人員訓練、在宅服務
無依兒童	醫療服務、寄養服務、機構教養、收養、收養兒童輔導
寄養兒童	寄養家庭招募、寄養家庭選擇、寄養家庭輔導、寄養兒童心理求、個案資料建立、追蹤輔導
機構收容兒童	專業人員、學業輔導、生活常規訓練
受虐兒童	預防性親職教育、社會宣導、家庭支持、學校社會工作、責任通報制、危機治療、身體照顧、寄養服務、機構照顧、心理治療、熱線電話、緊急托兒所、社會服務家務員
街頭兒童	遊童保護與取締、緊急庇護、中途之家、替代性福利服務、追蹤輔導
性剝削兒童	家庭社會工作、宣導教育、個案救援、法律保護、中途之家、教育需求、心理輔導、追蹤輔導、專業社會工作人員
失蹤兒童	親職教育、安全教育、智障兒童家庭預防措施、個案調查及管理、尋獲、追蹤、暫時安置、永久安置、傷害鑑定、補救教學
問題兒童	親職教育、常態編班、消弭升學主義、取締電玩、傳媒自清、補救教學、輔導服務、藥物治療、直接服務社工員、鑑別機構、家長諮詢機構、兒童心理衛生中心、行為矯治、觀護制度、法律服務、寄養服務、戒毒機構
殘障兒童	心理輔導諮詢、早期通報系統、優先保健門診、早期療育、醫療補助、雙親教室、互助團體、長期追蹤、轉介服務、特別護士、早產兒資料網絡、親職教育、床邊教育、臨時托育、居家照顧、臨終照顧、醫療團隊

資料來源：馮燕等，1994

深邃且複雜的，而急待更為完整、周全的思考。

在多元主義下，公共政策對資源的分配過程中，兒童係為明顯的弱勢族群，如何使兒童獲得適切而合理的對待，便是兒童福利政策所要努力的標竿。總而言之，對於兒童福祉的看顧是作為文明社會與福利國家的一項發展性指標，就此而言，諸如：受虐保護、重病醫治、危機處遇、緊急安置以及孤兒照顧等等以問題取向為主的弱勢兒童福利工作固然有其迫切執行的優先考量，但是，以正常兒童為主體所提供的發展取向的一般兒童福利工作，則也是同樣地不可偏廢，比如，兒童的人權、休閒、安全與托育服務等。終極來看，如何形塑出一個免於恐懼、免於人身安全危險以及免於經濟困頓的兒童照顧服務（child care services）的生活環境，這既是當前兒童局努力的目標，更是整體社會共同追求的願景！

至於，這項攸關到戶政、社政、勞工、警政、醫療、衛生、司法、教育、傳播等等業務項目的兒童福利服務，隱涵著從制度層次的組織變革擴及到社會與文化層次的全面性改造，就此而言，從兒童福利規劃藍圖的工作時程來說，有關整體兒童照顧政策（holistic child care policy）的擘劃與建構，自然是有現實的迫切性與理想的正當性。

兒童照顧之哲學取向

隨著社會的變遷以及家庭結構的改變，家庭對於國家提供社會福利的需求日益殷切。然而，國家與家庭之間的分工往往引起很大的爭議。政府對於主要福利供給者的態度傾向常影響福利政策的制定與執行。本節即擬從國家對於兒童照顧職責的發展取向

探討政府與家庭分工觀念的改變，以及對於兒童照顧實務的影響。兒童福利政策發展取向計分四部分探討，包括：（1）自由放任主義、（2）國家干涉主義、（3）尊重家庭與雙親權利、及（4）尊重兒童權利與自由。以下即分述之（Harding, 1991；俞筱鈞、郭靜晃，1995；彭淑華，1995）：

自由放任主義及父權制下之兒童福利政策

此觀點源於十九世紀，但在二十世紀仍被廣泛的採用。「自由放任主義」（laissez-faire）或「最少干預主義」（minimalism）係指政府應儘量減少扮演照顧兒童的角色，政府應尊重雙親與孩子關係的隱私權與神聖性。「父權制」（patriarchy）係指成年男性的權力凌駕婦女及兒童之上。在父權制的理念下，父親的角色被界定為工具性與任務性取向的，屬於公共領域的世界。婦女則被歸類於家庭私有領域，必須在家中善盡照顧老人、兒童、或丈夫的責任。婦女若投入勞動市場則是觸犯男女分工的鐵律，常須受道德的譴責。因此，自由放任主義雖然強調基於家庭的私密性而不應干預此私有領域，惟政府仍透過對於傳統男女分工鐵律的維繫介入家庭事務。Fiona Williams分析十九世紀迄今國家干預家庭的過程，其實主要仍在限定婦女的母職角色為其干預目的，以維持資本主義社會及父權主義社會的結構性需要（Williams, 1989）。因此，雖有部分此觀點的代表學者同意若是兒童接受極端不適當的雙親照顧應予以特殊安置外，家庭的權力與家人的關係不容被剝奪。此亦即強調政府應儘量避免介入家庭事務，兒童照顧應為家庭的權責，政府應減少參與。

自由放任主義強調家庭與政府角色的分立，此種對於家庭自主性的維護信念直至今日仍深植於西方社會中。即使社工員（指政府僱用，代表政府干預的人員）常介入家庭事務中，但社會工

作員往往較易於接受雙親的解釋而不輕易使用強制權即是一例（Harding, 1991）。因此，支持自由放任主義者認為國家對於兒童照顧的角色應遵守下列二基本原則：

1.對家庭的干預減至最低：愈有為的政府應愈尊重家庭的自主性與個人的自由權，同時最低干預原則，普遍而言，對政府與家庭是有益的。

2.父母養育子女的方式有充份的決定權：父母的照顧加強父母與兒童間的特殊連結（bond），政府的介入是有害的。

自由主義及父權制觀點明確規範了政府干預的情況，主張照顧孩子及教育孩子為家庭的職責，政府則退居幕後擔任監督及補充的角色。政府對於家庭私密性的干預減至最低程度，僅在對於兒童福祉有相當違害的情境下，公權力方介入。

國家干涉主義及兒童保護下之兒童福利政策

此種觀點與十九世紀末、二十世紀初政府介入福利事務有密切的關聯。「國家干涉主義」（state paternalism） 及「兒童保護」（child protection）係指政府應主動積極介入家庭事務，避免兒童遭受不適當的照顧，以兒童福祉為優先考慮。在此種觀點下，國家介入兒童保護與照顧是適當的，但政府的干涉常是具權威性，且忽視了兒童與原生家庭間的親情關係。國家干涉主義強調孩童的重要地位，雙親的權利與自由則在其次。因此，當生身父母無法妥適照顧兒童時，高品質的替代性照顧（substitute care）是絕對必要的。 政府可對不適任父母採取強制帶離小孩的措施。

異於自由主義觀點對於政府干預的限制，國家干涉主義強調政府公權力的介入，而其主要目的即在對於兒童的保護。因此，

兒童不再視為父母永久的資產。對於兒童的照顧，父母應如同受託者用心經營，以兒童福祉為依歸。若父母未能提供適當的照顧，則此經營權將由國家強制收回，並交由更適當的人負責。雖然此派觀點較自由主義觀點獲得更多的支持，且透過立法及國家法權來積極保障兒童福祉，然而貶抑了原生家庭與子女間之親情連結，強調「親權的剝奪」、「忽視孩童自身的觀點與想法」、以及「過度強調兒童福祉而忽略了家庭及社會政策的整體性」等皆引起相當多的爭議，也因此才有第三種觀點——「家庭及雙親權利」的出現。

尊重家庭與雙親權利取向下之兒童福利政策

「家庭與雙親權利」的政策取向（the birth family and parents' rights）與第二次世界大戰後福利國家的擴展有密切的關係。此派觀點強調原生家庭對於雙親和兒童相當重要，同時此種親子關係應儘可能被維繫。即使因為特殊理由使得父母與子女必須分開時，仍應儘量加強父母與子女之間的聯繫。政府所扮演的角色既不像自由主義般消極干預或像國家干涉主義般的積極干預，政府的角色在支持家庭，是在保護與維繫家庭的發展。政府提供家庭所需的各種服務以確保家庭的整合，而此即建立於一個共識：兒童與其生身家庭的關係應儘可能被維繫，此對整個家庭或社會是有相當大的益處。

「家庭與雙親權利」取向顯然異於前面二大觀點。此派觀點與自由放任主義雖然同樣強調政府有限的干預，但後者為政府消極的不干預，前者則重視心理性與生理性連結的價值。原生家庭是兒童成長、養育與發展的最佳場所，此不僅立基於父母與子女血緣上的生物性連結（biological bond），同時亦能滿足親子間的心理性連結（psychological bond）。 我們不僅尊重父母養育子女

的權利，另亦重視父母與孩子彼此之間的情感性需求。因此，雖然政府亦介入家庭事務中，但政府的角色是支持性的。

與國家干涉主義相比較，支持「家庭與雙親權利」取向者認為，國家干涉主義過度強調「父母的責任」（parental duties）， 而忽略了「父母的權利」（parental rights）； 強調兒童為獨立於父母的個體，而忽略了早期親子之間的互動關係。因此，對於家庭與雙親權利的肯定無寧是對前二發展觀點的反省與調整。雖然此派觀點亦贊成較廣泛的國家干預，但卻非強制性的。且以支持家庭為主的介入角色可避免政府職權的過度擴張（Antler, 1985）。原生家庭照顧兒童的角色應被肯定與支持；替代性照顧應是最後一種選擇或是以「 父母」 與「替代照顧者」 共同照顧（shared care）為原則。若採用替代性照顧方式，孩童應儘可能與原生家庭密切聯繫，若有可能可再重返其生身家庭。

此派觀點認同國家積極介入兒童保護的必要性，但此種介入應是支持與維繫家庭的發展，而非如國家干涉主義般過度強調雙親的責任，而貶抑了親子之自然連結基礎。另外，在福利國家觀念的思潮下，政府的福利措施往往被視為人民應享的福利權。政府應滿足人民的基本需求，以維繫家庭的功能與成長。強調家庭與雙親權利的觀點使得政府所提供的福利措施應朝著家庭維繫與家庭重塑方向著手，並針對特殊群體加強處遇，以保障兒童與家庭之權益。

尊重兒童權利與自由取向下之兒童福利政策

「兒童的權利與自由」（children's rights and child's liberation）政策取向係尊重孩子的自主性。此派觀點認為孩童如大人般為一獨立的個體。兒童的觀點及想法應受尊重與肯定。兒童應被賦予較多類似成人的地位，以減少來自成人的壓制或不合理的待遇。

因此，應透過法律與政策來保護孩童，確保兒童的權益。然而，對於兒童是否承受如成人般的壓力與責任則尚未有定論。但賦予兒童較多的權利與自由，並表達自身的感受與看法則是此派觀點無異議的基本共識。

此種價值理念，特別是較極端的觀念（例如，孩童被賦予類似成人的地位），在目前的兒童照顧法律與政策尚未眞正的落實，然而由於與前述的三種觀點取向相異甚大，對未來與兒童照顧相關的法律、政策與實務工作有相當的引導性。此種意識形態視兒童爲獨立的個體，應尊重兒童的觀點、感覺、期望、選擇與自由，兒童應享的權利不是成人所能決定的。然而，兒童是否足夠成熟，可以獨自做決定也令人質疑。若就視兒童爲獨立個體的觀點來看，此與國家干涉主義的觀點相似，惟兒童權利觀點較強調兒童的自主性、自我決定權，兒童有能力界定其情境並獨立作出決定；而非像干涉主義中兒童的權益係由生身父母、替代父母、法院、或社會工作員來解釋或決定。

目前，力倡兒童權利的國家有挪威及瑞典，並且在其立法、政策、或實務工作上強調兒童的自主權及其他相關權利；而在英國及威爾斯，雖然沒有立法的支持，但社會卻表示對兒童的想法及觀點的重視。加拿大及紐西蘭亦在兒童權益相關的立法上加以檢討修訂。可想見尊重兒童權利與自由的觀點將逐步爲人接受，並逐步引導未來與兒童照顧相關法律或政策的修訂。然而，兒童的成熟度是否高到足以做出正確的決定，且孩童對其自我想法的表達能力與意見的穩定程度仍難以克服。雖然尊重兒童權利與自由是發展的新趨勢，但目前大多數國家對於兒童照顧政策的發展與觀點仍偏向第三種，亦即認爲政府對於兒童照顧應採取支持性的干預，以維繫與發揮家庭功能。

兒童照顧政策的發展歷程

從歷史研究的演變中可以發現不同類型的福利國家將社會事故納入社會安全制度的過程，通常都是循序、漸進的（Pierson, 1991）（詳見**表1-2**）。這其中工業意外的勞工賠償，往往是最先被採納的福利模式。之後，疾病、殘障保險、老年年金以及失業保險才相繼地被接納。至於，「家庭津貼」項目，則是由於被界定

表1-2 OECD各國引進社會保險制度的年代

	工業意外	健康	年金	失業	家庭津貼
比利時	1903	1894	1900	1920	1930
荷蘭	1901	1929	1913	1916	1940
法國	1898	1898	1895	1905	1932
義大利	1898	1886	1898	1919	1936
德國	1871	1883	1889	1927	1954
愛爾蘭	1897	1911	1908	1911	1944
英國	1897	1911	1908	1911	1945
丹麥	1898	1892	1891	1907	1952
挪威	1894	1909	1936	1906	1946
瑞典	1901	1891	1913	1934	1947
芬蘭	1895	1963	1937	1917	1948
奧地利	1887	1888	1927	1920	1921
瑞士	1881	1911	1946	1924	1952
澳大利亞	1902	1945	1909	1945	1941
紐西蘭	1900	1938	1898	1938	1926
加拿大	1930	1971	1927	1940	1944
美國	1930	--	1935	1935	--

資料來源：Pierson, 1991

為可由婦女來擔當，因此，「家庭津貼」方案最晚才引進來——顯然，社會政策仰或社會立法背後的意圖是值得進一步深究的（王順民、郭登聰、蔡宏昭，1999）。

倘若由社會福利系統來看兒童照顧政策的發展歷程，期間歷經第二次世界大戰、貧窮的再發現（rediscovery of poverty）與因經濟不景氣所影響的福利國家緊縮等重大事件的影響，可細分為四個時期，每個時期各有其政策發展方向，試說明如下：

十九世紀末到第二次世界大戰結束（1945年以前）

在十九世紀期間，快速的都市及工業化導致社會經濟環境歷經巨大的變化，雖有部分家庭因此而受益，但大多數人仍過著低薪、貧困的生活，甚至是處在高危險且不健康的工作環境中。然而，各國的政府並未察覺出問題的嚴重性，並加以做出適當的對策因應。因此，高貧窮率、高嬰幼兒死亡率及因國家問題所導致的生育率降低等皆引起了大眾對貧窮家庭、兒童養育、兒童照顧、兒童保護等問題的重視（Gauthier, 1996; Kamerman & Kahn, 1989）。

在高貧窮率問題部分，由於勞工的薪資收入不足以支付家中小孩的養育費用，生活負擔沉重的問題未獲解決，終於導致罷工事件的發生，最後以發放兒童津貼給有子女的已婚勞工來解決問題，不過這項措施卻為有子女的已婚勞工帶來了僱用歧視的問題。於是1918年成立的「地方均等基金會」（local equalization funds）改由雇主依員工數的比例來分擔經費，而不再依已婚員工數來分擔成本，以支付津貼給需要者（Gauthier, 1996）。此時，僱用歧視的問題才不再發生。雇主也會基於經濟因素的考量開始依不同行業別來分擔兒童照顧成本，減輕員工負擔，為家庭津貼奠定根基。

而在因工作、生活環境差所導致的嬰幼兒高死亡率方面，部分國家採取了生育給付及親職假等的相關政策因應之。但是不同的認知、態度有不同的對策訴求，國家也認知到必須做出對應。有些國家認同全職的家庭主婦對兒童發展與整個家庭是較好的，除非金錢收入對婦女有重要、實質的幫助（例如，勞動階級對金錢收入的需要），女性才會被認同有需要從事有酬工作，例如，英國、德國；相對地，瑞典與法國則較爲認同及接受婦女就業，國家也提供給付、法律保障以支持、保護女性就業。不過政府應提供那些因金錢需要而必須就業的孕婦的對策措施，普遍受到各國的認同，至於親職假給付、兒童照顧措施等也獲得初步的發展（余多年，1999）。

　　接著，針對生育率下降的問題，由於當時歐美國家正值整裝軍備，企圖向外擴張的重要階段，因此，支持生育的呼聲便成爲主要的政治議題之一。最重要的是形成了家庭養育子女的經濟負擔應由全民共同負擔的共識。例如，在法國方面，於1930年代建立了家庭津貼制度，針對有子女的已婚員工給予補助，給付水準依子女數的多寡成正向攀升，財源則是來自雇主的社會安全稅（Kamerman, 1996）。至此，國家介入干預的全國性家庭津貼獲得充分發展。

　　但是由於各國間對人口政策採取不同的態度，相對地在家庭津貼制度上也有不同的對應，例如，英國由於高度的都市化及人口密集的因素影響下，並未有制定支持生育的政策，而以支持家庭爲其目標。另外有些國家認爲家庭津貼的成本過高，並且會使家長推卸照顧兒童的責任，因此對家庭津貼給付水準的爭議，常徘徊在保障最低生活水準上。並在領取給付的限制上，規定須資產調查或是只給第三個以後的小孩（余多年，1999）。1914年英國首先以分居特別津貼方式，給予軍人的妻子與小孩現金給付，

使其有能力繼續扶養小孩。這項津貼在1925年轉換成寡婦與孤兒年金，成為英國年金體制的一環。在第一次世界大戰前後，也有多個歐洲國家實施寡婦與孤兒年金給付。美國則是實施寡婦津貼，提供寡婦一筆現金，讓她有能力能在家照顧幼兒，避免小孩被送到孤兒院去（Gauthier, 1996）。針對各國在1945年前給予家庭照顧兒童現金給付體制的實施現況。（詳見表1-3）

表1-3 國家給予家庭照顧兒童現金給付體制的實施現況：1945年以前

國家	實施年度	體制名稱	
一、寡婦與孤兒津貼			
比利時	1924	寡婦/孤兒保險	*
法國	1928	寡婦/孤兒保險	*
德國	1911	寡婦/孤兒年金	*
紐西蘭	1926	寡婦/孤兒年金	**
英國	1914	分居津貼	
	1925	寡婦/孤兒年金	*
美國	1911	母親年金	**
二、其他給予家庭照顧兒童的現金給付			
比利時	1930	家庭津貼	
法國	1913	給予大家庭的救助給付	
	1918	分娩津貼	
	1923	給予大家庭的給付	
	1932	家庭津貼	
德國	1936	家庭津貼	
紐西蘭	1926	家庭津貼	
英國	1944	家庭津貼	
美國	1935	給予依賴兒童的救助給付（ADC）	

說明：＊社會保險制度的一部分
　　　＊＊免繳費（Non-contributory）體制（社會救助制度的一部分）

資料來源：轉引自余多年，1999

第二次世界大戰後到五○年代末期（1945-1960）

　　在1940、1950年代，「社會公民地位」的概念開始在大英國協及北歐國家發酵，「全民性」的家庭津貼開始爲一些國家所採用（張世雄，1996）。家庭津貼逐漸成爲社會安全體系中，另一重要的社會安全制度。在此階段，「貝佛里奇報告書」（The Beveridge Report）扮演著關鍵性的角色（鄭清風編譯，1993），但是貝佛里奇式的社會安全體系係因循社會保險原則，實際上並非全民性的，因此，從事家務工作的家庭主婦是無法納入社會體系保障中的。第二次世界大戰後，女性勞動需求遞減，加上對婦女回歸家庭照顧小孩的觀念盛行，使得女性在社會安全體系中更處於不利的位置。雖然如此，在親職假給付方面仍爲多數國家所採用，給付期間有較長的擴增，給付金額也朝向以一定比例的薪資替代（詳見表1-4）。

　　而採用全民性家庭津貼的國家所顯現的意涵在於：國家普遍認同，不論父母的職業地位或收入狀況，所有的兒童應該都要得到補助。因此，國家採取普及式的津貼給付來承擔兒童的照顧成本。但是，雖然法國與瑞典採行全民性家庭津貼制度，但是其立意是在於提高生育率，其次才是減輕家庭經濟負擔（Kamerman, 1995）。雖然多數的工業國家皆同意並採取承擔部分兒童照顧成本的制度，不過，由美國在1935年施行的「羅斯福新政」（New Deal）、失依兒童的救助（Aid to Dependent Children, ADC）計畫中可發現，聯邦政府雖然由給付給單親家庭，逐漸擴增給付對象，但是一直沒有擴及到全民性。直到1954年的所得稅法中，才加入兒童照顧扣減額（tax deduction）的規定。

　　在1959年除日本與美國外，幾乎所有國家皆立法施行家庭津貼制度，藉以達成社會平等的目的，作爲國家進行垂直重分配的

表1-4　部分OECD國家家庭津貼政策第一次立法之給付內容

期間	立法年度	國家	給付類型	給付範圍
二次大戰前	1926	紐西蘭	普及式	第三個及以上小孩
	1930	比利時	與就業相關	給所有小孩
	1932	法國	與就業相關	給所有小孩
	1937	義大利	與就業相關	給所有小孩
二次大戰期間	1939	荷蘭	與就業相關	第三個及以上小孩
	1941	澳洲	普及式	給所有小孩
	1944	加拿大	普及式	給所有小孩
	1945	英國	普及式	第三個及以上小孩
二次大戰後	1946	挪威	普及式	第三個及以上小孩
	1947	盧森堡	與就業相關/普及式	給所有小孩
	1947	瑞典	普及式	給所有小孩
	1948	奧地利	與就業相關	給所有小孩
	1948	芬蘭	普及式	給所有小孩
	1952	丹麥	普及式	給所有小孩
	1954	德國	與就業相關	第三個及以上小孩
	1971	日本	與就業相關/普及式	第三個及以上小孩

資料來源：轉引自余多年，1999

工具。而美國在戰後，因深信私部門的重要性，在有限政府的意識型態下，資產調查形式的給付〔例如，ADC及失依兒童的家庭扶助（Aid of Family to Dependent Children, AFDC）〕並未擴張成為普遍性質的家庭津貼制度（Hantrais, 1993；余多年，1999）。

六○年代初期到七○年代中期（1960-1975）

由於1960年代歐美工業國家「貧窮的再發現」，兒童貧窮問題開始受到部分國家的重視，進而開始思索應如何調整所得重分配的功能。例如，法國在1970年代將原有的家庭津貼附加許多補充性津貼，並對有特殊需求的風險群，包括：有子女、單親低所得家庭給予補充性的給付。而美國則在AFDC的給付資格上限定

須接受就業輔導、增加工作福利（workfare）的取向，給付領受者必須就業或是即將就業（Atkinson, 1994; Kamerman, 1996；石婉麗，1995；陳小紅，1989）。

除透過所得重分配外。Friedman的累退稅理念也受到部分國家的採用，例如，美國於1974年立法通過EITC計畫（earn income tax credit），針對低所得、有小孩的家庭給予稅式補助，包括有：扣除額（tax deduction）、稅額抵減（refundable tax credit）及針對家庭養育兒童的免稅額（tax exemption）三種。前兩種屬於稅式支出（tax expenditure）範圍。扣除額是一種間接的所得移轉；稅額抵減則是直接性的所得移轉；而免稅額則可視爲是一種稅式津貼（tax allowance），給予課稅優惠，不納入納稅人課稅所得內（Gilbert, et al., 1993; Hayes, et al., 1990）。西德在1975年則是通過給予所有家庭稅額抵減的政策，以改變原先賦稅免稅額只利於中、高所得收入家庭的制度（Kamerman & Kahn, 1989）。另外，加拿大在1979年也開始提供稅額抵減給所得低於下限的家庭，以解決中、低所得家庭因家中小孩而增加的照顧成本的經濟壓力（鄭清風編譯，1993）。

整體而言，在兒童照顧支持政策上，北歐國家開始扮演領導的地位，一方面發展更多的公立托育服務設施，鼓勵婦女就業，保障女性就業的權利；另一方面，則建立更完善的法定產假及親職假制度，包括：對工作的保障、留職留薪產假、親職假等，讓家長有更多選擇的機會。雖然如此，還是有許多國家傾向讓女性留在家中照顧小孩，例如，澳洲、加拿大、紐西蘭及美國等，也因此針對保護懷孕中的職業婦女及後續照顧幼兒的責任等，皆不在其兒童照顧政策的保障中。

七〇年代末期至今（1975年以後）

　　1970年代末期，經濟的不景氣導致許多國家緊縮財政支出，社會安全支出首當其衝成為被刪減的對象，尤其是普及性的家庭津貼給付，例如，降低給付水準（例如，英國及美國）或納入排除高所得家庭之類的給付限制條件（例如，加拿大與澳洲）等（Gauthier, 1996）。除此之外，透過稅制提供家庭兒童照顧支持的間接性支出在此時期仍受到部分國家的重視。在1970年初期，有部分國家利基於稅式優惠不公平（較利於中、高所得家庭），將原先免稅額形式改成扣除額、稅額抵減的形式，在此時期，這項改革仍為一些國家接受，並加以跟進（見**表1-5**）。綜觀各國現存兒童養育、照顧稅式支出制度，事實上仍以兒童免稅額為主要類型，兒童照顧扣除額為另一項較重要的稅式支出，稅額抵減的接受度仍低（余多年，1999）。因此，在家庭津貼制度改革的過程中，有許多國家嘗試藉由整合家庭津貼與兒童照顧、養育稅額抵減、扣除額與免稅額政策等，來彌補在家庭津貼給付水準上的削減，或是消除因增加給付而形成每位兒童的給付金額不同，不符衡平理念的現象（Gauthier, 1996）。

　　在此時期，人口與家庭議題仍持續受到關注，許多國家在兒童照顧支持政策方面皆出現有關人口與家庭的政策提議。例如，義大利、波蘭及西班牙因快速的人口變遷與生育率過低的問題而受到重視。另一方面，要求國家直接提供普及性的公共托兒服務措施已不再受到普遍的認同。在福利多元主義的旗幟下，部分歐洲國家的政策關懷轉向接受由私人或第三部門提供兒童照顧服務（Daly, 1997）。由政府支持施行多樣化托育服務、提供家長更多時間於親職功能發揮及補助便利女性調和工作與家庭取向的政策漸受歡迎（Kamerman & Kahn, 1994）。

表1-5 部分OECD國家家庭（兒童）津貼體制

國家	最初立法年度	給付條件（制度類型）	給付類型（一般條件）	給付水準*	財源
比利時	1930	與就業相關（社會保險）	未滿18歲子女	10.4%（隨子女人數的增加，給付水準愈高）	雇主承擔7%薪資稅，不足部分由政府負擔
法國	1932	普及式（全民制度）	至少有兩個未滿16歲子女	7.1%（隨子女人數增加給付愈高，但第五個以後則減低）	雇主承擔5.4%薪資稅，政府支出1.1%歲收
義大利	1937	與就業相關（社會保險）	未滿18歲子女	0.0%（1988年納入資產調查條件，達到製造業男性平均薪資水準者無法領取）	雇主負擔保費4.84%（97年後開始就業受僱者負擔2.48%），97年2.48%，98年3.34%
荷蘭	1939	普及式（全民制度）	未滿16歲子女	7.4%（子女年齡愈大，給付水準愈高）	政府以稅收支付
澳洲	1941	普及式（全民兼社會救助模式）	未滿16歲子女	3.4%（1988年納入資產調查的限制，但所得限制條件優厚，製造業的男性平均薪資並未達到所得限制條件）	政府以稅收支付
加拿大	1944	普及式（全民制度）	未滿18歲子女	2.4%	政府以稅收支付
英國	1945	普及式（全民制度）	未滿16歲子女	6.3%	政府以稅收支付
盧森堡	1947	普及式（全民制度）	未滿18歲子女	8.3%（隨子女人數愈多給付愈高，但第四個及以後子女給付水準則降低；令隨子女年齡愈大，給付愈多）	政府以稅收支付（但自僱者須繳納0.7%的所得作為費用）
瑞典	1947	普及式（全民制度）	未滿16歲子女	7.2%（第三個及以上子女可領取補充給付）	政府以稅收支付

續表1-5

國家	最初立法年度	給付條件（制度類型）	給付類型（一般條件）	給付水準*	財源
奧地利	1948	普及式	未滿19歲子女（全民制度）	11.3%	雇主繳納4.5%薪資稅，州政府依人數每人補助24schillin，另部分聯邦所得做家庭津貼平準基金
丹麥	1952	普及式（全民制度）	未滿18歲子女	5.2%	政府以稅收支付
德國	1954	普及式（全民制度）	未滿16歲子女	4.9%（隨子女人數增加給付愈高）	政府以稅收支付
日本	1971	普及式（雇主責任兼救助模式）	3歲以下子女，四口之家年收入3,722,000元以下	0.6%（第三個及以後小孩領取兩倍於第一、二個小孩的給付）	受僱者：雇主負擔總成本的70%（約0.11%薪資稅），國庫負擔20%，縣為5%，市為5%；字雇者：國庫66.6%，縣16.7%，市16.7%

說明：*1990年家庭津貼金額與製造業男性平均薪資的比例

資料來源：Gauthier, 1996; SSA, 1997；石婉麗，1994；余多年，1999

　　綜合上述，整個兒童照顧政策隨著時間的推移而造成社會的變遷，歐美國家隨者當時社會之背景及所發生事件的不同，也衍生出各種不同的政策及對策措施，也造成兒童照顧政策走向制度化及立法化（參考表1-6）

表1-6 兒童照顧支持政策之重要背景與相關對策措施

期間	重要背景、事件	對策措施
十九世紀末至二次世界大戰結束（1945年以前）	1.普遍的工業化、都市化景象 2.生育率的下降使部分國家對於人口成長情況產生憂慮感（相對於馬爾薩斯主義） 3.30年代經濟大恐慌 4.兩次世界大戰引起的物質膨脹	1.給予有小孩的就業者現金給付（包括家庭津貼或兒童津貼） 2.給予貧困的母親、寡婦、孤兒現金給付（包括寡婦、孤兒救助與年金給付） 3.生育給付體制產生（包括有給薪以及未給薪） 4.針對母親與兒童預防性的生育與健康諮詢中心的設立
二次世界大戰後至五○年代末期（1945-1960）	1.二次世界大戰結束，百廢待舉 2.1942年貝佛里奇報告書效應開始作用	1.普及性的兒童津貼出現，兒童津貼給付水準持續擴張 2.外顯的支持生育政策的形成 3.生育給付的擴張 4.所得稅中兒童照顧扣除額的出現
六○年代初期至七○年代中期（1960-1975）	1.60年代「貧窮再發現」 2.70年初發生石油危機 3.女性勞動參與率顯著增加 4.女權運動高漲，女性就業權利、男女平權受到重視	1.兒童津貼給付水準擴張終止。而針對單親、低所得家庭給予補充性給付的對策出現 2.針對家庭有依賴兒童（或兒童照顧）的稅額抵減制度的形成（改進扣除額制度受益者為中、高所得者的缺失） 3.法定親職假體制的擴張 4.公共提供兒童照顧服務、措施的擴張
七○年代末期迄今（1975年以後）	1.生育率降低、家庭結構快速轉變與人口老化現象漸趨嚴重 2.經濟不景氣，導致福利國家縮減 3.福利國家危機引起爭議，各國進行福利制度的改革 4.福利多元主義高漲 5.歐洲共同體在社會政策面的發展促使各國重視職業婦女、家庭的問題	1.兒童津貼的改革，部分國家納入資產調查機制，在給付水準方面則持續下降 2.針對低所得與單親家庭的給付制度的擴張 3.親職假體制持續的擴張 4.公共提供兒童照顧服務、措施的縮減 5.給予兒童照顧稅式給付的改革（從扣除額朝向稅額抵減制度） 6.婦女年金給付權利的改革（包括留在家中照顧幼兒年數併計入在年金制度的年資與給予照顧者照顧津貼）

資料來源：余多年，1999

工業國家兒童照顧支持政策之服務內涵

在Esping-Andersen福利資本主義的研究中假設：只有透過對各國歷史意識型態的傳統以及其社會、經濟、政治背景的討論，並瞭解這些因素將形塑現今決策者的行動，才能清楚瞭解福利國家的本質。以此為出發點，其依資本主義福利國家在需要去商品化的程度，將福利國家分為三大類型（Esping-Andersen, 1990; Esping-Andersen & Micklewright, 1991）：

自由主義或殘餘模式：此類型國家通常認為自由市場將帶給最大多數人福利，而國家只有在家庭或市場失靈下才會干預。國家所提供的給付是殘補式的，強調資產調查，同時帶有社會烙印的負面效果，例如，美國、加拿大及澳洲等。

保守或組合主義模式：在此模式中，教會扮演著舉足輕重的角色。福利提供經常是以職業為基礎，並給予公務人員更加優渥的福利給付。已婚婦女常被排除在個人年金、失業給付權利等保障之外。此類型的國家有德國、奧地利、法國及義大利等。

社會民主或制度模式：其特徵在於福利與工作的相互融合，及完全就業的保障上，並以完全就業的獲得作為福利制度的根基。此模型的福利提供是制度性的，極少需要資產調查，福利給付的對象是全民性的，強調平等主義。

在本書中，我們選取了瑞典、法國、德國、日本與美國等五個工業國家，試圖針對其兒童照顧支持政策做一探討與比較。

瑞典

　　完全就業及增進男女平等是瑞典福利體制的主要目標。政府承擔了支持家庭中兒童照顧的責任，特別是對職業婦女的支持。瑞典的兒童照顧政策及其高比例的婦女就業率可說是社會民主福利國家的成果，兒童照顧支持的提供是普及式的，同時也是高品質托育服務供給的範例。政府除了讓婦女能同時兼顧職場及家庭的責任外，還讓父親在兒童照顧上能有更多發揮的空間，例如，親職假、兒童照顧假以及公共托育的提供等，以充分顯現性別平等的意涵。在現金給付方面，其目的是在於鼓勵生育，給付水準低於法國（見表1-7）。

表1-7　工業國家福利體制特色與學齡前兒童照顧支持政策的取向及給付水準

項目別	瑞典	法國	德國	日本	美國
一、福利體制特色					
政治文化、意識型態	集體主義 社會民主主義 民粹主義	集體主義	集體主義 父權家庭主義	有機體主義 儒家家庭主義 保守主義	個人主義 自由主義
福利國家結構	民主組合主義	福利組合主義	福利組合主義	準組合主義	福利多元主義
給付權利基礎	公民權	工作、公民權	工作、公民權	需要、工作	需要、工作
福利分配原則	普及式	職業地位 普及式	職業地位 普及式	限制對象	限制對象 職業地位
福利提供的主要機制	公民權保障 社會保險	社會保險	社會保險	社會救助 企業福利	社會救助 社會保險
福利行政管理機制	中央 地方政府	組合式的 自治管理	組合式的 自治管理	組合、市場與 政府的混合	市場、地方與 中央政府混合
階級意識	低	高	高	中	低
左派政黨的影響力	高	中高	中	低	低
右派政黨的影響力	中	高	中	高	高
國家對福利干預程度	高	中高	中	低	低
所得重分配程度	高	中	中	低	低

續表1-7

項目別	瑞典	法國	德國	日本	美國
家庭的責任	微小	有限	中等	重要	重要
市場的角色	微小	有限	有限	重要	重要
資產調查角色	微小	有限	有限	重要	重要
提供公共服務態度	高	高	中	中低	低
對完全就業的態度	高	中	中低	高	高
二、社會現象					
生育率狀況	中低	中低	低	低	中
人口老化程度	高	中低	高	中	低
女性就業率情況	高	中	中	中	中高
兒童貧窮率情況	低	低	低	低	高
性別平等狀況	高	中	低	低	低
對支持生育的態度	支持	高度支持	中性	高度支持	中性
對支持家庭的態度	支持	高度支持	支持	支持	支持
對有年幼子女婦女就業的態度	高度支持	高度支持	保守	保守	支持
三、對策趨向（給付水準）					
政策取向	性別平等取向	兒童利益鼓勵生育取向	支持傳統價值取向	混合取向	消極不干預取向
現金給付					
家庭津貼	重要（中高）	重要（高）	重要（中）	微小（中低）	無（低）
稅式優惠	微小	微小	有限	微小	重要
兒童照顧救助	微小	適中（中高）	有限	適中	重要
生育親職假					
生育給付	重要（高）	適中（中）	適中（中）	適中（中）	有限（低）
親職假	重要（高）	適中（高）	重要（中高）	適中（中低）	微小（低）
公共托育服務	重要（高）	重要（高）	適中（中）	有限（中低）	微小（低）
婦女年金給付權利	高	中	高	中低	低

說明：在第二部分中，括弧外說明為國家政策趨向的強度，括弧內說明則是就給付水準比較而言

資料來源：余多年，1999

法國

　　由於法國的生育率過低，因此政府提供了普及式的兒童照顧支持措施，輔以資產調查，給予家庭支持，特別是給予第二個、第三個及之後小孩的經濟支持計畫。其兒童照顧支持政策的內容包括了：高給付水準的生育給付、親職假、公共托育的服務及為因應家長在就業與家庭責任間的調和問題，以維持大家庭形式的環境來增進女性就業的可近性及提昇生育率，進而保護兒童的利益。

德國

　　德國的兒童照顧支持政策不鼓勵女性參予勞動市場，也不願充分地提供公共托育服務，對女性親自照顧幼兒有較高的認同感，鼓勵傳統男主外女主內的家庭運作模式。政府雖然承擔部分支持家庭的責任，但是主要還是由家庭、社區及慈善團體擔起責任。雖然如此，政府在親職假的延伸假期上卻有相當的偏好，在年金制度上也認同採計婦女留在家中照顧幼兒時的年資，讓母親能留在家中照顧自己的小孩，並保障其工作的延續。

日本

　　由於強調家庭對兒童有照顧的職責，因此政府傾向支持傳統家庭模式的社會保險、相關的普及性（或選擇性）現金給付及公共托育服務的支持措施，但僅提供最小給付對象與給付水準，另一方面也鼓勵市場及雇主對兒童照顧提供支持系統，因而形成了一種混和多樣模式的制度類型。

美國

　　聯邦政府所提供的兒童照顧支持政策主要是針對「有需要」的家庭，國家僅透過稅制（針對中、高所得家庭）或是社會救助體系（針對低所得家庭）提供給有需要的家庭低水準的經濟支持。由於政府實行選擇性的給付政策，針對生育給付、親職假及托育服務的提供等則被視為是雇主的責任，國家僅供最低水準的給付。

當代台灣地區兒童相關人身權益的社會圖貌

　　本質上，對於有關兒童人身權益相關議題的思索是一種雙重進路的探究策略。亦即，以兒童照顧來舖陳作為一項發展模式的蛻變，一方面，強調兒童照顧本身有其共有的發展脈絡意涵（contextual implications），對此，我們有必要將對於兒童照顧的各種福利實務（welfare practices）做為置放於臺灣社會變遷的視野底下，藉此才能掌握到不同時期兒童照顧工作相關的時代背景因素（temporal sequences），以及各個發展階段在整體歷史發展上的貫連與落差；另一方面，兒童照顧工作本身有其分殊、獨特性（particularities），因此，透過若干不同界面像是兒童發展（child development）、親職教育（parent education）、托育服務（day care service）、兒童津貼（child allowance）、孤兒年金（orphans pension）、寄養照顧服務（foster care service）、幼兒教育券（nursery education voucher）、兒童輔導（child guidance）、兒童受虐與保護（child abuse & protection）、兒童犯罪（child delinquency）、兒童人權（child's right）、早期療育（early intervention）以及破碎家庭服務（broken family service）等等理論觀念的解析，方能探得兒童照顧的真實意義，從而尋找出兒童照顧工作的共通特徵（universality）。

持平來看，臺灣社會隨著經濟自由化、社會多元化以及政治民主化所帶動邁向福利國家的發展目標，政府以及民間部門亦嘗試著將對於兒童照顧的工作落實成為一種生活態度、價值共識以及制度措施，對此，底下，我們試著從變遷的角度切入，藉此勾勒出來有關當代臺灣地區兒童相關人身權益整體性的社會圖貌（holistic social pictures）（參見表1-8）。

表1-8 臺灣地區整體兒童照顧工作的客觀事實

年代：民國87年底

		現況指標
兒童人口	男性	1,985,831人
	女性	1,825,405人
兒童人口	0-5歲	1,872,517人
	6-11歲	1,938,719人
身心障礙者人數（0-14歲）		34,361人
托兒所	所數	2,499所
	收托人數	248,517所
	保育員人數	16,582人
立案幼稚園每昇平均分攤教育經費		73,264元
家庭寄養	家庭數	466個
	被寄養兒童數	687人
兒福中心	所數	17處
受理兒少保護案件	個案數	4,871人
	身心虐待	1,858人
	疏忽	1,203人
	管教不當	920人
	遺棄	283人
	其它	607人
	兒保專線	67線
內政部兒福經費支出（民國86年）		829,202,000元

表1-9 台閩地區兒童及少年年齡結構

人口數：千人

年底別	計	兒童		少年	
		0-5歲	6-11歲	12-17歲	18歲以上
八十四年	21,357	1,926	1,970	2,394	15,067
八十五年	21,525	1,909	1,937	2,357	15,323
八十六年	21,743	1,919	1,917	2,281	15,625
八十七年	21,929	1,873	1,939	2,182	15,935
八十八年	22,092	1,830	1,956	2,083	16,223

資料來源：內政部戶政司，2000

兒童人口與兒童福利預算的對應關係

　　截至民國88年底為止，臺閩地區零至十一歲的兒童人口數共計有三百七十九萬人，約佔總人口的17.1％（見表1-9）。換言之，在相關的福利服務措施上，兩者理當沒有多大的差異性，然而，如果進一步考量到年齡層的變項屬性特質，那麼，對於零至五歲年齡層的幼兒自然是須投以較多的關注與照顧。

　　但是如果我們從業務單位內政部社會司各項社會福利服務實際經費的支出情形來加以分析（表1-10），整體來看，老人與身心障礙者這兩項的福利服務的經費支出合計就佔了七成四的比例，這多少顯現出福利資源配置妥當與否的問題。另外，就政府在相關兒童福利經費支出的使用情形顯示出來：兒童福利支出占整體社會福利支出的比重雖呈現出逐年遞增的趨勢，即便兒童福利法修正通過以後，卻也並未影響到兒童福利經費支出的實質增加。

　　陳武雄（1995）針對我國社會福利服務經費支出狀況的研究中指出：綜合推行兒童福利服務方面，有設置兒童福利服務中心、改善育幼院設備設施、獎助興建示範托兒所、獎助公立、社區托兒所的改建、增建暨充實各項教保設備、設置兒童保護專線、建立兒童保護網絡、辦理困苦失依兒童生活扶助、獎助辦理兒童保護工作人員在職訓練、辦理兒童傷害醫療補助、辦理兒童

表1-10 我國各項社會福利服務經費支出一覽表

單位：仟元

年度／福利別	小計	八十	八十一	八十二	八十三	八十四	八十五	八十六	八十七	八十八	八十九
總計	78,688,183	4,701,051	5,622,966	6,078,577	7,337,924	7,928,797	7,444,850	7,353,785	7,604,858	9,748,272	14,867,103
綜合	863,363	32,199	31,469	44,467	33,731	56,071	54,124	109,718	124,659	124,304	252,621
兒童福利	8,887,749	1,016,100	728,230	478,800	828,000	992,213	892,213	827,402	849,202	969,202	1,306,387
少年福利	4,708,385	268,842	361,280	397,280	430,000	459,002	485,002	473,583	483,583	583,583	766,230
婦女福利	2,264,987	35,050	77,440	104,700	137,200	152,718	192,818	183,799	205,154	505,154	670,954
老人福利	18,696,551	1,996,120	1,061,620	1,431,000	1,964,000	2,054,459	1,814,459	1,632,039	1,683,285	2,053,285	3,006,284
身心障礙福利	39,913,848	1,275,070	3,252,227	3,458,830	3,761,223	3,953,250	3,745,250	3,839,511	3,839,511	4,869,511	7,919,465
社區發展	1,926,895	50,070	80,000	130,000	150,000	190,000	190,000	186,600	235,730	315,730	398,765
社會工作	361,443	10,200	10,200	11,000	9,700	41,014	40,914	41,934	73,563	73,563	49,355
志願服務	322,154	9,000	12,000	14,000	14,710	14,710	14,710	45,324	59,000	59,000	79,700
家庭教育	79,355	8,400	8,500	8,500	9,360	15,360	15,360	13,875			
性侵害防治	577,792								51,171	194,940	331,681
家庭暴力防治	85,661										85,661
社會役		0									

註一：八十九年度及以前社會福利服務業務中未分兒童、少年、婦女、老人、身心障礙、社區發展等分支，合併成福利服務分支計畫，另有社會工作、社區發展等分支計畫。

註二：綜合一欄為非屬補助及捐贈之人士、業務（含委辦），旅費經費及統計處所管社會福利調查經費。

註三：加強家庭教育方案迄八十六年度辦理完成，自八十七年度起不再編列。

註四：內政部性侵害防治委員會於八十六年度中成立，同年度動支第二預備金51,171千元支應。

註五：八十八年度合動支第二預備金300,000千元（老人20,000千元、身心障礙280,000千元）反追加預算1,000,000千元（含兒童120,000千元、少年100,000千元、老人300,000千元、身心障礙400,000千元及社區80,000千元）。

註六：內政部家庭暴力防治委員會於八十八年下半年級八十九年度成立。

註七：八十八年下半年及八十九年度（簡稱八十九年度）含精省後承受之預算（含少年27,137千元、老人26,566千元、身心障礙12,054千元、社區40,592千元、社會工作20,744千元）其中人事業務旅運經費納入綜合欄內，補助及捐助分項納入。迄今（89年3月27日）尚未報請動支第二預備金。

註八：社會役自八十八年下半年及八十九年度（89年7月）開始實施，其中人事業務旅運經費納入綜合欄內。

註九：綜合工作原為統計之便利，內包括兒、少、婦、老、身障、社區、社工、志工等項工作計畫之人事（含兼職酬金）、業務（含委辦）、旅費（含國外）等經費，由於經費結構日趨複雜，自九十年度起分列各工作計畫別。

資料來源：內政部，2000

寄養服務、獎助辦理托兒所工作人員在職訓練、辦理托兒所評鑑、規劃研究早期療育及試辦托育津貼等。之後，隨著社會的變遷所衍生之家庭需求及加上各項政策的制定和立法法案的推動，兒童福利業務之推廣上，除了兒童個人之照顧外，也會擴及家庭之照顧及兒童保護的預防，例如，兒童少年性侵害防治、犯罪防治、家庭暴力防治及家庭教育的推廣等。

接著，我們由地方政府（以台北市為例，見**表1-11**）近五年度所編列的各項社會福利支出預算表中可看出，儘管兒童福利經費預算在總數上年年增加，但在總體百分比之比率卻逐年下降的情形下，若再以兒童的標的人口來算，每位兒童平均分配到的兒童福利經費相較於其他團體實在少的可憐。此外，選舉的政見兌現也衝擊原有的福利預算結構，因此，如何合理的改善兒童福利經費預算分配將是政府應該重新思考的重要課題。

綜合來看，中央政府兒童福利經費概算中仍以擴充硬體設備，例如，設立示範托兒所、兒童福利中心、獎助兒童福利相關

表1-11 台北市政府社會局近五年預算結構分析表　　　　　　　　　　　單元：元

	八十五年度	八十六年度	八十七年度	八十八年度	八十八年下半年及八十九年度
社會救助	1,344,512,117	1,124,496,619	941,064,465	2,901,344,000	4,895,430,649
老人福利	7,345,598,047	4,235,423,325	4,141,846,261	2,869,721,000	3,936,731,511
身心障礙福利	796,053,686	4,248,908,666	3,651,206,688	3,433,945,000	5,147,207,434
兒童福利	531,816,398	585,931,362	727,247,219	1,262,605,000	2,127,611,600
婦女福利	165,185,678	80,299,418	178,831,846	119,667,000	203,744,154
青少年福利	158,762,809	195,207,661	249,514,717	107,415,000	156,840,000
社會工作專業服務	135,285,170	152,156,040	203,280,822	188,665,000	272,974,667
殯葬服務	172,115,197	329,870,402	703,541,305	298,446,000	431,993,376
社區發展	18,438,875	12,606,265	15,994,915	17,360,000	21,978,428
團體輔導及社會活動	14,831,313	13,459,284	14,820,000	16,276,000	22,148,724
社會保險	585,900,000	291,600,000	290,234,880	287,760,000	424,769,400
其他	70,430,258	81,422,938	81,037,109	107,969,000	198,043,934
合計	11,338,929,548	11,351,401,980	11,198,620,327	11,611,173,000	17,839,473,877

資料來源：台北市政府社會局，2000

工作、改善育幼院設備等爲主要用途，在軟體如兒童福利工作人員在職訓練、養成訓練等經費卻有逐年下降，甚至沒有編列預算。此外，經費預算在工作項目中也沒有固定的比例，常隨不同年度有其不同的發展重點。因此，在兒童福利經費的使用上是否會出現分布不均及功能不清的現象，也是値得更進一步地思考。

兒童福利政見訴求的一般性考察

在以社會福利政見作爲一種理想的對話情境（ideal speech situation），藉以提供包括：候選人與選民、個人與國家以及政黨與政黨彼此之間思索社會福利政策的共同場景，而透過建築在這種「互爲主體性」（inter-subjectivity）的論述基礎上，方有可能趨近於社會大眾的眞實需求，從而求取出最大的公約數。就此而言，從兒童生活狀況調查結果、縣市長選舉時所提列的政見訴求以及政府公部門法定兒童福利的對照情形（**表1-12**）來看，民意的依歸與政府的施政作爲兩者之間還是存在著一定程度的落差。

表1-12 兒童福利訴求與政府法定兒童福利的對照情形

兒童生活狀況調查結果	縣市長選舉兒福政見	政府法定兒童福利
兒童健康保險	幼童醫療補助	全國兒童及少年保護聯合會報
公立托嬰托兒所	上下課接送導護制度	兒童福利專業人員資格要點
增設兒童專科醫療院所	小班小校制	保母人員技術士技能檢定
重病醫療補助	國小全面電腦化	早期療育服務推動小組
兒童福利服務中心	國小三語教學	托育服務楷模選拔
親職教育	補助營養早午餐經費	立案托兒所統一識別系統
不幸兒童保護	廢除教育捐	兒童及少年性交易防制條例
兒童心理衛生服務	教科書免費政策	兒童保護網絡
托兒設施之規劃與管理	輔導幼教安親班立案	公立示範托兒所
殘障兒童教養機構	保姆訓練	公辦民營托兒所
保母訓練	籌設公立托兒所幼稚園	中低收入單親家庭子女托育津貼
單親家庭兒童服務	辦理幼童團體保險	中低收入戶幼兒健保費補助
其它	社區聯合托育制度	出生通報
兒童寄養服務	托育津貼	課後托育
	單親貧困兒童生活津貼	兒童寄養
	籌設兒童福利館	兒童福利服務中心

資料來源：轉引自王順民，1999

兒童的托育服務需求部分

　　基本上，無論是主觀的個人感受抑或客觀的事實反映，在在都說明了：托兒服務已經是臺灣一項重要的社會現象。（內政部，1997）事實上，從歷年來官方所做的有關學齡前兒童托育情形的調查報告裡雖然顯示出在家由母親親自帶育幼兒的重要性，然而，這種相對地位的重要性卻也日漸減緩，相反地，將幼兒送往幼稚園以及托兒所的比例反而有逐年提高的趨勢（表1-13）。對此，除了檢證婦女家庭角色扮演的重要性以外，市場以及國家的機制設計都是相應於人們對於包括：托嬰服務、托兒服務以及課後照顧服務在內的托育服務需求的另類選擇（alternative choice）。總之，無論是就民意趨向的福利需求抑或福利供給的實

表1-13　臺灣地區家庭對學齡前兒童托育情形調查報告

	現實托育方式		理想托育方式	
	80年	84年	80年	84年
依 重 要 序 排 行	在家由母親帶 （54.32%）	在家由母親帶 （52.06%）	在家由母親帶 （70.72%）	在家由母親帶 （67.58%）
	在家由其他家人帶 （17.55%）	送到幼稚園 （15.32%）	送到幼稚園 （10.28%）	送到幼稚園 （12.94%）
	送到幼稚園 （6.79%）	在家由其他家人帶 （13.40%）	在家由其他家人帶 （8.34%）	在家由其他家人帶 （7.03%）
	送到托兒所 （6.79%）	送到托兒所 （8.53%）	送到托兒所 （6.96%）	送到托兒所 （6.73%）
	送到保母家或親戚家 （3.91%）	送到保母家或親戚家 （4.96%）	送到保母家或親戚家 （1.47%）	送到保母家或親戚家 （2.50%）
	全日寄養在親戚家 （1.00%）	全日寄養在親戚家 （2.00%）	花錢請人在家帶 （1.03%）	花錢請人在家帶 （1.17%）
	全日寄養在保母家 （0.92%）	全日寄養在保母家 （1.54%）	全日寄養在親戚家 （0.15%）	全日寄養在親戚家 （0.42%）
	花錢請人在家帶 （0.45%）	花錢請人在家帶 （0.73%）	全日寄養在保母家 （0.11%）	全日寄養在保母家 （0.31%）

資料來源：內政部，1997：22-23

務觀點，在在都指稱出來：對於兒童托育服務的重新定位是有其論述上的正當性與必要性。

　　本質上，對於兒童的照顧應該是整體連續性的服務（continuum of care），然而，一旦將這種整體兒童照顧落實在各項制度措施與福利服務的工具性層次上（instrumental level）時，不僅無法幫助兒童解決其自身的困境難題，反而是衍生更多非預期性的後果（unintended consequences）。就此而言，不論是折翼的天使、被火紋身的小孩還是墮落凡間的精靈，在在蘊涵著我們期待這於這一群民族的幼苗能夠在未來的日子裡，帶給我們以及這整個社會更多的生機與驚奇，對此，展望未來跨世紀兒童福利新猷的機轉，包括：托育服務、保護安置、經濟安全、健康照顧，以及休閒活動在內的整體兒童照顧政策的規劃自然是有其兒童人格保障上的正當性與迫切性（表1-14）。

表1-14　兒童人權指標分數

權利類別	台北	台中	高雄	總平均	育幼院	原住民
基本人權	2.21	2.20	2.19	2.20	2.11	2.10
人格尊重權	1.91	1.95	1.93	1.93	2.02	1.87
隱私權	2.03	2.01	2.00	2.02	1.89	1.96
平等權	2.68	2.64	2.63	2.65	2.36	2.47
受保護的權利	2.38	2.34	2.32	2.34	2.30	2.38
家庭生活權	2.40	2.39	2.35	2.38	2.24	2.40
人身安全	2.35	2.29	2.30	2.31	2.36	2.35
正常成長權利	2.23	2.23	2.23	2.23	2.20	2.16
遊戲權	2.06	2.06	2.05	2.06	2.15	2.06
發展權	2.40	2.40	2.41	2.40	2.17	2.07
心理健康權	2.23	2.27	2.22	2.24	2.26	2.35
對權利的認知	2.52	2.50	2.50	2.50	2.54	2.43
生存權的認知	2.57	2.57	2.54	2.56	2.74	2.58
福利權的認知	2.38	2.34	2.30	2.34	2.26	2.09
隱私權的認知	2.61	2.58	2.66	2.62	2.62	2.61

資料來源：兒福聯盟，1999

本書之撰寫策略

研究方法

　　本書所研擬的研究方法包括有文獻資料分析以及圓桌論壇這二個部分，至於，實際的運作方式，可以細分為：

原始與次級文獻資料分析

　　前者包括政府各級機關的統計與研究報告以及先前其它研究者實際參與觀察、訪談和相關的調查資料，藉以尋找出本研究旨趣的一般方向（general orientation）。

圓桌論壇對話討論

　　本書針對與整體兒童照顧工作各種相關的議題，邀請業務主管單位2名、民意代表、專家學者、實務工作者、幼兒家長和民營業者8名進行充分、深入的對話討論。亦即，在不預設立場、定論的前提底下，透過圓桌論壇此一理想的對話情境（ideal speech situation）共同為兒童照顧工作把脈、問診，以使日後兒童照顧政策的擘劃不致於曲高和寡而流為書生之見。

　　共計舉辦十一個場次的圓桌論壇討論，分別在八十九年二月十七日於台北市及八十九年二月十八日於高雄市各辦五個場次，包括有每個不同子項議題的論壇對話，這些子項議題分別是：「經濟安全相關議題」、「托育與福利相關議題」、「安置與保護相關議題」、「教育與輔導相關議題」以及「健康與醫療相關議題」。各個子項議題除了由引言人針對該議題做簡單的背景資料說明以外，將由與會人員針對建議的題綱自由發表意見，至於，

各個子項議題的討論題綱分別見表1-15。最後根據各場次相關的討論結論在八十九年三月一日於兒童局再辦一個場次的總結論壇。

　　總之，本書使用資料的範圍除了政府相關業務單位的研究報告與既有的調查報告以外，包括：民意代表、意見領袖、專家學者、實務工作者、幼兒家長、業務主管單位以及民營業者等人的自述觀點，都是本書在試擬兒童照顧政策的考量面向。

表1-15 整體兒童照顧政策圓桌論壇各子議題的討論題綱

經濟安全		托育與福利		保護與安置		教育與輔導		健康與醫療	
一般性補助	特殊性補助	托育服務	福利服務	保護服務	安置服務	教育服務	諮商輔導	健康照顧	醫療服務
◇生育補助 ◇托育津貼 ◇綜合所得--兒童照顧特別扣除額 ◇教育券 ◇獎助學金	◇生活補助 ◇急難救助 ◇醫療補助 ◇早療交通費補助	◇輔導設置托育機構(托嬰、托兒、課後托兒、托育設施) ◇提昇教保人員專業素質 ◇落實保母人員證照制度 ◇建構托兒服務安全體系 ◇均衡提供托育服務機會 ◇母語教學 ◇研擬幼兒托合一制度	◇法規訂定與研修 ◇貧困兒童照顧 ◇失依兒童照顧 ◇兒童福利資源規劃 ◇福利服務機構管理 ◇親職教育推展 ◇父母效能訓練 ◇兒童不等權宣導 ◇兒童休閒與文化活動倡導 ◇個案資料建立 ◇諮詢服務 ◇兒童福利服務中心設置	◇兒保專線 ◇流浪兒保護 ◇兒童行乞取締與保護 ◇童妥取締與兒童暫安置服務 ◇受虐兒童傷害鑑定 ◇禁治產宣告 ◇觀護制度 ◇電玩取締 ◇家庭暴力防治 ◇校園暴力防治 ◇弱勢族群兒童保護 ◇童工保護 ◇財產信託服務 ◇家庭維繫服務	◇被虐兒童緊急安置 ◇失蹤兒童協尋 ◇失蹤兒童暫時安置 ◇保護安置機構輔導與管理 ◇中途之家設置與管理 ◇兒童安置機構管理 ◇大眾傳播媒體自律 ◇轉向服務 ◇兒童寄養 ◇棄兒安置 ◇收養服務 ◇未婚單親婦嬰安置 ◇發展遲緩兒童早期療育服務	◇學童營養午餐 ◇輔助教學 ◇特殊教育 ◇社會教育宣導 ◇兒童音樂場所 ◇兒童娛樂場所 ◇兒童圖書館 ◇兒童行為矯治 ◇危機處理 ◇兒童圖書、讀物、廣電節目製作及漫畫編繪	◇心理測驗 ◇心理輔導 ◇心理諮商 ◇心理治療	◇出生通報 ◇早期通報 ◇早期醫療 ◇個案資料建立 ◇醫療健康檢查 ◇身體照顧 ◇臨終照顧	◇家訪服務 ◇衛生保健 ◇育兒教導 ◇性教育 ◇兒童醫療資源分配與維護

2

我國兒童福利體系的組織及運作

◎兒童福利行政體系的組織及其運作
◎民間資源參與兒童福利服務之探討
◎現行政府興辦兒童福利服務的相關措施與承諾

本章將針對我國兒童福利體系的行政組織和運作以及民間資源參與兒童福利服務作一探討，茲分爲三節——行政體系、民間資源及兒童福利服務的相關措施與承諾，分別加以描述之。

兒童福利行政體系的組織及其運作

兒童福利行政體系組織

行政組織乃針對了推行公共事務所建立的行政機關，屬於行政組織或科層體制組織的一種（沈俊賢，1992）。而張潤書（1986）也引述了Weber的觀點，認爲此類行政組織應具備下列五種條件：

1. 機關內的各個部分有固定的權力範圍，通常其備有法律的明文規定。
2. 上下單位間有層級統屬的關係，上級單位對下級單位有指揮、監督以及命令之權，而下級對上級則有絕對服從之義務。
3. 辦公人員一般都須經過專門的知識訓練；惟有具備規定資格的人才可被錄用。
4. 辦公人員領取固定的薪水，可依照一定的步驟升遷，並可以把自己的工作當作終身的生涯。
5. 處理行政事務必須遵循一定的規則和程序。

兒童福利工作的推展，首藉福利立法的基礎。各個國家因其開發程度（工業化、經濟化及社會進步程度），對其立法內容會

有所不同。然而各國立法就福利提供者的部門分工而言，大都採取福利多元觀點（welfare pluralism perspective）。而提供兒童福利，可分成四個部門：家庭（私人部門）、民間團體（志願部門）、企業部門（商業部門），和政府部門（法定部門）（馮燕、郭靜晃、秦文力等，1992）。就法定部門的福利服務，即是本節所探討的兒童福利行政機關。兒童福利行政機關可以依其職權分成：行政官署、輔助機關、諮詢機關、以及執行機關等四大類。各國的兒童福利立法，例如，德國、日本、以色列、韓國以及我國等國家，在體例上大致偏重在專門行政機關以及諮詢機關的職掌，有特別的規定。我國的兒童福利法在民國八十二年修訂之後共分為總則、福利措施、福利機構、保護措施、罰則及附則六章，共54條。其中對於有關福利服務組織，控制以及監督方面，在兒童福利法皆有明文規定。

我國現階段兒童福利行政體系的建構，係按民國六十二年公布施行的兒童福利法第五條（八十二年修訂後的第六條）規定：「兒童福利之主管機關：在中央為內政部；在省（市）為社會處（局）；在縣（市）為縣（市）政府。」又主管機關的職掌則明列於兒童福利法的第六、七、八條（修訂後在七、八、九條）。新訂的兒童福利法更明文規定，兒童福利主管機關應設置承辦兒童福利業務之專責單位：在中央為兒童局；在省（市）為兒童福利科；在縣（市）為兒童福利課（股）。此外，司法、教育、衛生等相關單位涉及有關兒童福利業務時，應全力配合之。

我國兒童福利各級主管機關，其兼辦兒童福利業務之情形，茲分別說明如下：

中央兒童福利行政組織

目前中央主管兒童福利的行政機關為內政部兒童局。按八十八年七月十四日公布之內政部兒童局組織條例規定,兒童局設綜合規劃組、福利服務組、保護重建組、及托育服務組等四科經辦兒童社政業務。

目前內政部兒童局人員編制,設有局長一名,主任秘書一名、組長四名、室主任一名、視察一名、專員十名、設計師一名、科員十一名、辦事員二名、書記一名,另外,還設有人事室主任一名,會計室主任一名,共計三十五人。(參見圖2-1)。

依兒童福利法第十條規定:「各級主管機關為協調、研究、審議、諮詢及推動兒童福利,應設兒童福利促進委員會;其組織規程由中央主管機關定之。」內政部於民國六十三年一月成立「兒童福利促進委員會」,該會依其組織章程規定,設置主任委員一名,由內政部長兼任,委員二十一至二十九人,由主任委員就專家學者及業務有關單位人員分別聘請或指派之。該委員會後來分設兒童福利、老人福利及殘障福利三組,依委員的意願參加之,其任務為兒童、老人、殘障福利事業之研究、諮詢、審議及協調事項;福利措施發展之規劃、調查及評鑑名次;人員培養、訓練之研議事項;各有關單位配合推行之聯繫事項;聽取有關之重要措施報告;其它有關工作事項(內政部,1981)。每半年開會一次,各組每三個月開會一次,必要時得召開臨時會議,其決議事項,由內政部參酌辦理或行文分送各有關單位辦理之。其目的在求學術與行政的密切配合。

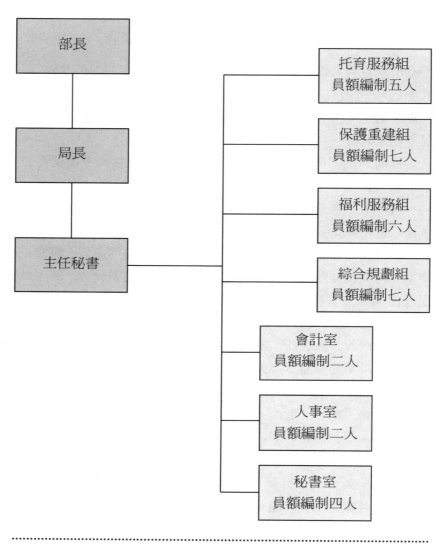

圖2-1　內政部兒童局組織架構圖

資料來源：內政部兒童局，2000

直轄市的兒童福利行政組織

台北市於民國五十六年升格為直轄市，設社會局；高雄市於民國六十七年七月改制，亦設社會局。此為省市兒童福利行政的主管機關，其行政職掌分述如下：

1. 台北市社會局係以七科五室及附屬單位來推動社會工作（參見圖2-2）。其組織及職掌如下（台北市政府社會局，2000）：

    ◇人民團體與合作行政科（組）：人民團體組訓、各項慶典、合作行政等事項。

    ◇社會救助科（組）：低收入戶生活扶助、醫療補助、急難救助、災害救助、災害救助、平價物品供應、平價住宅管理及居民輔導等事項。設有平價住宅辦公室五處。

    ◇身心障礙福利科（組）：殘障福利及按摩業管理等事項。設有身心障礙福利服務機構十九所（其中十七所為公辦民營）。

    ◇老人福利科（組）：老人福利。設有老人福利中心十三所（其中三所公辦民營、三所補助辦理）、台北市浩然敬老院及台北市立廣慈博愛院。

    ◇兒童與婦女福利科（組）：兒童福利及婦女福利。設有市立托兒所十九所、台北婦女中心一所、社區婦女服務中心十所（其中八所公辦民營）、單親婦女中途之家一所、台北市兒童福利服務中心三所（公辦民營）及公辦民營托兒所五家。

    ◇少年福利科（組）：青少年福利。設有台北市少年服務中心二所（公辦民營）及台北市少年安置機構二所（公

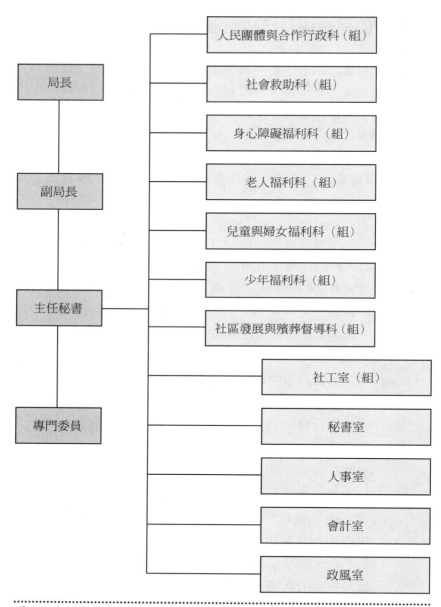

圖2-2 台北市政府社會局組織架構圖

資料來源：台北市政府社會局，2000

辦民營）。

◇社區發展與殯葬督導科（組）：社區發展、社會活動及
殯儀服務之推行與督導事項。設有台北市殯葬管理處。

◇社會工作室（組）：專業社會工作之推進與實務之處理
及辦理社會調查等事項。設有社會福利服務中心十二所
及台北市遊民收容機構二所（其中一所為公辦民營）。

◇秘書室、人事室、會計室及政風室。

◇局屬之各附屬機構單位：自費安養中心及台北市家庭暴
力暨性侵害防治中心。

◇社會局擔任幕僚之跨局處、跨專業專案委員會：台北市
身心障礙者保護委員會、台北市早療推動委員會、台北
市兒童、少年、老人福利促進委員會、台北市家庭暴力
暨性侵害防治委員會、台北市社區發展促進委員會、台
北市婦女權益促進委員會及台北市社會福利委員會。

　　台北市社會局的兒童福利業務之推動是以兒童與婦女福利科
（組）為重心，而以社會救助科（組）、身心障礙福利科（組）及
社會工作室（組）為主要輔助推動之單位。

2.高雄市社會局係以五科六室及附屬單位來推動社會工作。
其組織及職掌如下（高雄市政府社會局，2000）（參見圖2-
3）：

◇第一科：人民團體組訓、各項慶典、合作行政等事項。

◇第二科：低收入戶生活扶助、醫療補助、教育補助、公
費安養、急難救助、災害救助、公費療養、老人生活津
貼、住宅補助及現金給付之社會保險補助等事項。

◇第三科：自費療養、全民健保老人健保費自付額補助及

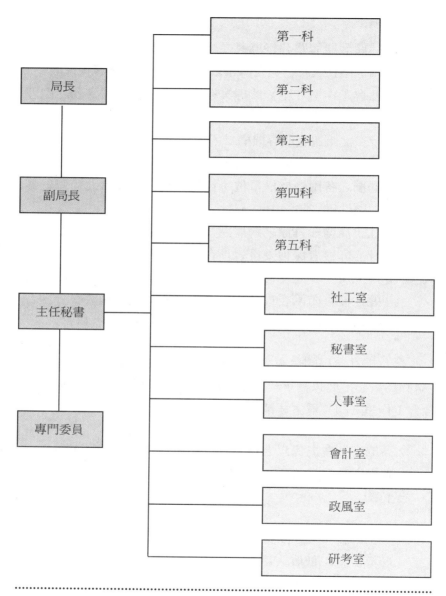

圖2-3 高雄市政府社會局組織架構圖
資料來源：高雄市社會局，2000

重陽節敬老活動等事項。

◇第四科：身心障礙者輔助器具補助、收容養護補助、日
　間托育補助、全民健保保費自付額補助及按摩業輔導等
　事項。

◇第五科：兒童福利、婦女福利、托育津貼、家庭寄養服
　務、國小中輟生通報追蹤輔導及就業服務等事項。

◇社工室：社區照顧等事項。

◇研考室、會計室、人事室、政風室。

◇局屬之各附屬機構單位：高雄市政府性侵害防治中心、
　前鎮青少年福利服務中心、三民綜合福利服務中心、左
　營青少年福利服務中心、楠梓青少年福利服務中心、婦
　女福利服務中心、志願服務推廣中心、殘障諮詢服務、
　殯葬管理所、仁愛之家、長青綜合服務中心、兒童福利
　服務中心及無障礙之家。

　　台北市、高雄市政府亦依據兒童福利法第十條規定，分別設
有「兒童、老人、殘障福利促進委員會」，其設置亦依照民國七
十年四月二十七日內政部發布之「省（市）、縣（市）兒童福
利、老人福利、殘障福利促進委員會組織章程」辦理。其任務與
「內政部兒童福利、老人福利、殘障福利促進委員會」大致相
同。

縣市的兒童福利行政組織體系

　　目前臺灣省各縣市中，兒童福利行政主管機關乃依「臺灣省
各縣市政府組織規程準則」規定，人口一百五十萬以上者，設社
會局；人口五十萬以上未滿一百五十萬者，設社會科；人口未滿
五十萬者設社會課。此即為我國地方政府的兒童福利行政主管機

關。

　　目前我國兒童福利行政體系是依附於社政單位之中（參見圖2-4），依現行政府行政組織規定，內政部下設兒童局；直轄市社會局下設社會福利科；縣（市）社會科（局）下設社會福利股，負責兒童福利事務。鄉鎮市公所則由民政課主管。

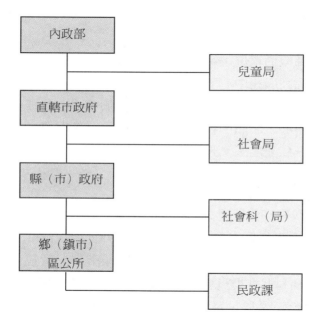

＊符號說明：── 表隸屬關係　│ 表指導關係

圖2-4　我國兒童福利行政體系的組織架構
資料來源：郭靜晃、曾華源，2000

　　綜合上述，目前有關兒童福利業務之推展，由上到下的層級，以及由政府到民間的行政結構，可由圖2-5得知：

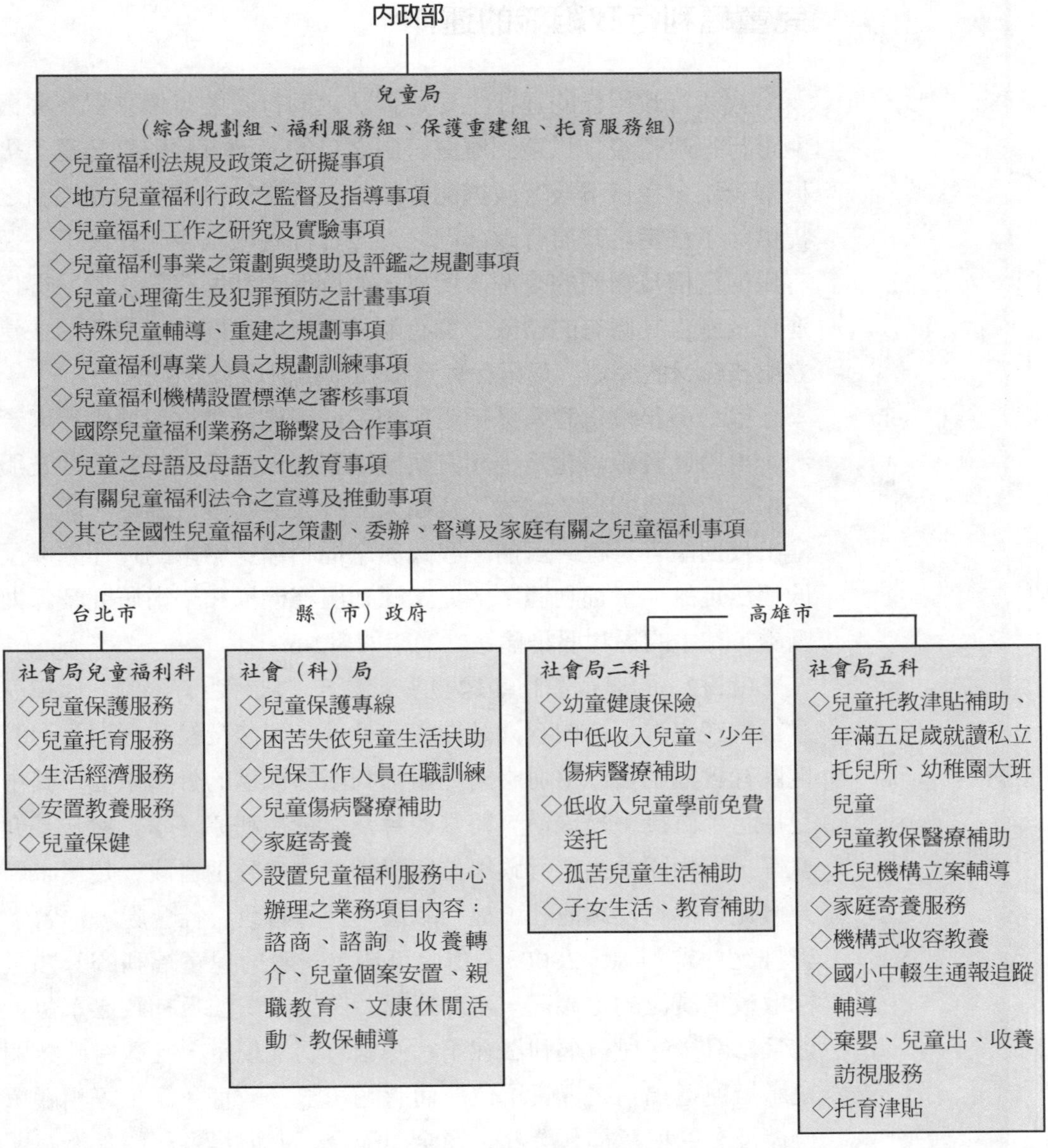

内政部

兒童局

（綜合規劃組、福利服務組、保護重建組、托育服務組）

◇兒童福利法規及政策之研擬事項

◇地方兒童福利行政之監督及指導事項

◇兒童福利工作之研究及實驗事項

◇兒童福利事業之策劃與獎助及評鑑之規劃事項

◇兒童心理衛生及犯罪預防之計畫事項

◇特殊兒童輔導、重建之規劃事項

◇兒童福利專業人員之規劃訓練事項

◇兒童福利機構設置標準之審核事項

◇國際兒童福利業務之聯繫及合作事項

◇兒童之母語及母語文化教育事項

◇有關兒童福利法令之宣導及推動事項

◇其它全國性兒童福利之策劃、委辦、督導及家庭有關之兒童福利事項

台北市　　　　　　縣（市）政府　　　　　　　　　　高雄市

社會局兒童福利科

◇兒童保護服務

◇兒童托育服務

◇生活經濟服務

◇安置教養服務

◇兒童保健

社會（科）局

◇兒童保護專線

◇困苦失依兒童生活扶助

◇兒保工作人員在職訓練

◇兒童傷病醫療補助

◇家庭寄養

◇設置兒童福利服務中心辦理之業務項目內容：諮商、諮詢、收養轉介、兒童個案安置、親職教育、文康休閒活動、教保輔導

社會局二科

◇幼童健康保險

◇中低收入兒童、少年傷病醫療補助

◇低收入兒童學前免費送托

◇孤苦兒童生活補助

◇子女生活、教育補助

社會局五科

◇兒童托教津貼補助、年滿五足歲就讀私立托兒所、幼稚園大班兒童

◇兒童教保醫療補助

◇托兒機構立案輔導

◇家庭寄養服務

◇機構式收容教養

◇國小中輟生通報追蹤輔導

◇棄嬰、兒童出、收養訪視服務

◇托育津貼

圖2-5 兒童福利服務行政圖（本書整理）

資料來源：內政部兒童局，2000；台北市政府社會局，2000；高雄市政府社會局，2000；郭靜晃、曾華源，2000

兒童福利行政組織的運作

　　我國行政組織的運作主要是靠法定的行政監督權來對下屬機關進行行政監督，以達到層層管制之目的。而行政監督乃是上級機關管制、考核下級行政機關行政績效的手段。至於福利服務之提供除了法定之政府行政部門之外，在福利服務多元化之下，還有民間機構及團體的來源，所以，要確保福利服務輸送體系得以運作及產生其應有的績效，實有賴於政府與民間共同參與，並建立服務輸送的網絡，以確保兒童福利服務得以有效的運作。

　　福利服務輸送體系係指組織體系或組織群體從環境中獲取資源，再將此資源轉化為福利方案或服務提供給案主。其中涉及服務組織所形成的網絡結構以及輸入、投入、轉換、儲存、產出、輸出及回饋等過程。目前，我國兒童福利輸送體系的運作主要是依賴法定的兒童福利體系，兒童福利服務機構和學術研究及壓力團體，其中的福利服務輸送之網絡如圖2-6。

　　就圖2-6的兒童福利輸送體系來看，其執行也有限制，因為兒童福利在立法上的內容涉及衛生、教育、司法及社政，而且台灣地區社會福利資源手冊中對兒童福利服務機構的分類來看，其中包括了：直接服務機構、特殊教育及兒童福利協（學）會、基金會等，但相關的福利行政單位與學術單位則分別自成一類，未區分出兒童福利及其他社會福利單位（台灣省政府社會處，1991；郭靜晃、曾華源，2000）。由此可知，一般對兒童福利的分類是採取較為廣泛的定義——涉及教育、衛生、司法及社政之單位。而且修訂後的兒童福利法在第六條也有明文規定，社政行政機關是承辦兒童福利之專責單位、而有關司法、教育、衛生等相關單位涉及有關兒童福利業務，應全力配合之。但是各部門承辦有關兒童福利業務時，常秉持著本位主義觀點將相關責任推諉，此

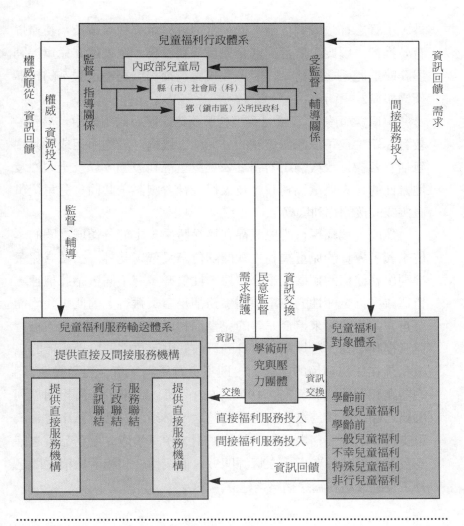

圖2-6 我國兒童福利體系組織架構及其運作分析

資料來源：郭靜晃、曾華源，2000

外，主管之社政機關位階又低，常造成兒童福利政策及業務難以有效推行。因此，要落實健全兒童福利服務，應先建立兒童福利服務輸送體系之網絡。目前，我國兒童福利服務輸送體系的組織架構如圖2-7所示。

由圖2-7可知，我國兒童福利服務輸送體系的組織中有福利、教育、衛生及司法四個領域的公、私立機構、設施所組成。其中包括有各級行政機關所附屬之公立兒童福利設施，以及全國性及地方性的私立兒童福利設施及人民或社會團體，共同為兒童提供直接或間接的福利服務。

然而，我國現行的兒童福利輸送體系，由於各領域之間的本位主義，專責的兒童福利主管機關位階又低，此外，公私立兒童福利服務機構的類型又十分複雜，性質亦多有不同，諸此種種，皆造成推行全面性的兒童福利事務卻是窒礙難行，因此，我們需要有完善的政策來整合完善的兒童福利服務輸送體系以有效推行兒童福利事務。若以機構本身的行政觀點，更需要內部組織的重組和外在任務環境的調適上，則不免有所謂「牽一髮而動全身」的問題和困難（施教裕，1996：58）。所以說來，任何相關福利服務之輸送機構為達有效之服務輸送，必須面對獲得董事會之決策支持、組織任務之調整、員額擴編、預算爭取、服務品質之確認及督導以及外在環境之資源開發、個案轉介和相關機構之間之分工及確保服務輸送網絡之建立。

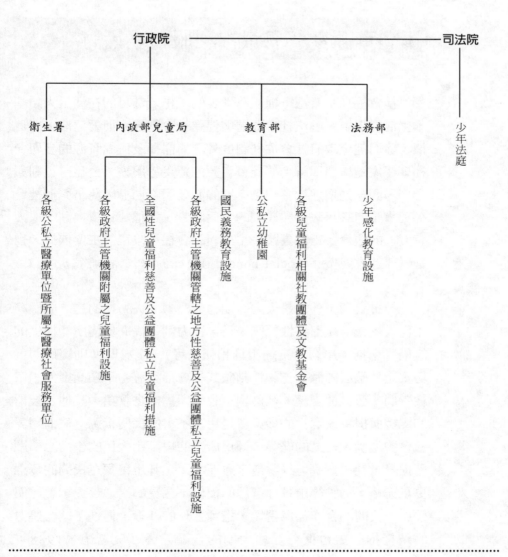

圖2-7 我國兒童福利服務輸送體系的組織架構圖

資料來源:郭靜晃、曾華源,2000

民間資源參與兒童福利服務之探討

　　社會福利事業是一種服務性質的工作，其目的在滿足人類基本生活的需要，解決社會問題與促進社會發展。而要達成上述目標，除需健全政府社會福利制度外，尚需顧及民間資源的參與。社會學家鮑格達即言：「社會資源的運用於服務、公益、福利與合作等觀念是增進社會和諧發展的必要因素。」因此，興辦社會福利事業應該是政府與民間的共同職責，這種「社會福利，人人有責」的觀念，正是實踐民生主義社會福利政策的主要依據，也是對「社會連帶」（social bonds）責任的體認（許榮宗，1987：5）。

　　社會資源不外乎是人力、物力與財力，人力指的是志願服務工作人員或志願服務性社團人員，物力則是民間機構所能提供的設備（包括：屋舍、交通工具和物品等），至於財力則屬民間善心人士及熱心團體、志願性團體或社會福利慈善事業基金會、宗教寺廟、公益性團體、社區理事會等所捐獻之款項，其他是技術的支援與提供、意見的參與皆是用之不盡的民間資源。然而隨著社會的進步，經濟的繁榮，國民所得的提高，人民的生活水準顯著提昇，社會資源可以說愈來愈充沛，尤其是蘊藏在民間的資源更是充裕，過去經由各種資源的提供，意見的溝通表達，都促使政府與民間的合作甚為密切，這種合作的基礎，促進了結合民力的積極推動，也獲得社會大眾的普遍回響（吳老德，1988：23）。

民間參與兒童福利服務的重要性

　　一九四〇年代以後，「福利國家」（The Welfare State）成為

世界各民主先進國家普遍追求的目標，因爲它具有理想的性格，所以一直吸引各國的注意力，尤其英美等國將其奉爲進步與民主的象徵，而建立福利國家社會福利體系已達數十年之久，至今成爲後資本主義社會的其本精神之一（吳老德，1988：22）。

讓人民生活不虞匱乏，免於恐懼，是政府責無旁貸的職責，亦是保障人民福祉的基本條件，惟單憑政府有限的人力、物力與財力，仍是相當有限的。別外，由於我國國情特殊，國防預算比例較重，其欲短期內提昇社會福利支出實有其困難，所以必須動員民間力量，結合社會熱心人士與團體，共同參與社會福利建設，亦唯有政府、企業界，以及全體民眾的共同支持與配合，福利國家的理想才能邁向最適社會的坦途，實現民生主義安和樂利的均富社會。

在社會福利發展過程中，自三十年代以後，因強調福利理念的國家責任，全民性社會福利體系的建立，民間團體已從社會福利服務的主要供應者之角色，退居於輔助性地位。直至八十年代，由於福利國家發展的轉折，民間團體的重要性又開始受到福利學者及政界人士之注意。兒童福利需求的範圍與項目，隨著社會、家庭結構的轉變而日益廣泛、繁多，然而除了兒童之外，政府還得兼顧到其他族群的需要，單靠體制內的有限資源，勢必不足以滿足兒童的各項需求。兒童階段發展健全與否將持續影響其將來的成人生活，因此，民間資源投入兒童福利服務的行列，對兒童福利整體而言，重要性有三：

1.民間團體的福利服務，以地區性和特殊性見長，既能針對地區的個別需求提供服務，並可提供特殊性的服務，以滿足具有特殊需求的個人。兒童在不同的發展階段，有不同的發展需求，此外，一般正常健全的兒童與特殊兒童，二者所需的福利服務需求殊異，民間資源的投入，可以矯正

國家福利服務工作偏重「全民性」、由政府福利機構提供標準化和制度化的福利服務及忽略了個人福利需求的個別性及特殊性的缺失,使兒童得到更具彈性而且周全的服務內涵。

2.民間團體辦理的福利服務,能激發個人積極參與福利服務活動,透過民間志願、互助的力量,充分動員制度之外一切可資運用的資源,更經由民間自發性的相互影響,使兒童福利服務網絡得以建立。

3.國家在緊縮福利支出之際,更有待民間團體福利服務的積極介入,尤其兒童為一弱勢群體,在資源配置,利益分享的過程中,極易受到忽視,民間私人的投入,可以填補政府福利服務構退出所留下的一些福利福務。

有的學者指出,福利國家政府介入社會福利服務,是為了保障人民生活不因生、老、病、死等不可抗拒的原因之威脅,用以維持一定的生活品質。而過度強調其福利的功能與期待時,已導致福利國家財政危機和科層制上的危機。目前大多數福利國家採取的修正路線大部分是採「與民間合作」的模式,或「鼓勵民間自行籌辦」的方式。此外民間團體參與社會福利服務,可以彌補政府科層體制上的限制,在福利設計上比較有彈性和創新,更可從事實驗性的方法尋求有效的服務提供(萬育維,1992)。為補充政府功能之不足,台灣區民間兒童福利機構提供多元化之福利服務,包括:(1)支持性兒童福利服務:兒童保護、未婚媽媽的服務、兒童及家庭諮詢服務、衛生保健諮詢服務、心理衛生工作、諮商與輔導;(2)補充性兒童福利服務:托育服務、醫療補助、醫療服務、經濟扶助、家務員服務;(3)替代性兒童福利服務:寄養服務、兒童收養、兒童安置與收容等服務;(4)其他兒童福利服務工作,例如,保母訓練、保育人員訓練。

我國近年來正積極建構整體社會福利，為防患各福利國社會福利制度既已發生的缺失，又要珍惜來之不易的政府福利預算，鼓勵民間團體參與社會福利服務便成為當前重要的課題。現有之相關民間兒童福利機構與團體依本研究之主題：托育與福利、保護與安置、經濟安全、健康與醫療及教育與休閒等整理臚列如**表2-1**。

民間團體參與提供社會（兒童）福利之優點

　　其實民間團體具有現代社會的功能，其參與社會（兒童）福利服務，與政府機構辦理社會福利服務，有其不同之處，其相異處，正是它的優點，茲分別列述如下（Seader, 1986；王國聯，1991）：

1.政府福利機構的組織，其設立、組織、職掌有一定的法定程序，它無法隨著社會急速變遷的需要，適時修正政府機（構）關的組織法規，而民間團體在這方面彈性大，無此限制與缺點。
2.政府機構用人政策受法規、預算等之限制。但民間團體之用人限制較少，且為提高服務品質，民間團體用人已逐漸朝向專才、專用之要求，如此一來，可減少市政費用的支出。
3.政府機構常具全面性，須注意均衡發展，面面俱到。民間團體則可對特殊恆對象及需要，在某一時段，對某些服務集中力量全力以赴，不必受普遍性之牽制。更可專注於其專長之服務，匯集所有可運用之力量予以支助，易獲效益。
4.政府機構推展工作，需先有完整之計畫，故對突發事件之

表2-1　我國相關兒童福利機構

機構名稱	地址	電話	服務項目
托育與福利			
台北市立建成托兒所	台北市南京西路64巷9弄8號	02-25595901	兒童教保、衛生保健、家庭訪視及個別輔導
台北市立龍山托兒所	台北市梧州街36號	02-23020936	同上
台北市立松山托兒所	台北市吳興街506巷21號	02-27227759	同上
台北市立雙園托兒所	台北市興寧街6號	02-23028062	同上
台北市立城中托兒所	台北市濟南路2段46號2樓	02-23933620	同上
台北市立南港托兒所	台北市南港路1段287巷2弄15號1	02-27825081	同上
台北市立木柵托兒所	台北市興隆路4段105巷1號	02-29395526	同上
台北市立中山托兒所	台北市通河街179巷2號	02-25923842	同上
台北市立大安托兒所	台北市辛亥路3段11號	02-27322374	同上
台北市立古亭托兒所	台北市國興路46號	02-23038164	同上
台北市立內湖托兒所	台北市康寧路3段189巷93弄18號1樓	02-26319818	同上
台北市立士林托兒所	台北市大東路75號	02-28819655	同上
台北市立民生托兒所	台北市敦化北路199巷5號2樓	02-27153544	同上
台北市立信義托兒所	台北市基隆路1段364巷20號	02-27297527	同上
台北市立成功托兒所	台北市四維路198巷31弄11號	02-27557143	同上
台北市立大同托兒所	台北市重慶北路3段347號3樓之1	02-25932362	同上
台北市立北投托兒所	台北市忠誠路2段207巷1號	02-28747600	同上
台北市立大直托兒所	台北市大直街25號	02-25336738	同上
台北市立自強托兒所	台北市陽光街265巷9號	02-27993223	同上
台北市政府社會局委託中華婦幼發展協會辦理正義托兒所	台北市大安區忠孝東路3段216巷4弄41號	02-27726656～7	收托一般幼兒 延後收托服務 臨時收托服務
中華婦幼發展協會	台北市大安區忠孝東路3段216巷4弄41號	02-27726656～7	研擬婦幼有關法案，提請政府儘速立法，護
中華民國保母策進會	台北市大安區和平東路1段177號10樓之4	02-23417447 02-23416726	保母育嬰諮詢專線服務、協助有托育需求之家長解決托育問題
財團法人心路文教基金會附設心愛兒童發展中心	台北市中山區長安東路1段87號	02-25362412 02-25714356	專業訓練、日間托育、親子幼幼班、諮詢評量
台北市智障者家長協會	台北市大安區建國南路1段321號2樓	02-27062686	提供0～6歲學齡前期智障或發展遲緩幼兒，日間托育暨早期療育

續表2-1

機構名稱	地址	電話	服務項目
保護與安置			
台灣省私立中華兒童福利基金會大同育幼院	台北縣中和市圓通路121巷2號	02-22472455 02-22452085	生活照顧
台北縣私立中華育幼院	台北縣新莊市化成路1008號1、2樓	02-29927018 02-22217329	收容扶養孤貧失依兒童
財團法人宜蘭縣私立慈懷社會福利慈善事業基金會慈懷園	宜蘭縣宜蘭市民族里國榮路1-1號	039-331001~2	不幸兒童安置輔導 偏差行為兒童輔導 親子關係諮商輔導
宜蘭縣私立神愛兒童之家	宜蘭縣多山鄉得安村得安路23號	039-514652	未婚媽媽之收容 棄嬰之收領養
台灣省立桃園育幼院	桃園縣蘆竹鄉五福村1鄰廟口12號	03-3525634 03-3526964	貧困無依兒童收容教養、棄嬰收容
財團法人台灣省私立台灣國際兒童村	桃園縣楊梅鎮高榮村北高山頂15-8號	03-4902304	兒童的收容教養
財團法人桃園縣	桃園縣平鎮市延平路二段123號	03-4932610	收容教養貧苦無依之兒童
私立中壢育幼院財團法人台灣省天主教會新竹教區附設德蘭兒童中心	新竹縣寶山鄉雙溪村153號	035-202170	收容教養7-15歲孤兒及家庭變故兒童
財團法人雲林縣私立信義育幼院	雲林縣西螺鎮大園鄉光復東路51巷1號	05-5863194	貧苦無依兒童之收容
華川仁愛之家中華兒童村	高雄縣旗山鎮旗南二路85號之18	07-6661812~3	棄嬰棄童住宿 智障兒童住宿
私立公托育幼院	高雄縣仁武鄉仁心路199巷51號	07-3711458	服務父母因特殊原因無法照顧之兒童
聯勤國軍第二育幼院	高雄縣鳳山市王生明路1號	07-7463326	0-18歲之國軍官兵遺孤
台灣省立高雄育幼院	高雄市左營區新庄仔路48號	07-5824645 07-5824647	院內收容 介紹領養
財團法人佛教私立禪光育幼院	花蓮縣新城鄉仁愛路17之2號	038-611698 038-612555~6	貧孤兒童收容教養
財團法人私立台東基督教阿尼色弗兒童之家	台東縣卑南香賓朗路260號	089-223194	單親、貧苦兒童住宿教養
台灣省立台中育幼院	台中市西區大明街27號	04-2271839 04-2207345	辦理被虐待兒童緊急庇護
財團法人台灣省私立向上兒童福利基金會附屬台中光音育幼院	台中市北區淡清北巷61號	04-2034455	辦理貧苦兒童收容

續表2-1

機構名稱	地址	電話	服務項目
財團法人台中市私立明愛育幼院	台中市南區復興路三段230巷9號	04-2227764	養孤恤幼收容無依無靠之貧苦孤兒
台中市私立慈光育幼院	台中市南區瑞光街9號	04-2874890 04-2879176	被虐待兒童之安置與諮商
財團法人台北市私立伯大尼育幼院	台北市文山區保儀路129號	02-29396396	收容教養貧困兒童
台北市私立體惠育幼院	台北市中山北路七段141巷43號	02-28715276 02-28740646	服務父母因特殊原因無法照顧之兒童
台北市私立忠義育幼院	台北市文山區景興路85巷12號	02-29311659 02-29310213	兒童收容教養個案諮商輔導
天主教露德之家	台北市士林區中山北路七段191巷5號	02-28728452	心理輔導 生活教育 宗教培育
中華婦女反共聯合會附設惠幼托兒所	台北市延平南路115號	02-23118657	托兒、育兒
國軍第一育幼院	台北市文山區興隆路三段306號	02-22308073	教養、個案處理、醫療服務
私立華興育幼院	台北市士林區仰德大道一段101號	02-28311393	保育工作、心理輔導
台北市私立好生育幼院	台北市北投區一德街75號	02-28954321	收容教養孤貧之兒童
財團法人佳音文教基金會附設台北市私立佳音兒童發展中心	臺北市新生南路三段84巷9號1樓	02-25853748	日間托育、教養生活訓練
財團法人中華民國紅十字會高雄市分會附設高雄市私立紅十字育幼中心	高雄市鼓山區登山街28號 高雄縣鳳山市瑞光街81號	07-5512101 07-7019476	育幼、育嬰知能障礙而同學齡前教育
中華民國終止童妓協會	台北市大安區泰順街2號4樓之2	02-23658510	終止童妓、終止兒童色情、終止跨國性剝削
財團法人中華文化社會福利事業基金會台北兒童福利中心	台北市松山區虎林街120巷270號 (台北市信義區忠孝東路5段275巷15號)	02-27679264	托育工作、發展遲緩兒童早期療育、兒童教養、社會工作
台北市立廣慈博愛院育幼院	台北市信義區福德街200號	02-27282334 轉253‧254‧255	收容棄嬰、孤兒給予生活照顧輔導、課業輔導、就業或升學輔導、醫療保健、文康活動。

續表2-1

機構名稱	地址	電話	服務項目
台北市私立聖道兒童之家	台北市士林區天母東路6之2號	02-28714445轉114	收容撫養並教育貧苦孤兒
台北市私立義光育幼院	台北市萬華區和平西路3段382巷11弄17號	02-23045561 02-23045562	兒童教養、心智缺乏平衡或智能不足兒童的輔導與教育
財團法人基督教芥菜種會附屬愛心育幼院	台北縣新莊市中正路382號	02-29927503	收容教養孤貧及破碎家庭之兒童
台北縣私立榮光育幼兒	台北縣永和市竹林路75巷11號	02-29213256 02-29276225（24小時）	收容教養孤苦無依兒童，培育其為健全之國民
台灣台北地方法院少年法庭觀護人室	台北市中正區博愛路131號3樓	02-23816429 02-23714614 02-23119016	審理前調查、保護管束之執行、假日生活輔導之執行
台灣板橋地方法院觀護人室	台北縣土城市青雲路138號	02-22700303（代表號）	執行假日生活輔導執行保護管束
財團法人基督教更生團契附設台北市私立北投中途之家	台北市北投區中和街474巷16號3樓	02-28956814	信仰與人生輔導、心理治療、適當管教、關心愛護
財團法人台北市天主教善牧社會福利事業基金會	台北市中正區中山北路1段2號907室（中央大樓）	02-23110223 02-23117642	幫助無力撫養之早產兒、棄嬰或有殘障之兒童尋找領養之家庭
財團法人台北市勵馨社會福利事業基金會	台北市大同區長安西路49號	02-23759595 02-23888595（輔導專線）	保護安置：提供安全保護的環境及食宿等基本生活照顧
仁愛殘障兒童收容所	台中縣太平市長龍路中民巷51-28號	04-2770036	收容扶養醫療復健

經濟安全

機構名稱	地址	電話	服務項目
財團法人中華民國兒童福利聯盟文教基金會	臺北市民生東路5段137巷2號5樓之一	02-27486006	推動法規修訂、整合兒童福利服務網路；提供兒童福利服務
財團法人中華兒童福利基金會台北家庭扶助中心暨其他21個家扶中心	台北市中正區新生南路1段160巷17號	02-23516948 02-23516944 02-23966832	經濟補助 醫療服務 兒童輔導
財團法人賽珍珠基金會台灣分會	台北市中正區和平西路1段56號4樓之5	02-23698003 02-23699689	生活補助 資優生及成績優良獎

續表2-1

機構名稱	地址	電話	服務項目
中華民國兒童慈善協會	台北市松壽路3號18樓	(02)2723-5707	提供其他兒童服務機構各項慈善援助；舉辦關懷兒童系列活動

健康與醫療

機構名稱	地址	電話	服務項目
財團法人中華民國心臟病兒童基金會	臺北市青島西路11號4樓之4	02-23319494 02-23311534	心臟病兒童醫療補助
台大醫院精神科兒童心理衛生中心	台北市中山南路7號	02-23970800 轉6597、6598	門診、日間住院治療、全日住院治療
財團法人中華兒童福利基金會台北縣家庭扶助中心	台北縣板橋市光明街138號	02-29592085 02-29597795 （兒童保護專線）	行為和心理輔導協談、健康檢查和醫療服務
財團法人中華民國早產兒基金會	台北市中山區中山北路2段92號	02-25111608 080003595	經濟補助、推展早產兒治療、早產兒之預防教育
財團法人中華民國兒童癌症基金會	台北市中正區青島西路11號6樓	02-23319953 02-23896221	建立癌症兒童之有關資料、病童就學就業問題之輔導
財團法人中華民國兒童燙傷基金會	台北市中山區中山北路2段92號	02-25224690	舉辦各種活動從身、心、靈方面關心燙傷兒童
財團法人台北市中華唇顎裂兒童基金會	台北市士林區德行東路46巷8弄6號3樓	02-28344198 02-28344164	辦理唇顎裂兒童家庭心理復健之相關服務
財團法人麥當勞叔叔之家兒童慈善基金會	台北市松山區敦化南路2段92號10樓	02-27059841	兒童醫療照顧及醫藥研究、兒童社會福利及慈善服務
中華民國兒童保健協會	台北市中正區青島西路11號4樓之4	02-23890750	進及協助政府推行兒童保健之有關事項：健康、教育、福利、保護、立法。
台北市喜願協會	台北市中山區松江路283號5樓之2	02-25082538	為3～18歲重症兒童完成最想完成的心願
台北縣三重市立厚德兒童特殊教育發展中心	台北縣三重市自強路2段93號地下室	02-29872188	日間托育服務 醫療復健服務 殘障福利諮詢服務
台北榮民總醫院青少年心理衛生醫療諮詢電話一王大夫專線	台北市北投區石牌路2段201號	02-28719494	精神醫療諮詢服務 （以電話及信件方式）

續表2-1

機構名稱	地址	電話	服務項目
台北榮民總醫院兒童青少年心理衛生門診	台北市北投區石牌路2段201號（第二門診大樓三樓）	02-28712121轉7419或預約掛號電話02-28732151	兒童與青少年心理適應、情緒困擾的檢查與治療、心理輔導或治療、親職指導
財團法人光智社會事業基金會附設台北市士林地區青少年心理衛生中心	台北市士林區通河街137號地下樓	02-25852773 02-25864250	個案心理諮詢及家族會談門診診療
台北市立婦佑綜合醫院醫療諮詢專線	台北市中正區福州街12號	02-23960728	嬰幼兒常見疾病處理常識；產前、產後之保健知識
台北市立陽明教養院	華岡院區：台北市士林區凱旋路61巷4弄9號 永福院區：台北市士林區莊頂路2號	02-28611380〜2	生活自理訓練 啟智教育 復健治療 職業訓練
聖安娜之家	台北市士林區中山北路7段171號	02-28714397	養護1歲至5足歲之重度智障或唐氏症兒童
財團法人心路文教基金會	台北市中山區吉林路364號4樓	02-25929778	心愛兒童發展中心：0〜6歲發展障礙嬰幼兒早期療育 心路兒童發展中心：3〜6歲腦性麻痺兒童早期療育

教育與休閒

機構名稱	地址	電話	服務項目
基隆市兒童發展協會	基隆市豐稔街70號1樓	02-24629609 02-24628025	發掘兒童才藝潛能及身心發展
高雄市社會局附設兒童福利服務中心	高雄市三民區九如一路775號	07-3860846	親職教育 兒童諮詢
財團法人信誼基金會親子館	台北市中正區重慶南路2段75號B1	02-23965303轉1701	國內外教育性玩具收藏、借玩
財團法人台北市友緣社會福利事業基金會	台北市松山區南京東路5段59巷30弄18號1樓	02-27693319	兒童成長團體 兒童遊戲治療 兒童人際ok成長營
財團法人靖娟兒童文教基金會	台北市中正區汀州路1段123號	02-23391305	推展兒童安全教育宣導活動
中華民國嬰幼兒教育發展協會	台北縣新店市民權路100-1號5樓	02-22198682	嬰幼兒教養諮詢服務、促進嬰幼兒教養知識之研究發展

續表2-1

機構名稱	地址	電話	服務項目
台北市青少年兒童福利學會	台北市士林區陽明山華岡路55號（中國文化大學社會福利學系內）	02-28610511轉535、534	舉辦有益兒童身心發展之活動、關於兒童福利之建議計畫設計推動事項
中華民國特殊教育學會	台北市大安區和平東路1段162號（國立台灣師範大學特殊教育中心）	02-23922784 02-23685938	設計研究及製作有關特殊教育之教學器材、協助特殊教育人員之進修國立台灣師範
大學特殊教育中心	台北市大安區和平東路1段162號師大博愛樓3樓	02-23922784 02-23685938 02-23625101～5轉8359、8360	從事特殊兒童教育實驗、提供有關諮詢及資料、舉辦國內外特殊教育實況調查
中國輔導學會	台北市大安區和平東路1段162號國立台灣師範大學教育心理與輔導學系	02-23418171 02-23511263轉616	研究輔導理論、方法與發掘輔導工作實際問題、編印輔導書刊
台北市立師範學院特殊教育中心	台北市中正區愛國西路1號	02-23113040轉4132、4133	學術研究諮詢服務輔導教學
中國反共救國團總團部諮商輔導處—「張老師」	台北市中山區松江路219號	02-25025858轉453	心理衛生教育、家庭生活教育
財團法人人本教育文教基金會	台北市大安區羅斯福路3段277號7樓A室	02-23670151 新竹分會(03)5333062 台中分會(04)2072334 高雄分會(07)2166510	有關青少年之課業問題、人際問題、休閒安排、身心發展、親子關係、師生關係及教育問題諮詢
台北基督教女青年會	台北市中正區青島西路7號	02-23812131 02-23313848	幼兒園、兒童多夏令營、兒童知識旅遊
台北市第一兒童發展中心	台北市信義區信義路5段150巷342弄17號之7	02-27224136	個別化教學、諮詢服務、培養師資、早期療育、輔具資源服務
台北市博愛兒童發展中心	台北市內湖區江南街43號4樓	02-27987319 02-27976606	同上
財團法人第一兒童發展文教基金會附設中和兒童發展中心	台北縣中和市中山路2段64巷7弄21號	02-22498492 02-22490842	早療服務、日托式教養服務；提供身心障礙兒童家長及社會人士諮詢服務

續表2-1

機構名稱	地址	電話	服務項目
財團法人天主教光仁文教基金會附設台北市立育仁啓智中心	台北市萬華區興寧街70號	02-23082863	教育中、重度智能不足兒童；設有清寒獎助學金
財團法人雙溪啓智文教基金會	台北市中山區明水路581巷17號4樓之3	02-25325002	啓智教育、諮詢輔導、啓智工作人員專業培訓
財團法人劉氏社會福利事業基金會	台北市中正區仁愛路2段34號2樓	02-23932072 02-23938584	提昇兒童學習能力(含說、寫、讀、算及運動)
中華民國唐氏症關愛者協會	台北市大安區忠孝東路3段271號5樓	02-27512031 02-27219033	早期療育相關教育課程、認識唐氏症之宣導
財團法人雅文兒童聽語文教基金會	台北市北投區裕民六路128號3樓	02-28274500	免費提供學齡前聽障兒童一對一「聽覺口語法」課程
台北市立啓聰學校	台北市大同區重慶北路3段320號	02-25924446	聽障特殊教育、語言訓練、手語訓練
台北市立啓明學校	台北市士林區忠誠路2段207巷1號	02-28740670	提供視障兒童及青少年就學，分幼稚園、國小、國中、高職與高中等部
財團法人佳音文教基金會附設台北市私立佳音兒童發展中心	台北市中山區新生北路3段84巷9號1樓	02-25854116 02-25853748	音樂療育、物理治療、職能治療、認知教學、臨托服務
台北縣私立眞光教養院	台北縣新店市永平街20號	02-29435961 02-29409488 02-29426201	專收容身心障礙兒童；教養身心障礙兒童
台北縣八里愛心教養院	台北縣三峽鎮文化路155號	02-26737834 02-26737840	養護；早期療育；醫療保健
財團法人伊甸社會福利基金會	台北市松山區光復北路60巷19～6號地下室	02-25773868	發展遲緩兒服務：1.個案管理 2.社區化家庭服務 3.機構式早期療育
財團法人台北市私立同舟發展中心	台北市大安區復興南路1段126巷1號6樓之2	02-27818363	發展遲緩兒童早期療育；生活輔具及治療性輔具租借
高雄縣婦幼青少年館		07-7466900	健全托兒制度，推動兒童福利服務

續表2-1

機構名稱	地址	電話	服務項目
內政部中區兒童之家	中華民國臺灣省臺中市西區大明街27號	04-2222294（六線）	兒童收養服務；社區兒童服務；個案的收容與訪視
中華民國天使兒童村協會	台北市文山區和興路6巷1弄7號4樓	02-25077289	發揚民俗童玩提昇兒童文學戲劇等藝能事項
財團法人中華福利社	台北市中正區武昌街一段16巷5號	02-23147300 02-23147301	為家長解答有關兒童養育、管教、學習、心理等問題
財團法人台灣省苗栗縣公館教會聚會所附設學生中心	苗栗縣公館鄉民生街19號	037-221378 037-221431	課業輔導 成長團體 親子活動
財團法人高雄市私立樂仁啟智中心	高雄市前鎮區東三街150號	07-8217163 07-8217164	學齡前特殊兒童日間托育

資料來源：台灣省政府社會處，1995；台北市志願服務協會，1999

服務，常措手不及，不易應對，民間團體對於突發事件的應變能力因較具彈性，比政府機構更具應變力，藉由私人部門的效率，減輕納稅人的支付成本，並透過風險轉移或分擔的方式以降低政府所承擔的風險。

5. 政府機構常在某一時段性工作完成後，對應階段性需要增加之員額，不易解決裁員問題；但民間團體可採「借調」、「聘僱」、「委託」等方式用人，於工作完成即行解除聘僱契約，沒有這些問題。

6. 政府機構的科層體制，易成為官僚，作風保守，與民眾之間較易有隔閡，服務態度較差。民間團體的投入，可在不增加稅賦及服務費用支出的情況下，維持或提高服務的水準。

民間團體參與兒童福利服務的方式

　　所謂「民間團體」，泛指依人民團體法籌組之職業團體、社會團體和政治團體，和依法成立之各類財團法人。這些民間團體，都是由志趣相同的一群人，或捐集一定的基金，基於共同理想、目標，或共同利益，為達一定目標而籌組設立。團體雖各有其特殊性，但均具有中介、社會及地緣性功能。所謂中介性功能是指成員可透過團體向政府提出建言，增強服務內容的完整性；向下可配合政府的施政，奉獻力量，出錢出力，提昇生活品質。所謂社會性功能，是因為團體都是公益性之社會組織或財團，對社會建設，促進社會福祉、和諧，都承擔了些責任。至於地緣性功能，重在職業團體之農漁會、教育會及社會團體之婦女會、獅子會、青商會、各種福利性協會，均設有基層組織，其上級團體和其他人民團體之組織區域，及財團之設立亦大都與行政區域相配合，足見其具有地緣性功能之意義（王國聯，1994：29）。

　　民間團體參與、其介入兒童福利服務之方式，一般而言有三種（王國聯，1994：29）：（1）民間團體自辦福利機構提供福利服務；（2）由政府提供福利設備或經費委由民間團體提供福利服務；（3）由民間團體提供財源委由政府設立之福利機構辦理福利服務。也就是由民間團體提供人力、物力和財力；參與社會福利服務工作，而為了保障一定水準之福利服務品質，政府對民間團體辦理之社會福利服務，均訂有一定之標準，以保障服務使用者（即消費者）的權益。

　　民間團體參與兒童福利服務，並不代表政府完全放手不管，事實上政府仍舊必須負起監督及提供民眾所需服務的責任（Alan, 1986），只不過藉由市場化自由運作的原則：競爭及有效率的經營，試圖減低政府在社會福利方面的預算，同時又希望能不降低

服務的品質；民間團體參與兒童福利服務是政府在面對日趨減少的福利資源，卻又不希望減少福利服務提供的多樣性所衍生出來的策略，於是，在減小公共福利部門的範圍和效率的要求下，這是不可避免的趨勢（謝美娥，1991）。

因此，民間團體參與兒童福利服務提供的方式，可有下列幾項：（許榮宗，1987；吳老德，1988；孫健忠，1988）

1.推展志願服務。
2.重視基層參與，建立社會支持系統。
3.商業市場的提供。
4.民間慈善與公益團體。

民間提供兒童福利服務在我國的適用性

由於政府單位擁有的資源極為有限，因此，將來使用民間團體參與兒童福利服務的策略以提供福利服務的多樣性，應該是可以採行的辦法。在考慮民間團體參與兒童福利服務時，應準備下列的工作（謝美娥，1991：150-152）：

1.評估福利需求的優先順序。
2.對現有福利資源與措施的調查。
3.私立機構的財務管理與資訊系統是否完備。
4.私立機構是否要在組織功能上調整。
5.決定民間團體參與兒童福利服務的形式。
6.價格的決定。
7.設立限制（regulations）。
8.訓練政府行政部門的工作人員。

檢證歷年來內政部辦理獎助情形，發現內政部在嘗試拓廣政府與民間協調合作辦理兒童福利的方式上，包含下列幾個作法：

1.委託方式：兒童家庭寄養、辦理社會工作員研習（討）會等都是採行委託方式。

2.補助方式：補助成立兒童館、親子館及青少年福利服務中心、兒童課後收托、親子活動等皆屬之；透過經費補助方式，提高社會資源參與的興趣及服務品質。

3.獎助方式：給予全額經費或大部分經費，進行專案式的協助，並進行創新業務的試驗，於年度執行完竣後，私託專人組成評鑑小組實地考評及檢討。

4.公設民營方式：由政府全額補助房舍建築及內部所需設備器材，交由民間負責管理經營。

5.決策分享（相對補助）方式：內政部當前推動全國性基金會聯合會報工作方式屬之。全國性基金會聯合會執以基金孳息來推動福利工作，內政部則提供與該孳息同額之相對補助，在充裕經費中並肩，在決策分享中擴大服務層面。縣市政府為強化社會福利服務功能，拓廣服務範圍而須增加約聘僱社會工作員員額，便可在此方式下使政府與民眾兩相獲利。民眾能因社會工作員的增加得到質量兼顧的專業服務，而地方政府則在增聘兩名社會工作員而由央補助乙名人事費的配額，減輕了地方財政上的負擔。

　　內政部為了策動各級地方政府辦理各項社會福利服務，於七十八年間訂頒「內政部加強推展社會福利獎勵作業要點」，透過獎助，結合民間團體貫徹社會福利政策與措施，其獎助對象除各級地方政府及公立社福機構外，還包括：（1）財團法人社會福利機構、財團法人宗教組織或社會福利慈善基金會附設社會福利

設施者：（2）社團（法人）或社區組織其會務健全，著有成效者，社團若未辦理法人登記者，僅獎助其經常部門之工作項目。這些民間團體，若專設有部門或訂有專項計畫，辦理兒童、少年、婦女、老人、殘障福利服務，以及辦理社會救助、志願服務、社區發展等業務，均可透過各級地方政府向內政部提出申請，其獎助額度，依其工作項目及地區（離島及偏遠地區可提高獎助額度百分之二十），按一般原則（獎助百分之七十）或特殊原則（最高可全額補助）決定，其最高者有獲二億元左右之獎助經費者。此要點訂頒以來，引進很多民團體參與並擴大社會福利服務工作，該要點每年針對地方實際需要，配合中央之福利政策予以修正實行。

現行政府興辦兒童福利服務的相關措施與承諾

當前兒童福利服務的相關措施

福利服務是以全民為對象，當前兒童福利服務的問題或需求，包括：托育、單親家庭兒童的照顧、兒童受虐以及兒童休閒育樂活動的不足。為因應社會大眾對托育服務之需求，政府以提供的相關服務措施包括：獎助設置公立托兒所、推動專業訓練及技能檢定、培訓專業保育人員及家庭托兒保母人員及實施托育津貼等。試將現今兒童福利服務措施，依其福利服務項目，分為：托育與福利、保護與安置、健康與醫療、經濟安全與教育與休閒五類，並分述如下（參見表2-2）。

表2-2 我國兒童福利相關措施

類別	相關措施
托育與福利	自八十年度起專案獎助各縣市政府興設「示範托兒所」,自八十五年度起將八十四年度計獎助20個縣市設57所示範托兒所修正為「公立托兒所」,迄八十八年度計獎助興建48所公立托兒所。
	訂頒「兒童福利專業人員資格要點暨訓練實施方案」,並委託大專院校積極辦理專業訓練。
	中央督導地方政府辦理家庭保母培訓工作,並於八十七年三月由內政部協同行政院勞委會職業訓練局正式實施保母人員技術士技能檢定。
	研擬擴大實施托育津貼辦法,落實低收入戶幼兒免費收托,及清寒家庭子女之優惠。
保護與安置	成立廿四小時兒童少年保護熱線中心、將全國兒童少年保護會報擴大改組為「內政部兒童及少年福利促進委員會」。
	鼓勵並補助民間團體參與兒童少年保護工作,並進行追蹤輔導。
	研訂嚴謹之失蹤兒童少年協尋辦法,並整合民間團體資源,建立完整協尋網絡。
經濟安全	困苦失依之兒童關係人可向地方政府申請發給家庭補助費,或委託公私立育幼院收容安養。
	針對不適宜居住於家庭或喪失生存所必須的扶助、養育及保護,或家庭發生不可預期變故之兒童,政府委託兒童福利機構辦理招募、篩選、訓練適當家庭,並給予必要的費用協助。
健康與醫療	85年起成立「發展遲緩兒童早期療育服務推動小組」,並函頒「發展遲緩兒童早期療育服務實施計畫」,以建立發展遲緩兒童早期發現、通報流程、服務模式,結合多方資源,共同推動早期療育服務。
	八十六年度起設立發展遲緩兒童鑑定中心,擇定台北市、高雄市、花蓮縣、台中縣及台南市等為「發展遲緩兒童早期療育服務實施示範點」。
	落實出生通報制度,配合早期鑑定、健康檢查的方式,對新生兒做篩檢工作,以期提早發現有問題的兒童並施以療育服務。
教育與休閒	持續鼓勵設置綜合性兒童福利服務中心,規劃並推動各項諮詢、諮商服務,設置兒童保護專線,處理緊急安置,提供親職教育、寄養、收養轉介、兒童休閒娛樂、課後托育等服務工作。
	教育單位於直轄市暨各縣市設立家庭教育中心,提供親職教育活動及諮詢服務。

資料來源:整理自內政部,2000

政府對兒童福利服務的承諾

　　兒童福利是國家整體發展重要的一環，在政治上是國家認同的要素、在經濟上是永續發展的基石、在社會上是需求滿足的途徑。我們所追求的是一個全面而整合的兒童福利體系，不僅是弱勢族群的兒童福利、更是全民的兒童福利，政府對此負有責無旁貸的義務。儘管政府已經有一些兒童福利服務的相關措施，且也有許多的兒童及其家庭正受惠於這些福利服務。

　　然而，卻仍有許多的兒童或其家庭未能取得必要的服務。有鑑於此，政府為營造一個安全、健康和快樂的兒童成長環境，對全民提出了下列的承諾（參見**表2-3**）。

表2-3 政府對兒童福利的承諾

類別	相關措施
托育與福利	積極鼓勵及補助地方政府設置公立托兒所，增進社區化暨精緻化的多元托育服務功能，建立托兒教保示範制度。 鼓勵公設民營托兒所，以廣結民間與社區資源，共同推展托育服務事業。 積極輔導並監督民間托兒機構的服務內涵與素質。 加強推動專業人員訓練方案，建立托兒教保專業制度。 擴大辦理托育津貼措施，優先照顧弱勢家庭幼童就托福祉。 落實保母人員技術士技能檢定，建立家庭保母督導制度，以加強嬰幼兒照顧服務。 推動托兒與學前教育整合工作，健全我國學前幼兒教保體系。 加強社政與教育單位聯合推動以學校或社區為基地之學童課後托育服務，以滿足雙薪（工作）家庭對學童課後托育的需求。 建立完整托育服務輸送網絡，提供社會大眾完善精緻之托育服務品質，達成專業托育之理想目標。
保護與安置	於中央及直轄市、縣市政府成立兒童少年保護聯絡會報，統籌規劃各地方之兒童保護工作及積極建立兒少保護網絡。 繼續全面推展兒童保護措施，加強24小時兒童保護通報專線功能，並提供及時之救援轉介服務。 加強育幼院服務功能協助轉型配合兒童保護個案之長期安置工作。 加強宣導兒童保護觀念，並結合教育單位加強強制親職教育之專業人員培訓，及強化失虐者受輔導意願等措施，以預防虐待事件的發生。 積極規劃開拓家庭寄養資源，建立完整家庭寄養制度，協助不幸兒童接受家庭照顧。 積極推動九二一震災失依兒童少年之重建工作，透過各相關團體服務方案之提供，以協助其身心健全發展。 由積極的預防到消極的治療面向同時努力，以確保兒童有的生活權益。

續表2-3

類別	相關措施
健康與醫療	建立普及化、社區化的療育資源,並加強結合民間團體,以照顧管理的服務模式,為需要接受早期療育的兒童,在一個適宜且可近性高的療育環境下接受治療。
	加強醫療、教育與社政等部門之整合,培育及吸引早期療育專業人才投入服務行列,讓發展遲緩的兒童及時接受高品質的療育服務。
教育與休閒	建構兒童福利事業之評鑑與獎勵制度,以建立事業之經營管理,提昇專業知能,達到有效資源之充份運用,發揮機構功能;並透過獎勵措施激勵士氣,促進兒童權益的保障與服務品質的提昇。
	協同教育單位強調家庭對於兒童的照顧責任,提供家長親職教育與家庭休閒教育之學習機會,並致力於整合民間、企業資源支持家庭,以促進家庭功能的發揮,維繫兒童與其家庭的關係,並能在祥和溫暖的家庭環境下成長。
	倡導政府與民間妥善分工,採用社區化、民營化及建立網路化之原則,一方面結合民間及社區資源,建立社區資源網絡,並明確資源分配和權責分工;另一方面,增加誘因和獎勵條件,促進民間機構及團體參與兒童福利服務,以鼓勵民間積極參與。
	依中央、地方政府的特性規劃符合兒童一般及特殊需求的福利服務方案,以因應日益多元化的兒童福利服務需求。

資料來源:整理自內政部,2000

兒童托育與福利服務照顧方案

◎前言
◎兒童托育服務
◎兒童福利服務
◎當代台灣地區兒童托育與福利的相關文獻（1980-2000）

前言

兒童福利已不再是單純的人道主義問題，至少目前世界潮流對兒童福利努力的目標，不再是消極地針對特別需要救濟和保護的不幸兒童，而是更進一步地積極針對每位兒童權益的保護，包括：兒童的托育、教育、衛生及社會各方面的福利事業，甚至也是一個當作一個國家之文明的重要指標。所以說來，兒童福祉與兒童照顧攸關國家的永續發展。相當多的先進國家，例如，美國、加拿大、英國、紐西蘭等國家開始撥出大筆預算，一方面減輕家庭照顧幼兒的負擔，一方面提供最好的支持育兒措施與照顧方案，讓國家的新巨輪能在最關鍵的時刻獲得最好的照顧。投資兒童就是投資未來，今日不做，明日就會後悔，爲了培養下一世紀優質的人口，規劃整體的兒童照顧政策與服務方案有其必要性（天下雜誌，1999；郭靜晃，1999：120）。兒童福利政策可以說是運用一切有效之社會資源，滿足兒童時期生理、心理、社會環境之特殊需求，促使兒童得以充分發揮其潛能，達成均衡且健全發展之目的的計畫與方案。

近年來，我國由於經濟與社會發展快速，國民所得已超過一萬兩仟美元，並且政治結構也日趨民主化，然社會的長期成長卻未能同步跟進，導致家庭和社會不論在結構層面、功能內涵均起了相當的變化（郭靜晃，1999：199）。這些轉變造成家庭兒童照顧負擔愈加沉重，婦女轉至就業市場更使照顧的功能遭到嚴重挑戰，因此，台灣有愈來愈多的幼童不再是由母親或家人留在家中照顧，而是接受政府或民間團體所提供的托育服務（余多年，1999）。然而，從傳統的理念而言，除了父母雙亡或是不適任時，母親留在家中照顧幼兒乃是天經地義的事，兒童照顧根本不

是問題，也沒有所謂的兒童照顧需求（余多年，1999）。

但是，廿世紀之末期，由於社會與經濟發展快速，導致家庭與社會不論在結構層面、功能內涵均起了相當之變化，這些改變，對兒童照顧也產生一些轉變方向，茲分述如下：

兒童人口減少

台灣地區由於人口政策及家庭計畫工作之推展有成，出生率逐年降低。民國七十三年，十二歲以下兒童人口數共計4,629,185人，至民國八十二年減為4,059,387人（內政部，1984-1993），至民國八十四年減為3,885,267人（內政部統計處，1996），至民國八十六年的3,837,000人及民國八十七年的382萬人左右，十二年中，兒童人口數減少19.15%；在總人口所佔的比例中，則由民國七十三年的24.35%下降至民國八十二年的19.33%，以及民國八十六年的17.65%及民國八十七年的17.64%，呈穩定減少之趨勢。兒童出生人數雖減少，但由於今日公共衛生及醫藥的進步、有效的避孕方法，使兒童在父母的愛與期望中誕生；因此，今日之兒童較諸以往更加受到家庭與社會之關注。再加上台灣社會已呈現老人化社會，老年人口逐年增加，平均壽命亦增加，未來的人口依賴比率也逐年增加，而未來兒童及少年成年後之負擔比例也將加重，是以社會及政府愈來愈重視兒童福利「質」的提昇。

家庭結構與功能的改變

家庭是人類生活中最初的社會化團體，雖然家庭在經歷生命週期（life cycle）的不同階段時，會引起結構上的改變，包括：家庭形成（結婚、同居）、家庭擴大（收養、養育子女）及家庭解組（家庭成員離家、離婚）等。除此之外，家庭環境、結構、

功能及生存方式等方面的變化往往是家庭因應外在壓力及需求，或自行選擇新生活方式的結果，家庭的任何變動，都將對依附家庭而生長的兒童，產生鉅大之影響。

現代社會至少要保存下列五種家庭功能：生育的功能、照顧兒童的功能、提供社會化之教育功能、規範性行為的功能及提供親情資源之功能（Zastrow, 1994：146-147）。然社會變遷也使得美國之家庭產生鉅大之變化，例如，離婚率上升、促使單親家庭增加、家庭之親情功能瓦解、促使兒童受虐或婚暴事件增多，也使得空殼婚姻（empty shell marriage）增加。

台灣根據內政部統計處（1997）編印的「中華民國八十四年臺灣地區兒童生活狀況調查報告」指出，我國之家庭結構以核心家庭（佔59.79%）為主要之家庭型態。由於家庭組織規模的縮小與社會生活步調的快速，過去傳統農業社會對家庭養兒育女的家庭支持，也在現在社會中逐漸式微。這些社會變遷反映出離婚率上升、單親家庭驟增（在1995年台灣地區兒童生活狀況調查中，約佔3.28%），由於漸增的離婚率促使單親家庭數穩定成長，也使兒童面臨生長在單親家庭，單親母親大都需要外出工作（約達90%），以維持家庭經濟收入，這更加顯現兒童照顧的重要性。此外，我國已婚婦女勞動率也有逐年增加的趨勢，其中育有六歲以下子女的婦女勞動參與率則平均在40%以上（行政院主計處，1984-1996），再加上兩性工作不平權，同工不同酬，婦女平均工資為男性的71.6%，這也顯現婦女就業率提增對家庭的經濟貢獻，但也顯現同時家庭需要以家庭為取向之兒童照顧政策來支持他們因家庭與工作所帶來的角色壓力（郭靜晃，1999：119）。而在一般的家庭，尤其是育有學齡前兒童，他們仍是以「在家由母親帶」的托育方式為最高（佔52.06%），且最期待政府辦理「增設各種公立托育機構」（重要度為31.46%）之兒童福利措施（內

政部統計處，1997）。這些轉變皆明白顯示我國現代家庭對兒童照顧需求的殷切。

經濟成長

我國近十年來，國民所得已超過一萬兩仟美元，年平均漲幅為9.75%，富裕的經濟生活，使得一般國民希求更精緻的生活品質。此種現象就如同Kadushin and Martin（1988）所提及：經濟的高度成長，將促使社會更有能力支持，照顧生理、心智上殘障以及父母無力養育的兒童。尤其我國社會因應工商發展、社會快速變遷、家庭組織結構的演變、核心家庭及雙薪家庭的形成，衝擊著傳統價值觀與家庭照顧兒童功能，導致兒童被疏忽、虐待，也使得我國父母需要以兒童福利之服務來支持父母照顧子女及輔導與保護孩子（劉邦富，1999：97）。

因此，較諸以往，兒童權益受到重視，乃是一必然的潮流，政府的責任，便是順應民意的需求，提供適當的服務。我國在民國八十二年修正兒童福利法，除了明訂中央成立專責單位——兒童局，各級政府並陸續配合訂頒各項福利措施，以建構國內兒童福利之輸送服務，並以兒童權益、照顧、保護等福利工作為首要任務。

社會大眾對兒童福利觀念的轉變

由於兩性觀念日趨平權，加上通貨膨脹的壓力，使得婦女投入工作職場，再加上工作機會增加，而且也不需要太多勞力之工作，諸此種種造成家庭角色功能面臨重新調整，養兒育女不再是女性一個人之責任。這也使得原來家庭教養小孩相同之議題一直被定位為私領域（private sphere）的概念，屬於家庭的責任；相

對地，男性的角色是公領域（public sphere）的領域，男性主外，在外負責賺取薪資（breadwinners），而女性主內，則是皆在家中扮演照顧者、支持者的角色（housekeepers）（余多年，1999）。

兒童權益擴張，落實國家親權

兒童雖是獨立的個體，但因沒有足夠的能力及社會地位，所以導致在社會資源的分配是受到忽視，甚至更定義為「無聲音的群體」（group with no voice）。儘管社會對兒童的觀念及賦予地位不斷地有提昇與進步的現象，但相對於成人而言兒童還是不當地被認為是父母的擁有物或私產（馮燕，1999：104-105）。另一方面，從兒童利益的觀點，過去由於兒童從被視為是家長的資產，雖然早在廿世紀初期，許多先進國家就開始介入家庭兒童照顧領域，但是政府介入的角度、關懷點是在支持家庭與婦女。雖然1924年聯合國發表兒童權利宣言，在1959年更有第二次兒童福利宣言，不過，這些議題的定位是僅限於補充家庭功能之不足。反觀於台灣，鑑於舊有兒童福利法之部分條文內容，難符社會需求，尤其在保護及處置方面及兒童福利機構之管理等規定，實有修正及充實之必要，因此，內政部於1993年二月修正通過兒童福利法，其中對於兒童權益及價值觀念轉為更為積極之規範，例如，將兒童認為是準公共財（quasi-public goods），並以兒童福利法規定國家親職，規定政府對於未受保護及受侵害之兒童可以剝奪父母之監督權，並轉移監護權至國家；並將早期以問題取向，針對特殊需求之兒童提供救助、保護、矯正、輔導及養護等措施轉至以發展取向為主，針對至一般對象之兒童健全活動所需之服務、福利措施包括：衛生保健、兒童托育教育及司法保護等領域，發展脈絡是由消極扶助到積極關懷，從特殊性到普遍性，從

機構收容到以家庭爲基礎的服務方案。

　　此外，因鑑於自1993年兒童福利法修正，少年福利法1989年公布以來，也已歷經七年或十一年，隨著社會環境與家庭結構的變遷，兒少福利需求日新月異，在輔導工作上也面臨另一新的挑戰。加上兩法除了年齡之差異，在業務也互有重疊，內政部於1998年9月10日邀集中央及省市、縣市機關及民間團體共同會商決議，以「合併修法」爲原則，研修兒童少年法。研修內容除了將兒童年齡擴大至十八歲，也新增落實保障無國籍之兒童人權，加強各目的事業主管機關之橫向分工，加強原生家庭功能，對兒童個案之保密工作及人權保護、兒童財產信託、媒體分級以保護兒童、增列兒童遊戲場之管理等法規。

　　爲了因應社會快速變遷，導致家庭結構的演變，核心及雙薪家庭的形成衝擊著傳統價值觀與家庭照顧幼兒功能，致兒童被疏忽、虐待事件時有所聞，兼以兒童福利服務、輔導與保護工作需求日殷，社會大眾期盼中央能有一專責機構以提供多元的、及時的專業服務，此種殷盼也一併在1993年的兒童福利法修正條文中明訂（第六條）。長達六年多的期盼中，兒童局終於在聯合國的「兒童權利宣言」公告四十年後的1999年11月20日「國際兒童人權日」正式掛牌運作。兒童局的成立，除了落實兒童福利法立法精神，對全國兒童而言，更是有了一個中央專責單位，掌管兒童權益，更能有接納無聲音團體（兒童之聲）的功能，這也象徵我國兒童福利工作邁向廿一新世紀的開端及新紀元，更能展現政府想辦好兒童福利工作的強烈企圖心，也凸顯政府積極參與兒童福利工作之推展與維護兒童權益的決心（內政部，2000）。

兒童托育服務

台灣托育服務執行現況

　　托育服務是一種「補充而非替代父母親對孩子照顧」的兒童照顧方案（聯合國，1965）；而Kadushin及Martin（1988）則認為是一種補充性的兒童福利服務，主要是幫助暫時欠缺母親角色的家庭，並增強與支持正向的親職角色的功能。由此來看，托育服務時具有補充父母角色暫時缺位的功能，「照顧」和「保護」為托育服務之首要工作，「教育」則為托育服務的附帶功能。

　　基本上，無論是主觀的個人感受抑或客觀的事實反映，再再都說明了：托兒服務已經是臺灣一項重要的社會事實（social facts）（內政部，1997）。事實上，從民國八十年及八十四年內政部統計處所做的有關學齡前兒童托育之調查報告中顯現：在家由母親帶育幼兒是理想也是實際的最大優先順序，但這種相對地位的重要性卻也日漸減緩；相對地，將幼兒送往幼稚園以及托兒所的比例反而有逐漸上升的趨勢。

　　俞筱鈞、郭靜晃（1996）針對我國學齡前兒童進行實徵調查，結果發現：我國幼兒家長對托育機構普及率、多元性有殷切的需求，其餘如托育費用偏高、需要政府給予補助費用或減免稅金。政府應提昇托育人員之專業倫理、教保技能，訂定明確的法規與政策（例如，托嬰／兒假、托兒費用減免、托育補助、提昇保育人員之待遇福利、幼托整合等），以建構托育品質。

　　馮燕（1993）針對台北市未立案托兒所及課育中心曾展開全面性的清查，結果發現：家長送幼兒至托兒所的動機相當多元

化，有些較偏重價格、方便而不重視托育品質，即使是未立案的托育設施，其環境設施及教保人員素質不堪，都仍有家長願意把子女送托，顯現家長對托育品質認識不清；因此，政府再增加托兒機構之數量的同時，更不能推卸責任，要將品質把關。換言之，政府必須和家長共同分擔監督托育品質的責任。

相對地，在托育服務之提供方面，王麗容（1994）研究中指出：台灣地區幼稚園有2,505家，收托兒童237,285人；而托兒所共有1,887家，收托幼兒為230,726人，加上公、民營事業單位附設托兒服務的有64家，收托幼兒約為4,006人，總收托人數為468,011人，佔台灣地區零至六歲兒童一百九十六萬人約24%左右，加上家庭保母保守估計收托率約5%，充其量我國學齡前兒童收托率約為30%；與先進國家相比，台灣地區兒童的受托率有明顯的不足。這也表示我國幼兒有很多是由親友照顧或無照的保母、教保人員來承擔照顧的責任。此現象對女性人力資源的開發與運用以及對兒童的發展與成長產生影響。

俞筱鈞、郭靜晃（1996）亦發現當前我國托育服務提供之品質及內容亟待改善，包括：法令、制度不合時宜、未立案機構充斥，卻又無法可管。另外，托兒人才大量流失、培訓不足、托教不能流通及相互承認年資，整體兒童照顧政策，例如，育嬰（兒）假、雙親假、兒童津貼制度、教育代券、城鄉差距大且也沒有明顯制定，使得托育問題無法徹底解決。

幼教品質一直以來良莠不齊，加上幼兒教育在國家政策上定位不明，例如，缺乏幼稚教育之專責單位，幼教相關法令未能明確幼教經費之來源及比例，公私立幼稚園因分配失衡，私立幼稚園學費昂貴，造成家長負擔沉重（heavy affordability）。托育機構之主要機構——幼稚園與托兒所，分別隸屬於不同主管機關，因管理法規、師資培育管道不同，造成不能在幼稚園立案及取得資

格之幼稚園及教師轉向到社政單位立案爲托兒所，並取得保育員資格。長期以來，由於幼托工作人員薪資偏低，福利差又無工作保障等因素，造成工作人員流動率高，也造成幼教師資供需之間嚴重不平衡，也衝擊整個幼教生態及輸送品質，加上公立托育機構因數量有限、城鄉及地區分布不均，而且托育之需求又有可近性（accessibility）之需求，所以造成幼兒入園所比例低，並且轉移到私資源之親自照顧或委託親人照顧。諸如種種之問題的未能解決皆是攸關托育服務品質之提昇的首要條件以及未能紓解國家育兒及兒童照顧之壓力。

　　然而，從公資源的角度來看，政府辦理兒童托育服務之目的在於補充家庭照顧之不足，然隨著社會結構轉型及價值觀念變遷，導致親職任務的重新界定與分工，爲協助轉型中的家庭及婦女的多元角色擴展，使其在家庭與職場間能取得平衡，自民國四十四年起即積極推展托兒服務，八十年度起更擴大補助各縣市政府興設「示範托兒所」，在八十年度至八十四年度間，計補助二十個縣市設立五十六所示範托兒所，八十五年度起補助項目修正爲一般性「公立托兒所」，以擴大範圍，並續編相關經費補助辦理至今，迄今（八十八年度）計補助興建一百一十三所公立托兒所（劉邦富，1999）。此項措施除了讓托兒所在「量」的擴增之餘，更帶動「質」的同步提昇。除此之外，政府也積極參照兒童福利法之規範，給予私立托兒所獎勵及補助，共計有公、私立托兒所二千五百一十五所，收托兒童約有二十六萬三千餘人。

　　爲提昇收托品質，並導引托育福利朝向專業領域發展，訂頒「兒童福利專業人員資格要點訓練實施方案」，並委託大專院校積極辦理專業訓練，對提昇托兒所體系之專業素質有莫大的助益。另除督導各地方政府辦理家庭保母培訓工作外，並於八十七年三月正式實施保母人員技術士技能檢定，其能廣爲培訓專業保母人

員，迄今已有一萬三千零四十一人取得保母證照，提昇托育品質的質與量。

　　為保障課後托育安親班之托育品質及有效監督，兒童局業於民國八十八年十二月底研訂「安親班定型化契約範本（草案）」，正由行政院消保會審核中，擬藉以提供幼童家長及托兒機構之溝通參考，減少爭議事件。為嘉惠照顧更多幼童就托福祉，政府自八十四年度開辦托育津貼，凡政府列冊有案之低收入戶及家庭寄養幼童就托於各級政府辦理之公立托兒所、政府核准之社區托兒所、立案許可之私立托兒所者，均補助每名幼童每月新台幣一千五百元整。內政部兒童局為減輕家境清寒者之育兒負擔，責成各地方政府加強督導所轄各托兒所落實對列冊有案之低收入戶幼兒優先並免費收托之照顧，清寒家庭子女亦可享有減半收費之福祉（劉邦富，1999）。此外，兒童局為配合教育部，擬於八十九學年度起發放幼兒教育券，補助就托於私立托兒所之五歲幼童每年一萬元，以減輕家長負擔。

　　整體看來，我國對於兒童照顧的方式除了健保給付低收入戶的生活扶助之外，就是提供托兒照顧。而托兒照顧不但機構數量不夠，還有品質有待提昇。兒童的照顧不只反映兒童是否受到良好的照顧的兒童福利需求，也是反映婦女就業問題的福利需求。由於家庭結構的改變，婦女就業人口的增加，尤其是家庭育有學齡前兒童的婦女，使得托兒服務成為國家擬定家庭政策中必須考慮的要項。依先進國家的做法，兒童照顧的提供應朝向多元化的發展模式，所提供的內容應足以提供不同類型家庭彈性的選擇，同時尚須和政府其它體系，例如，教育、衛生、戶政等行政系統充分的配合，將兒童照顧建立為支持家庭的兒童福利服務。支持家庭本位的兒童照顧乃是建構一個支持性的體系或環境（supportive environment），來協助家庭達成各種家庭的功能，例

如，社會性、教育性、保護性和經濟性等功能。而有關此種支持
兒童照顧的家庭政策乃包括：兒童照顧、家庭諮商、親職教育、
收入維持、就業服務及兒童保護等相關福利服務措施。

我國托育服務走向之建議

　　台灣地區家庭結構趨向「家庭核心化」、「雙薪家庭增多」、
「單親家庭增加」等三種趨勢，加上家庭平均人口逐漸減少，兩
性工作不平等，兒童托育照顧方案與品質不夠支持現有家庭的需
求。我國目前的家庭與兒童托育照顧的政策還是以隱含性及殘補
性為原則，比較欠缺明顯的家庭政策與統一立法明訂政府的角色
與定位，並且立法上缺乏各種體系的平行協調。整體來看，立法
之精神以宣示性大於實質上的意義，此種家庭政策與美國的福利
制度較為雷同。相對於其他歐洲工業國家自1990年代起，對於兒
童照顧政策能加以整合，從制定政策，一方面提供支持家庭的產
假、親職假以保障父母的工作權以及親自照顧子女；另一方面也
廣增托育設施以提增替代性照顧的量，另外也鼓勵企業參與，提
供優惠抵稅的誘因，也提撥預算來充實幼兒照顧人員的專業品
質，以提增兒童照顧的品質。

　　為了建構完整的兒童照顧的策略，政府未來除了給予三歲以
下兒童醫療免費，二歲以下育兒津貼，五歲以上的幼兒教育券以
分擔育兒之重擔的「三三三」安家福利政策之一的育兒政策與方
向以外，仍可扮演更積極性角色來發展以家庭為本位的福利策
略，以提供各種支持性的政策與策略來增強家庭環境功能，以協
助家庭在照顧子女上強化權能（empowerment）。為使兒童照顧的
政策更能落實家庭的支持功能，以提供家長更多彈性的選擇，政
府在選擇兒童照顧的策略及行動方案可能為（參考表3-1）：

家庭給付制度：工業國家為鼓勵婦女生育，避免養兒育女造成家庭負擔而給予現金給付（child allowance），除此之外，也可再針對低收入家庭兒童給予生活扶助，解決其家庭開支。這種現金給付方式的缺點，則可能因家庭開支受排擠效應，使低收入家庭受惠有限（Kahn & Kamerman, 1987）。我國除了低收入戶的家庭給付之外，就是少數縣市有提供教育券或托育津貼。雖然教育部宣稱最快在民國90年度會對四歲以上六歲以下之幼兒實施一萬元的幼兒教育津貼，但是未能普及到托兒所幼兒以及四歲以下幼兒照顧的津貼。

　　優惠家庭之財稅福利制度：家庭政策與財稅政策所協調之福利制度，可減輕家庭因養兒育女之經濟負擔，例如，扶養親屬寬減額即是，或增加育兒免稅額（tax exemption）或育兒退稅額（refundable child care tax credit）。然而，這種制度可能的缺點是在美國賦稅寬減額的津貼方式被認為具有優惠高收入家庭，使低收入家庭受排擠的效應（Kagan, 1989）。

　　規劃托育津貼及教育券的教育代金或補助專案：由於公立托育機構數量有限，而私立托育機構學費昂貴，使得家長負擔過重，甚至導致幼兒入園比例偏低。為求公私立幼教機構之家長能公平享用幼教資源，提昇幼兒入園所之比例，對就讀私立立案之幼托機構之幼兒家長，發放幼兒教育券或托育津貼，並視預算之編列逐年提供幼兒教育券及托育津貼之全額及放寬年齡至三歲或四歲，以建構完整之托育代金或補助方案。

　　兼顧家庭與工作福利制度：婦女參與工作對家庭生活品質，個人幸福感、企業生產力及社會的安定繁榮皆有影響。所以政府或企業可以加以考量以家庭為取向的人事政策來支持員工對兒童照顧需求的滿足。這些人事政策可以考量：

1. 彈性工時：除了朝九晚五的上班工時，可以配合彈性工時及非全職工作來幫助員工（尤其是女性），協助工作／家庭的角色。

2. 親職假：我國對於勞工除了六至八週（公務員六週、勞工八週）的產假之外，少數企業提供三個月無薪給付的親職假，並保證回來給予與原來請假前相同職位的工作。近來，美商公司如IBM也提供家中有三歲之前的幼兒，可以請育嬰／兒假。此種支持家長有多一種選擇育兒模式以減輕工作與家庭衝突的策略，並增加員工工作效率及對公司的向心力。

3. 興辦兒童托育工作：據內政部（1993）的兒童生活狀況調查統計顯示：台灣地區有將近七成之學齡前兒童是由未立案之托兒所、家庭保母、親戚或父母自己照顧，僅有30%是在已立案的托兒所／幼稚園或保母所提供的托育服務中。而內政部（1997）的兒童生活狀況調查有七成學齡兒童放學後，可以直接回家，或當鑰匙兒，或有大人照顧。換句話說，有三成左右國小學童是要到安親班或其他地方等待父母下班來接才能回家。上班父母生活壓力的來源之一是兒童的照顧問題，包括學齡前及學齡兒童的托育問題。因此，政府除了擴大增加托育機構以增加收托率及量的增加，還要確保托育品質，另外還要有鼓勵企業加入興辦托育的行列（目前只有五十五家企業有興辦企業托兒）。除了鼓勵企業興辦托育機構，其餘可以鼓勵提出優惠員工托兒方案、照顧生病子女、提供托育資訊、補貼托育費用。

4. 彈性福利方案：員工福利是個人所得的一部分，而員工福利對於雇主及員工皆有很大的影響，尤其雙生涯家庭常享

用傳統的員工福利，例如，工／勞保、健保、退休金、病假及有給假期。然而彈性福利方案乃是讓員工依自己需求選擇福利方案，以迎合不同家庭型態之員工及幫助企業節省成本。

5.諮商及教育方案：企業可以提供一些教育方案幫助女性員工應付工作／家庭之問題，例如，減少因工作不確定之因素所影響、增加自己的專業能力、幫助親職功能、協調工作和家庭責任、工作壓力和財務管理技巧，以經濟方式來協調員工之雙重角色。

補償家務勞動制度：重新評價家務勞動的價值，使家務勞動成爲一實質的經濟貢獻，例如，家務有給制。鼓勵兩性平等工作權、同工同酬以及減少兩性的職業區隔以鼓勵兩性公平分擔家務。有必要時，利用以工代酬的補助來提供照顧者津貼及必要之家庭福利服務。

提昇質優量足托育服務：普及式托育就是普設托育機構，尤其是偏遠地區或分布不均的地區或普遍補貼托育機構，讓每一個兒童都能在政府補貼的托育設施內受照顧，它的好處是公平，沒有福利烙印，可促進婦女的勞動參與率（馮燕、薛承泰，1998）。但是在擴大托育機構的數量時，品質標準訂定，並且要確實執行品質監督時，甚至可以補助各種不同型態的托育設施及方式來增加選擇性。提昇幼兒機構的安全及品質更是政府責無旁貸的責任。

優先照顧弱勢人口及特殊需求的兒童：優先利用公立托育機構補貼及收托低收入戶、原住民等弱勢團體。此外，開辦收托身心障礙及特殊需求兒童的服務，並藉由補貼方式（例如，補貼機構）來增加托育服務量，以促進托育服務公平性。

推動幼托合一或整合方案：幼兒教育一直是指出生到六足歲入小學的教育，包括：「幼稚園」與「托兒所」的教育與保育。我國對於教育與保育一直未能區分其功能，故造成隸屬不同主管機關、年齡重疊、資源也重疊的情形發生。故政府應積極釐清幼兒學齡（指五到八歲），並創設幼兒學校及整合零至五歲的托教合一政策，修訂幼稚教育法、兒童福利法及相關法令，以幼兒為中心，整合幼保機構之設施、措施，力求師資齊一水準，福利、待遇、環境設施、課程教學、行政運作能有統合標準，以提昇幼兒教保品質。

實施要項暨行動方案

表3-1 兒童托育與福利制度的提案

採行措施	主辦機關	協辦機關	時程
1.調整及規劃未來公立托育機構，顧及城鄉普遍性原則，以優先照顧弱勢人口及特殊兒童需求的托育服務，或補貼私立機構提供此方面的需求	直轄市及縣市政府	內政部兒童局	立即辦理
2.針對家長的需求，提供多樣化的托育服務方式（例如，夜間托兒、臨托、褓母、機構式托兒及安親等課後托育中心）以供家庭做彈性的選擇，並掌握可近性、方便性及托育費用之合理性	直轄市及縣市政府	內政部兒童局教育部	立即辦理
3.整合托兒與學前教育，建立完整兒童托育服務體系，澄清托兒所與托教合一之幼兒學校之功能，以提昇教保人員之專業素質，建立幼教同流發展，福利待遇公平制度化及避免造成行政上的多頭馬車、資源重疊	內政部兒童局教育部	勞委會	協調研議
4.積極開闢及鼓勵企業參與兒童托育，訂定獎勵辦法，鼓勵公民營機構設置育嬰室、托兒所等各類兒童福利設施、孕婦措施之辦法	直轄市及縣市政府	勞委會內政部兒童局	立即辦理
5.加強對托育機構的督導與聯繫，結合衛生、消防、社政、營建署、地政司對於土地使用，分區使用辦法、建築物管理、消防設備、衛生保健設備做一通盤檢討修正。一方面輔導未立案托育機構加以合法立案，另一方面淘汰不適宜及不合格之托育機構，以提昇托教機構之安全及托育品質	直轄市及縣市政府	內政部兒童局教育部內政部營建署地政司行政院衛生署內政部消防署	立即辦理
6.建立托育人員證照制度，充實托育人員之專業倫理與能力，檢討及修訂兒童福利專業人員資格要點及兒童福利專業人員之訓練要點。提供托育人員進修管道及提昇托育人員之合理薪資與福利待遇	內政部兒童局勞委會	立即辦理	
7.鼓勵增設三歲以下之嬰幼兒托育機構、修訂托育機構設置辦法，以家庭式、小型收托單位為發展方向，並區分家庭托育機構與家庭保母之功能與定位	直轄市及縣市政府內政部兒童局勞委會	立即辦理	
8.建立各種托育資訊網絡，並公布評鑑結果以供家長參考	直轄市及各縣市政府	內政部兒童局	立即辦理

兒童福利服務

Kadushin及Martin（1988）以服務輸送提供與家庭功能間的關係，也就是說利用兒童福利服務輸送以其和家庭系統互動的目的及所產生的家庭功能，將兒童福利服務分為三類：支持性、補充性及替代性的兒童福利服務（參見圖3-1）。本節係整個兒童福利照顧方案的一部分，本兒童照顧方案除了教育與休閒、經濟安全制度、保護與安置、健康與醫療及托育服務等輸送服務外，還包括有一般的兒童福利服務，本節特將兒童福利服務討論之重點聚焦在兒童家庭諮詢服務、兒童休閒服務及兒童權益，以求與其他類之兒童輸送服務做個區別，並彌補在其它單元在一般兒童福利服務討論的不足。

兒童家庭諮詢

馮燕（1994）受內政部委託所做的「兒童福利需求初步評估之研究」發現：由於家庭照顧與保護功能受損、衰退或喪失之後，導致兒童福利需求日趨殷切需求，故維護家庭功能是最預防兒童遭遇不幸之基本計策，又投資預防防線之一元經費可比事後矯治、安置的七元治療費用。王麗容（1993）受台北市政府社會局所委託之「台北市婦女就業與兒童福利需求之研究」發現：台北市兒童之家長對於支持性兒童福利之需求順位相當高，包括：親職教育、諮詢服務、兒童問題諮詢服務、婚姻問題諮詢服務、家人關係諮詢服務等家庭諮詢服務等，佔了五成以上。

此外，內政部統計處（1997）在民國八十四年所做的「兒童生活狀況調查」資料中也發現：台灣地區家長之育兒知識來源絕

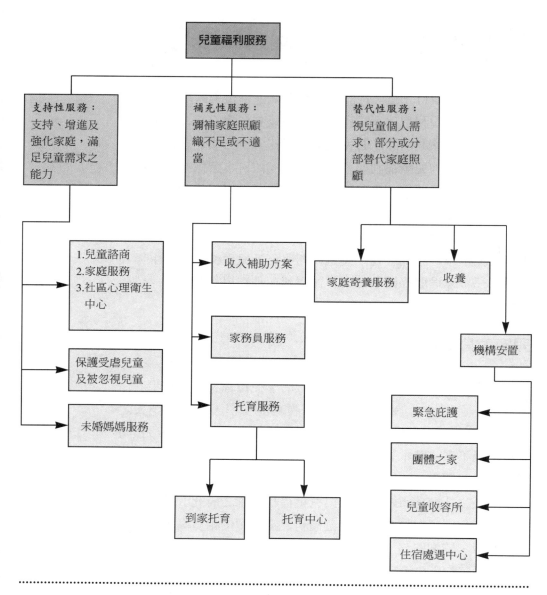

圖3-1 兒童福利服務系統
資料來源：郭靜晃等著，1995

大多數是來自「傳統育兒經驗（長輩親友傳授）」、「同輩親友討論」為居多，絕少是來自「參與婦女、親子、育女有關座談、演講活動」或「參與保育方面的訓練課程」。而《天下雜誌》在1999年11月特以0-6歲學齡前教育為主題做了一系列的專刊報導，其中更以十月間（1999）針對台灣學齡前兒童之家長進行「兒童養育與親子關係調查」，其發現：現代父母都希望當個好父母，有69.0％之父母認為孩子是三歲看大、六歲看老，0-6歲是一生最重要的發展關鍵期。有31.6％認為培養孩子健全人格發展是首要責任，但是他們卻也表示不知如何教養兒童，可以顯現現今家長在養育子女之認知與行為是存有一段落差。

環顧今日台灣社會的家庭，面臨各種變遷，衍生各種問題，例如，壓力日增、離婚率不斷提昇，而使得破碎家庭數目漸增，單親家庭、再婚家庭問題也隨之而來，此種情形造成兒童及少年產生問題行為甚至造成犯罪事件。

兒童家庭福利服務在實行方面大至可分為兩類：一為家庭服務機構，其功能在解決個人與家庭的問題，舉凡父母管教子女的問題、家中手足關係緊張、夫妻婚姻關係失調、失業、住屋、工作壓力使得父母扮演親職角色的困難都可以藉由家庭諮商服務獲得改善：另一為兒童輔導中心，亦為兒童諮詢輔導，主要在於解決兒童適應及行為問題，舉凡兒童發展的問題、人格問題、反社會行為、精神病變問題、心身症、兒童在家庭或學校中與同儕團體關係不佳、學業表現低落、學習困難、情緒困擾等，都可藉由對兒童本身進行輔導諮商來改善兒童的適應問題。兒童家庭福利服務，即為針對兒童本身及其所處的家庭環境兩方面，提供適當諮詢，雙管齊下，直接及間接促進兒童福祉。

家庭服務，源起於慈善組織（charity organization），以美國為例，係在一八八〇年逐漸形成，一九三〇年代，因「經濟大恐

慌」（the Great Depression），除對受助者提供經濟上的支持以外，更因服務方式的演進，與受助者為友，透過個人的影響力及社工員的興趣，協助案主運用具體資源以自助，服務功能也從賑濟定位至解決人際關係的困擾、情緒問題、家人關係問題、親子問題、婚姻適應問題。直至一九五〇年代，此服務之重點的轉變為社會大眾所接受，美國家庭服務協會（The Family Service Association, 1953）宣示，機構主要宗旨為「增進家人和諧關係、強化家庭生活的正面價值、促進健康的人格發展及各家庭成員滿足的社會功能」（鄭瑞隆，1991）。

而兒童諮詢服務則最早源於對青少年犯罪問題的研究。從四個方面來瞭解兒童及青少年，包括：以醫學檢查兒童生理特質與能力；以心理測驗評量兒童智慧能力；以精神科面談來評估兒童的態度與心理狀況；探討兒童生命發展史及社會環境。從生理、心理及社會來探討兒童問題行為之原因，為今日兒童諮商輔導的主要診斷方法（鄭瑞隆，1991）。

我國目前的兒童家庭福利服務在家庭諮詢服務部分多由社政單位配合教育單位以及部分民間團體，例如，「救國團張老師」、社會福利機構實施。依據行政院七十五年三月核定「加強家庭教育促進社會和諧五年計畫實施方案暨修正計畫」所成立之「家庭教育服務中心」，在全省共有二十三個縣市提供家庭諮詢服務工作服務，加強家庭倫理觀念，強化親職教育功能，協助父母扮演正確角色，引導青少年身心之健全發展，協助全省民眾建立幸福家庭，促進社會整體和諧。家庭教育服務中心是我國專責推廣家庭教育機構，兒童及家庭諮詢為其工作項目之一。此外，省政府社會處指示台北、台中及高雄等三所省立育幼院，設置兒童諮詢中心，截至民國七十九年七月止，三所累計接案次數達4,216件，且彙編個案資料編印成書，拓展兒童福利宣導。台北市

政府社會局亦於民國六十四年十月即成立兒童福利諮詢中心,提供有關兒童福利措施之解答。民間一般社會機構(例如,信誼基金會、家扶中心、友緣基金會)及諮商輔導機構(例如,救國團張老師)亦常附設「家庭諮詢專線」提供民眾有關子女教育、管教問題、親子關係失調的電話諮詢,或是定期舉行開放式的親職教育座談、演講,或是透過與廣電基金合作製播探討及解決家庭問題(例如,愛的進行式)之戲劇節目以推廣家庭服務。

兒童問題輔導方面,則以臺大兒童心理衛生中心,北區心理衛生中心以及各醫院提供的兒童心理健康門診,提供有關兒童精神疾病、問題行為、身心障礙等復建及治療服務。一般兒童福利機構亦提供家長及兒童有關學業輔導、人際問題、問題行為以及發展特質等諮詢服務。

前面所述,我國目前部分機構所提供兒童與家庭諮詢服務,但就王麗容(1993)的研究推估顯示,僅台北市一處便有十萬名以上的家長需要支持性兒童福利服務。中華民國八十一年及八十四年臺灣地區兒童生活狀況調查亦顯示,家長認為在面對養育子女時所面臨的困難有兒童休閒場地及規劃化活動不夠、父母時間不夠、不知如何培養孩子的才能或如何帶孩子、課後托育及送托的問題等等,且在管教子女的過程中亦曾遭遇子女愛吵鬧、脾氣壞、說謊、對子女學業表現不滿意、情緒不穩、打架、父母間或父母與祖父母間意見不一致甚至不知如何管教子女等難題,而處理這些難題的方式家長通常是採取自己設法解決,或者是向學校老師、親朋好友求教,而向專業的政府機構或是民間機構求教者未達百分之三(內政部,1997:54)。

除此之外,家長對於政府所辦理的兒童福利機構或措施的利用及瞭解情形,除了公立托兒所、兒童教育及休閒設施等福利機構較為知道且利用外,其餘的兒童福利服務措施包括有:兒童生

活補助、親職教育活動、個案輔導、寄養家庭、醫療補助、低收入兒童在宅服務、保護專線、兒童養護機構均顯示不知道而未利用。在王麗容（1993）的調查研究中亦有結果顯示家長認為目前政府應加強辦理的兒童福利措施包括有：兒童健康保險、增設公立托兒所托嬰所及課後托育中心、增設兒童專科醫療所、醫療補助、籌設兒童福利服務中心、推廣親職教育、增加兒童心理衛生服務等項目，每一項目均有超過百分之九以上 （最高的有百分之五十以上） 的兒童家長人口表示應加強該項福利服務措施。若以民國八十一年及八十四年臺灣地區兒童生活狀況調查結果來推算，因應上述需求的綜合性家庭福利服務機構在我國實為數不多，甚至缺乏，相對地，我國從事兒童及家庭諮詢的專業人員目前亦缺乏整合（內政部，1997）。

反觀國外，以日本與美國為例。在日本，兒童相談所 （即兒童諮商所） 為一根據日本兒童福利法所設置主要專門行政機關兼具有兒童福利服務機關以及行政機關的雙重角色。而且兒童諮商所設置，乃斟酌該區域兒童人口及其他社會環境以決定管轄區域之範圍，切實提供日本家長與兒童諮商服務。另外，在美國亦有社區心理衛生中心及兒童諮詢機構深入社區以服務民眾，對於僅需協談與諮詢即可加強其功能的家庭而言，成效頗佳。

兒童福利服務的提供有三道防線，家庭與兒童諮商服務乃屬第一道防線，若能在兒童與家庭出現問題時，立即提供輔導與支持，防微杜漸，或許可預防因為發現問題而使兒童遭受不可磨滅的傷害。

因此，我國未來制訂兒童與家庭諮詢福利服務之家庭照顧政策時，或許可參考的因素有：

1.人口因素：不同發展年齡之兒童人口數量。

2.行政機構：規定設立一定比例之兒童與家庭福利服務之行政專責機關，並提供綜合服務。

3.研發工作：鼓勵相關研究，包括：兒童發展、社會個案工作、家族治療、調查兒童生活狀況等研究工作。

4.專業社工：專業人員的養成教育及訓練工作。

5.行政配合落實社區：社政單位應與教育部門配合，以社區為中心，以家庭為單位實施，例如，於各級學校內增設家長與學生輔導室或於衛生所區公所設立家庭諮詢中心以及社區內設立兒童心理衛生中心。

6.立法明令：界定兒童心理衛生中心以及兒童與家庭諮詢服務中心的設立範圍與標準。

兒童休閒娛樂

根據我國勞動基準法，規定勞工每週工作總時數不得超過四十八小時。過去人民的工作態度是寧可增加勞動時間，以賺取更多收入，而近來的趨勢是：與其增加收入，毋寧減少工作時間（李玉瑾，1991）。工作時間的縮短意味著生活中可供支配的時間相對增多，使之得於今日社會經濟生活較寬裕之際，行有餘力從事多元化的休閒活動，休閒的重要性便逐漸凸顯出來。

家庭是影響兒童最深的初級團體，也是其社會化過程中的重要據點，現代父母對子女的重視與期望，不難由四處林立的兒童才藝班、安親班窺知一二。因此，兒童休閒的需求必然隨著父母工作時數的縮短而呈現日益增多的負向關係。

而遊戲活動需有某些設施，兒童在學校生活之外亦需有遊戲場、遊戲中心、社區公園、運動場，如此看來，休閒的多樣性亦是兒童休閒育樂的需求之一。此外，社會變遷衍生了工業化、都市化造成都市人口擁擠，在寸土寸金的都市計畫中，安全的遊戲

空間遂成兒童休閒娛樂之另一需求。這次兒童少年福利法之修訂，特以兒童休閒安全列爲考量重點之一。

「休閒」的意涵

休閒活動─Recreation 一詞源自希臘字Recreatio 而來，其原意爲Re-creation，意即「再創造」之義，藉由參與活動，使自己情緒及健康回復到最佳狀態，而能精神煥發地在自己的工作崗位上迎接任務、努力工作（殷正言，1975）。

休閒的定義，至今由於各派學者立論不同，各執一說：Meyer 與Brightbill 主張休閒的定義乃「自由、不被佔據的時間，一個人可以隨其所好，任意地休息、娛樂、遊戲或從事其他有益身心的活動」（張春興，1983）；Gist 與Fava二人對休閒活動提出更爲詳盡的定義，認爲休閒是除了工作與其他必要的責任外，可自由運用以達到鬆弛（release）、社會成就（social achievement）及個人發展（personal development）等目的的活動（轉引自黃定國，1991：3）；無怪乎古典學派認爲，休閒活動是個人心靈高等價值的培養（曾晨，1989）。

黃定國（1992：7-9）依據各派學者不同的角度，將「休閒」一詞的定義歸納爲下列四類：

1.從「剩餘」的觀點而言

狹義的休閒時間是指不受拘束的時間，但以整個生活層面看，廣義的休閒生活，則涵蓋約束時間（工作、家事或就學所需的時間）、必須時間（睡眠、飲食及處理身邊事物所需的時間）與自由時間。

2.從休閒的功能及內容而言

休閒是指最不令人有壓迫感的時間,這段時間可依個人的自由意志加以選擇,由此在心態上是志願而非強迫性的,休閒活動的從事不是為生計,而在於獲得真正的娛樂。

3.從「規範」的觀點而言

這類的定義強調休閒活動的品質(quality),除了促進個人認知領域外,休閒活動更應具有促進社會和諧的積極意義。

4.從工作的認知而言

工作主義中心的人,將休閒定義為:藉由休息,儲存精力以便明天再繼續工作,職是,貯存工作精力所使用的時間、空間及所進行的活動,就是休閒。在「生產第一」的前提下,餘暇絕非只是單純的遊樂,而是二個工作日之間的一個暫歇。

由是觀之,可以歸納出休閒具有二個層面的意義:從時間上來看,休閒是工作和其他社會任務以外的時間;從活動性質來看,必須是放鬆、紓解和按照個人之所好而為之的一種活動。換言之,休閒係指個體自由運用其勞動之餘的時間,進行其自由選擇的活動,而且此活動沒有特定的工具性的目的,反之帶給個體舒解身心、增進社交、擴展認知與見識,並促進個人之社會與情感的功用。除此之外,也兼對家屬與社會起積極之作用,例如,增加生活素質及改善社會風氣。對兒童而言,休閒是遊戲的延續,兒童得以利用遊戲擺脫社會規範和限制,尋求自由發揮的性質。唯有透過「玩」的過程,兒童可以消耗精力、發洩情緒、紓解壓力、獲得自由與自主,並從中得到成長(王小瀅,1993:3)。

休閒娛樂與兒童發展的關係

「遊戲學習化」、「學習遊戲化」一直是推廣學前教育的一種口號，也反映遊戲與兒童發展的關係。此外，根據心理學的研究，遊戲是兒童發展智慧的一種方法，換言之，遊戲是兒童的學習方法之一（李明宗，1993：3）。遊戲與休閒活動所受重視的程度深受教育及社會的關心所影響，然而，遊戲與休閒對兒童發展之影響是受人肯定且深信不疑的。一般而言，遊戲、休閒與兒童發展之關係可從情緒、認知、語言、社會與身體動作來加以探討：

1.遊戲、休閒與情緒發展

在人的社會化過程，兒童追求自主性的發展與成長，與其迎合社會規範所約束及要求是相互衝突的，因此，在成長的過程，兒童承受相當大的壓力。而兒童的因應之道便是遊戲。如果兒童被剝奪這種遊戲經驗，那他就難以適應於社會。而如果兒童所成長的家庭與社會不允許，也不能提供足夠空間、時間、玩物以及良好遊戲、休閒的媒介、那孩子很難發展自我及對他人產生健康的態度。

就兒童生命週期（life cycle）來看，嬰兒要是從人與玩物的刺激來引發反應以獲得安全的依戀（secured attachment）。到了幼兒時期，遊戲成為表達性情感的媒介，並從遊戲學習有建設性控制情緒。到了兒童期的發展，最重要是學習語文，例如，讀寫能力。當兒童參與休閒活動或遊戲（games）可增加自我尊重及情緒的穩定性。遊戲因此可提供兒童發展領導、與人合作、競爭、團隊合作、持續力、彈力、堅毅力、利他品質，而這些品質皆有助於兒童正性的自我概念。

2.遊戲休閒與認知發展

1960年代，Piaget和Vygotsky的認知理論興起並刺激日後認知學派的蓬勃發展，探究其原因，主要是由認知發展理論中發現：遊戲除了幫助兒童情緒的調節，並且激發兒童各項智能技功，例如，智力、保留概念、問題解決能力、創造力等的發展。

就兒童發展的階段來看，在嬰兒期，嬰兒天生即具有能接近環境中的新物體，且對於某些物體有特別的喜好，例如，鮮明刺激、三度空間、能發出音響的物體，尤其是動態的物體。在幼兒期，幼兒由於語言及邏輯分類能力大增，更有助於幼兒類化（generalization）的發展，而這些能力的發展更有助幼兒形成高層次的抽象能力，例如，假設推理、問題解決或創造力。

在兒童期，尤其小學之後，兒童的遊戲活動漸減，取而代之是邏輯及數學概念的縯繹能力活動。這個時期是在Piaget所認為具體操作期。兒童透過具體操作而得到形式思考。這種思考是較不受正式的物體操作而獲得的，而是由最少的暗示而獲得較多的訊息。

3.遊戲休閒與語言發展

語言發展如同認知發展一樣，與遊戲是相輔相成的。遊戲本身就一種語言的方式，因此，兒童透過遊戲能有助於語言的發展，例如，兒童玩假裝或扮演的遊戲。

在嬰兒期，發音、發聲（babbling）是嬰兒最早的語言遊戲。嬰兒的發聲是一種重複、無目的及自發性的滿足。成人在此時對嬰兒有所反應，或透過躲貓貓，不但可以增強嬰兒發聲，而且也可影響其日常生活使用聲音的選擇以及表徵聲音。

一歲以後，孩子開始喜歡語言、及音調，特別是他們所熟悉

的物體或事件的本質。孩子在此時喜歡說一些字詞順序或語言遊戲，可增加孩子語形結構的能力。

在幼兒期，孩子為了能在社會遊戲溝通，他們必須使用大量的語言。當兒童的語言能力不是足夠之時，他們常會用一些聲音或音調來與人溝通。尤其孩子上了幼兒園，與同儕和老師的互動下，其語言發展有快速的成長。而兒童乃是藉由遊戲，孩子得以瞭解字形，獲得表達的語意關係以及聲韻的操練來瞭解其周遭的物理與社會環境。

在兒童期，孩子雖對語形發展已漸成熟，但是他們仍藉著不同的語言遊戲，例如，相聲、繞口令、脫口秀來瞭解各語文及文字的意義，並且也愈來愈有幽默感。

4.遊戲休閒與社會發展

兒童最早的社會場所是家庭與學校，其次才是與同儕等非結構式的接觸，社會發展是延續一生而持續發展的，但在兒童期，遊戲的角色才愈明顯。

在嬰兒期，最早的社會互動是微笑（smile）。父母一般對嬰兒高興的回應（微笑）更是喚起兒童微笑互動的有效行為。在幼兒期，各人玩各人的遊戲，或兩人或兩人以上可以玩各樣的活動，也就是說他們可以平行地玩遊戲，之後，他們可以一起玩一些扮演的社會戲劇活動或遊戲。幼兒的社會遊戲，很少由立即環境的特性所引發的，大都是由同儕們共同計畫及勾勒出來的情節，而且分派角色並要有分享、溝通的能力。在學齡兒童期，戲劇遊戲減少，而是由幻想遊戲來取代，相對的，團隊比賽或運動也提供了一些社會關係的學習。

5.遊戲休閒與動作發展

遊戲與兒童的動作發展有其絕對的關係,嬰兒在遊戲中有身體的活動,例如,手腳的蹬、移動。在幼兒時,幼兒大量的大肌肉活動,例如,爬、跑、跳及快速移動,騎三輪車,而且也有精細的小肌肉活動,例如,剪東西。到了學齡兒童期,他們的運動競賽需要大量的肌肉及運動系統的練習。因此,遊戲幫助兒童精細了身體動作能力。以上之論述,可以**表3-2**示之。

表3-2 遊戲與兒童發展的關係

	情緒發展	認知發展	社會發展	語言發展	動作發展
嬰兒期 (0~2歲)	玩物的刺激;關心、照顧	物體的刺激(例如,照明刺激、三度空間)	親子互動 手足互動	發聲練習; 親子共讀	大肌肉活動,例如,跳、跑及快速移動
幼兒期 (2~6歲)	玩物、情境等透過遊戲表達情感;學習探制情緒	分類能力之提增 假裝戲劇遊戲	同儕互動	兒童圖畫書賞析	感覺統合
學齡 兒童期 (6~12歲)	利用休閒活動滿足情緒; 透過休閒或遊戲增加自我尊重之情緒穩定	加重邏輯及數學之演繹性活動	團隊比賽及運動	語言遊戲,例如,相聲、脫口秀、繞口令;瞭解各種不同族群及文化的語言	運動技巧; 體能; 知覺一動作發展

遊戲是兒童全部的生活,也是兒童的工作,因此,兒童的休閒育樂活動更是離不開「遊戲」。教育學家杜威說:「教育即生活」,克伯屆則認為:「教育即遊戲」,此外,蒙特梭利、皮亞傑等亦主張以自由開放的態度讓幼兒發展天性並重視遊戲的教育功能,由上列的論點就可以說:「教育即遊戲」。基於兒童天性對遊戲的需求,休閒活動也是國民教育中重要的一環(鍾騰,

1989：11）。而兒童遊戲的教育功能，也可從兒童發展的歷程看出。

一歲以上的幼兒，就會在有人陪伴之下獨自地玩或與別人一起玩，在簡單的遊戲與娛樂中，利用器官的探索逐漸瞭解這個世界，因此，在這段時期的兒童，不論是社會性或單獨的遊戲，都是他學習的主要方式。

進入兒童早期，由於幼兒動作技巧的精熟及經驗的擴增，遊戲漸趨複雜，這個時期兒童最主要的認知遊戲為功能性（functional）及建構性（constructive）兩種；前者又稱操作性遊戲，利用固定玩物；後者意指有組織之目標導引遊戲（郭靜晃譯，1992）。

到了兒童晚期，同儕團體在生活領域中地位逐漸加重，兒童在團體中受歡迎的程度決定了他參加遊戲的形式，這段時間最常作的遊戲有建構性遊戲、收集東西、競賽等，在兒童遊戲中，兒童慢慢建立起自我概念、性別認識，並發展出社會化行為（黃秀瑄，1981）。從此之後，當兒童步入青少年期，除了上課休息及習作功課之外，休閒活動遂變成其生活的重心。

我國兒童休閒娛樂需求分析

一直以來，我國對於兒童休閒娛樂的需求情況未能有官方正式或學術界大規模的徹底調查，正因為長久以來受到大眾的忽視，因此，近年來在各期刊文獻或研究報告中所發表與「兒童休閒娛樂」相關的調查研究，屈指可數，許多學者仍舊將「關愛」的眼光放在青少年身上，不過由於青少年和兒童因著生理、心理發展上的殊異性，適用之休閒活動必然不盡相同，因之，對於後進學者在兒童休閒娛樂供需研究上，勢必造成一定程度上的偏頗，然而，既有之調查結果仍可提供一具體之訊息，作為導引吾人進一步檢證之依憑。

近年來，我國有關兒童休閒娛樂的調查報告，有「台北市國民小學兒童休閒活動之調查研究—讀物及玩具」（趙文藝等人，1984）、「台北市國小學生休閒活動調查報告」（財團法人金車教育基金會，1988）「一項問卷調查告訴你：國小學生喜歡作何休閒？」（侯世昌，1989）、「兒童休閒面面觀」（鍾騰，1989）、「國小高年級一般學童與聽障學童休閒活動探討—台北市立文林國小與啟聰學校之研究」（王麗美，1989）、「國小學童休閒閱讀現況之研究」（高蓮雲，1992）等。

民國七十七年六月中，財團法人金車教育基金會花了三個月的時間，做成一份台北市國小學生休閒活動調查報告統計結果顯示：國小學生以觀賞電視、錄影帶及閱讀課外書籍為主，其次分別為幫忙做家事、玩耍遊戲、玩電動玩具；而在寒暑假裡，小朋友的休閒活則呈現了較高的變化，其中最常做的項目依序是：做功課、看電視、閱讀課外讀物、幫爸媽做事、打球、游泳；此外參加夏令營和才藝營的小朋友也大為增加。而如果讓小朋友選擇他們喜愛的活動，超過半數的小朋友就覺得烤肉、抓魚蝦、游泳、露營、參觀旅遊、騎越野車、撿貝殼、烤蕃薯、玩躲避球、玩遙控模型、摘水果等十一項「很喜歡」，從這個統計結果發現，小朋友喜歡從事和大自然有關的活動（國語日報，1990）。

侯世昌（1989）對台北市志清國小六十七名高年級學生放學後主要的休閒活動進行問卷調查，結果發現其主要活動集中於看電視、錄影帶、閱讀課外讀物及運動四項，其中看電視之比率更達58.24%，顯示電視對兒童影響甚大。

同年，鍾騰針對台南縣關廟鄉文和國小作調查，根據鍾騰的調查結果，家庭中有錄放影機之家庭約佔總家庭數的五分之三（城市應當會更高），而週日必看錄影帶的學生佔總學生人數的五分之二；此外，有百之三十的學生家庭或同儕團體，常利用假日

作郊遊活動;家庭訂閱報紙書刊而學生能利用者,約佔百分之六十;假日時,常邀三五好友打球或作遊戲者,佔百分之九十以上;固定在假日幫忙家事,例如,燒飯、洗衣者,佔百分之三十;利用假日做手工藝,幫助家庭生計或賺取零用錢者,佔百分十五(本地以藤工居多);此外,常利用假日去打電動玩具者,約佔百分之十五;而假日安排有才藝補習的學生,佔百分之二十;在個人嗜好方面:喜歡集郵者佔百分之十五,喜歡剪貼收集者佔百分之十五,喜歡下棋者佔百分之三十(鍾騰,1989)。王麗美(1989)以台北市立文林國小為對象進行研究,結果發現國小休閒活動內容與前幾位學者的研究結果雷同。

趙文藝等人(1984)則以全體台北市立國民小學的小學生為研究群體,提出「有70%~90%以上的各年級兒童認為課外讀物對功課有幫助及很有幫助」的看法。此研究同時也指出,兒童們最常使用玩具及課外讀物的地點是家裏,這種情況在各年級皆然,顯示出公共閱讀場所(圖書館)及共遊戲場所(公園、空地)使用不高,也許是這類場所缺乏所致(趙文藝等,1984)。

檢視上述六項調查研究可以歸納出,我國國小兒童最常從事的五項休閒活動分別為:

1.看電視、錄影帶。
2.打球或運動。
3.閱讀課外讀物。
4.打電動玩具。
5.從事戶外活動。

幾乎各項調查報告指向一共同的趨勢,那就是:所有小朋友在放學後的休閒生活似乎都離不開電視,鍾騰(1989)的調查結

果更顯示兒童於星期假日看電視的時間，在三至四小時之間；而國小學童於課暇所租之錄影帶竟以「豬哥亮餐廳秀」之類爲最多，其次是卡通片及武俠劇。這些型態與內容的節目對兒童的人格發展似乎多正向導引的功能有限。這種趨勢也可在以青少年爲樣本的報告中得知：大眾傳播媒體成爲青少年的重要他人（羅子濬，1995）。

在閱讀課外讀物方面，兒童在休閒閱讀中，可體味充滿驚險的旅程，進入其所不曾瞭解的境地，有探索其它地方與時代的機會，使他們發揮想像、創意，同時也建立並堅定其對普通及熟悉事物的肯定（Barbara, 1983），學童在休閒閱讀的同時，可以獲得廣泛學習的機會，對其建立信心、肯定自我有積極而正面的助益（Dianne, 1989）。

我國兒童休閒娛樂服務提供之現況

1.在運動休閒方面

我國推展休閒運動的全國性計畫，當屬教育部所負責推展的「國家體育建設中程計畫」。在此計畫中，除制定國家體育的發展外，對休閒運動的提倡也有許多規劃，其中與推展休閒運動有關的計畫有：補助籌設縣、市區鄉鎮運動公園、簡易運動場及青少年休閒運動場所；輔導社區充實運動場所增添照明設備，以利推展社區全民運動。這些硬體設施的設立，將成爲休閒運動發展的重要基礎（陳玉婕，1990）。

而臺灣省政府教育廳配合此計畫所預計實行的措施計有（尙華，1990）：

◇在全省各縣市開闢「運動公園」，此爲配合教育部推行的

「發展國家體育建設中程計畫」而設，將利用公共設施保留地興建，預定開闢爲多用途的場所，例如，供民眾晨跑、打太極拳、作體操等休閒用途。

◇推展興建社區體育場，由社區自行管理、任用。

◇省教育廳規劃由學校在假日辦理「體育活動營」，利用學校現有設備、師資辦理體育活動，提供學生在暑假的休閒生活。

此外，依照目前都市計畫，都市兒童、青少年的主要遊戲場所與休閒場爲社區公園及體育場，然而以臺北市爲例，計畫中的公園保留地只佔全市總面積的4%（周美惠，1993）；而台北市人享有綠地面積3.1平方公尺，高雄市2.1平方公尺，遠比世界先進國家都市享有綠地面積來得少（郄爾敏，1993）。儘管都市計畫通盤檢討辦法中規定，兒童遊戲場的用地規劃標準每千人設0.08公頃，每處最小面積0.2公頃，然而設計者往往只是本能地鋪上草皮，放鞦韆、翹翹板、鐵架，甚或只是成爲公園設計中的小角落（鄭文瑞，1993）。

中華民國消費者文教基金會，於民國七十七、七十八及八十一年三度對台北市公園及學校之兒童遊戲設施調查，結果有74%的受訪者認爲設施不夠、綠地少（謝園，1993）。婦兒會亦曾針對學校、公園的遊戲設施進行調查，結果與消基會一致：即一般鄰里公園設施數量不足、綠地少，少有幼兒可玩的項目（謝園，1993）。

2.在藝文休閒方面

◇教育部所頒布之「生活教育實施方案」，其實施要點中，關於國民小學的部分有：國民小學實施休閒的生活教育，

應組織歌詠隊、田徑隊及各種球隊,並與「音樂」、「體育」、「國語」等課程相配合(徐永能,1989)。

◇國民小學課程標準總綱中規定:國民小學教育需輔導兒童達成「養成善用休閒時間的觀念及習性」、「養成欣賞能力、陶冶生活情趣」。

提供兒童休閒娛樂相關機構如下:

◇高雄市立兒童福利服務中心

◆使用資格:凡設籍高雄市未滿十二歲之兒童均可使用中心設備,惟欲使用電腦遊戲室、康樂室、桌球室時,必須辦理使用證。

◆福利內容:內部規劃兒童圖書室、視聽室、電腦遊戲室、自然教室、幼兒圖書室、學前教育資料室、諮商室、天文氣象室、教保人員研習室、美術室、體能室、康樂室、工藝室、桌球室,提供綜合性服務。

◇科學博物館教育活動

國內科學博物館教育活動的舉辦單位,包括:臺灣省立博物館、國立臺灣科學博物館及臺灣省立台中圖書館科教中心,其辦理的主要方式有以下十類(張鑒騰,1987:139):

◆參觀導覽。
◆科學演講。
◆視聽教育。
◆巡迴展覽。

◆野外活動。
◆科學研習。
◆電腦課程。
◆科學演示。
◆諮詢服務。
◆科學櫥窗。

　　此外，國內根據十二項國家建設中的文化建設，教育部積極進行「社會教育中程發展計畫」（民國七十六年至八十年），籌辦三座科學性質的博物館，即國立科學工藝博物館（位於高雄市）、國立科學自然博物館（位於台中市）、國立海洋博物館（位基隆市）。其中等備最早的是國立自然科學博物館，第一期教育活動業已於民國七十五年元旦開館，第二期教育活動在七十八年開館，第三、第四期教育活動於民國八十年開館。其第一期的教育活動之辦理方式，列舉如下（張鑒騰，1987：146-147；177-178）：

◆科學演講（在地下演講廳辦理通俗科學演講）。
◆視聽教育（科學錄影帶欣賞及影片放映）。
◆科學研習。
◆安排團體參觀與導覽。
◆諮詢服務（包括圖書借閱）。
◆科學演示（包括三、四樓展示廳展示台及五樓戶外活動
　區之演示活動）。
◆兒童室。
◆野外活動。
◆電腦教育（電腦益智展示系統劇本徵求活動）。

第二期教育活動除延續第一期的項目外，增辦學術性科學演講及巡迴展服務，利用展示車到偏遠地區之學校、社區舉辦科學展示及科學演示。第三期教育活動又增加兩種新的服務項目，即：獨立研究及教材教具租借服務；前者包括：業餘博物學家、教師、家其之自然物研究與諮詢中心，後者則包含館內自行進行教材發展及教具製作。

◇美術館教育活動

台北市美術館在推廣服務方面所辦理的教育活動有（邱兆偉，1991：33）：

◆舉辦學術演講，有些是配合展覽而辦理者。
◆配展覽舉辦大型座談會、假日廣場、專業導覽等活動。
◆設置美術圖書館，並出版美術期刊、美術論叢，以傳播推廣美術與美育知識。
◆舉辦推廣美術教育研習班。
◆視聽教育活動辦理放映藝術錄音帶欣賞。
◆辦理藝術之旅活動，在旅遊中實際接觸美術；譬如，陶藝之旅、建築之旅、奇石採集之旅等。

除此之外，尚有中華兒童少年服務社、宜蘭縣私立蘭陽少年兒童育樂活動中心、中華兒童育樂福利促進會等為兒童提供服務之機構。

綜合上述，一般說來，國家（公共部門資本）影響休閒機會分配的方式有下列幾種（林本炫，1989）：

1.由國家直接提供，例如，各種公立的圖書館、社區公園、

風景特定區，乃至國家公園的設置。

2.對休閒產業的補助與獎勵，例如，我國「獎勵投資條例」
中對旅館業之興建採取獎勵，以刺激私人資本之投入休閒
產業。但同時也透過法律規定來保護休閒產業的消費。

3.對某些休閒活動的管制，例如，我國以往因戒嚴而實施山
防海禁，造成對休閒活動的限制等。

如果以此架構來考察我國之休閒政政策，可以發現政府部門
所提供的休閒機會一向佔了絕大的比重。而行政院內政部於民國
七十二年十月廿七日修正頒布「除配合國家及地方重大建設外，
原則上應暫緩辦理擴大及新訂都市計畫」執行要點，乃使得民間
投資旅遊事業開始轉向一般風景區或遊憩用地發展，致使私人投
資的休閒產業逐漸佔了一定的比重。不過，在我國長久以來「菁
英文化」為主導的休閒政策下，一般民眾的「大眾文化」
（popular culture）方面之需求與設施不足的情況受到相當程度的
忽略（林本炫，1989），提供兒童青少年符合其年齡的休閒設施
與機會的不足更是不在話下。

除了「量」方面的不足，今日兒童的休閒娛樂活動在品質及
特性上的發展，有以下的偏差傾向（李明宗，1993；謝政諭，
1994）：

學校「休閒活動教育」未受學校主政人員及家長的正確認知
與貫徹。校園中，一般仍以「智育」為教育的第一位，因而使得
五育並重的教學理想未能落實，當然各種休閒活的藝能、設備的
缺乏，也是原因之一。在學校教育中應落實「五育」，並重申
「休閒教育」，唯有以往教育中「我們都是這樣長大」的缺陷得到
彌補與充實，才是發展「正當」休閒活動的要道之一。

休閒活動的日趨商品化：受泛物質化的影響，經濟活動與社會文化活動發展不平衡時，社會上高價位的休閒活動，在商人哄價上，大眾趨之若鶩；兒童、青少年以電動玩具、看MTV為其休閒的熱門活動，不花錢自做性的休閒活動，反而乏人問津。

　　休閒文化趨向低俗化：我國兒童最常從事的休閒活動是「看電視」，然而根據行政院主計處多次的調查顯示，三十歲以下的年輕人，對連續劇或綜藝節目感到滿意的，佔不到百分之三十，在大眾傳播文化日漸低俗的傾向下，休閒生活品質受到波及，因而有「大家樂」、「六合彩」、「賭馬文化」、「柏青哥」等不當的低品味休閒充斥整個社會，嚴重影響到兒童的生活環境。

　　遊戲活動單一化：對於遊戲場的遊戲器具常以好維修的滑梯、蹺蹺版、攀爬架、鞦韆為主，並以肌肉型活動為主，缺乏與認知型和社會型活動加以整合。

　　遊戲、休閒環境的靜態化及固定化：遊戲空間常因缺乏全盤環境考量的設計，造成設施的不安全，又缺乏遊戲空間的整合，俾使遊戲與遊憩功能不能彰顯。

兒童權益

　　「兒童是國家的主人翁，未來的棟樑」。如果國家不能保護他們，使兒童或少年遭遇不幸或虐待（child maltreat），抑或是未提供機會使其發揮應有的潛能，而導致其犯罪，家庭流離失散，更造成沉痛又複雜的社會問題。而兒童不像成人，在生理、思想及行為上業臻成熟，可以獨立自主的生活，因此，他們被合法賦予負擔成人責任的一個「依賴」階段（余漢儀，1995：8），也唯有兒童受到良好的保護，兒童權益受到尊重，兒童福利服務效能，才能落實兒童照顧避免他們身心受到傷害。

隨著社會的開放與進步，基於人性尊嚴、人道主義，及自由平等的精神，人權的問題廣泛受到世界各國，甚至是聯合國的重視；而國人對於人權的重視，相較於從前，也較有更普遍的認知和覺醒。然而，大人為自己權利在爭奪的同時，更忘卻了在水深火熱及缺乏能力為自己權利打拼的兒童，甚至更遭受到不公平、不尊重的對待（謝友文，1991：22-27）。

　　近年來，報章雜誌聳動的標題，電視公益廣告中所刊登有關兒童綁架撕票、虐待、強暴、猥褻、兒童青少年自殺、兒童適應不良，乞丐兒、深夜賣花兒、色情傳播，校園傷害、兒童買賣、強迫兒童為妓等情形層出不窮，可見兒童生長的權益受到剝削和忽視，甚至導致身心傷害及凌虐致死，這些事件實令人觸目驚心。雖然我國經濟成長，兒童在物質上的生活條件並不匱乏，但隨之而來的是，社會忽視了兒童的權益，傷害兒童身心安全的危機，以及不利兒童健全成長的誘因潛伏在生活環境中，在號稱「兒童是家庭珍寶」，的現代社會中，實是一大諷刺（郭靜晃，1999：146）。

　　兒童福利聯盟文教基金會從1997至1999連續三年針對台灣地區約100位的兒童福利學者、機構主管、社政主管、社工實務者、醫療、教育、法律、媒體及立委等瞭解兒童之專業人士，調查相關兒童人權，包括：基本人權、社會權、教育權、健康權等四個兒童人權指標，其結果皆是令人不甚滿意（馮燕，1999：105）。顯然地，台灣地區兒童從兒童福利專業人士眼中是沒有享受到平等主義取向下所強調的被尊重及社會參與權，也沒有得到保護主義取向下應提供充分的安全與福利等保護措施。

　　此外，從孩子的角度觀點，兒童福利聯盟文教基金會也於1999年4月針對北、中、高三市抽取3,590位五、六年級學童所做的「跨世紀兒童生活狀況調查」問卷，以孩童基本權利、受保護

的權利、正常成長的權利以及孩童對權利的認知為指標,結果發現:近九成學童表達經常或偶然對「功課壓力沈重」、「遊戲空間、時間不足」、「未具足夠的人格尊重」、「缺乏足夠的安全保障」等煩惱及困擾存在。

兒童福利法開宗明義地在第一條闡釋:為維護兒童身心健康、促進兒童正常發育、保障兒童福利,特制定兒童福利法。第五條:兒童之權益受到不法侵害時,政府應予適當的協助與保護。從立法之精神看來,兒童有免於恐懼與接受教育的權利。可是近年來,相關兒童權益之調查報告及兒童覺知其生活狀況調查報告皆指陳兒童人身安全指標不及格,顯示兒童生活危機重重,不但在社會上不安定、在學校不安全,甚至在家也不安全。而兒童被遺棄、虐待、遭性侵害、被強迫從事不法行為等案件在社會新聞中也時有所聞,資料顯示更有逐年增加之趨勢,這也顯現我國社會對於兒童人權保障仍不及格。

我國對於兒童福利服務的推廣,政府與民間雖不遺餘力來進行,除了兒童福利法之訂頒,也賡續建立通報制度,補助設置兒童福利服務中心,落實社區化兒童保護工作,加強對遭受性侵害兒童及施虐者心理治療與後續追蹤輔導工作,並落實兒童之「福利與保護」之立法精神,有訂定相關法規,例如,「菸害防治法」、「特殊教育法」、「少年事件處理法」之對菸、酒、麻醉藥品之管制、有關之特殊兒童之教育資源及對觸法兒童給予尊重、隱私權之保護與公平審議等法也加以制定配合,但是缺乏平行協調以導致無法保障兒童權益及落實立法精神。諸此種種皆表示我國要達到聯合國兒童權利公約之標準及讓兒童能在免於歧視的無障礙空間中,平等享有社會參與、健康安全的成長,是有待兒童福利工作者應努力的方向(劉邦富,1999:100-101)。

聯合國兒童權利公約(U. N. Convention on the Rights of the

Child）的訂定起源於1959年的聯合國兒童權利宣言（U. N. Declaration of the Rights of the Child）和1924年國際聯盟所通過的兒童權利宣言（日內瓦宣言），並於1989年11月20日通過實施（李園會，2000：10），此公約於1990年9月2日正式生效，成為一項國際法，並訂每年11月20日為「國際兒童人權日」。

兒童權利憲章從1946年起草，至1959年完成實施，共歷經十三年的時間。「兒童權利宣言」將「日內瓦宣言」時期視兒童為保護對象的兒童觀，進一步提昇到把兒童定位為人權的主體，意即期望將獲得國際認同的世界人權宣言條款，積極地反映在「兒童權利宣言」上。圖3-2是社會委員會制定宣言草案的過程。有此圖可看出日內瓦宣言在第二次世界大戰後將屬於兒童的權利正式納入兒童權利宣言的過程。

聯合國的各國國民再次肯定基於聯合國憲章的基本人權和人性尊嚴的重要性，決心促使人類在自由的環境中，獲得提昇生活水準，並使社會更加進步。

聯合國在世界人權宣言中強調，所有的人類不應該由於種族、膚色、性別、語言、宗教、政治或其他理念、國籍、出身、財富、家世及其他與地位等相類似的事由受到差別的待遇，使每個人均能共同享受本宣言所列舉的各項權利和自由。

由於兒童的身心未臻成熟階段，因此無論在出生之前或出生之後，均應受到包括法律的各種適當的特別保護。

此種特殊保護的需要，早在1924年的日內瓦兒童權利宣言就有規定，而世界人權宣言以及與兒童福利有關的專門機構和國際機構的規約中，也承認此種保護的必要。同時更應瞭解人類有給兒童最佳利益之義務。

因此，聯合國大會為使兒童能夠有幸福的生活，並顧及個人與社會的福利，以及兒童能夠享受本宣言所列舉的權利與自由，

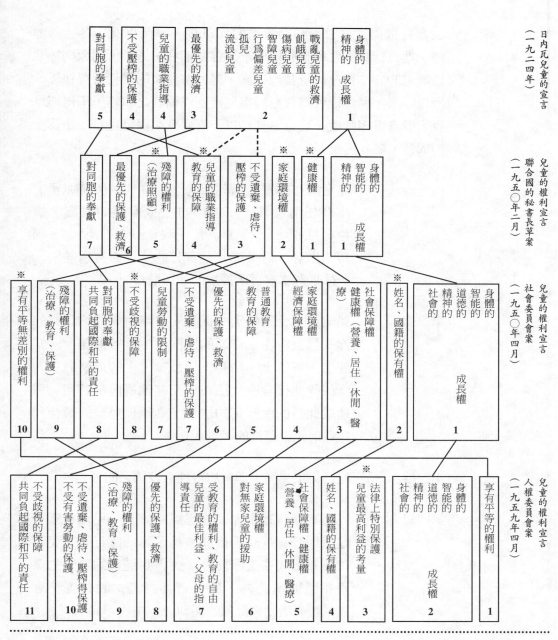

圖3-2 兒童權利的體系發展

註：阿拉伯數字表示各條款。實線表示有直接關係者，虛線表示有間接關係者，※表示新設內容。
資料來源：李園會，2000。

公布兒童福利宣言。務期各國的父母親、每個男女、各慈善團體、地方行政機關和政府均應承認這些權利，遵行下列原則，並以漸進的立法程序以及其他措施，努力使兒童的權利獲得保障。所以說來，兒童權利宣言更規定兒童應為權利之本體，不但與世界人權宣言相呼應，而且更具體以十條條款來保障兒童在法律上的權益，茲分述如下：

第一條　　　　兒童擁有本宣言所列舉的一切權利。所有兒童，沒有任何例外，不能因自己或家族的種族、膚色、性別、語言、宗教、政治或其他理念、國籍、出身、財富或其他身分的不同而有所差別。一律享有本宣言所揭示的一切權利。

第二條　　　　兒童必須受到特別的保護，並應用健康的正常的方式以及自由、尊嚴的狀況下，獲得身體上、知能上、道德上、精神上以及社會上的成長機會。為保障此機會應以法律以及其他手段來訂定。為達成此目的所制定的法律，必須以兒童的最佳利益為前題做適當的考量。

第三條　　　　兒童從出生後，即有取得姓名及國籍的權利。

第四條　　　　兒童有獲得社會保障之恩惠的權利。兒童有獲得健康地發育成長的權利。為了達成此目的，兒童以及其母親在生產前後，應得到適當的特別的保護和照顧。此外，兒童有獲得適當的營養、居住、娛樂活動與醫療的權利。

第五條　　　　對在身體上、精神上或社會方面有障礙的兒童，
　　　　　　　應依特殊狀況的需要獲得特別的治療、教育和保
　　　　　　　護。

第六條　　　　爲使兒童在人格上得到完全的和諧的成長，需要
　　　　　　　給予愛情和理解，並儘可能使在父母親負責任的
　　　　　　　保護下，使他無論遇到什麼樣的狀況，都能在具
　　　　　　　有愛情、道德及物質的環境保障下獲得養育。除
　　　　　　　了特殊的情況下，幼兒不得使其和母親分離。社
　　　　　　　會及公共機關對無家可歸的兒童與無法維持適當
　　　　　　　生活的兒童，有給予特別養護的義務。對子女眾
　　　　　　　多的家庭、國家以及其他有關機關，應該提供經
　　　　　　　費負擔，做適當的援助。

第七條　　　　兒童有受教育的權利，至少在初等教育階段應該
　　　　　　　是免費的、義務的。提供兒童接受教育應該是基
　　　　　　　於提高其教養與教育機會均等爲原則，使兒童的
　　　　　　　能力、判斷力以及道德的與社會的責任感獲得發
　　　　　　　展，成爲社會上有用的一員。富有輔導、教育兒
　　　　　　　童的責任的人，必須以兒童的最佳利益爲其輔導
　　　　　　　原則。其中兒童的父母是負有最重要的責任者。
　　　　　　　兒童有權利獲得充分的遊戲和娛樂活動的機會。
　　　　　　　而遊戲和娛樂活動必須以具有教育目的爲原則。
　　　　　　　社會及政府機關必須努力促進兒童享有這些權
　　　　　　　利。

第八條　　　　不論在任何狀況下，兒童應獲得最優先的照顧與
　　　　　　　救助。

第九條　　　　保護兒童不受任何形式的遺棄、虐待或剝削，亦不得以任何方式買賣兒童。兒童在未達到適當的最低年齡前，不得被僱用。亦不得僱用兒童從事危及其健康、教育或有礙其身心、精神、道德等正常發展的工作。

第十條　　　　保護兒童避免受到種族、宗教或其它形式的差別待遇。讓兒童能夠在理解、寬容、國際間的友愛、和平與世界大同的精神下，獲得正常的發展，並培養他將來願將自己的力量和才能奉獻給全體人類社會的崇高理念。

　　國內兒童福利學者謝友文根據聯合國大會所通過的「世界人權宣言」、「兒童權利宣言」、「兒童權利公約」理念，以及參考我國的「憲法」、「民法」、「刑法」、「兒童福利法」、「國民教育法」及「勞動基準法」等多項法令中之相關規定，並針對兒童身心發展及其所需要的特質，將兒童權利依性質分為兩類：（謝友文，1991）

　　基本權利：例如，生存權、姓名權、國籍權、人身自由權、平等權、人格權、健康權、受教育權、隱私權、消費權、財產權、環境權、繼承權等。
　　特殊權利：例如，受撫育權、父母保護權、家庭成長權、優先受助權、遊戲權、減免刑責權、童工工作權等。

　　再依內容來看，兒童權利可分為三類：

　　生存的權利：例如，充足的食物、居所、清潔的飲水及基本的健康照顧。

受保護的權利：例如，受到虐待、疏忽、剝削及有危難，戰爭中獲得保護。

發展的權利：例如，擁有安全的環境，藉由教育、遊戲，良好的健康照顧及社會、宗教、文化參與的機會，使兒童獲得健全均衡的發展。

充實各種兒童福利服務以滿足兒童基本人權的需求

兒童人權的保障除了政府與社會有明白的政策宣示，還要透過立法來保障兒童的基本人權，除此之外，還要有精實的兒童福利服務來充實兒童需求的滿足及人權的保障（參考表3-3）

表3-3 兒童托育與福利制度的提案

採行措施	主辦機關	協辦機關	時程
1.成立兒童資料庫網絡以建立兒童身心發展及生長資料，及設置各種兒童福利育樂機構，提供諮詢服務	直轄市及各縣市政府	內政部兒童局 教育部	立即辦理
2.協助身心障礙兒童就學，不得因其障礙類別、程度或尚未設置特殊班（學校）而拒絕其入學	直轄市及各縣市政府	內政部兒童局 教育部	立即辦理
3.輔導設置兒童福利服務中心，提供家庭與兒童生、心理發展之諮詢	直轄市及各縣市政府	內政部兒童局	立即辦理
4.加強媒體監督管制，增進兒童身心發展之兒童節目，並倡導媒體自律，以保障兒童基本人權	直轄市及各縣市政府	內政部兒童局 行政院新聞局	立即辦理
5.結合社區力量認養文化及休閒設施及場所，舉辦社區性的志願服務活動	直轄市及各縣市政府	內政部兒童局 行政院文建會	立即辦理
6.定期進行兒童生活狀況之調查、統計與分析，以瞭解兒童及其家庭之需求	直轄市及各縣市政府	內政部兒童局 內政部統計處	立即辦理
7.倡言兒童是準公共財，及國家親權觀念，以保障兒童被保育的權益	內政部兒童局	新聞局 教育部	立即辦理
8.開創行政資源、擴充人力與經費，以保障兒童質優量足的輸送服務	直轄市及各縣市政府	內政部兒童局 行政院主計處	立即辦理

資料來源：本書整理

當代台灣地區兒童托育與福利的相關文獻（1980-2000）

Herrera , Ernesto F.（邱方晞譯）（1995），「菲律賓之青少年兒童福利問題—孩子，你的名字叫做『今天』」，《社區發展季刊》第七二期：259-261。

Karger, Howard J. & Stoesz, Darid（翁毓秀譯）（1991），「九十年代美國兒童福利政策取向」，《社會福利》第八九期：19-21。

Mayhew, Pat（洪文惠譯）（1998），「婦女、兒童受害之預防與保護」，《人力發展》第五三期：16-20。

丁雪茵（1998），「從幼稚園到小學—讓孩子走得更穩健！」，《國教世紀》第一七九期：21-25。

毛萬儀（1990），「幼兒性好奇、性與興趣及家長、教保人員對幼兒性教育看法之調查研究」，中國文化大學兒童福利研究所碩士論文。

王明仁（1996），「我國兒童福利推展的省思」，《社會建設》第九四期：53-56。

王珮玲（1991），「兒童氣質、父母教養方式與兒童社會能力關係之研究」。國立政治大學教育研究所博士論文。

王珮玲（1993），「肯定訓練模式在幼稚園教學上的應用」，《國教月刊》第三九卷第九期：28- 31。

王茜瑩（1998），「Rudolf Steiner 幼兒教育思想之研究」。國立政治大學教育學系碩士論文。

王莉玲（1993），「幼稚園實習教師發問技巧的分析」，《幼兒教育學報》第二期：35-60。

王清峰（1993），「試評新修正之兒童福利法」，《律師通訊》第
　　一六四期：23-27。

王淑清（1991），「蒙特梭利實驗教學法與單元設計教學法對幼
　　兒身體發展影響之比較研究」。國立台灣師範大學家政教育
　　研究所碩士論文。

王順民（1998），「兒童福利的另類思考—以縣市長選舉兒童福
　　利政見為例」，《社區發展》季刊第八一期：130-147。

王順民（1999），「我國托育服務的轉型與賡續—以台北市公立
　　托兒所為例」，《華岡社科學報》第一三期：123-137。

王靜珠（1992），「幼稚園園務及教學評鑑芻議—寫在台灣省縣
　　市幼稚園園務及教學評鑑之前」，《幼兒教育年刊》第四
　　期：153-170。

王靜珠（1993），「正視幼稚園園舍建築與管理」，《國教輔導》
　　第三二卷第三期：2-7。

王靜珠（1994），「幼稚園實施生活教育落實生活輔導之我見」，
　　《幼兒教育年刊》第七期：1-14。

王懋雯（1998），「兒童性保護」，《研習資訊》第一五卷第四
　　期：36-39。

方燕菲（1998），「家庭第一—美國兒童福利政策」，《家庭教育》
　　第二期：23-25。

田育芬（1986），「幼稚園活動室的空間安排與幼兒社會互動關
　　係之研究」。國立台灣師範大學家政教育研究所碩士論文。

古明峰（1992），「致力於兒童福利的『桃園家庭扶助中心』」，
　　《諮商與輔導》第八三期：20-22。

白乃文（1998），「台北市私立托兒所之輔導與管理」，《福利社
　　會》第六九期：30-35。

江怡旻（1997），「幼稚園方案教學之研究」。國立師範大學家政

教育學系碩士論文。

江淑惠（1984），「父母教養態度與幼兒焦慮之相關研究」。國立政治大學教育研究所碩士論文。

江道生（1995），「本利而道生—道生幼稚園」，《國教月刊》第四二卷第一／二期：31-37。

江綺雯（1998），「歡樂、童年、親子情—高雄市兒童福利工作現況與展望」，《社區發展季刊》第八一期：21-25。

任秀媚（1985），「家長參與幼兒學校學習活動對幼兒社會行為之影響」。國立台灣師範大學家政教育研究所碩士論文。

任秀媚（1992），「從幼稚園評鑑談幼稚園教保活動之問題」，《國教世紀》，第二八卷第一期：34-40。

朱沛亭（1995），「幼稚園空間因應幼教理念轉變之研究」，《南亞學報》第一五期：219-246。

朱美珍（1991），「機構教養的兒童福利」，《社會福利》第九十期：17-21。

朱進財（1993），「幼稚園創造性遊戲的理論基礎與設計實例」，《國教天地》第九七期：9-19。

朱貽莊（1997），「單親家庭兒童福利需求之探討」，《社會建設》第九八期：91-107。

呂錘卿（1986），「我國兒童認同對象之研究」。國立台灣師範大學教育研究所碩士論文。

余漢儀（1995），《兒童虐待—現象檢視與問題反思》。台北：巨流書局。

李子春（1997），「為兒童、少年福利法的修正進一言」，《律師雜誌》第二一六期：35-40。

李明中（1996），「台北市幼稚園園長對幼稚園評鑑觀點之研究」。中國文化大學兒童福利研究所碩士論文。

李佩元（1997），「幼兒工作材料使用及實施方法之探討—以私利中山幼稚園、大同托兒所爲例」，《育達學報第》一一期：231-240。

李易駿（1993），「社會工作專業人員於兒童福利法修正後應有的認識」，《社會福利》第一〇八期：48-51。

李桂芬（1999），「義大利瑞吉歐幼稚園—生活是最大的教室」，《天下雜誌特刊》第二七期：218-220。

李素滋（1995），「幼稚園創造思考教學實務報告」，《教育資料與研究》第二期：45-48。

李淑芬（1988），「團體遊戲治療對學前兒童社會關係及社會能力之影響」。國立政治大學教育研究所碩士論文。

李淑華（1997），「幼稚園校園佈道活動設計（幼兒手冊）」，《市師環教》第二八期：22-32。

李淑惠（1994），「幼稚園活動室互動行爲之研究—角落與學習區之觀察」。中國文化大學兒童福利學系碩士論文。

李慧娟等（1999），「托兒所教保人員對教保工作角色的個人建構分析初探」，《德育學報》第一五期：220-244。

李鍾元（1995），「社區與兒童福利」，《社會建設》第九十期：26-27。

余巧芸（1993），「兒童福利對象的內涵之探討」，《中國社會工作教育學刊》第一期：67-90。

余漢儀（1994），「兒童福利之績效評估—以台北市社會局爲例」，《國立台灣大學社會學刊》第二三期：97-142。

宋海蘭等（1994），「談幼稚園教師與幼兒的溝通」，《國教月刊第》四十卷第九期：23-31。

何慧敏（1994）「德國學前教育初探—幼稚園現況分析」，《家政教育》第一二卷第五期：10-25。

何慧敏等（1997），「中美托育服務現況之比較」，《兒童福利論叢》第一期：75-105。

林月娟（1991），「幼稚園廁所面面觀」，《傳習》第九期：213-220。

林文雄（1992），「香港家庭與兒童福利服務之見聞」，《社會福利》第一○三期：19-22。

林育瑋（1995），「幼稚園教師的兒童發展觀」，《教育資料與研究》第四期：31-32。

林志嘉（1995），「兒童福利法修正及實施建議」，《政策月刊》第五期：8-9。

林秀芬（1989），「兒童虐待與疏忽問題之研究─由家庭結構之觀點探討」。中國文化大學兒童福利研究所碩士論文。

林玫君（1997），「戲劇主題課程對四歲幼兒遊戲模式之改變研究」，《台南師院學報》第三一期：371-384。

林雨清等（1996），「以學科爲基礎的藝術教育理論對幼稚園工作科課程之啓示」，《家政教育》第一三卷第三期：68-79。

林永喜（1993），「簡述幼稚園科學教育之觀點」，《初等教育學刊》第二期：239-259。

林佩蓉（1995），「幼稚園教學實務中反映的兒童發展觀點」，《教育資料與研究》第四期：33-35。

林佳慧（1993），「由兒童福利修正草案談兒童虐待事件」，《國教輔導》第三二卷第四期：56-61。

林秀慧（1995），「蒙特梭利教學法實施之探討─以兩所台北市幼稚園爲例」。國立台灣師範大學家政教育學系碩士論文。

林昭慧等（1998），「外國兒童津貼之比較─兼論我國兒童津貼之實施」，《兒童福利論叢》第二期：114-143。

林淑英（1993），「灌注生命活水談新修正兒童福利法的因應與

展望」，《社會福利》第一〇五期：20-24。

林惠芳（1992），「智障兒童家庭福利服務供需性研究一以台北市為例」。中國文化大學兒童福利學系碩士論文。

林惠娟（1997），「幼稚園教師的角色（上）」，《師友》第三五五期：29-33。

林惠娟（1997），「幼稚園教師的角色（下）」，《師友》第三五六期：36-40。

林瑞發（1987），「學前兒童行為與主要照顧者氣質特徵之相關研究」。中國文化大學兒童福利研究所碩士論文。

林慈瑋（1991），「不變的愛：比較當前幼稚園與托兒所之異同並抒說其未來發展趨勢」，《台灣教育輔導月刊》第四一卷第十期：4-5。

邱志鵬（1996），「『追求高品質的幼兒教育』之評論」，《教改通訊》第一九期：13-15。

邱花妹（1998），「企業辦托兒所一孩子，跟爸媽上班去！」，《天下雜誌》第二〇三期：84-88-91-93。

邱麗瑛（1991），「幼稚園如何實施『兒童圖書館利用教育』」，《育達學報》第五期：173-180。

吳亦麗（1998），「台北縣市幼兒園實施親職教育之發展研究」。國立台灣師範大學家政教育研究所碩士論文。

吳美慧等（1995），「幼稚園教師對特殊教育之態度及相關知識之需求調查研究」，《台東特教》第二期：25-36。

吳嬿華（1997），「開學前的準備一高效能班級經營」，《新幼教》第一三期：4-8。

吳德邦等（1998），「台灣中部地區幼稚園教師對電腦經驗與態度之研究」，《幼兒教育年刊》第十期：53-79。

吳麗君（1991），「從課程決定談幼稚園課程品質的提昇」，《國

立編譯館通訊》第四卷第四期：22-29。

吳麗君等（1991），「幼稚園課程材料評鑑計畫」，《國民教育》第三二卷第三／四期：19-23。

吳麗芬（1996），「『設身處地』的能力及其在幼稚園教育實施上的意義」，《幼教學刊》第四期：32-39。

周俊良（1994），「兒童哲學與教育關係之研究」。國立高雄師範大學教育學系碩士論文。

周海娟（1998），「紐西蘭兒童福利服務新趨勢」，《社區發展季刊》第八一期：250-258。

官有垣（1995），「台灣的非營利組織與政府的互動關係：以台灣基督教兒童福利基金會為例（1964-1977）」，《公共政策學報》第一六期：147-226。

官有垣（1997），「台灣民間社會福利機構與政府的競爭關係：以台灣基督教兒童福利基金會為例（1977-1985）」，《空大行政學報》第五期：125-175。

柯慧貞（1993），「談幼稚園的戲劇扮演活動」，《國教月刊》第三九卷第九／十期：68-74。

洪耕燦（1994），「幼稚園園長經營理念之探討」。中國文化大學兒童福利學系碩士論文。

洪智萍（1994），「幼稚園大班教師教學行為與幼兒社會行為之關係研究」。國立師範大學家政教育學系碩士論文。

洪福財（1997），「幼稚園教學的因應與變革—從多元智力論談起」，《國民教育》第三八卷第一期：68-72。

俞筱鈞（1995），「主導性兒童福利」，《華岡法科學報》第一一期：93-107。

紀惠容（1997），「檢視國內婦幼福利政策」，《國家政策（動態分析）雙週刊》第一六五期：2-4。

施慧玲（1999），「論我國兒童少年性剝削防治立法－以兒童少年福利保護為中心理念之法律社會學觀點」，《國立中正大學法學集刊》第二期：45-75。

徐明珠（1993），「好，還要更好－談如何落實兒童福利政策」，《中央月刊》第二六卷第四期：98-103。

徐素霞（1992），「淺談素材教學的內涵與延伸－參觀法國幼稚園素材教學展有感」，《國教世紀》第二八卷第三期：10-15。

徐貴蓮（1993），「台北市幼兒父母對親職教育需求之研究」。國立師範大學社會教育學系碩士論文。

徐諶（1998），「讓孩子受最好的教育－為幼兒量身打造的麥美倫幼稚園」，《師友》第三七二期：22-24。

徐錦興（1990），「不同指導者參與運動遊戲課程對幼兒體能發展的影響」。國立台灣師範大學體育研究所碩士論文。

晏涵文等（1992），「幼稚園至國小六年級學生、家長及教師對實施性教育內容之需求研究」，《衛生教育雜誌》第一三期：1-17。

翁慧圓等（1996），「中華兒童福利基金會之兒童暨少年社會工作概述」，《社區發展季刊》第七六期：79-90。

翁麗芳（1992），「張雪門的中國幼稚園課程」，《台北師院學報》第五期：885-919。

翁麗芳（1995），「『幼稚園』探源」，《台北師院學報》第八期：451-469。

翁麗芳（1999），「日本幼稚園課程的發展過程及其對我國的啟示」，《國立台北師範學院學報》第一二期：489-491-511-513。

翁麗芳等（1995），「台灣幼兒教育發展之研究－托兒所的演變

在台灣幼兒教育發展上的意義」，《史聯雜誌》第二五期：9-38。

孫世珍（1998），「幼稚園開放教育下的課程統整化教學」，《教育資料與研究》第二五期：7-8。

孫碧霞（1994），「兒童福利法與少年福利法政策執行力之檢討」，《社區發展季刊》第六七期：146-153。

孫曉萍（1999），「日本托兒所—比父母更用心」，《天下雜誌特刊》第二七期：224-226。

高士傑（1997），「情境領導之概念分析」，《國教月刊》第四三卷第九／十期：13-18。

高士傑（1997），「情境領導在幼稚園行政上之運用」，《台北師院學報》第十期：643-645-674。

高傳正（1996），「幼稚園教師運用教學媒體之調查研究」，《教學科技與媒體》第三十期：43-47。

高翠嶺等（1997），「中美智能不足兒童福利政策之研究」，《兒童福利論叢》第一期：136-162。

高麗芷（1997），「身心障礙者保護法之省思—邁向優質的特殊嬰幼兒照顧」，《福利社會》第六一期：10-11。

馬家祉（1997），「開啓教育中的幼稚園—幼兒快樂學習的園中園」，《台灣教育》第五六四期：77-81。

唐啓明（1998），「台灣省兒童福利的回顧與展望」，《社區發展季刊》第八一期：7-13。

袁志君等（1998），「美國印地安兒童福利法案介紹」，《兒童福利論叢》第二期：249-267。

涂晴慧（1998），台「灣地區幼稚園教育中國家角色之分析」。國立政治大學中山人文社會科學研究所碩士論文。

張貝萍等（1999）「中美對中輟學生因應措施之比較—從青少年

兒童福利觀點探討」，《兒童福利論叢》第三期：185-1+186-224。

張秀玉（1985），「幼稚園創造性課程之研究」。國立政治大學教育研究所碩士論文。

張英陣（1998），「兒童福利組織的財物來源分析」，《社區發展季刊》第八一期：102-114。

張紉（1997），「台灣兒童保護服務現況─以中華兒童福利基金會個案為例」，《實踐學報》第二八期：269-292。

張盈（1998），「從福利國家到基進民主（Radical Democracy）─談兒童福利的新思考」，《社區發展季刊》第八一期：221-233。

陳菊（1998），「台北市兒童福利工作之概況報告與未來展望」，《社區發展季刊》第八一期：14-20。

張惠芬（1993），「幼兒母親對親職教育的態度、參與情形與滿意程度之關係研究─以台北市立托兒所為例」，《青少年兒童福利學報》第二期：59-84。

張惠玲（1991），「在幼稚園影響孩子創造力的因素獲作法」，《創造思考教育》第三期：43。

張惠蓉（1994）「從園務發展談幼稚園之辦學特色」，《教師之友第三五卷》第一期：25-28。

張菡育（1998），「幼稚園設園需求之評估─實例探討」，《幼兒教育年刊》第十期：153-168。

許英傑（1998），「建構社區網路─另類新褓母：網路幼稚園」，《網路資訊》第八三期：156-158。

許彩禪（1998），「中美幼兒教育師資培育制度之比較研究」。暨南國際大學比較教育研究所碩士論文。

許榮宗（1991），「從兒童福利法修正草案談台灣省兒童福利服

務未來發展重點」，《社會福利》第九二期：6-9。

陳世垣（1996），「台北市普設公立幼稚園政策執行之評估研究」。中國文化大學兒童福利研究所碩士論文。

陳玉佩（1991），「幼稚園圖書角與幼兒的關係」，《傳習》第九期：187-192。

陳玉娟（1992），「幼稚園之健康教育」，《傳習》第十期：215-225。

陳守正（1993），「談幼稚園的民主法治教育」，《國教月刊）第三九卷第九／十期：39-41。

陳秀才（1997），「家長如何評鑑幼稚園」，《國教輔導》第三六卷第三期：10-12。

陳若雲等（1996），「幼稚園的民生大事—飲食面面觀」，《新幼教》第一一期：4-24。

陳孟瑩（1993），「自法律層面談兒童福利法對兒童之保護」，《社會福利》第一○五期：12-16。

陳美秀（1993），「兒童福利法執行成效之評估」，《研考雙月刊》第一七卷第一期：92-93。

陳美珠等（1999）「中美貧窮家庭兒童福利服務之比較」，《兒童福利論叢》第三期：35-1，36-79。

陳悅平（1992），「美國幼稚園的安全教育」，《教育資料文摘》第一七四期：77-81。

陳師孟（1995），「台北市國小學童托育服務公聽會會議記錄」，《師說》第八三期：20-25。

陳純純（1997），「幼稚園輔助教材評析」，國教月刊第四三卷第九／十期：35-40。

陳淑芳等（1993），「幼稚園課程研究—蒙特梭利教學模式和一般單元教學模式之實證比較」，《家政教育》第一二卷第四

期：65-73。

陳雅美（1994），「談台灣地區幼稚園環境教育的實施現況—謹獻給默默辛勤的幼教老師」，《國民教育》第三四卷第五／六期：12-20。

陳雅美（1994），「幼稚園環境教育活動實施現況調查研究」，《台北師院學報》第七期：917-966。

陳雅美（1995），「幼稚園實習教師團體活動秩序管理技巧分析研究」，《台北師院學報》第八期：471-502。

陳雅美（1997），「幼稚園教師對於實習教師音樂遊戲類秩序管理技巧之評估」，《幼教學刊》第五期：48-68。

陳雅美（1997），「幼稚園教師對於實習教師團體活動秩序管理技巧之評估研究」，《台北師院學報》第十期：675-725，727-728。

陳雅美（1999），「幼稚園方案教學團體討論之分析研究：二個不同教室之比較」，《國立台北師範學院學報》：535，537-569。

陳雅倫等（1996），「新世紀的幼兒園經營」，《新幼教》第一二期：4-30。

陳琇惠（1998），「迎接二十一世紀的兒童福利」，《社區發展季刊》第八一期：27-28。

陳開農（1992），「台灣省村里托兒所應往何處去？」，《社會福利》第一〇一期：13-15。

陳鈺菁（1993），「從蒙特梭里教師談幼稚園教師應有的涵養與認識」，《幼兒教育年刊》第六期：95-108。

陳碧蓮（1998），「談幼稚園的環保教育」，《台灣教育》第五七四期：23-24。

陳薇名（1996），「『小蝌蚪變青蛙』—談幼稚園與小學銜接問

題」，《社教資料雜誌》第二一四期：4-7。

陳鴻霞（1996），「美國公共圖書館兒童服務之見聞及啓思」，《書苑》第三十期：56-63。

陳麗鳳（1997），「兒童權利與兒童圖書館服務」，《書苑》第三二期：9-16。

陳麗霞（1998），「發展幼兒創造力—幼稚園裡的指導」，《親子教育雜誌》第七八期：6-8。

敖韻玲（1991），「幼稚園混齡編班的教學實施」，《國民教育》第三二卷第三／四期：27-31。

曹常仁（1992），「幼稚園教師與家長溝通之途徑」，《國教之聲》第二六卷第一期：10-16。

郭巧俐（1992），「幼教服務市場與行銷策略之實證研究—以大台南地區爲例。」國立成功大學企業管理研究所碩士論文。

郭靜晃（1991），「玩出智慧—從遊戲開發幼兒智能」，《寶寶媽媽》，十月：159-163。

郭靜晃（1992），「幼兒園生理症候群」，《學前教育學刊》，14（12）：28-29。

郭靜晃（1992），「開創單親家庭生活的嶄新天空」，《媽媽寶寶》，七月：70-73。

郭靜晃（1993），「就兒童安全論兒童福利之隱憂」，《理論與政策》，7（4）：103-112。

郭靜晃（1993），「兒童福利法與你」，《精湛雜誌》，三月：54-55。

郭靜晃（1995），「兒童福利政策執行力之提昇」，《社區發展季刊》第七二期：4-24。

郭靜晃（1995），「台灣地區托兒服務需求評估」，《中國文化大學華岡法科學報》，第一一期，109-114。

郭靜晃（1996），「同心協力，家運順吉」，《青少年兒童福利學刊》第一八期：23-27。

郭靜晃（1998），「兒童福利政策之研訂」，《社區發展季刊》第八一期：65-83。

郭靜晃（1998），「養不教父母之過」，《國魂》，628：15-21。

郭靜晃（1999），「托育服務工作專業及專業倫理」，《社區發展季刊》第八六期：143-148。

郭靜晃（1999），「托育人員合流之分級制度可行之探討」，《社區發展季刊》第八六期：280-298。

郭靜晃（1999），「婦女參與家庭休閒之限制及因應策略」，《社會福利》第一四二期：4-17。

郭靜晃（2000），「邁向廿一世紀兒童福利的願景—以家庭爲本位，落實整體兒童照顧政 策」，《社區發展季刊》第八八期：118-131。

郭靜晃、曾華源（2000），「建構社會福利資源網絡策略之探討—以兒少福利輸送服務爲例」，《社區發展季刊》第八九期：107-118。

郭騰淵（1996），「參與新竹市私立幼稚園『行政與理念』評鑑後的省思」，《竹市文教》第一四期：30-33。

莊貞銀（1997），「史丹納教育之教具探討」，《國教月刊》第四三卷第九／十期：19-24。

黃了白（1991），「社區托兒所面面觀」，《社會福利》第九二期：13-14+。

黃木添等（1998），「非營利組織的角色與定位—以中華兒童福利基金會爲例」，《社區發展季刊》第八一期：148-156。

黃文樹（1997），「科層體制與專業組織—以幼稚園爲例」，高市文教第六十期：51-53。

黃玉惠（1995），「慈心幼稚園的風格—『方案』的經營」，《國教月刊》第四二卷第一／二期：16-30。

黃字（1997），「給少年兒童一個寬敞的心靈空間」，《書苑》第三二期：29-33。

黃永結（1995），「幼、小銜接適應準備教育—幼大班結業前應有的輔導措施」，《研習資訊》第一二卷第一期：52-53。

黃秀鳳（1990），「幼稚園教師教學關注之研究」。國立台灣師範大學家政教育研究所碩士論文。

黃怡貌（1994），「光復以來台灣幼兒教育發展之研究」（1945-1981）。國立師範大學歷史學系碩士論文。

黃孟儀（1996），「幼稚園與家庭的關係—中山科學院附設逸光幼稚園的親師關係探討」，《傳習》第一四期：1-11。

黃國禎（1993），「兒童福利法對身心障礙兒童的意義」，《特教園丁》第九卷第一期：34-37。

黃惠玲等（1991），「幼稚園與小學十期懼學症的相關因素」，《中華心理衛生學刊》第五卷第一期：11-22。

黃瑞琴（1985），「幼稚園教育目標理論與實際之研究」。國立台灣師範大學家政教育研究所碩士論文。

黃瑞琴（1991），「幼稚園園長的教室觀點之研究」，《台北師院學報》第四期：681-715。

黃瑞琴（1993），「幼稚園的遊戲」，《教師天地》第六二期：47-54。

黃瑞琴（1993），「幼稚園環境教育活動的實地研究」，《幼兒教育學報》第二期：167-186。

黃瑞琴（1994），「論幼稚園遊戲課程的取向」，《台北師院學報》第七期：881-915。

黃意舒（1991），「幼稚園教師角色行為難抑的探索性因素分

析」，《台北市立師範學院學報》第二二期：139-154。

黃意舒（1993），「幼稚園教師的課程計畫角色」，《國教月刊》
　　第三九卷第九／十期：8-14。

黃意舒（1995），「幼稚園教師之課程專業決定」，《教育研究》
　　第四二期：20-29。

黃意舒（1995），「幼稚園教師教學角色踐行模式之驗證研究」，
　　《台北市立師範學院學報》第二六期：245-266。

黃意舒（1995），「幼稚園課程規劃」，《國教月刊》第四二卷第
　　三／四期：22-26。

黃意舒（1996），「幼稚園教師角色社會化之探討」，《台北市立
　　師範學院學報》第二七期：331-352。

黃意舒（1997），「幼稚園教師與幼兒之認知互動」，《國教月刊》
　　第四三卷第九／十期：41-50。

黃意舒（1998），「幼稚園教師開放教育課程決定與師生互動的
　　分析研究」，《台北市立師範學院學報》第二九期：353-
　　368。

黃韶顏（1997），「台北市托育中心與托兒所餐飲衛生評鑑」，
　　《輔仁民生學誌》第三卷第一期：43-55。

楊孝濚（1994），「托兒所與幼稚園的功能與角色〔座談會〕」，
　　《青少年兒童福利學刊》第一四期：43-49。

楊孝濚（1995），「兒童福利法罰則的貫徹執行」，《社會建設》
　　第九一期：7-13。

楊孝濚（1998），「中央兒童局與兒童福利資源之整合」，《社區
　　發展季刊》第八一期：115-122。

楊淑珠（1995），「美國High／Scope高瞻學齡前教育課程在台灣
　　地區的實驗探討－一個幼稚園的實施經驗」，《幼兒教育年
　　刊》第八期：1-20。

楊淑珠（1996），「雲嘉地區幼稚園戶外遊戲場之評估研究」，《嘉義師院學報》第十期：545-590。

楊淑眞（1996），「台灣省桃園育幼院日間托育服務之研究」，《社會福利》第一二三期：54-56。

楊筱雲等（1994），「影響台北市托兒所教保人員工作倦怠之相關因素」，《家政教育》第一二卷第六期：73-80。

楊瑩（1991），「台北市醫院托育服務滿意程度與影響因素之研究」。中國文化大學兒童福利研究所碩士論文。

馮燕（1992），「讓兒福制度更具體可行！—『兒童福利法修正草案』一讀評議」，《法律與你》第五一期：12-14。

馮燕（1992），「關懷成長幼苗—對修訂兒童福利法落實兒童福利之期待」，《社會福利》第九九期：14-17。

馮燕（1993），「修訂兒童福利法的意義」，《研考雙月刊》第一七卷第三期：17-22。

馮燕（1994），「兒童福利服務需求探討及政策建議」，《社區發展季刊》第六七期：110-127。

馮燕（1994），「新修訂的兒童福利法」，《學生輔導通訊》第三五期：22-29。

馮燕（1997），「制度化兒童少年福利政策之探討」，《社會政策與社會工作學刊》第一卷第二期：73-98。

馮燕（1998），「托育政策與托育服務網絡的建立」，《社會政策與社會工作學刊》第二卷第一期：87-126。

馮燕（1998），「生存權的捍衛—台灣地區的棄兒保護」，《人口學刊》第一九期：161-194。

馮燕（1999），「托育服務的社會福利定位—生態系統觀點的分析」，《社會工作學刊》第五期：1+3-35。

馮燕（1999），「新世紀兒童福利的願景與新作法」，《社區發展

季刊》第八八期：104-117。

彭淑華（1995），「影響父母二十四小時兒童托育決策相關因素之探討」，《東吳社會工作學報》第一期：275-305。

彭淑華（1995），「我國兒童福利法政策取向之評析」，《社區發展季刊》第七二期：25-40。

彭淑華（1997），「人口結構變遷與兒童照顧政策—瑞典兒童照顧政策的啓示」，《政策月刊》第二八期：18-19+17。

彭淑華（1998），「兒童福利政策立法過程之探討—以我國兒童福利法修正案爲例」，《社區發展季刊》第八一期：84-101。

游淑燕（1995），「幼稚園教師課程決定類型分析」，《嘉義師院學報》第九期：641-665。

游齡玉（1996），「台北市國小一年級學童運用托育情形之回溯調查—以士林區爲例」。中國文化大學兒童福利研究所碩士論文。

萬育維（1998），「社會工作專業與兒童福利」，《社區發展季刊》第八一期：49-64。

萬家春（1996），「追求高品質的幼兒教育」，《教改通訊》第一七／一八期：22-26。

焦興如（1996），「由兒童福利法談我國發展遲緩兒童早期療育服務之推展」，《社會建設》第九四期：84-85。

曾琴蓮（1998），「成人，你的名字是被告？—兒童權利座談會」，《蒙特梭利雙月刊》第一九期：6-14。

賈美琳（1991），「幼稚園教師角色之研究」。國立台灣師範大學家政教育研究所碩士論文。

葉秀玉（1993），「教學活動〔幼稚園〕設計的原則」，《國教月刊》第三九卷第九／十期：50-52。

葉肅科（1998），「澳洲兒童福利新趨勢」，《社區發展季刊》第

八一期：234-249。

廖素珍（1992），「創造思考教學方案對幼稚園幼兒創造思考能力之影響」。中國文化大學兒童福利學系碩士論文。

廖鳳瑞（1995），「重歷程的評量在台灣幼稚園的應用—國立台灣師範大學附設幼稚園之例」，《家政教育》第一三卷第二期：50-71。

廖鳳瑞（1996），「觀察與教學的綜合：以幼稚園中的評量為例」，《教育資料與研究》第一三期：48-49。

趙文志（1996），「誰的責任—台灣幼兒教育的經濟分析」。國立台灣大學經濟學系碩士論文。

蔡宏昭（1992），「我國兒童福利法制修正芻議」，《社區發展季刊》第五八期：97-102。

蔡秋桃（1996），「在遊戲中成長—發展適宜的幼稚園遊戲器材」，《國教之友》第四八卷第三期：5-10。

蔡春美（1992），「從教學評量的功能與類別談幼稚園的教學評量」，《科學啓蒙學報》：120-132。

蔡春美（1993），「幼稚園與小學銜接問題調查研究」，《台北師院學報》第六期：665-729。

蔡春美（1994），「幼稚園學習區的本質與實施原則—兼談輔導幼稚園改進教學型態經驗」，《國民教育》第三四卷第五／六期：2-5。

蔡美卿（1989），「台北市公私立幼稚園節奏教學研究」。國立台灣師範大學家政教育學系碩士論文。

蔡敏玲（1996），「眾聲喧嘩中，看誰在說話？—幼稚園及小學教室互動方式的節奏與變奏」，《教育資料與研究》第一二期：2-20。

蔡漢賢（1995），「肩負塑造兒童未來人格重責大任的托兒所—

教保人員如何在托育工作中撒播溫情撒播愛」，《社會建設》
第九一期：3-6。

蔡曉玲（1999），「幼兒園中親師互動之探討研究—多元文化下
的思考」。中國文化大學兒童福利研究所碩士論文。

劉方萍（1991），「幼稚園戶外運動場所的設計與設備」，《傳習》
第九期：203-212。

劉邦富（1998），「內政部兒童福利推展概要」，《社區發展季刊》
第八一期：4-6。

劉邦富（1999），「迎接千禧年兒童福利之展望」，《社區發展季
刊》第八八期：97-103。

劉育仁（1993），「台北市托兒所幼兒家長對親職教育的認知與
期望之研究」，《青少年兒童福利學報》第二期：85-103。

劉秀娟（1997），「由兒童福利保母人員專業訓練方案論方案評
鑑對福利社區化之必要性」，《社區發展季刊》第七七期：
70-82。

劉雅心（1997），「台中地區幼稚園教師課程決定之相關研究」，
國立台中師範學院國民教育研究所碩士論文。

劉瑞菁（1994），「最佳幼稚園課程模式？」，《國教天地》第一
〇三期：27-31。

劉慈惠（1993），「台灣省幼稚園對幼兒教育輔導工作滿意度及
期望」，《新竹師院學報》第七期：59-106。

劉穎（1993），「幼稚園環境教育課程初探」，《國教月刊》第三
九卷第九／十期：21-27。

鄭東瀛等（1992），「當前台北市幼稚園發展現況與問題之探
討」，《教育研究》第二五期：7-9。

鄭基慧（1994），「現代日本兒童福利機構中幼兒教師訓練所面
臨的境遇與問題」，《社區發展季刊》第六五期：105-109。

鄭淑燕（1995），「關愛就是情 保護更是愛—兒童福利政策與措施的發展取向」，《社區發展季刊》第五八期：103-107。

鄭淑燕（1993），「對新修正兒童福利法應有的規劃」，《社會福利》第一○五期：25-28。

鄭淑燕（1994），「健全家庭功能以落實兒童福利」，《社會建設》第八七期：9-14。

鄭淑燕（1995），「兒童福利服務輸送體系架構之芻議」，《社會建設》第九一期：42-46。

盧以敏（1996），「單親家庭社會支持與托育服務需求之研究—以台北市托兒所送託家長爲例」，《實踐學報》第二七期：153-231。

盧美貴等（1992），「幼稚園教師教學關注之研究」，《台北市立師範學院學報》第二三期：235-263。

盧美貴（1993），「幼稚園與小學課程銜接問題之研究」，《幼兒教育學報》第二期：215-246。

盧美貴（1993），「邁向未來的幼稚園課程活動設計—從幼稚園與小學教學銜接談起」，《國教月刊》第三九卷第九／十期：1-7。

盧美貴（1996），「幼稚園小學銜接與開放教育—教育在提供學習的饗宴」，《教師天地》第八一期：20-25。

盧美貴（1997），「幼稚園與托兒所定位問題分析」，《國教月刊》第四三卷第九／十期：59-67。

盧美貴（1999），「幼稚園的眞實性評量—常被忽略的家長參與」，《教師天地》第九九期：46-53。

蕭新（1993），「淺談幼稚園單元活動設計的內容」，國教月刊第三九卷第九／十期：53-63。

賴自強等（1997），「中、日兒童福利法之研究」，《兒童福利論

叢》第一期：106-135。

謝友文（1991），「修正我國兒童福利法之芻議」，《教育資料文摘》第二七卷第四期：130-147。

謝友文（1992），「托育服務法令問題之探討」，《教育資料文摘》第二九卷第二期：130-140。

謝玉新（1996），托育服務之推廣概況與前瞻規劃」，《社會建設》第九四期：74-76。

謝玉新（1998），「我國當前托育服務推展概況簡介」，《家庭教育》第二期：19-22。

魏隆盛（1993），「兒童福利法修正內容簡介」，《社會福利》第一〇五期：17-19。

薛婷芳等（1999），「從幼稚園參與評鑑之經驗看幼稚園在教保轉變的歷程─個案研究」，《國立台北師範學院學報》第一二期：571+573-602。

顏冬榮（1997），「兒童少年保護工作之理念及現況」，《福利社會》第五八期：16-20。

簡宏光等（1997），「中美單親家庭兒童福利服務之比較」，《兒童福利論叢》第一期：53-74。

簡楚瑛等（1998），「幼稚園課程轉型之相關因素探討」，教育與心理研究第二一卷下期：251-274。

羅採姝（1997），「幼兒園師生互動歷程分析─從一個老師的觀點」。中國文化大學兒童福利研究所碩士論文。

羅瑩雪（1993），「兒童福利法修正之回顧與展望」，《社會福利》第一〇六期：29-35。

羅瑩雪（1993），「兒童福利法之新貌及檢討」，《研考雙月刊》第一七卷第三期：39-46。

羅豐良等（1999），「中美家庭結構變遷與兒童福利服務之比

較」,《兒童福利論叢》第三期:a4-1+1-35。

蘇育任(1996),「幼稚園自然領域教學策略的研究與建議」,《幼兒教育年刊》第九期:307-334。

蘇玲瑤(1997),「竹塹啓蒙教育的百年縮影—新竹市立幼稚園的一紙滄桑」,《竹塹文獻》第五期:6-19。

蘇雪玉等(1997),「台北市托兒所與托育中心評鑑—理念、行政與教保」,《輔仁民生學誌》第三卷第一期:69-89。

蘇楓琪(1995),「幼教教師在幼稚園實施性教育之研究—以台北市立國民小學附設幼稚園大班教師爲例」。中國文化大學兒童福利學系碩士論文。

蘇楓琪(1996),「幼教教師在幼稚園實施性教育之研究」,《台灣性學學刊》第二卷第二期:18-25。

鍾梅菁等(1998),「幼稚園初任教師對師院課程、師院教師、幼稚園及教育局之期望」,《新竹師院學報》第一一期:263-280。

4

兒童保護與安置照顧方案之初探
—以兒童受虐為例

◎前言：打造一個快樂的兒童生活天地
◎有關兒童保護與安置工作的基本議題論述
◎整體兒童照顧方案的試擬—以兒童的保護與安置工作為例
◎尋找一個對於兒童的真心關懷與真實照顧
◎當代台灣地區保護與安置的相關文獻（1980-2000）

世界上有許多事情可以等待，
然而孩子的成長是不能等待
他的骨在長
他的血在生
他的意識在形成
我們對他的一切不能答以「明天」
他的名字是──今天

Gabriela Plistral

前言：打造一個快樂的兒童生活天地

　　基本上，對於兒童福祉的看重與照顧是作為文明社會與福利國家一項重要的發展指標，就此而言，諸如：受虐通報、司法保護、重病醫治、危機處遇、緊急安置、經濟扶助以及孤兒照顧等等以問題取向（problem- oriented）為主的弱勢兒童福利工作固然有其迫切執行的優先考量（參考表4-1），但是，以正常兒童為主體所提供的以發展取向（development- oriented）為主的一般兒童福利工作，則也是同樣地不可偏廢，比如，兒童的人身安全、醫療保健、休閒康樂、親職教育與托育服務等。終極來看，如何形塑出一個免於恐懼、免於人身安全危險以及免於經濟困頓的整體兒童照顧服務（holistic child care services）的生活環境，這既是政府當局所要努力的目標，更是整體社會大眾共同追求的願景！

　　然而，這項攸關到戶政、社政、勞工、警政、醫療、諮商、心理治療、衛生、司法、教育、傳播等等不同單位組織的兒童福利業務，隱涵著從制度層次的組織變革擴及到社會與文化層次的全面性改造，就此而言，從兒童福利規劃藍圖的工作時程來說，

表4-1 當代台灣社會的兒童圖像

年代：民國八十六年

當代台灣社會的兒童圖像	
兒童人口數（人）	3,837,000
兒童人口比（%）	17.65
出生登記人數（人）	326,002
出生婚生子女人數（人）	316,396
出生非婚生子女人數（人）	9,503
新生兒死亡率（千分比）	3.26
嬰兒死亡率（千分比）	6.35
棄嬰數（人）	103
托兒所收托人數（人）	246,418
托兒所保育員人數（人）	14,865
育幼院收容人數（人）	2,481
寄養家庭寄養兒童數（人）	675
兒童福利服務中心（處）	10
兒少保護服務開案件數（人）	4,273
兒少受虐者人數（人）	3,654
兒童少年性交易查獲人數（人）	356
國小學童中途輟學人數（人）	1,975
兒童福利支出（千元）	829,202
兒福支出佔社福支出比（%）	11.3

有關整體兒童照顧政策（holistic child care policy）的擘劃與建構，自然是有其現實的迫切性與理想的正當性。

有關兒童保護與安置工作的基本議題論述

近年來，隨著台灣社會快速變遷所浮現出來的各種適應難題，因此，加諸在危及到兒童個人的人身權益像是兒童綁架、虐待、強暴、猥褻、自殺、被迫服毒、適應不良以及色情傳播等等社會現象（參見表4-2），在在都衝擊到我們所一慣標舉「兒童是

表4-2 一九九九年十大兒保新聞排行榜

第一順位：保護受虐兒童全球網路合作
第二順位：家庭暴力防治官每分局設立一名
第三順位：國內外嫖妓最重判十年
第四順位：電研會建議兒童拒看暴力卡通
第五順位：兒童人權指標連續三年不及格
第六順位：國際兒童人權日我兒童局掛牌
第七順位：近九成孩子曾被影視嚇到
第八順位：兒童意外死亡每天三點八人
第九順位：守護學童安全導護商店遽增
第十順位：養護震災區兒童需要妳我伸援手
第十一順位：幼兒教育券台省比照發給
第十二順位：台大兒童醫院動土開工

資料來源：中華兒童福利基金會，2000

國家社會未來的主人翁」以及「兒童是家庭的珍寶」的價值理念
（郭靜晃，1996）。就此而言，兒童的保護、安置與收容自然有其
強制實行的優先性與迫切性。然而，兒童受虐的成因並非僅是單
一因素，而兒童保護與安置工作涉及的層面甚多，其業務內涵也
頗爲複雜，連帶地，從理論思維和工具實務這兩項雙重進路切
入，那麼，檢視兒童的保護與安置工作，將有幾項基本的問題意
識是我們必須要面對的。

一般群體、高危險群群體、標定群體以及真正服務到的群體的界定

誠然，對於全體兒童人身權益的保障應該是所有兒童福利作
爲（child welfare practices）積極努力的目標，然而，考量到資源
的有限性以及兒童人身安危的急迫性，那麼，在學理與實務工作
上自然都有必要清楚且翔實地區辨出來兒童福利工作的「一般群
體」（general population）、「高危險群群體」（high-risk

population)、「標定群體」(target population)以及「眞正服務到的群體」(served population)彼此之間的定義劃分標準。

以兒童所遭致到的不幸或惡待(child maltreat)爲例,理論上所有零至十二歲的兒童都是隸屬於法定保護的最外圍對象群體;然而,擬似受虐或者有明顯立即危險的小朋友往往特別要給予緊急保護、安置處遇而成爲高危險群體;至於,某些特定的高危險群體幼兒,比如,家庭婚姻暴力的受虐兒則成爲某方案計畫的標定群體;最後,方案計畫實施的對象才是眞正接受到服務的群體,可是這些對象又未必是與原先鎖定的標定群體一致的。總而言之,這裡的眞義在於點明出來:案主的需求與服務群體的鎖定以及最後眞正服務的對象,彼此之間有其一定程度的落差。連帶地,對象本身的多樣化、變異性以及複雜性更加增益了問題處遇上的困難度。當然,終極來看,不論是那一種類屬的服務群體,到底有多少位應該或者急需要被保護安置的兒童,但卻沒有受到實質性的保障,其間的落差與貫通會是整體兒童照顧方案所要面對的一項基本課題。

兒童保護與安置工作的微視面分析

爲落實「兒童福利法」和「兒童及少年性交易防制條例」的立法目的,政府與民間團體在提供諸如:初級預防性質的諮詢服務、親職教育、社會宣導和家庭支持;以及次級預防性質的責任通報、醫療處遇、臨床治療、緊急安置、學校社工、輔導轉介、寄養家庭服務、收領養服務和就業輔導等等各項有關兒童保護、安置的福利服務措施,這對於兒童及少年個人的人身安全權益是有其一定程度的保障效果(參見表4-3)。以八十七年爲例,在保護案件的開案數方面共計有4,082件,雖然較上一年度增加了

表4-3 兒童福利法中之保護對象

條文	對象
第十五條	未受適當之養育或照顧 有立即接受診治之必要但未就醫者 遭遺棄、虐待、押賣,被迫或引誘從事不正當行為或工作者 遭其它迫害非立即安置難以有效保護者
第二十六條	遺棄 身心虐待 利用兒童從事危害健康、危險性活動或欺騙之行為 利用殘障或畸型兒童供人參觀 利用兒童行乞 供應兒童觀看閱讀聽聞或使用有礙身心之電影片、錄影節目帶、照片、出版品、器物或設施 強迫兒童婚嫁 拐騙、綁架、買賣、質押,或以兒童為擔保之行為 剝奪或妨礙兒童受國民教育之機會或非法移送兒童至國外就學 強迫、引誘、容留、容認或媒介兒童為猥褻行為或性交 供應兒童毒藥、毒品、麻醉藥品、刀械、槍砲、彈藥或其它危險物品 利用兒童攝製猥褻或暴力之影片、圖片 帶領或誘使兒童進入有礙其身心健康之場所 其它對兒童或利用兒童犯罪或為不正當之行為
第三十條	禁止兒童從事不正當或危險之工作
第三十一條	禁止兒童吸菸、飲酒、嚼檳榔、吸食或施打迷幻藥、麻醉藥品或其它有害身心健康之物質
第三十三條	禁止兒童出入酒家、酒吧、酒館、舞廳、特種咖啡茶室、賭博性電動遊樂場及其它涉及賭博、色情、暴力等其它足以危害其身心健康之場所 禁止兒童充當前項場所之侍應或從事其它足以危害或影響其身心發展之工作
第三十四條	不得使兒童獨處於易發生危險或傷害之環境 對於六歲以下兒童或需要特別看護之兒童不得使其獨處或由不適當之人代為照顧

資料來源:整理自兒童福利法,1999

5%，不過在諮商服務人次上也較前一年度大幅增加40.83%，這多少說明了有關兒童保護觀念的宣導已達到某種的成效。

　　至於，八十七年的兒少保護個案共計有4,871人次，則遠較上一年度增加了近14%，這其中又以虐待佔38.14%、疏忽佔24.70%以及管教不當佔18,89%分別略居前三名，這似乎點明出來：國人還是慣以將兒童視為父母的一種私有財以及親子之間的管教問題也被界定為私領域（private sphere）的概念範疇（參見表4-4）。

　　最後，在安置狀況方面，八十七年保護個案共計處置了4,841位的兒童及少年，較上一年度增加35.07%，這其中又以家庭輔導佔56.74最多，其次為暫時性的寄養安置佔26.92%，換言之，家內性質和家外性質的安置模式雖然同時並存，但是，在原生家庭以及支持輔助完整家庭的價值思維底下，家庭維護方案（family preservation programs）以及家庭重整方案（family reunification programs）自然還是整套兒童保護安置服務措施優先的運作準則。

兒童保護與安置工作的鉅視面分析

　　基本上，對於受虐兒童所提供的各項保護安置工作，比較是針對受虐兒本身、涉案家庭以及施虐者所進行之微視面的處遇方式，然而，當兒童的受虐以及父母或近親者的施虐成為一項整體社會事實（total social fact）時，那麼，對於兒童受虐現象的議題討論當有其必要去掌握這些兒童、父母及其家庭背後所共有的結構性限制。就此而言，有關兒童的人身問題與其鉅視面人文區位環境彼此之間的相互關係，自然是探討兒虐現象必要的切入點。

　　從各項客觀的發展指標也直接點明出來各縣市政府在執行兒童保護與安置業務時，背後所必須要面對的結構性限制（表4-5）。相關的研究（余漢儀，1998：1997）也說明了將兒童的受虐

表4-4 兒童福利服務概況

	兒童福利服務										
年(月)底別	托兒所			育幼院		兒童福利服務中心(處)	家庭寄養		受理兒童保護服務案件開案件數			
	所數	收托人數(人)	保育人員數(人)	所數	收容人數(人)		家庭數	被寄養兒童人數	計	遺棄	身心虐待	其他
81年	3,742	231,858	…	41	2,618	2	…	…	…	…	…	…
82年	3,664	229,781	…	39	2,656	19	251	451	…	…	…	…
83年	3,650	233,780	…	41	2,547	14	671	1,101	2,528	193	1,044	1,291
84年	3,288	223,353	…	39	2,441	17	311	474	3,045	200	1,235	1,610
85年	2,222	234,967	14,038	41	2,462	15	389	598	4,274	255	1,749	2,270
86年	2,304	246,418	14,86	43	2,481	10	446	675	4,273	254	1,649	2,370
87年	2,449	248,517	16,582	41	2,454	17	466	687	4,871	283	1,858	2,730
88年6月	2,515	261,106	13,478	41	2,575	18	571	796	1,793	116	685	992

資料來源：內政部社會司、直轄市及縣(市)政府。

說明：1.本表福利服務84年以前資料不含福建省。
　　　2.本表受理兒童保護服務案件開案件數為全年數，88年為1-6月合計數。

表4-5 各縣市兒童保護工作的客觀事實

年代：民國八十五年

客觀事實	農林人口比例	貧窮率	未成年媽媽比例	兒保接案數	兒保接案率	兒童嫌疑犯	政府兒保社工	家扶兒保社工	縣市政府累積負債
單位	%	百分比	百分比	人	萬分比	人	人	人	億元
台北縣	1.80	0.62	4.37	445	7.06	159	9	14	9.70
宜蘭縣	11.23	1.06	6.22	130	15.35	17	2	2	5.26
桃園縣	5.52	0.65	4.82	186	6.01	80	7	2	9.20
新竹縣	8.02	0.54	5.95	46	5.54	44	3	1	5.00
基隆市	1.68	0.72	5.28	35	45.45	46	6	2	--
新竹市	3.32	0.26	4.76	27	2.21	14	2	-	2.00
苗栗縣	13.69	1.14	5.83	23	2.79	36	2	2	9.95
台中縣	10.22	0.38	5.24	79	3.63	63	7	2	48.00
彰化縣	18.72	0.81	5.23	89	3.13	53	5	1	10.00
南投縣	28.67	1.10	7.10	31	2.97	39	5	3	8.80
雲林縣	35.15	1.35	6.97	37	7.57	38	2	1	17.00
台中市	2.90	0.20	2.91	130	3.07	33	7	3	34.00
嘉義縣	31.55	1.07	6.15	29	1.18	20	19	1	--
台南縣	21.50	0.66	5.2	22	5.81	44	20	1	5.10
高雄縣	13.13	0.74	6.23	121	3.77	31	1	4	32.94
屏東縣	27.01	1.78	8.65	60	7.71	41	1	3	8.00
澎湖縣	17.37	4.02	7.10	11	3.85	7	1	1	3.25
嘉義市	6.74	0.72	4.30	18	3.77	22	4	-	16.00
台南市	3.27	0.64	3.73	48	7.71	21	3	2	23.00
台東縣	24.08	2.78	11.35	63	14.94	109	1	7	20.00
花蓮縣	14.60	1.54	9.64	57	9.25	76	1	2	0.22
台北市	0.62	0.78	2.01	266	6.18	70	65	-	--
高雄市	2.12	1.07	3.82	88	3.53	60	4	4	--

資料來源：王順民，1999；余漢儀，1998

與保護現象放置在人文區位環境當中所蘊育的意涵包括有：

1.首先，台灣地區依然呈現出各縣市不等的都市化程度，連帶而來衝擊包括了當地工商業的發達情形以及所帶動的工作就業機會，而這都會直接影響到家戶內的經濟所得維持水準。

2.因此，若以各縣市的每百住戶中的低收入比例代表貧窮率，並且配合當地縣市政府的財源負債情形，那麼，像是澎湖縣、台東縣、屏東縣、花蓮縣、雲林縣以及南投縣等等人民所得貧窮和地方政府財政貧乏的縣市，凸顯出一項兩難的發展困境，那便是：這些貧疾縣市的居民及其家庭理當有著較大的社會服務需求，但是地方政府卻反而是無力可以提供較多的社會福利資源，最終發展的結果則是掉入惡性的循環當中，而增益問題處遇上的難題。

3.就此而言，上述這幾個縣市所出現較高比例的未成年媽媽，就某個角度而言，這除了是青少年個人道德上的瑕疵（moral failure），尚隱涵著區位結構性限制所必然帶來的一種預期性的後果（intended consequences）。畢竟，一則未成年媽媽的比例與貧窮率呈現相關性的內在關聯，再則，後天社會福利資源配置的不足，這使得政府公部門對於心智未臻成熟的未成年媽媽所能提供的親職教育和家庭訪視等等服務，自然是不足且匱乏的。

4.最後，就兒保的接案率（兒保接案數÷當地未滿12歲人口數）和政府民間的社工人力配置情形來看，即便這些偏遠縣市本身兒保的通報量並不大，但是，如果進一步考量這些第一線實務工作者所主兼辦的業務項目（舉凡從接受受虐通報、庭訪訪視、家戶調查、轉介安置、社區服務、收

養家庭調查、以及對其它弱勢族群所提供的福利服務），那麼，各縣市政府社工人力配置上的落差還是一項積弊已久的難題。

兒童保護與安置工作全面性的問題處遇

底下，我們將藉由「理念－政策－立法－制度－福利服務」的分析架構，並以兒童的受虐作爲分析的主體，以用來拆解當前台灣地區從事兒童保護、安置與收容工作時，所可能面臨到的問題處境，事實上，這種兼具有理論思維與實務經驗雙重性的論述方式，將有助於「整體兒童照顧方案：安置、保護工作」的勾勒與建構。

理念層次

在「法不入家門」的文化觀念底下，法律以及公權力的行使也僅止於消極意義，因此，諸如：舉發通報或者查證評定仍然還是以兒童福利業務相關的工作人員爲主體，而無法架構起含括鄰居和親朋友人的一套愼密的通報保護網絡。連帶地，採取「懲罰性」的認知態度來責難父母的不願與不當作爲以及凸顯原生家庭完整和重要性的思維模式，這往往使得後續安置服務的成效大打折扣。冀此，從理念層次來看，當前台灣地區在推動兒童保護與安置工作主要面臨到的結構性限制是在於（郭靜晃，1996）：

「即使是統合的處遇和有效的執行，但是，這也無法打破與家庭內親子管教暴力有關的各種文化規範與價值觀的惡性循環。連帶地，這些的循環亦助長了兒童及家庭虐待或暴力的本質，而使得問題的處遇與安置更加地治絲愈紛。」

政策層次

在理念上，兒童福利的主體是幼兒個人，但是，實際上的施使對象卻是父母雙親抑或整個家庭，因此，像是兒童津貼、教育券發放的實質作用就在於為家庭與家中的父母提供經濟生計上的紓困，至於，對於兒虐的保護與處遇措施更是如此，畢竟，暫時地將受虐兒與其涉案家庭或父母隔離，邇後原生家庭的有效復原重整才是徹底拯救受虐兒的關鍵所在。總之，兒童個體不能脫離於父母而獨立生活；親子關係一旦被被切割支解也將無法成為一個完整的家庭，因此，建構以家庭為主體的福利服務措施，當可避免家庭內的弱勢者僅獲得形式意義的法律保障。更確切地說，對於兒童福利以及兒童人身權益的思考還是以還原回到全家整體的家庭性福利來看，而非是片斷、隔離式的個體性福利。

立法層次

人身權益保障法制化的意義在於依法行政與依法辦理，但是，執行的效能會是具體保障與否的癥結所在，以此觀之，扣緊兒童保護或安置的實務層面，那麼，公權力無法強制執行與確切落實便成為整個保護安置環節中一項重要的缺失，畢竟，法院行動和行政執行的積極作為，當有助益於使兒童得以免於繼續的受虐或疏忽，連帶地，司法的審理、判決與處分更是具備構成威嚇的實質作用。

冀此，從立法層次來看，當前台灣地區在推動兒童保護與安置工作所面臨到的主要結構性限制在於：

「由於現行我國並無單獨的兒童保護法，現階段保護安置工作的相關法規也散置於民法、刑法、兒童福利法、少年福利法、性交易防治法及勞動基準法之中，運作上甚為不便。尤有進者，即便明定出各項的保護安置措施，但是諸

如專職機構位階過低、專職人員編制太少、經費預算欠缺
以及罰則太輕並不易確實執行，這都是日後修法研定的考
量重點。」

制度層次

制度設計的用意原是爲了用來解決案主的難題抑或滿足其需
求，因此，政府單位與民間部門彼此之間的支援、配合、協調與
聯結，便顯得十分重要。就此而言，兒童虐待事件的發生固然可
以歸咎爲衆多不同的因素，但是，介入工作的成功與否更是與資
源的多寡和專業機構及專業人員相互間的互動與整合有著齒唇相
依的密切關係。準此，從制度層次來看，從單一窗口、服務整合
到保護網絡（child protection network/system）的建構，方能達到
兒童保護安置工作的完整性與連貫性，從而使得案主、施虐者或
涉案家庭得到眞正的復健重整。冀此，從制度層次來看，當前台
灣地區在推動兒童保護與安置工作所面臨到的結構性限制包括
有：

1. 就歷史的演進，台灣地區從事兒童保護工作單位與法規雖
   然是與日漸增，但大多數仍是屬於單一種單位來獨自提供
   服務，其缺乏全面性的協調、聯繫與統整，自然使得成效
   不易彰顯。
2. 有關兒童保護安置工作所涉及到的層面涵蓋司法、衛生、
   社政、戶政、勞工、教育以及警察等等不同的單位部門，
   例如，兒童的教育與就學行爲係由學校的教育體系來關心
   照顧；倘若涉案家庭需要經濟扶助或就業需求時，則有賴
   社福與勞工體系來提供協助；若有身心的健康問題則是需
   要衛生保健體系的支援；一旦其行爲涉及到刑罰法令之觸

犯，則有待警察與司法體系予以強制性的處遇和輔導。換言之，制度設計上有效的連結與統合，固然可以避免受虐兒出現了在不同機構之間不斷進出與轉介的「流盪現象」（drift），但是，現實情況的制度設計當中缺乏一套整合性服務的專責單位，這使得對於兒虐兒的照顧最後仍然流為支解、片面性，而無法獲得包括：司法、警察、健康與福利等等各個層面的保障服務（郭靜晃，1996）。

3. 連帶地，政府公部門與民間社福團體彼此之間的水平互動關係亦值得進一步地深究。這其中主要的思索議題在於公、私部門彼此的功能定位與角色扮演，畢竟，顯現在現實情況裡，諸如：募款的資源、專業社工人員以及服務輸送上相互競爭是有析辨與釐清的必要（官有垣，1996）。

4. 對於施虐家庭所缺乏長期且龐雜的後續安置服務，無移地是直接暴露出當前社會福利網絡的缺漏，這其中特別是社工員高的離職現象以及民間團體專業知能的不足。然而，社工人力不足與專業能力不夠的情形卻是整個背後整個機構制度設計不良的問題，換言之，諸如：工作的流程、分工的模式與權責以及工作人員必要配備與福利保障等等制度設計上的銜隙與不良，才是問題的根源所在（余漢儀，1998）。

福利服務層次

政策的形成（policy formation）固然有其優先的考量，但是，政策的有效執行卻是政策目標得以落實的關鍵所在，而這當中專業組織與專業人員更是政策執行重要機制。基本上，在認知理念、意識型態以及專業涵養上，各個兒童福利業務的相關機構單位並無顯著性的差異，但是，落實在工具性層次上，這使得從

福利服務層次來看，當前台灣地區在推動兒童保護與安置工作所面臨到的結構性限制包括有（翁文蒂，1999；陳毓文、鄭麗珍，1999；何承謙，1997；余漢儀，1997；1996；王明仁，1995）：

1. 從整體鉅視面的實務經驗來看，各個相關機構工作人員對於目前兒童保護服務體系運作的認知態度不一，對此，除了明確賦與不同機關單位工作人員的角色定位，機構彼此之間的互動連結亦有待著力、強化。

2. 從警政方面的實務經驗來看，各個縣市政府警察局對於兒童及少年的虐待案件處置流程不一，一方面除了沒有專責單位負責以外，專業認知與經驗也無法累積，這都使得兼具公權力並有一定嚇阻作用的警政系統，在兒保工作上往往事倍功半。

3. 從幼教工作的實務經驗來看，幼教工作人員的認知除了有待強化以外，在賦與幼教人員義務通報的法定責任之餘，如何免卻這些基層工作人員心理、人身的壓力負荷，還是需要社工諮商系統的團隊介入，以提供適當的行政支持和情緒疏緩。

4. 從國小學童教育的實務經驗來看，缺乏專責的輔導人員與學校社工人員，這使得除了未能及早掌握兒虐或輟學的情況而喪失預防防治的時效，即便在後續的教育安置工作往往也增益了第一線基層教師的工作負荷。連帶地，緊急或短期收容中心以及中途學校的普遍缺乏，更使得安置工作的成效大打折扣。

5. 從衛生醫療的實務經驗來看，欠缺一套兒童少年緊急醫療標準的處理流程和緊急醫療小組，這不僅使得受虐兒的醫療治療工作上未竟其功，更可能在後續的醫療安置工作上

造成個案的二度傷害。連帶地,出庭作証的司法程序,往往也影響到醫事人員舉發通報的意願。

6.從社政單位的實務經驗來看,保護與重建輔導的工作在欠缺一套較長期安置機構的情況底下,造成社政單位疲於奔命和窮於轉介,對此,如何針對現行各個性質不一的兒童與少年福利機構予以適當的組織轉型並強化工作人員的專業知能,以真正落實對於受虐兒的看顧。

7.最後,由於施虐者經常不斷地施虐,並且各地遷徙而無法確實掌握施虐者的行蹤,以有效救助持續受虐的兒童。就此而言,不論是電腦個案的建檔工作抑或失學及中輟兒童全省的連線,均有其迫切性。事實上,這種全國兒童保護網路的建構,當可使兒童的人身保障工作事半功倍。

總而言之,台灣地區在兒童保護工作上,雖然提供了包括:通報調查、機構收容安置、寄養家庭服務以及領養服務等等多元並存的服務輸送體系,並切據以發展出全托、補助、協調以及自辦四種不同的兒保策略,但是,有關兒童的保護工作一旦落實在工具性層次時,那麼,諸如:工作人員過重的負荷以及工作情境的不可控制所造成的無力感或工作壓力;民間部門的專業知能與經費資源極度匱乏;施虐家庭與施暴父母的不肯合作;行政處分的未能強制執行;受虐情境的採証困難;專業人員自身安全深感威脅;醫療警政單位的配合度低和專業認知上的差異;以及缺乏對於原生家庭長期性的規劃等等(余漢儀,1997;1996),在在點明出來:這項同時涵括著個人、家庭、機構、制度、法令和文化認知不同因素的兒童保護工作,便在糾雜著微視面與鉅視面雙重性的牽絆交互作用底下,而亟待重新釐定出一套全型的整體兒童照顧方案(參考表4-6)。

表4-6 台灣地區兒童保護安置工作的歷史進程

民國六十二年　制定「兒童福利法」。
民國七十年　　開始辦理家庭寄養業務。
民國七十二年　公布「兒童寄養辦法」。
民國七十六年　台北市社會局依據「兒童福利法」逕行對電視公司僱用兒童從事危
　　　　　　　險特技表演，處以罰鍰，創下國內首宗對機構的制裁。
民國七十七年　中華兒童福利基金會舉行兒童保護研討會。
　　　　　　　中華兒童福利基金會開始在全台各地家扶中心推動兒保業務。
民國七十八年　通過「少年福利法」中規定針對受虐案例的監護權停止部分，法院
　　　　　　　可選定監護人而不再受限於民法1094條規定，這是首次提供公權力
　　　　　　　介入不當親子互動的法源基礎。
　　　　　　　「少年福利法」中對未成年的兒童及少年從事賣淫或營業性猥褻行
　　　　　　　為者，規範適當的保護安置原則。
　　　　　　　台北市社會局率先設立兒保專線受理通報。
民國七十九年　開始由各縣市政府填具兒保執行概況統計分析表。
民國八十一年　發生健康幼稚園戶外教學火燒車事件。
　　　　　　　兒童福利聯盟文教基金會成立，提供包括有失蹤兒童協尋服務，並
　　　　　　　設置協尋專線電話、收養服務、出養服務、棄兒保護服務、兒童福
　　　　　　　利諮詢服務以及托育資訊服務。
民國八十二年　研修「兒童福利法」對於兒虐的強制通報、安置保護、監護權異動
　　　　　　　更改，同時對於主管機關的權責亦有較明確的宣示。
民國八十三年　世界展望會接受台灣省政府社會處委託規劃全省兒虐通報中心。
民國八十四年　兒虐通報中心正式運作。
　　　　　　　公布實施「兒童及少年性交易防制條例」，以統整救援網絡、安置
　　　　　　　保護機構多元化，更將懲罰對象轉而直指嫖客及性交易仲介者，並
　　　　　　　採重罰與高罰金。
民國八十八年　研修的「兒童福利法」規範出兒童保護制度與運作流程，亦對侵害
　　　　　　　兒童權益者加重處罰。
　　　　　　　研修的「兒童及少年性交易防制條例」，大幅加重對嫖童妓者的刑
　　　　　　　罰，最重處十年有期徒刑並公布其姓名照片。
　　　　　　　發生高雄市駱力萓兄弟受虐致死慘案以及全台各地多起的幼兒被迫
　　　　　　　服毒死亡事件。
　　　　　　　九二一地震引發孤兒受託基金問題。
　　　　　　　台北市兒童進入捷運軌道慘死案件。
　　　　　　　兒童局正式掛牌運作揭示了依法設置的行政意義。
　　　　　　　「保護受虐兒全球網路合作」被列為台灣地區年度十大兒保新聞的
　　　　　　　第一名。
　　　　　　　兒童人權指標連續三年不及格。
民國八十九年　召開全國兒童福利會議。

資料來源：轉引自王順民（2000）。

整體兒童照顧方案的試擬—以兒童的保護與安置工作為例

建基在上述的論述基礎底下，我們試著從公平性、可行性、迫切性以及展望性不同的角度，提出有關兒童保護與安置工作的規劃藍圖，至於，進一步地扣緊綱領與實施進程的思考架構，那麼，這項藍圖的勾勒將涵蓋以下二種不同的面向：「基本原則」以及「實施要項暨行動方案」（參見**表4-7**）。

基本原則

1. 國家社會是兒童最終父母的基本原則。
2. 「兒童—父母—家庭—社會」之整全多層照顧模式的基本原則。
3. 兒童本位、父母本位、家庭本位與社會本位之整合性操作的基本原則。
4. 兒童的價值超越兒童的價格之認知態度的基本原則。
5. 反應式、支持性、主導性和預防性之兒童安置保護的基本原則。
6. 家庭安置、團體安置與機構安置並行的基本原則。
7. 初期安置、後續安置與較長期安置並存的基本原則。
8. 政府、委託機構、寄養家庭與親生家庭互動規範的基本原則。
9. 政府公部門、民間自願部門與市場商業部門之協力合作的基本原則。
10. 單一窗口、服務整合與服務網絡之整體性聯結的基本原

則。

11.一般群體、高危險群群體、標定群體與真正服務到的群體的分界。

12.部門內部組織機構的協調分工優先於社政部門與其它部會單位間連結整合的基本原則。

13.恩威並施與賞罰並重之保護安置輔導的基本原則。

14.法院行動與行政執行之配套運作策略的基本原則。

15.脫離危險情境與提供適宜成長環境之雙重思維模式的基本原則。

實施要項暨行動方案

基在於上述論述，本書將之整理出下列之採行方案供參考（見表4-7）

表4-7 兒童安置與保護制度的提案

採行措施	主辦機關	協辦機關	時程
（一）保護服務部分			
1.設置全省聯線的通報系統，發展電腦化的接案查詢與個案管控系統，以確實掌握兒虐的通報人數和流向	直轄市及各縣市政府	內政部兒童局	立即辦理
2.設置涵概家暴、性侵害以及兒虐之「單一窗口」的統合單位，以提供統整性的初級保護服務	直轄市及各縣市政府	內政部兒童局	立即辦理
3.設立兒童保護警察或任務編組，並將兒童保護的處理流程編入警察勤務手冊	直轄市及各縣市政府	內政部兒童局 內政部警政署	立即辦理
4.強化兒童緊急保護網絡的連結，並提昇定期業務督導會報的層級與權責	直轄市及各縣市政府	內政部兒童局	立即辦理
5.規劃財產信託制度，訂定法令內容及相關法規的配合措施，以協助解決不幸兒童的問題	直轄市及各縣市政府	內政部兒童局	立即辦理
6.研擬家庭及親職教育的課程內容，以達到強化家庭功能的服務指標	直轄市及各縣市政府	內政部兒童局	立即辦理
7.強化學校主管與老師的兒保觀念，並以聯繫會報方式主動到校宣導兒福法相關規定與兒保活動	直轄市及各縣市政府	內政部兒童局	立即辦理
8.增設心理治療與親職教育輔導機構	直轄市及各縣市政府	內政部兒童局 教育部	協調研議
9.建立緊急庇護場所、寄養家庭及安置機構的管理、監督與評估制度	直轄市級各縣市政府	內政部兒童局	立即辦理
10.研訂緊急醫療處理標準流程，以達到保障兒童人身安全的服務指標	衛生署	內政部兒童局	立即辦理
11.加強失蹤兒童的宣導協尋及通報工作	直轄市級各縣市政府	內政部兒童局	立即辦理
12.針對不同家庭類型需求以提供服務，倡導兒童及家庭問題的研究發展工作，以因應日趨複雜的家庭問題	直轄市級各縣市政府	內政部兒童局	協調研議
13.加強兩性平權及國家親權之教育與宣導，以防範消弭兒童性侵害及虐待之事件	直轄市級各縣市政府	內政部兒童局 教育部國教司	協調研議
14.推動新聞單位及媒體作者的教育宣導，以落實對於報導身心創傷兒童個案的隱私保護	直轄市及各縣市政府	內政部兒童局 新聞局	立即辦理
15寬列經費以增加兒保作人員的加給與通訊裝配	直轄市及各縣市政府	內政部兒童局	立即辦理

續表4-7

採行措施	主辦機關	協辦機關	時程
（二）安置服務部分			
1.設置不同受虐類型的安置場所	直轄市及各縣市政府	內政部兒童局	立即辦理
2.調查現有社福機構安置床位，並且積極規劃各機構的人力資源和轉型服務	直轄市及各縣市政府	內政部兒童局	立即辦理
3.提供多元化的安置服務，並優先安置身心障礙兒童，以使家庭獲得喘息的機會	直轄市及各級政府	內政部兒童局	協調研議
4.設置專門從事性交易兒童或少年的緊急收容中心，並且研擬中途學校的設置	直轄市級各縣市政府	內政部兒童局 內政部社會司 教育部國教司	立即辦理
5.配合司法轉向制度，加強對行為偏差兒童的安置服務工作	直轄市及各縣市政府	內政部兒童局 司法院刑事廳	立即辦理
6.寬列兒童福利預算，以專案補助民間社福機構從事兒保安置、監控以及專業知能訓練的各項經費	直轄市及各縣市政府	內政局兒童局	立即辦理
7.設置學校社工專職人員，並建立矯治社會工作制度	直轄市及各縣市政府	內政部兒童局	立即辦理
8.建立寄養庭個案管理的標準流程	直轄市級各縣市政府	內政部兒童局	立即辦理
9.提昇寄養家庭的照護能力，並引進訓練課程和其它的專業協助	直轄市級各縣市政府	內政部兒童局	立即辦理
10.統一兒童收養標準流程，並且設置出領養資料管理中心	直轄市級各縣市政府	內政部兒童局	立即辦理
11.結合社區資源、推動社區照顧臨托方案，以幫助單親及其他弱勢家庭	直轄市級各縣市政府	內政部兒童局	立即辦理
12.檢討各類安置機構的設立標準，以確實達到安置兒童的服務指標	直轄市級各縣市政府	內政部兒童局	立即辦理
13.提供發展遲緩兒童專業團隊的在宅服務	直轄市級各縣市政府	內政部兒童局	立即辦理

尋找一個對於兒童的眞心關懷與眞實照顧

　　基本上，對於所有兒童的關懷與看顧理應是一視同仁和一體適用的，然而，個別性的差異以及結構條件限制的不同，這使得兒童照顧方案的擬定係以個別性和多元化的精神爲主。對於所有兒童（一般兒童、棄嬰、發展遲緩兒童、非婚生兒童、未婚媽媽兒童、無依兒童、孤兒、街頭遊童、性剝削兒童、單親家庭兒童、原住民兒童以及非行兒童）的照顧應該是一項整體社會事實，其間隱涵著整體性（universalities）觀照以及個別性（particularities）探究的雙重論述。

　　不過，即便如此，畢竟包括受虐兒在內的特殊兒童有其特殊的問題處境，而有待社會較多的看重，至於，這樣一份眞心的關懷與眞實看顧的承諾是建基在以下幾項基本的社會性工程上：

1.兒童作爲一項公共財的社會教育倡導。
2.建構一套以悍衛家庭完整性的社會福利政策。
3.兒童保護法之特別法的研擬立法。
4.界定兒童保護之範圍與介入的分際。
5.明訂兒童保護處理之流程、建立合理的分工與合作
6.架構一套縝密的兒童保護服務網絡。
7.多元化的兒童保護、安置措施。

當代台灣地區兒童保護與安置的相關文獻 (1980-2000)

王明仁（1998），「兒童受虐問題及其防治之道」,《兒童福利大體檢》頁270-295。台北：中華徵信社。

王明仁（1999），「CCF如何協助政府推動兒童保護服務工作」,《社會福利》第一四二期：52-57。

王明仁等（1991），《小兒科醫師對兒童虐待問題的認知、態度、意願之研究》。臺中：中華兒童福利基金會。

王淑娟（1998），「受虐兒童對父母施虐行為之因應初探」。東吳大學社會工作研究所碩士論文。

王順民（1999），「兒童福利的另類思考—以縣市長選舉兒童福利政見為例」,《社會福利服務—困境、轉折與展望》,頁39-68。台北：亞太出版社。

王靜惠（1998），「我國學校社會工作實施之探討：CCF、台北市、台中縣之推行經驗」。暨南大學社會政策與社會工作研究所碩士論文。

中華兒童福利基金會（1990），《兒童保護實務研討訓練專輯》。南投：台灣省政府社會處。

中華兒童福利基金會（1995），《兒童保護個案歷年舉報來源分析》。臺中：中華兒童福利基金會。

中華兒童福利基金會（1996），《受虐兒童—美國如何防治兒童受虐》。臺中：中華兒童福利基金會。

尤幸玲（1996），《醫師參與兒童保護工作現況之探討》。台中：中華兒童福利基金會。

尹業珍（1994），「施虐父母與非施虐父母的童年經驗、社會支

持、親職壓童虐待傾向之研究」。中國文化大學兒童福利研究所碩士論文。

田晉杰（1992），「兒童虐待責任報告制評估之研究」。中國文化大學兒童福利研究所碩士論文。

朱中和（1995），「司法界如何支持兒童保護工作」，《全民參與兒童保護研討會》，頁44-75。台中：中華兒童福利基金會。

朱美珍（1990），「由社會福利論兒童虐待問題」，《復興崗學報》。

江季璇（1993），「從兒童人權談兒童保護服務措施之落實」，《台北市社會局八十二年度兒童福利工作人員在職訓練彙編》，頁67-81。

江錦鈿（1995），「台北市社會局兒童保護服務工作執行現況的探討與分析—以社工督導的觀點出發」。中興大學公共政策研究所碩士論文。

伊慶春（1993），《雛妓預防治途徑之研究》。行政院研考會。

李立如（1995），「兒童保護行政之研究—實現兒童最佳利益」。台灣大學法律研究所碩士論文。

李宗派（1990），「兒童性虐待實務工作」，《兒童保護服務實務研討會訓練專輯》。台灣省社會處。

李貴英（1995），「台灣近年來兒童虐待問題之研究」，《社會科學教育學刊》第五期：85-109。

李欽湧編（1988），《兒童保護要論—政策與實務》。臺中：中華兒童福利基金會。

李鶯喬（1992），「兒童虐待」，《台灣醫界》第三十五卷第四期：312-314。

沙依仁（1999），「受虐兒童之輔導」，《變色天空—折翼的小天使》頁40-57。

何長珠（1995），「應用遊戲治療於受虐兒的三個實例研究」，《輔導學報》第十八期：1-37。

何承謙（1997），「台北市兒童保護機構間協調及其影響因素之探討」。中正大學社會福利研究所碩士論文。

何素秋（1991），「寄養服務及兒童保護」，《社會福利》第九十二期：17-18。

杜慈榮（1998），「童年受虐少年『獨立生活』經驗探討－以台北市少年獨立生活方案爲例」。臺灣大學社會學研究所碩士論文。

官有垣（1996），「台灣民間社會福利機構與政府的競爭關係－－以台灣基督教兒童福利基金會爲例」，《空大行政學報》第五期：125-175。

沈美眞（1990），《台灣被害娼妓與娼妓政策》。台北：前衛出版社。

余漢儀（1993a），「兒童保護在美國的發展」，《美國月刊》第八卷第九期，89-99：。

余漢儀（1993b），「兒童虐待及其因應之道」，《研考雙月刊》第十七卷第三期：23-30。

余漢儀（1995a），《兒童虐待－現象檢視與問題反思》。台北：巨流圖書公司。

余漢儀（1995b），「美國兒童保護運動之興衰」，《美歐月刊》第一○七期：127-141。

余漢儀（1995c），「兒童保護服務體系之研究」。內政部委託研究。

余漢儀（1996），「婦運對兒童保護之影響」，《婦女與兩性學刊》第七期：115-140。

余漢儀（1997a），「兒童保護模式之探討－兼論社工決策及家外

　　安置」。國科會研究計畫。

余漢儀（1997b），「家庭寄養照護─受虐孩童的幸或不幸？」，
　　《國立臺灣大學社會學刊》第二十五期：105-140。

余漢儀（1997），「變調的兒童保護」，發表於台灣社會福利運動
　　的回顧與展望研討會。台灣大學社會學系。

吳錦華（1995），「戶政機關如何協助無戶籍兒童申報戶籍以發
　　揮保護兒童功能」，《全民參與兒童保護研討會》，頁106-
　　115。台中：中華兒童福利基金會。

林文雄（1994），「美國加州兒童虐待案件之舉發處置對台灣之
　　適用性」，《社會福利》第一一五期：33-39。

林秀芬（1989），「兒童虐待與疏忽問題之研究─由家庭結構之
　　觀點探討」。中國文化大學兒童福利研究所碩士論文。

林坤隆（1992），「被虐待兒童與少年暴力犯罪之研究」。中國文
　　化大學兒童福利研究所碩士論文。

林佳慧（1994），「兒童性虐待面面觀」，《幼兒教育年刊》第七
　　期：87-101。

林亮吟（1999），「受虐兒童之身心特質」，《變調的天空─折翼
　　的小天使》，頁6-20。

林瑞發等（1998），「兒童虐待與少年犯罪的系統整合研究」，
　　《社區發展》第八十一期：197-205。

周慧香（1992），「社會工作過程對寄養兒童生活適應影響之研
　　究」。中國文化大學兒童福利研究所碩士論文。

洪文惠（1992），「與受虐兒童及家長晤談」，《社會福利》第一
　　○一期。

高迪理（1992），「個案管理在兒童保護工作中之運用」，《社會
　　福利》第一○二期。

高鳳仙（1998），《家庭暴力防治法規專論》。台北：五南圖書出

版公司。

翁文蒂（1999），「中部地區專業人員對兒童保護認知與處遇之關聯性研究」，《社會福利》第一四二期：25-33。

翁毓秀（1993），「兒童虐待指標與處遇策略」，《學生輔導通訊》第三十五期：30-37。

翁毓秀（1999），「親職壓力與兒童虐待：兼論兒童虐待之預防」，《社區發展》第八十六期262-279。

翁毓秀等（1990），「台灣地區寄養安置評估研究」。中華民國社區發展中心委託研究。

翁慧圓（1990），「兒童保護服務與團體工作」，《社會福利》第八〇期：15-18。

翁慧圓（1994），「兒童虐待個案的診斷、處置與評估」，《社會福利》第一一四期：37-40。

孫鼎華（1992），「兒童虐待—原因之探討」，《社會福利》第九十八期。

許春金、黃翠紋（1998），「兒童虐待與偏差行為關連性之研究」，《中央警察大學學報》第三十二期：339-376。

郭靜晃（1996），「兒童保護輸送體系之檢討與省思」，《社區發展季刊》第七十五期：144-155。

莫藜藜（1994），「學校如何做好兒童保護工作」，《學生輔導季刊》第三十五期：38-43。

莫藜藜（1997），「醫院社會工作與兒童保護工作」，《中華醫務社會工作學刊》第六期：19-32。

陳金瑟（1998），「師院生『兒童性侵害防治』教學效果研究」。國立台灣師範大學衛生教育研究所碩士論文。

陳若璋（1990），「兒童性侵害的研究及學校輔導的運用」，《福利社會》第二〇期：15-21。

陳若璋（1998），《兒童、青少年性虐待防治與輔導手冊》。台
　　北：張老師出版社。

陳孟瑩（1994），「自法律層面談兒童福利法對兒童之保護」，
　　《社會福利》第一〇五期。

陳孟瑩（1996），「聯合國兒童權利公約與我國法律對兒童之保
　　護」，《社會建設》第九十四期：4-7。

陳叔綱（1996），「台北市兒童保護服務網絡之研究」。東吳大學
　　社會工作研究所碩士論文。

陳超凡（1988），「兒童被虐待與少年犯罪相關性之研究—臺灣
　　地區之實證分析」。中央警官學校警政研究所碩士論文。

陳毓文、鄭麗珍（1999），「兒童及少年性交易防制工作的過
　　去、現在與未來—社政作者與不幸少女觀點之比較」，《台
　　灣社會福利的發展—回顧與展望》，頁179-206。台北：五南
　　圖書出版公司。

陳慧鴻（1998），「沙箱治療對受虐兒童生活適應之影響歷程研
　　究」。臺南師範學院國民教育研究所碩士論文。

張平吾（1998），「兒童虐待相關問題與處理對策」，《中央警察
　　大學學報》第三十二期：311-388。

張必宜（1998），「社工員與施虐父母工作關係的形成及其內涵
　　—以台北市兒童少年保護個案為例」。臺灣大學社會學研究
　　所碩士論文。

張裕豐（1996），「兒童虐待責任通報制之研究—台北市小兒科
　　醫師、小學教師及托兒所保育員的認知、態度與經驗」。中
　　國文化大學兒童福利研究所碩士論文。

張學鶚（1992），「兒童保護服務措施網絡規劃之研究」。中華民
　　國社區研究發展中心。

曾振順（1993），「學校應如何做好兒童保護工作」，《蓮文教》

第四期：39-43。

黃千佑（1991），「虐待兒童的父母之社會心理」。東海大學社會作研究所碩士論文。

黃木添、王明仁（1998），「兒童虐待的原因及預防」，《社區發展》第八十一期：189-196。

黃彥宜（1994），「兒童受虐與家庭」，《社會建設》第八十八期：55-66。

黃素珍（1991），「父母童年受虐經驗與兒童虐待之探討」。東海大學社會工作研究所碩士論文。

黃淑容（1995），「兒童保護責任報告制研究—台北市國小教育人員之經驗」。中國文化大學兒童福利研究所碩士論文。

黃富源（1995），「實施兒童保護所應注意的幾個觀點」，《社會福利》第一一七期：22-26。

黃富源（1995），「臺灣地區不幸少女保護防制作為評估之研究」。內政部委託研究。

黃碧芬（1996），《兒童福利與保護》。台北：書泉出版社。

黃翠紋（1997），「變遷社會中警察處理家庭暴力策略之探討」，《社區發展季刊》第八十四期：71-85。

黃翠紋（1999），「疏忽行為對兒童之影響及其防治策略之探討」，《警專叢刊》第三十卷第三期：103-131。

黃鈴惠（1998），「當前兒童保護政策與兒童保護服務模式」，《社會建設》第九十一期：47-49。

黃瑋瑩（1996），「被尋獲失蹤兒童之家庭生活再適應」。國立台灣大學社會學研究所碩士論文。

傅世賢（1994），「從事性交易少女對處遇之需求研究—以廣慈博愛院職業輔導所為例」。東吳大學社會工作研究所碩士論文。

彭淑華（1998），「台灣受虐兒童專業整合服務之研究」。行政院
　　國家科學委員會專題研究計畫。

楊孝濚（1996），「從兒童權利看媒體的社會責任」，《傳播研究
　　簡訊》第七期：3-4。

楊葆次（1998），「寄養兒童社會行為、社工處遇與安置穩定
　　性、內控信念之研究」。中國文化大學兒童福利研究所碩士
　　論文。

馮燕（1994a），「兒童保護服務網絡的社區防治工作─生態區位
　　觀與流行病學理論模型的應用」，《中華醫務社會工作學刊》
　　第四期：1-19。

馮燕（1994b），「應用社區觀念健全兒保服務網絡」，《社區發
　　展季刊》第六十五期：141-149。

馮燕（1995），「兒童及少年之保護」，《社會建設》第九十二
　　期：54-58。

馮燕（1996），「保護性服務網絡之建構及醫療社工專業人員」，
　　《中華醫務社會工作學刊》第六期。1-17。

馮燕（1998），「失蹤兒童及遊童分析」，《兒童福利大體檢》，
　　頁229-267。台北：中華徵信社。

馮燕等（1993a），「棄嬰留養制度與現況之調查研究」。台北市
　　聯合勸募協會、中華民國兒童福利聯盟基金會。

馮燕等（1993b），「我國失蹤兒童及協尋問題之評估研究」。中
　　華民國兒童福利聯盟基金會。

馮燕等（1995），「兒童保護工作中『施虐者輔導方案』研究」。
　　內政部委託研究。

葉貞屏（1992），「受創的幼苗─談遊戲治療對被虐待兒童之應
　　用」，《初等教育學刊》第三期：205-236。

鄒國蘇（1998），「兒少保工作人員如何與受虐者工作」《責任與

決定—兒童少年保護工作在職訓練彙編》,頁194-197。

趙文藝（1991），「保護兒童措施每下愈況」,《青少年兒童福利》
　　第十四期。

劉可屏（1992），「兒童虐待傷害認定標準研究報告」。內政部委
　　託研究。

劉可屏（1997），「虐待對童年受害者的心理影響」,《律師雜誌》
　　第二一六期：41-47。

劉美芝（1999），「機構安置受虐兒童社會適應之研究」。中國文
　　化大學兒童福利研究所碩士論文。

劉姿吟（1992），「從告發與保密談兒童虐待案件的倫理問題」,
　　《輔導月刊》第二十八卷第三、四期：34-35。

劉紋伶（1991），「虐待兒童父母生活壓力經驗之探討」。東吳大
　　學社會工作研究所碩士論文。

劉蕙雯（1998），「高雄市兒童保護社會工作人員工作疲乏探
　　討」。高雄醫學院行為科學研究所碩士論文。

溫雅蓮（1995），「受虐兒童介入方案之發展暨成效評估研究」。
　　東吳大學社會工作研究所碩士論文。

廖秋芬（1997），「社會工作員對兒童保護案件處遇計畫的價值
　　抉擇之研究」。東海大學社會工作研究所碩士論文。

廖美玲（1999），「警察機關婦幼保護工作現況與展望」,《社會
　　福利》第七十一期：34-35。

鄭文文（1993），「兒童福利法與民法的交錯—兒童虐待事件之
　　法律觀分析」。東吳大學法律研究所碩士論文。

鄭石岩（1995），「教育機構的兒童保護及措施」,《全民參與兒
　　童保護研討會》,頁116-125。台中：中華兒童福利基金會。

鄭善明（1999），「從高雄兒童受虐致死案談兒童保護工作之省
　　思」,《社會福利》第一四二期：62-68。

鄭基慧等（1997），《兒童保護十大新聞五年回顧》。臺中：中華兒童福利基金會。

鄭淑燕（1991a），「兒童保護與科際組合」，《社區發展季刊》第五十四期。

鄭淑燕（1991b），「變遷社會中的兒童保護」，《社會福利》第九十二期。

鄭瑞隆（1988），「我國兒童被虐待嚴重性之評估研究」。中國文化大學兒童福利研究所碩士論文。

鄭瑞隆（1991），「兒童虐待及保護服務」收入於周震歐主編《兒童福利》，頁143-179。 台北：巨流圖書公司。

蔡嘉洳等（1998），「中美受虐兒童保護服務工作之研究」，《兒童福利論叢》第二期：77-113。

謝依蓉（1999），「淺介兒童虐待與保護服務」，《育達學報》第十三期：199-216。

賴仕涵等（1999），「兒童虐待事件的評估」，《基層醫療》第十四卷第六期：109-111。

賴姿雯（1995），「影響社工員從事兒童保護工作的滿意度之相關因素探析—以台北市社會局社會福利服務中心為例」。陽明大學衛生福利研究所碩士論文。

蕭孟珠（1989），「防治兒童虐待與疏忽工作之基本認識」，《福利社會》第十四期：9-11。

歐陽素鶯（1989），「對虐待兒童行為界定之研究」。中國文化大學兒童福利研究所碩士論文。

顏碧慧（1994），「家庭系統取向訓練方案對單親母親親職效能影響之研究。中國文化大學兒童福利研究所碩士論文。

蘇傳玉（1994），「機構安置之從事性交易少女對追蹤服務的需求之探究—以台北市為例」。東吳大學社會工作研究所碩士

論文。

蘇慧雯（1991），「台北地區兒童保護工作人員工作滿足及其相
　　關因素之探討」。中國文化大學兒童福利研究所碩士論文。

兒童經濟安全制度提案

◎兒童的經濟風險

◎兒童的經濟安全制度

◎我國兒童經濟安全制度的提案

◎當代台灣地區兒童經濟安全制度的相關文獻（1990-2000）

兒童的經濟風險

　　兒童不僅是民族生命的延續，也是國家發展的基礎。由於兒童在身心上不夠健全；在經濟上無法自立；在法律上不具行為能力，如果不善加保護，身心發展就容易被侵犯，社會權益就容易被剝奪。早在1923年，世界兒童福利聯盟就提出了兒童權利宣言，而聯合國卻遲至1959年才正式通過兒童權利宣言，並遲至1981年才制定兒童權利條約，兒童權利才獲得具體的保障。兒童權利條約的批准國對兒童的尊嚴權、生存權、保護權和發展權都應有具體的保障措施。基於此一條約的精神，兒童已非國家主義者所主張的公共財，也不是自由主義者所堅持的私有財，而是介於兩者之間的準公共財（quasi-public goods）。易言之，父母雖有扶養權、教育權和懲戒權，但是，因貧窮而無力扶養時，或兒童達到義務教育年齡時，或兒童權益遭受到侵犯時，國家就有權進行干預，提供必要的援助。因此，對兒童的扶助與保護不僅是兒童的權利，也是國家的責任。

　　人生而不平等，有些人一出生即能享有受榮華富貴；有些人則會遭逢飢寒交迫。為了縮小這種自然的不平等，必須以人為的方法加以調整，也就是應以所得重分配（income redistribution）的手段，對弱勢兒童提供必要的援助。這不僅是國家的責任，也是社會的正義。至於一般家庭的兒童，雖然可以溫飽卻不能享有良好的生長環境，國家在財政能力許可下，亦應對其提供必要的援助。對現代家庭而言，養育兒童日趨困難，兒童家庭（family with dependent children）的經濟風險（economic risks）日益昇高，這就是少子化現象的主要原因。造成兒童家庭經濟風險的因素，至少可從下列6個方面加以探討。

第一、市場化的普及：現代家庭的消費功能（consumption function）已完全取代生產功能（production function）。家庭生活幾乎全部仰賴市場，連最基本的家事勞動亦逐漸由市場提供，而養育兒童的工作也逐漸由市場所取代。仰賴市場的結果，必會造成家庭經濟的負擔，構成家庭的經濟風險。

第二、工作母親（working mothers）的增加：男主外女主內的傳統家庭已日趨沒落，有工作的母親日漸增加，大多數的母親已經無法在家照顧自己的子女，甚至已經喪失了照顧兒童的能力，不得不仰賴專業人員加以照顧。由於專業人員報酬的遞增，兒童的照顧費用也是遞增的，所以兒童家庭的經濟負擔也是遞增的，經濟風險也隨之提高。

第三、兒童教育投資的增加：在科技主義和能力主義掛帥的現代社會裡，兒童的教育投資已成為兒童家庭的最主要支出。父母均不希望自己的子女輸在起跑點上，人人都想讓自己的子女接受最好的教育，以便將來高人一等。兒童教育投資增加的結果，促進了教育市場的價格水準，而兒童教育費用的增加則加重了兒童家庭的經濟負擔，提高了兒童家庭的經濟風險。

第四、兒童教育期間（年數）的延長：國家的義務教育由小學延長到國中，再由國中延長到高中；大學的錄取率也由20～30%遽升至60～70%；研究所的招收名額也大幅增加，而出國留學的人數也直線上升。因此，子女的教育期間已由初等教育延長至中等教育，再延長至高等教育。兒童教育期間的延長不僅減少了家庭的所得，更增加了家庭的支出，提高了家庭經濟的風險。

第五、物價膨脹：現代經濟正由高成長高物價的成長型經濟進入低成長高物價的不穩定型經濟。物價膨脹仍是現代經濟難以克服的問題，也是威脅家庭經濟的主要因素，在家庭的養育工作市場化之後，家庭經濟受物價膨脹的影響更為顯著。如果政府沒

有有效的物價政策，兒童家庭的經濟風險就會不穩定。

　　第六、相對貧窮（relative poverty）意識形態的高漲：由於所得水準、消費水準和儲蓄水準（三者合稱爲家庭生活水準）的提高，凸顯了相對貧窮的意識形態。如果別人的年所得是100萬元，自己卻只有80萬元，自己就會覺得比別人貧窮；如果別人開賓士車，自己卻開福特車，自己就覺得不如人；如果別人的孩子學才藝，自己的孩子卻不學才藝，自己就臉上無光。這種相對貧窮的意識形態，造成了經濟的不安全感（feeling of economic insecurity），而要求國家給予協助改善。

　　根據內政部統計處的「兒童生活狀況調查報告」，民國八十四年度，台灣地區有未滿12歲兒童的家戶中，有1位兒童的家戶佔36.33%；有2位兒童的家戶佔44.79%（兩者合計佔81.12%）；有3位兒童的家戶佔16.55%；有4位兒童的家戶佔2.13%；有5位以上兒童的家戶佔0.20%。相較於民國八十年度的相同資料，有1位兒童的家戶比率增加了，而有2位以上兒童的家戶比率則降低了（前者由34.52%增至36.33%；後者由65.48%降至63.67%）。這個資料顯示，台灣地區家戶內的平均兒童人數已降至2位數以下，而且有逐年下降的趨勢。如果不考慮人口移入的因素，台灣地區的人口數將會呈現負成長。因此，少子化現象已日趨顯著，頗值政府有關單位的重視。

　　內政部統計處的相同報告顯示，民國八十四年度，台灣地區兒童家庭平均每戶每月平均消費支出在2萬元以下者佔6.67%；2～3萬元者佔20.06%；3～4萬元者佔30.37%；4～5萬元者佔19.00%；5～6萬元者佔12.05%；6～7萬元者佔5.57%；7～8萬元者佔2.21%；8萬元以上者佔4.07%。兒童家庭的每月收支情形，收入大於支出者佔23.10%；收支平衡者佔59.08%；支出大於收入者佔17.81%。至於每月用在兒童支出負擔的感受情形，有20.54%

感覺負擔沉重；有37.36%感覺稍微沉重（兩者合計為57.90%），只有42.10%感覺不會沉重。相較於民國八十年度的相同資料，感覺沉重或稍微沉重者的比率增加了（由52.77%增至57.90%），而感覺不沉重者的比率則降低了（由47.23%降至42.10%）。民國八十四年度，有69.88%的單親家庭感覺兒童支出負擔沉重或稍微沉重（前者佔39.76%；後者佔30.12%）。這些資料顯示，兒童的經濟風險是一個存在的事實，至少是一個普遍的意識形態。

內政部統計處的相同報告顯示，民國八十四年度，兒童家庭認為政府應加強辦理的兒童福利措施，公立托育服務佔31.46%；親職教育佔26.36%；兒福中心佔18.79%；兒童健康保險佔15.32%；不幸兒童保護佔13.76%；設施管理佔12.78%；課後輔導佔12.57%；兒童醫療佔11.74%；兒童心理衛生服務佔11.11%；兒童津貼佔8.46%；殘障兒童教養機構佔6.85%；重病兒童醫療補助佔6.65%；低收入戶兒童補助佔5.32%；單親家庭兒童服務佔4.42%；保母訓練佔2.28%；兒童居家服務佔2.07%；兒童寄養服務佔0.87%；其他佔1.58%。關於兒童津貼的需求程度，在台灣省中，第一分位所得階層（最低所得階層）有21.11%認有必要；第二分位所得階層為10.67%；第三分位所得階層為10%；第四分位所得階層為9.74%；第五分位所得階層為6.14%，而台北市的平均需求比例則為9.46%，高於高雄市平均的7.19%。這個資料反映兩個現象，第一是台灣的一般民眾對兒童津貼制度仍缺乏正確的認識；第二是所得越低者越需要兒童津貼，但是，所得水準較高的台北市對兒童津貼的需求卻高於高雄市，這可能是台北市民對兒童津貼較有認識所致。

關於養育兒童必須增加的消費支出，由於我國欠缺這方面的統計資料，而以瑞典與日本的文獻作為分析的依據。瑞典政府消費廳的調查報告顯示，1983年平均每1個6歲以下兒童必須增加的

消費支出爲每月1,104Kr；2個兒童爲每月2,208Kr；3個兒童爲每月3,312Kr（社會保障研究所編，瑞典的社會保障）。這個資料顯示，在瑞典養育2個兒童所需增加的消費支出爲養育1個兒童的2倍，而養育3個兒童所需增加的消費支出則爲養育2個兒童的1.5倍。此外，根據日本政府總務廳的調查報告，1993年平均每一個6歲以下兒童必須增加的消費支出爲每月20,547日圓；2個兒童爲每月27,184日圓；3個兒童爲每月45,174日圓。（日本家政學會家庭經濟學部會編，二十一世紀的生活經濟與生活保障）這個資料顯示，在日本養育2個兒童所需增加的消費支出爲養育1個兒童的1.3倍，而養育3個兒童所需增加的消費支出則爲養育2個兒童的1.7倍。根據上述資料，兒童津貼金額佔1個兒童消費支出的比率，瑞典爲25%（1983年）；日本約爲24%（1993年）。

兒童的經濟安全制度

　　針對兒童的經濟風險，工業先進國家大都有兒童的兒童經濟安全制度（economic security system for children）。目前，兒童經濟安全制度有兩個基本體系：社會保險（social insurance）與社會扶助（social assistance），前者有兒童健康保險、國民年金保險中的遺屬年金、孤兒年金和兒童加給等給付、育兒休業給付制度等；後者則有各種兒童津貼（children's allowance）、優惠稅制、教育補助、營養補助等。在社會保險方面，一般均以成人爲對象加以設計，而將依其生活的兒童納入保障對象，因爲只有行爲能力和經濟能力者始有繳納保險費的義務，兒童當然不成爲社會保險的適用對象，但是，可以成爲社會保險的給付對象。在社會扶助方面，大都針對兒童加以設計，也就是以兒童爲適用對象，但

是，兒童不具行為能力，也不具支配經濟的能力，所以一般均以保護者的家長作為支給對象。兒童經濟安全制度逐漸由社會保險轉向社會扶助（尤其是兒童津貼）的背景至少有下列七個因素：

第一、經濟安全逐漸由勞動關係的重視（社會保險）轉向家庭關係的重視（社會津貼）。

第二、經濟安全的保障範圍逐漸擴大，除了納費式（contribution）的社會保險之外，仍需非納費式（non-contribution）的社會扶助。

第三、社會保險的公平性漸受質疑，國民逐漸重視社會價值的適當性。

第四、社會保險給付受限於收支平衡原理，難以因應實際需求作大幅改善，而有賴於社會扶助加以補充。

第五、低所得階層難以在社會保險中獲得充分的保障（低保費低給付）。

第六、社會保險的保費與給付間的累退性減弱了一般國民的信心（繳得越多不一定領得越多）。

第七、資方的保費負擔如同僱用稅（僱用員工就必須負擔保費），阻礙了僱用的誘因。

一般說來，社會扶助體系有社會救助（social relief）、社會津貼（social allowance）、間接給付（indirect benefit）以及社會基金（social fund）等基本制度。社會救助是針對貧民（paupers）所提供的經濟安全措施；社會津貼是針對特定人口群（target population）所提供的經濟安全措施；間接給付是針對具備某種資格條件（eligibility）者所提供的經濟安全措施；社會基金則是針對特別的或緊急的目的而提供的安全措施。貧民兒童的社會救

助，除了生活扶助之外，教育補助、醫療補助、生育補助、營養補助等均屬之；兒童的社會津貼有生育津貼、托育津貼、教育津貼、兒童贍養代墊津貼等；兒童的間接給付有所得的扣除、養育費的扣除、所得稅的扣除等；社會基金則有兒童特殊照護、災民兒童扶助、難民兒童扶助、流浪兒童扶助等。當貧民兒童的社會救助受到充分保障之後，兒童的社會扶助體系就會轉向兒童津貼制度。這種勿須納費、勿須資力調查（means-test）、沒有烙印（stigma）的兒童津貼制度已逐漸成爲工業先進國家最重要的兒童經濟安全措施。

兒童津貼制度起源於由企業提供的家庭津貼制度（family allowance）。在1920年代以前，基於雇主與受雇者間的權利義務關係，雇主在受雇者的工資中列入了扶養家庭成員的家庭津貼。直到1926年，紐西蘭首創國家家庭津貼制度，也就是由政府對貧窮家庭的兒童所提供的經濟扶助制度。當時的家庭津貼必須經過嚴格的資力調查之後始得領取。紐西蘭的家庭津貼法實施之後，不久就引起了其他國家的傚尤。比利時於1930年制定了家庭津貼法；而法國、義大利、奧地利、荷蘭、加拿大、英國也分別於1932年、1934年、1941年、1944年和1945年制定了家庭津貼法。紐西蘭曾於1938年制定的社會安全法中，放寬資力調查的條件，擴大適用對象，並於1946年採用勿須資力調查的家庭津貼制度。其後，工業先進國家也逐漸採用勿須資力調查的家庭津貼制度。鄰邦的日本則遲至1961年才制定針對特殊家庭（單親家庭、危機家庭等）所支給的兒童扶養津貼法，並於1971年制定針對一般家庭的兒童及身心障礙者兒童所支給的兒童津貼法。直到1990年，全世界約有80個國家有家庭津貼或兒童津貼制度。

目前，法國的兒童津貼制度堪稱全世界最完善的制度。第一類的保育津貼有幼兒津貼（APJE）、父母教育津貼（APE）、家庭

保育津貼（AGED）以及家庭外保育津貼（AFEMA）；第二類的養育津貼有家庭津貼（AF）、家庭補充津貼（CF）以及新學期津貼（APS）；第三類的身心障礙兒童津貼有身心障礙兒童津貼（AHH）與特殊教育津貼（AES）；第四類的單親家庭津貼則有單親家庭津貼（API）與單親家庭支援津貼（ASE）。瑞典的兒童津貼則有兒童津貼（16歲以下兒童）、延長津貼（16歲以下兒童）、兒童贍養代墊津貼（對於未獲贍養費的單親家庭由政府代墊兒童養育費用，再向應支付贍養費的一方索取）。英國在1975年改採兒童津貼法之後，實施了兒童養育費補助、兒童津貼、單親津貼及補充津貼等制度。日本的兒童津貼制度則有一般兒童津貼、特殊兒童津貼（身心障礙兒童）、療育津貼（需長期療育的兒童）、兒童扶養津貼（單親家庭）、寄養津貼（寄養家庭）以及教育津貼等六種制度。至於美國的兒童津貼制度是以兒童家庭扶助（AFDC）最具代表性。此外，德國、荷蘭、加拿大等國家也都有兒童津貼制度。

以一般兒童的生活津貼為例，法國對於育有16歲以下兒童2人以上的家庭提供家庭津貼；對於育有3歲以上16歲以下兒童3人以上的家庭提供家庭補充津貼。1997年家庭津貼的支給金額，第1子為每月675法郎，每增加1人增加864法郎，而家庭補充津貼則每人每月878法郎。瑞典的兒童津貼是對16歲以下兒童普及性提供，若因求學關係則可領取延長津貼，而第3子以上的家庭則有兒童加給津貼。1991年兒童津貼的支給金額，第1子和第2子為每人每月750Kr；第3子加給50%；第4子加給100%；第5子以上加給150%。英國的兒童津貼是對16歲以下普及性提供，若因求學關係可延至19歲。1997年兒童津貼的支給金額，第1子為每週11.05英鎊；第2子以上每人每週9英鎊。日本的兒童津貼是對未滿3歲兒童，且家庭所得在規定水準以下的兒童家庭提供。1997年兒童津

貼的支給金額，第1子和第2子為每人每月5,000日圓；第3子以上為每人每月10,000日圓。至於家庭所得和至於家庭所得的限制，扶養1子家庭的年所得在179.6萬日圓以下；扶養2子家庭為209.6萬日圓以下；扶養3子家庭為239.6萬日圓以下；扶養4子家庭為269.6萬日圓以下；扶養5子家庭為299.6萬日圓以下。美國的AFDC是對因家計負擔者、離異或喪失工作能力而陷入貧窮的16歲以下兒童家庭所提供的兒童扶助制度。各州的支給水準不同，1993年的全國平均水準為每個家庭每月378美元（最少為98美元，最高為719美元）。至於德國的兒童津貼是對16歲以下兒童普及性提供，但是，領有年金保險兒童給付或兒童加給者則不能領取，而未能適用所得稅法中兒童養育費扣除的低所得家庭則可領取兒童加給津貼。1997年兒童津貼的支給金額，第1子和第2子為每人每月220馬克；第3子為300馬克；第4子為350馬克（社會保障研究所編，法國、瑞典、英國、美國、德國的社會保障；健康保險組合連和會編，社會保障年鑑）。

　　間接給付中的優惠稅制是兒童經濟安全十分重要且頗值爭議的制度。瑞典曾於1920年創設兒童扶養扣除制度，但是，因公平性的問題引發了爭議，而於1948年開始實施兒童津貼制度的同時遭受廢除。英國在1977年以前也有兒童扶養扣除制度，但是，現在也已廢除。目前，除了美國和德國等少數國家仍有兒童扶養扣除制度之外，大多數的工業先進國家都以兒童津貼取代兒童扶養扣除制度。問題是在兒童津貼制度未能普及化之前，中高所得者的兒童扶養費用是否可從所得中扣除仍是值得探討的問題。其次，兒童津貼的所得是否可以免稅也是值得研議的問題。在兒童津貼未普及化之前（只限中低所得者），津貼所得免納所得稅應是可以接受的，但是，如果兒童津貼普及化之後，津貼所得免稅的措施就有待商榷了。最後，對於多子家庭的所得稅是否可以減

少亦是值得規劃的問題。理論上，為了保障多子家庭的經濟安全，其應納的所得稅似可酌予減少，但是，是否會造成稅制的不公平是值得考量的。總之，兒童經濟安全的優惠稅制可從所得的扣除（income deduction）、費用的扣除（cost deduction）與稅的扣除（tax deduction）三方面加以思考。對目前的我國而言，托育費用的補助宜採現金給付方式或是優惠稅制方式是決策者必須慎思的議題。

目前，我國的兒童經濟安全制度是以社會扶助體系為主，且為地方政府的職責。由於地方政府的財政狀況與主政者的福利觀念差異性很大，所以實施的措施就十分紛歧，給付內容也參差不齊。台北市的兒童經濟安全制度，在措施類型和給付水準上，均可作為各縣市的表率。目前，台北市的兒童經濟安全制度可以分為5個類型：第一是低收入戶兒童的經濟扶助；第二是一般兒童的經濟扶助；第三是身心障礙兒童的經濟扶助；第四是安置兒童的經濟扶助；第五是保護兒童的經濟扶助。在低收入戶兒童的經濟扶助方面，有生活扶助、育兒補助、托育補助、子女就學交通費補助、營養品代金、健保費及部分負擔補助等。在一般兒童的經濟扶助方面，有中低收入戶育兒補助、危機家庭兒童生活補助、危機家庭及原住民兒童托育補助等。在身心障礙兒童的經濟扶助方面，有身心障礙者津貼、身心障礙者短期照顧補助、身心障礙者托育養護費用補助、發展遲緩兒童療育補助等。在安置兒童的經濟扶助方面，有寄養補助、收養補助、機構照顧費用補助等。在保護兒童的經濟扶助方面，則有兒童保護個案法律訴訟費用負擔、兒童保護個案醫療費用負擔、兒童保護個案緊急安置者的餐點、日用品、衣物、學用品等的負擔。茲將台北市政府社會局實施的兒童經濟扶助之主要措施項目、申請資格、補助金額以及承辦科室列表如（表5-1）：

表5-1 台北市政府社會局現有兒童經濟扶助制度

措施項目	申請資格	補助金額	承辦科室
一、低收入戶生活補助	第0類：全戶無收入也無工作能力	每人每月11,625元	第2科
	第1類：全戶每人每月所得佔全市平均消費支出0~10%	每人每月8,950元	
	第2類：全戶每人每月所得佔全市平均消費支出10~40%	每人每月5,813元	
	第3類：全戶每人每月所得佔全市平均消費支出40~55%	每人每月5,258元	
	第4類：全戶每人每月所得佔全市平均消費支出55~60%	每人每月1,000元	
二、低收入戶托育費	第0類～第4類之兒童	每人每月7,000元	第2科
三、低收入戶營養品代金	出生體重低於2,500公克幼兒或5歲以下營養不良兒童	每人每次1,000元	第2科
四、中低收入戶育兒補助	1.設籍本市滿1年以上者 2.全戶每人每月所得佔平均消費支出60~80% 3.12歲以下之兒童	每人每月2,500元	第5科
五、危機家庭或特殊境遇婦女緊急兒童生活補助	1.經本局評估為危機家庭或經濟困難之婦女 2.12歲以下之兒童	每人每月5,813元	第5科
六、身心障礙者津貼	1.設籍滿1年 2.領有身心障礙者手冊 3.未經政府安置或未領有政府發給之其他生活補助或津貼者	依等級補助2,000~7,000元	第3科
七、身心障礙者生活津貼	1.設籍本市 2.領有身心障礙者手冊 3.全戶每人每月所得佔全市平均消費支出1.5倍 4.有存款及不動產上限規定	依等級補助3,000~6,000元	第2科
八、身心障礙者臨時及短期照顧補助	1.設籍本市 2.領有身心障礙者手冊 3.12歲以下 4.發展遲緩兒童	1.全額補助 2.70%補助 3.部分補助	第3科

續表5-1

措施項目	申請資格	補助金額	承辦科室
九、發展遲緩兒童療育補助	1.設籍 6 個月以上 2.未滿 7 歲在小學就讀之發展遲緩兒童 3.未領有身心障礙者津貼托育養護補助等相關補助	1.低收入戶、原住民及保護個案全額補助 2.一般補助3,000～6,000元	第3科
十、身心障礙者托育養護費用補助	1.設籍本市 2.領有身心障礙者手冊 3.安置於身心障礙福利機構者	依等級補助 8,719~23,250元	第3科
十一、寄養補助	依兒童福利法第17條、第38條規定,因家庭發生重大變故或經評估有安置照顧必要者	每月16,275元	第6科
十二、收養補助	委託民間機構辦理收養訪視調查及相關媒介、輔導、宣傳等服務	每案3,000元	第6科
十三、機構式照顧補助	依兒童福利法第15條規定,對於兒童提供緊急保護、安置及其他必要之處分	1.一般委託,12,206元 2.緊急安置費,20,344元	第5科
十四、緊急安置兒童保護個案餐點費、日用品、衣物、學用品等之提供	經本局社工員評估有需求者	視個案補助	社工室
十五、兒童保護個案法律訴訟費用	經本局社工員評估有需求者	50,000元	社工室
十六、棄嬰、留養個案及不幸兒童法律訴訟費用	經本局社工員評估有需求者	50,000元	第5科
十七、不幸兒童醫療費補助	棄嬰	視個案補助	第5科
十八、兒童保護個案醫療費補助	經本局社工員評估有需求者	視個案補助	社工室

我國兒童經濟安全制度的提案

　　兒童經濟安全制度是基於兒童的生存權而設計的保障措施，其基本內涵有二，第一是兒童生活風險的預防（prevention of living risks）；第二是兒童生活風險的克服（elimination of living risks），前者一般是以社會保險的方式因應，而後者則以社會扶助的方式解決。目前，我國已有健康保險制度，而國民年金保險也即將實施，所以兒童的社會保險制度已趨健全。在兒童的社會扶助體系方面，則不僅制度零亂、名稱不一、標準不同，而且有諸多重複浪費的現象。作為掌管兒童福利的最高行政單位，兒童局實有責任整合亂象，規劃新制。基於此一動機，本書將分立即辦理的整合階段、研議辦理的建制階段和長程規劃的改革階段三個層次，對我國的兒童經濟安全制度提出具體的提案。

　　在立即辦理的整合階段，本書將現行制度整合成5種制度，第一是兒童津貼制度；第二是身心障礙兒童津貼制度；第三是托育津貼制度；第四是兒童安置補助；第五是兒童保護補助。在兒童津貼制度方面，本書建議將現行中低收入戶育兒補助改制為兒童津貼，一體適用於家庭所得低於全國平均消費支出80%以下的兒童家庭。現行低收入戶的生活補助是針對家庭成負的生活費用所提供的扶助，而不是針對兒童的消費支出而設計的措施，所以家庭生活補助與兒童津貼應予區分。台北市中低收入戶育兒補助應是規劃我國兒童津貼制度的起點，但是，津貼金額則必須重新規劃。兒童局必須掌握我國養育第1個兒童所必須增加的消費支出資料，再乘以一定比率（例如，瑞典的25%或日本的24%）加以設定。假設我國養育第1個兒童每月必須增加5,000元的消費支出（不含托育費用），而兒童津貼比率為25%，那麼，兒童津貼可

設定爲1,250元。將來，兒童津貼的金額宜隨兒童消費支出的增加而提高。至於所得限制是否放寬，則隨政府財政狀況而調整。

在身心障礙兒童津貼方面，目前，台北市有身心障礙者津貼、低收入戶身心障礙者生活補助以及發展遲緩兒童療育補助3種基本措施。本書建議將這些制度整合成身心障礙兒童津貼制度，針對中度、重度和極重度的身心障礙兒童以及發展遲緩兒童提供普及性的補助。易言之，身心障礙兒童津貼勿需所得限制，但是，身心障礙兒童者領取一般兒童津貼，就不能再領取特殊兒童津貼。至於津貼金額是否採用現行身心障礙者生活津貼的每月2,000～7,000元或低收入戶身心障礙者生活補助和發展遲緩兒童療育補助的3,000～6,000元，則可再行研議。

在托育津貼制度方面，台北市目前是針對低收入戶兒童、收容安置兒童、危機家庭兒童及原住民兒童接受托育服務時發給托育補助。本書建議將收容安置兒童和危機家庭兒童的托育補助納入兒童安置補助制度，而將原住民兒童托育補助廢除，以符合社會公平原則。由於托育費用已形成一般家庭的沉重負擔，建議將適用家庭的所得限制提高爲全國平均消費支出的1.5～2.5倍左右（可再研議）。

在兒童安置補助制度方面，台北市目前有兒童寄養補助、兒童收養補助、機構安置補助、緊急安置補助等。本書建議保留兒童寄養補助和兒童收養補助，而將危機家庭兒童托育補助、緊急安置補助及其他機構安置補助合併爲機構安置補助。至於補助水準可適用目前水準，或考慮爲地方政府的實況加以調整。

在兒童保護補助制度方面，本書建議保留現行的保護個案法律訴訟費用負擔與保護個案醫療費用負擔兩項措施。

在研議辦理的建制階段，本書建議針對托育費扣除制度、單親家庭津貼制度以及育兒休業制度進行研議。托育費扣除制度是

針對中高所得家庭的租稅優惠制度。既然中低所得家庭（平均每人每月所得佔全國平均消費支出1.5～2.5倍之家庭）領有托育津貼，中高所得家庭似可以優惠稅制的方式，將部分托育費用從所得中扣除。依現行我國的所得稅法規定，子女就讀大專以上院校，其教育學費每一申報戶可扣除25,000元。未來的托育費扣除制度似可比照此一標準，甚至可按兒童人數調高扣除金額。托育費扣除制度是以未領有托育津貼的兒童家庭為適用對象，若領有托育津貼就不能適用，但是，若自願放棄托育津貼而申請托育費扣除也可以，易言之就是二者擇一的方式。單親家庭津貼制度是否採行必會出現正反相對意見，贊成理由為單親家庭的經濟有其脆弱性，應予特別保障；反對理由為基於社會公平原則，不應特別保障。這是一個價值判斷的問題，政府應徵詢各方意見之後再行規劃。本書認為，如果要實施單親家庭津貼，宜以家庭生活補助的觀點，而非兒童經濟安全的觀點加以規劃，也就是以單親家庭的經濟風險和不安感為政策考量和制度設計的依據。至於育兒休業制度，行政院勞工委員會曾於民國80年作過研究與規劃，卻未能付諸實現。育兒休業制度的方式很多，有些國家（例如，瑞典）除了給予休業期間之外，還支給工資一定比率的育兒津貼；有些國家（例如，德國）是由政府立法（育兒休業法），而由企業支給育兒津貼；有些國家（例如，日本）則由政府支給企業育兒休業獎勵金，鼓勵企業實施育兒休業制度。由於我國的企業尚無育兒津貼的制度，政府只要立法（名稱可暫訂為育兒休業法），給予1歲或3歲以下兒童的父母育兒休業期間（6個月或1年），然後在政府財力許可下，支給基本工資一定比率（例如，30%）的育兒津貼。本書建議行政院勞工委員會能再度研議規劃育兒休業制度，並在兒童局的協助下，共同催生此一制度。

　　至於長程規劃的改革階段則必須在整合階段和建制階段逐一

表5-2　兒童經濟安全制度的提案

採行措施	主辦機關	協辦機關	時程
一、兒童津貼制度 對平均每人每月所得佔全國平均消費所支出80%以下之 兒童家庭發給兒童津貼	內政部 兒童局	直轄市及 各縣市政府	立即辦理
二、身心障礙兒童津貼制度 1.對中度、重度和極重度之身心障礙兒童發給特殊兒童津貼 2.對發展遲緩兒童發給特殊兒童津貼	內政部 兒童局	直轄市及 各縣市政府	立即辦理
三、托育津貼制度 對平均每人每月所得佔全國平均消費支出1.5～2.5倍之 兒童家庭發給托育津貼	內政部 兒童局	直轄市及 各縣市政府	立即辦理
四、兒童安置補助 1.對接受社會局或社會科委託，寄養兒童之家庭發給兒童 　寄養補助 2.對接受社會局或社會科委託，收養兒童之家庭發給兒童 　收養補助 3.對接受社會局或社會科委託，收容安置兒童之機構發給 　機構安置補助	內政部 兒童局	直轄市及 各縣市政府	立即辦理
五、兒童保護補助 1.對保護個案兒童之法律訴訟費用全額負擔 2.對保護個案兒童之醫療費用全額負擔	內政部 兒童局	直轄市及 各縣市政府	立即辦理
六、托育費扣除制度 對有托育費用支出的申報戶可享托育費的扣除	財政部	內政部 兒童局	研議辦理
七、單親家庭津貼制度 對平均每人每月所得佔全國平均消費支出1.5～2.5倍之單 親家庭發給單親家庭津貼	內政部 兒童局	直轄市及 各縣市政府	研議辦理
八、育兒休業制度 對照顧3歲以下兒童之工作父母得享6個月～1年之育兒休 業期間且可獲得基本工資30%之育兒休業津貼	行政院 勞工委員會	內政部 兒童局	研議辦理

表5-3 兒童經濟安全制度的規劃原則

規劃議題	規劃原則
一、政策必要性與方案目標	1.社會共識的必要性 2.方案目標的明確化與可行性
二、制度的優先順序	1.國民年金制度 2.兒童津貼 3.托育補助 4.托育費扣除 5.單親家庭津貼 6.育兒休業制度
三、方案的辦理機關	1. 內政部兒童局 2.直轄市及各縣市政府 3.財政部 4.行政院勞工委員會
四、方案的適用對象	1.目標人口 2.家庭所得限制 3.兒童年齡的設定
五、方案的支給內容	1.支給水準的設定 2.支給人數的設定 3.支給期間的設定
六、方案的行政手續	1.申請手續 2.審查手續 3.發放手續
七、方案的財源	1.雇主負擔的工資主義 2.政府負擔的兒童保護主義 3.社會負擔的所得重分配主義 4.社會基金方式

方案均由直轄市及各縣市政府主辦，而由內政部兒童局協辦，以致造成制度紛歧和保障不公的現象。理論上，不同縣市的兒童應受到平等的經濟安全保障，如果台北市有的制度，其他縣市也應該實施。雖然保障水準可依地區物價水準的不同而有差異的標準，但是，方案必須平等實施。因此，本書建議兒童經濟安全方案宜由內政部兒童局主辦，而由直轄市及縣市政府協辦。在地方自治法和財政收支劃分法實施之後，兒童經濟安全方案是否能由內政部兒童局主辦，必須及早規劃因應。

第四、兒童經濟安全方案的適用對象：方案適用對象的主要考量有三：第一是目標人口（一般兒童、身心障礙兒童或安置保護兒童）；第二是家庭所得（一般家庭、中所得家庭或貧民家庭）；第三是兒童年齡（18歲以下，16歲以下，5歲以下或3歲以下等）。目標人口的設定比較容易，但是，所得限制與兒童年齡的設定就極易引發爭議。基於兒童權利的保障，兒童津貼不應有所得的限制，因為所得調查不僅浪費行政資源，調查技術仍有困難，也違反了平等原則。但是，基於政府財政與福利需求的考量，則必須採行所得限制。至於兒童年齡的設定，理論上應將12歲以下兒童全部納入，但是，實務卻難以執行。

第五、兒童經濟安全方案的支給內容：方案的支給內容，包括：支給水準、支給人數和支給期間都必須仔細考量。本書建議以兒童附加消費支出（additional costs）的25％作為兒童津貼的支給水準。假設平均第1個兒童的附加消費支出為5,000元，則第1個兒童的兒童津貼為1,250元；平均第2個兒童的附加兒童消費支出為4,000元，則第2個兒童的兒童津貼為1,000元。基於平等原則，兒童津貼的支給人數不宜設限，應適用於對象家庭的所有兒童。至於支給期間，則與適用對象的兒童年齡有關。如果兒童津貼的適用對象為12歲以下兒童，那麼，在未滿12歲以前均可領取。

第六、兒童經濟安全方案的行政手續：包括申請手續、審查手續和發放手續均需規劃。申請手續要採自由申請主義，或是自動發放主義是個必須考量的問題。如果兒童津貼採選擇主義，申請手續就應該採自由申請主義；如果兒童津貼採普遍主義，申請手續就應該採自動發放主義。如果申請手續採自由申請主義，審查手續就必須採所得調查方式；如果申請手續採自動發放主義，審查手續就不需要採所得調查方式。至於發放手續則宜採方便主義，可由郵局及其他金融機構代為發放，以方便適用對象領取。

　　第七、兒童經濟安全方案的財源：在1920年代以前，家庭津貼是採雇主負擔的工資主義，也就是基於雇主與受雇者間的權利義務關係，由雇主提供受雇者的家庭津貼。1926年以後的家庭津貼制度是採國家負擔的兒童保護主義，也就是基於國家對兒童權利的保障，由政府財源提供兒童的家庭津貼。日本於1971年制定的兒童津貼法則採社會負擔的所得重分配主義，也就是由雇主、政府和受雇者三者共同負擔兒童津貼所需的財源。此外，亦可採社會基金（social fund）的方式，由社會整體提供財源，保障兒童的經濟安全。由於我國的企業尚無兒童津貼的制度，由雇主提供兒童津貼財源的可行性不高，所以由政府提供財源可能是較佳的選擇。至於社會基金方式應是將來可以採行的模式。

當代台灣地區兒童經濟安全制度的相關文獻（1990-2000）

王正（1994），「社會救助、家庭人口規模與貧窮水準測定之研究」，《經社法制論叢》第十三期：69-87。

王永慈（1996），「各國兒童津貼之分析—以經濟合作與發展組織(OECD)為例」，《輔仁學誌》，法、管理學院之部：103-122。

王仕圖（1998），「美國柯林頓政府的『AFDC依賴兒童家庭補助』改革對我國貧童救助政策的啟示」，《社區發展季刊》第八十一期：206-212。

王麗容（1998），「女性勞動參與和企業內家庭政策 (上)」，《勞工行政》第一二四期：20-35。

王麗容（1998），「女性勞動參與和企業內家庭政策 (下)」，《勞工行政》第一二五期：21-30。

方燕菲（1998），「家庭第一—美國兒童福利政策」，《家庭教育》第二期：23-25。

石婉麗（1994），「實施兒童津貼意義之探討—以現行國家經驗為主」，中正大學社會福利研究所碩士論文。

朱貽莊（1997），「單親家庭兒童福利需求之探究」，《社會建設》第九八期：91-107。

呂朝賢（1999），「社會救助問題：政策目的、貧窮的定義與測量」，《人文及社會科學集》。

余多年（1999），「各國學齡前兒童照顧支持政策之研究」，中正大學社會福利系碩士論文。

李鍾元（1995），「社區與兒童福利」，《社會建設》第九十期：

26-27。

李淑容（1995），「國家和家庭的關係─兼論我國應有的家庭政策」，《社區發展季刊》第七○期：160-171。

柯木興（1998），「談社會保險與社會救助的聚合問題」，《保險資訊》第一四九期：7-9。

林昭慧、徐振焜（1998），「外國兒童津貼之比較─兼論我國兒童津貼之實施」，《兒童福利論叢》第二期：114-143。

林宜輝（1998），「家庭政策支持育兒婦女就業制度之探討─兼論臺灣相關制度之改革」，《社區發展季刊》第八四期：95-111。

林金源（1997），「家庭結構變化對臺灣所得分配及經濟福利分配的影響」，《人文及社會科學集刊》第九期：39-63。

周月清（1995），「殘障與家庭政策」，《東吳社會工作學報》第一期：169-200。

何素秋（1999），「兒童寄養父母之工作滿足與持續服務意願之研究─以中華兒童暨家庭扶助基金會爲例」，靜宜大學青少年兒童福利學系碩士論文。

范書菁（1999），「低收入戶單親家長的問題與社會支持網絡─以台北市爲例」，中國文化大學兒童福利研究所碩士論文。

許姿儂（1996），「臺北市學前兒童照顧政策之執行評估」，中興大學（台北）公共行政及政策研究所碩士論文。

郝鳳鳴（1996），「我國社會救助法之現況分析與檢討」，《東海大學法學研究》第十期：69-107。

曾春霞（1998），「台中市國小學童家長對學校實施親職教育的態度與需求之研究」，臺中師範學院國民教育研究所碩士論文。

陳小紅（1995），「人口轉型與家庭政策」，《社會建設》第八九

期：26-41。

陳美珠、楊智雯、洪嘉璐（1999），「中美貧窮家庭兒童福利服
　　務之比較」，《兒童福利論叢》第三期：36-79。

陳美伶（1997），「國家與家庭分工的兒童照顧政策—臺灣、美
　　國、瑞典的比較研究」，台灣大學社會學研究所碩士論文。

陳倩慧（1998），「家庭托育服務的品質：家庭保母的角色，家
　　庭系統，及與家長互動關係之探討」，台灣大學社會學系碩
　　士論文。

張四明（1997），「強制就業計畫之影響評估：支領津貼的雙親
　　家庭個案分析」，《公共政策學報》第十八期：1-32。

楊瑩、陳鳳至（1994），「瑞典的婦女與家庭政策」，《社會建設》
　　第八七期：73-82。第十一期：233-263。

孫健忠（1997），「臺灣社會救助控制建構的探討」，《福利社會》
　　第六二期：1-7。

孫健忠（1997），「社會救助工作發展的檢討與建議」，《社會福
　　利政策與制度》第八四期：26-34。

萬育維（1994），「社會救助福利需求」，《社區發展季刊》第六
　　七期：250-261。

萬育維（1994），「社會救助與福利國家的探討」，《社會建設》
　　第八九期：17-21。

萬育維（1997），「從自立自尊的觀點反省社會救助與貧窮問
　　題」，《社會建設》第九七期：16-31。

趙小玲（1999），「國小學童所知覺的家庭暴力與行為問題的關
　　聯之研究」，臺東師範學院國民教育研究所論文。

張憶純（1999），「由家庭壓力理論之資源層面探討家庭危機形
　　成因素—以台灣省立台中育幼院院童家庭為例」，暨南國際
　　大學社會政策與社會工作學系碩士論文。

劉淑瓊（1998），「法國之社會福利與家庭政策」，《福利社會》第六四期：79-91。

盧政春（1996），「德國子女津貼制度之研究—兼論我國相關制度之建立」，《東吳社會學報》第五期：55-110。

鄭清風（1993），「談家庭津貼與家庭政策」，《勞工之友》第五一二期：14-19。

鄭淑燕（1994），「健全家庭功能以落實兒童福利」，《社會建設》第八七期：9-14。

鄭麗嬌（1999），「美、德與法三國兒童照顧與家庭政策之比較研究」，《理論與政策》第十三期：107-130。

鄭玉矞（1991），「家庭結構與學齡兒童學業成就之研究—單親家庭與雙親家庭之比較」，中國文化大學家政學研究所碩士論文。

鄭惠修（1997），「臺北市女單親家庭社會網絡與福利使用之研究」，臺灣大學社會學研究所碩士論文。

簡宏光、楊葆茨（1997），「中美單親家庭兒童福利服務之比較」，《兒童福利論叢》第一期：53-74。

謝秀芬（1995），「臺灣已婚婦女的問題與家庭福利政策之探討」，《東吳社會工作學報》第一期：1-35。

謝秀芬（1997），「現代婦女的家庭價值觀與家庭期待之研究」，《東吳社會工作學報》第三期：1-46。

簡宜君（1999），「志願服務者對低收入單親家庭之兒童服務的影響—以台北家扶中心『大哥姊』方案為例」，東吳大學社會工作學系碩士論文。

蘇耀燦（1994），「社會救助工作之實務檢討」，《社區發展季刊》第六七期：262-267。

羅豐良、王麗雯（1999），「中美家庭結構變遷與兒童福利服務之比較」，《兒童福利論叢》，第3卷：1-35。

兒童健康照顧政策藍圖

◎台灣兒童人口結構現況與趨勢分析

◎兒童健康照顧的重要性

◎兒童預防保健政策規範與執行面供需課題

◎兒童健康照顧政策規範與執行面供需課題

◎特殊發展需求兒童健康照顧的供需課題

◎兒童健康照顧方案規劃要項

◎兒童健康照顧體系實施方案

◎當代台灣地區兒童健康與醫療的相關文獻（1980-2000）

1909年美國舉行白宮兒童會議，提出保護兒童權利宣言。
1925年國際兒童幸福促進會成立，提醒成年人對兒童的重視。
1959年聯合國發表「兒童權利宣言」呼籲個人、團體、國家必
須努力促進兒童身心健全發展，謀求其正常的生活⋯。
1979年國際簽署兒童權利公約。

馮燕，1998，《社區發展季刊社論》

　　從兒童權利保障發展的歷史脈絡，可以清楚地看出國際對兒
童權益保障的政策精神，在在宣示社會有責任提供兒童一個身心
全人發展的環境，以保障兒童的生存、人權、與社會的公平正
義。在邁入廿一世紀的今天，我們的社會要為兒童創造出什麼樣
的成長環境？本文試圖就兒童的健康照顧層面，嘗試提出一套兒
童健康照顧服務輸送體系之藍圖。

台灣兒童人口結構現況與趨勢分析

現階段兒童人口統計概況

　　統計資料顯示：台灣地區未滿十二歲之兒童人口數為
3,785,640人（請見表6-1），約佔全國人口總數17%，按六歲年齡
組分：0-5歲者183萬人佔總人口8.28%，6-11歲者195萬6千人佔
8.85%。進一步將台灣地區分為北部、中部、南部、東部及離島
四個區域分析兒童人口現況，北部地區包括：基隆市、台北市、
台北縣、宜蘭縣、桃園縣、新竹縣、新竹市；中部地區包括：苗
栗縣、台中市、台中縣、彰化縣、南投縣、雲林縣；南部地區包
括：嘉義市、嘉義縣、台南縣、台南市、高雄市、高雄縣、屏東

表6-1 八十八年戶籍登記現住人口統計表

戶籍登記現住人口數按六歲年齡組分				
中華民國88年底				
區域別	性別	總計	0－5歲	6－11歲
總計	計	22,092,387	1,829,945	1,955,695
	男	11,312,728	952,930	1,020,282
	女	10,779,659	877,015	935,413
臺灣地區	計	22,034,096	1,825,491	1,950,828
	男	11,282,404	950,636	1,017,784
	女	10,751,692	874,855	933,044
臺灣省	計	17,917,279	1,501,341	1,614,458
	男	9,225,974	781,979	841,280
	女	8,691,305	719,362	773,178
臺北縣	計	3,510,917	271,472	329,690
	男	1,774,972	140,634	172,006
	女	1,735,945	130,838	157,684
宜蘭縣	計	465,004	39,217	41,017
	男	240,727	20,483	21,381
	女	224,277	18,734	19,636
桃園縣	計	1,691,292	159,421	172,160
	男	870,984	83,185	90,040
	女	820,308	76,236	82,120
新竹縣	計	433,767	43,519	41,952
	男	227,559	22,705	22,038
	女	206,208	20,814	19,914
苗栗縣	計	559,804	47,541	49,265
	男	294,232	24,813	25,611
	女	265,572	22,728	23,654
臺中縣	計	1,481,407	132,931	145,089
	男	760,633	69,126	75,494
	女	720,774	63,805	69,595
彰化縣	計	1,305,640	111,602	116,306
	男	677,292	58,254	61,199
	女	628,348	53,348	55,107
南投縣	計	544,038	45,550	45,747
	男	284,252	23,643	23,905
	女	259,786	21,907	21,842

續表6-1

戶籍登記現住人口數按六歲年齡組分

中華民國88年底

區域別	性別	總計	0－5歲	6－11歲
雲林縣	計	746,241	62,232	54,397
	男	394,739	32,811	28,378
	女	351,502	29,421	26,019
嘉義縣	計	562,662	46,870	40,191
	男	297,023	24,298	20,867
	女	265,639	22,572	19,324
臺南縣	計	1,103,723	86,275	90,952
	男	571,162	45,189	46,877
	女	532,561	41,086	44,075
高雄縣	計	1,230,352	99,881	102,439
	男	639,380	51,791	53,276
	女	590,972	48,090	49,163
屏東縣	計	909,015	74,459	73,983
	男	475,160	38,908	38,178
	女	433,855	35,551	35,805
臺東縣	計	247,801	20,653	19,189
	男	133,318	10,819	10,004
	女	114,483	9,834	9,185
花蓮縣	計	355,686	29,416	29,208
	男	188,587	15,194	15,004
	女	167,099	14,222	14,204
澎湖縣	計	89,013	6,637	6,623
	男	46,722	3,513	3,390
	女	42,291	3,124	3,233
基隆市	計	385,201	29,969	34,036
	男	197,737	15,604	17,740
	女	187,464	14,365	16,296
新竹市	計	361,958	32,252	34,818
	男	184,957	16,851	18,101
	女	177,001	15,401	16,717
臺中市	計	940,589	85,874	96,003
	男	465,881	44,911	50,006
	女	474,708	40,963	45,997

續表6-1

戶籍登記現住人口數按六歲年齡組分				
中華民國88年底				
區域別	性別	總計	0－5歲	6－11歲
嘉義市	計	265,109	21,376	25,288
	男	133,442	11,101	13,230
	女	131,667	10,275	12,058
臺南市	計	728,060	54,194	66,105
	男	367,215	28,146	34,555
	女	360,845	26,048	31,550
臺北市	計	2,641,312	213,071	209,152
	男	1,309,434	111,113	110,221
	女	1,331,878	101,958	98,931
高雄市	計	1,475,505	111,079	127,218
	男	746,996	57,544	66,283
	女	728,509	53,535	60,935
福建省	計	58,291	4,454	4,867
	男	30,324	2,294	2,498
	女	27,967	2,160	2,369
金門縣	計	51,731	3,965	4,313
	男	26,648	2,048	2,201
	女	25,083	1,917	2,112
連江縣	計	6,560	489	554
	男	3,676	246	297
	女	2,884	243	257

資料來源：內政部戶政司。

縣、澎湖縣；東部地區則包括台東縣、花蓮縣、金馬地區。其中，北部地區兒童總數為1,651,746人，約佔兒童總數43.6%；中部地區兒童992,537人，約佔總兒童人口數26.2%；南部地區兒童數為1,033,570人，約佔27.3%；東部地區兒童共107,787人，佔兒童總人口之2.8%（內政部社會司，2000）。也就是說，北部地區

兒童人口雖然佔兒童總人口數的三分之一強。然而，仍有其他三分之二的兒童人口分布在中部、南部、及東部地區，這些地區往往因為城鄉發展的差距，或是在政策決策的過程中無法完全參與，而使兒童權益受到漠視，尤其是東部地區兒童，由於僅佔總兒童人口的2.8%，在兒童權益倡導或資源分配的過程中，更是容易因為缺乏發言的機會而使權利受到剝奪。因此，在規劃建構兒童健康照顧服務的過程中，必須觀照整體兒童的發展需求，並且具區域均衡發展的規劃觀點。

兒童健康權的倡導

社會權意識的發展已逐漸將兒童視為一完整的個體，雖然社會對於兒童權利和地位不斷朝向正面和肯定的提昇，然而，實際上兒童仍然難以擺脫被認定為父母或家庭財產的角色定位，兒童還是需要父母和社會的保護和教養。即便是兒童權利的主張，仍然傾向於利於父母，加之因為他們缺乏足夠的能力與社會地位，因此在社會資源分配的過程中，兒童常會受到忽略或壓抑（馮燕，1995），在自我權利的爭取上，兒童始終仍居於弱勢的地位。本文主旨不在討論兒童福利的政策效益歸屬，但實質上的確企圖為兒童的健康權提出倡辯，並進一步主張政府應積極規劃兒童健康照顧服務之面向重點內容。

根據中國人權協會委託馮燕（1998）所進行的兒童人權指標調查，共分為「基本人權」、「社會權」、「教育權」與「健康權」等四大項目，調查結果顯示，台灣地區的兒童人權仍數不及格狀況（X=2.63），在各分項指標的平均值中，以「社會權」的平均得分最低（X=2.38）。雖然在兒童健康方面平均為相對最高（X=2.89），但仍是介於「差」與「尚可」之間，未達一般概念的

及格水準（X=3）。顯示兒童健康權權益還有待加強才能得到實質保障。在建構兒童健康照護體系的過程中，擬先對現有政策規範為能確實瞭解國內現況及執行面向做一檢視。

本章主要重點將分為四部分，首先針對健康照顧對兒童個體發展及社會整體發展的意義加以闡述；其次，分析台灣兒童人口結構現況及趨勢；第三部分主要針對既有的兒童健康照顧相關政策規範與供給面加以評析，最後將綜合三部分的論述，提出兒童健康照顧實施方案建議。

兒童健康照顧的重要性

兒童健康照顧對兒童身心發展的意義

「發展」是指個人在結構、思想、人格或行為的改變，既是生物性成長，也是環境歷程的函數。發展是漸進的、累積的，例如，大小的增加，以及動作、認知和語言能力的增加。發展的某些層面主要依賴生物性元素，而某些層面主要倚重於環境及文化的元素（楊語芸，張文堯，1997）。有兩個派別提出對影響兒童發展因素的主張（施怡廷，1998）：一是優生學者Galton主張的遺傳決定論，一是行為主義的始祖Watson所主張的環境決定論，強調家庭、社會、學校等環境的影響，並且進一步指出後期發展理論實際上綜融了兩派的觀點，認為發展為遺傳因素與環境互動的結果。因此，當我們指稱「兒童發展」時，實質上即涉及了兒童本身的生物遺傳性因素，以及兒童與環境的互動因素。

在正常的情況下，個體會按其生理及心理的發展里程，逐漸

在結構、型態、統整性和功能性上漸趨於成熟。腦神經細胞學者指出，幼兒在三歲以前，腦細胞數目大約成長至60%，六歲細胞數目可達80%，而至青春期結束後，可達100%（郭靜晃等，1995）。由於兒童時期就幾乎決定了腦神經細胞生長的結果，加以這種發展的歷程往往也可能因為疾病、營養不良或不利的社會互動環境而產生延緩或發生問題，使個人的發展無法到達生物上原先設定可達到的水準，或抑制了個人潛能的發展，使個人出現生活適應問題。由於兒童時期的發展是往後發展的基礎，若能預先或適時地針對兒童發展需求，提昇各種健康發展的醫療照顧或服務介入，那麼就可以提供兒童發展上的支持，使其能夠順利完成發展階段的身心發展任務，順利往後階段之發展，並持續地維持個體的成長與成熟。因此，提供兒童健康照顧對兒童個體發展實有深遠的影響。

兒童健康照顧對兒童社會發展的意義

提供健康照顧服務除了對兒童個體的身心健康發展具重大影響之外，對於社會整體的發展來說，也有其深刻的意義，因為今日的兒童即國家明日的主體，兒童身心發展的優劣，與社會整體的發展實密不可分。

馮燕（1998）指出：一個高度發展的國家，必須能體認到兒童的重要性，不僅僅因為其未來可能的貢獻與生產力，更是基於保護弱勢族群的生存、維護社會公平與正義的立場，而予以保護與提供相關福利服務。因此，一個國家的發展程度，實可由兒童人權伸張與否看出端倪。從積極的層面來看，對兒童提供健康照顧，即是對兒童生存權和健康權的保障和實踐，是在促進社會健全的發展。

另外從消極層面來看，提供兒童健康照顧，可以有效的節省日後醫療成本的支出，避免社會資源浪費和增加社會負擔。雷游秀華（2000）指出國內外專家的經驗，如果三歲就能進行早期療育，其一年之療效等於三歲以後十年之療效，並且提出美國針對3-4歲之兒童每投資1元，追蹤至二十七歲時即可節省7元的經驗成果，提供預防性的健康照顧服務對減輕社會成本的效益可見一般；呂鴻基（1999）也認為，政府與民間如能更加重視兒童的健康，並肯積極改進兒童的醫療保健，則兒童的死亡率，亦即夭折率，可望下降一半，且有更多兒童將免於淪落身心障礙之處境。

兒童健康照顧應提昇為政策性議題

　　由於健康照顧對兒童個人與社會發展均具重要價值，政府基於對兒童健康權的保障，將兒童的健康照顧需求提昇成為政策議題實有其必要性，而且為了避免對於兒童健康權保障的承諾流於宣示性質，政府應該扮演積極介入的角色，主動規劃出兼涵兒童身心發展的健康照顧服務輸送體系，以確實保障兒童生理及心理的良好發展，使能免於疾病或障礙的產生而造成發展上的延緩、停頓，甚至死亡。

　　兒童健康照顧體系的建構主軸必須在考量個體身心發展的前提之下，同時涵蓋二個面向。除了提供彌補性的醫療照顧之外，更應該具有預防性的觀點，規劃優生及兒童保健服務，使介入層次兼具兒童的預防保健，以及後設的疾病醫療服務，如此始能規劃出符合兒童身心發展的健康照顧服務及社會需要。為了建構普及式的健康照顧服務，在服務規劃上，一方面必須對針對發展上有特殊需求的身心障礙兒童與發展遲緩兒童，規劃提供切合其發展所需的醫療復健、照顧及福利服務，另一方面，也必須對一般

兒童提供普及式的健康照顧服務。因此，以下將繼續探討兒童保健政策執行概況及其所形成之要求。

兒童預防保健政策規範與執行面供需課題

兒童高死亡率與先天性病變

　　行政院衛生署（1999）人口統計資料也指出：台灣地區登記出生人數共271,450人，出生率為12.43%，在新生兒（出生後四週內）及嬰兒（四週至未滿一歲）的死亡狀況方面，嬰兒的死亡率為6.57%，新生兒的死亡率為3.38%，佔嬰兒死亡的51.46%。其中新生兒及嬰兒的死亡，多半肇因於周產期的病態和先天性的畸型，使新生兒及嬰兒在初生後併發多種病症致死。周產期的病態包括：母體懷孕併發症影響胎兒或新生兒、胎兒生長遲緩及營養不良、與不足月有關之疾患、感染、傳染…等（行政院衛生署，1999）。

　　據此進一步分析新生兒、嬰兒、1～4歲、5～14歲人口主要死亡原因（表6-2）可看出：0-12歲兒童的前三大死因，排除人為的事故傷害致死之外，先天性的畸型及惡性腫瘤對兒童生命的危害性實不容忽視，而周產期病態與先天性畸形則是新生兒及嬰兒面臨的主要危機。呂鴻基（1999）分析三十五年來台灣兒童的死亡率發現，1985年後死亡率即呈現有限度的下降趨勢，相較日本、新加坡、瑞典、法國、德國、荷蘭、澳洲等先進國家，台灣均維持約高二倍的死亡率。這種兒童的高死亡率顯示兒童健康照顧議題仍有待關注，而產前與先天的病變也意指著「優生保健」的觀念和工作仍急待推展與落實。

表6-2 台灣地區零歲至未滿十四歲人口主要死亡原因前三位

死因順位	新生兒（死亡百分比）	嬰兒（死亡百分比）	1～4歲（死亡百分比）	5～14歲（死亡百分比）
1	源於周產期之病態（69.72%）	源於周產期之病態（45.80%）	事故傷害（35.54%）	事故傷害（50.68%）
2	先天性畸形（25.93%）	先天性畸形（28.25%）	先天性畸形（21.53%）	惡性腫瘤（13.65%）
3	事故傷害（0.33%）	事故傷害（7.23%）	惡性腫瘤（7.79%）	先天性畸形（6.89%）

資料整理自：行政院衛生署八十七年衛生統計（二）

　　針對兒童健康權益的保障，目前既有政策規範包括：兒童福利法及其施行細則、優生保健法及其施行細則、全民健保法、全民健保預防保健實施辦法、身心障礙者保護法、特殊教育法等法令規範之中（詳見附錄），其中，有幾項法令特別針對「優生保健」之議題加以規範，茲分述如後。

優生保健的法令規範

　　「兒童福利法」第十三條明定「縣（市）政府應辦理婦幼衛生、優生保健及預防注射之推行」；第廿一條指明「兒童及孕婦應優先獲得照顧，規範交通、衛生、醫療等公民營事業應訂定及實施兒童及孕婦優先照顧辦法」。彰顯了兒童福利法對於兒童權益保障面向，開始關注到「優生保健」的層次；第卅二條也進一步規範「婦女在懷孕期間應禁吸菸、酗酒、嚼檳榔、吸食或施打迷幻藥品、麻醉藥品或其他有害胎兒發展之行為，其他人亦不得鼓勵、引誘、強迫或使懷孕婦女為有害胎兒發育之行為」。

由於優生保健的推展必須以衛生及醫療資源為基礎，在衛生醫療法規中有「衛生保健法」及其施行細則與「全民健康保險預防保健實施辦法」特別針對「優生保健」的實施加以規範。「優生保健法」第七條明訂「主管機關應實施生育調節服務及指導；孕前、產前、產期、產後衛生保健服務及指導；嬰、幼兒健康服務」，規範了優生保健的服務內容，包括：優生保健諮詢、產前遺傳診斷或婚前健康檢查、新生兒先天代謝異常疾病檢驗與治療、生育調節服務、婦女孕育前、產前、產後健康檢查與指導、人工流產與結紮手術之服務、嬰幼兒健康檢查與指導等項目；「全民健保預防保健實施辦法」也明訂了孕婦產前檢查給付時程與服務項目。

由此看來，政府的作為的確肯定了優生保健之重要性，而且兒童福利法除了宣示要保障兒童健康發展的權益之外，亦顧及母親不良習慣對胎兒之影響。然而，這項規定並無法以罰則的方式加以強制實施，只能以法令的宣示警示婦女，為胎兒劃設一個較安全的發展環境，宣示性重於實質性。另外一方面，雖然「衛生保健法」及其施行細則與「全民健康保險預防保健實施辦法」也針對「優生保健」的實施有所規範，但是，仍然缺乏具體執行的規定，法規內容只範定應為的優生保健實施項目，未並依衛生醫療體系的層級連結與服務輸送過程賦予各級醫院規劃、推動或宣導責任。整體說來，「優生保健」的相關法令規範仍然缺乏執行力。

優生保健執行現況

從表6-2「台灣地區零歲至未滿十四歲人口主要死亡原因前三位」中可看出在兒童死因當中，以傳遺基因的病變、妊娠期的感

染及併發症等為其主要因素，這種現象突顯了一項引人注意的議題：這些先天的病變或感染是否已經是目前醫藥科技所能掌握控制的最佳狀況？婚前健康檢查、產前門診檢查、與產前遺傳檢查成效如何？如果醫學科技其實可以對這些產前或遺傳的病變有更好的控制力，那麼，相對的是不是意味著目前優生保健工作並未落實，而無法收其效益？抑或是優生保健的預防觀點需要更積極地加以宣導，使社會整體產生自胚始即開始的預防保健概念？

　　實際上，「兒童福利法」第十三條第一款「縣（市）政府應辦理婦幼衛生、優生保健及預防注射之推行」、「優生保健法」對婚前與產前的檢查、衛生保健服務等規範，都對「優生保健」有詳細的規範，法令的確宣稱了對優生保健的投入。然而，在實際執行層面，只有優生保健法附則第十六條「接受優生保健措施者，政府得減免或補助其費用」的規範中，也可以清楚的看出，政府對於法令所詳列規範的各項優生保健措施，也只能以減免或補助醫療費用的方式鼓勵接受，並非指定或常態性的醫療項目。以婚前健康檢查來說，男女婚前必須以自費或部分減免補助的方式進行婚前健康檢查，即健檢的費用被排除於健保給付範圍之外，由此看來，醫療體系在優生保健上的供給角色，顯然較為被動。相對的，在這種情況下，孕、產婦必須具優生保健的觀念，主動尋求資源，否則就會錯過對胎兒及新生兒的保健照顧。然而，依據衛生署保健處八十四年的執行成果，台灣地區提供婚前健康檢查的醫療院所雖然較前一年度增加16家，但仍僅有153家；而提供產前遺傳診斷之檢驗單位也只有13家，顯示相關的醫療資源不足；資料同時也指出民國八十三年僅8%結婚男女接受婚前健康檢查，35%三十四歲及以上孕婦接受羊膜穿刺術，足見婚前及懷孕期健檢的優生觀念仍然有待宣導（參見表6-3）。

　　另外，再以「新生兒先天代謝異常疾患篩檢」為例，推行新

表6-3 八十七年台灣地區公立醫院婦幼衛生工作

項目				人數
婚前健檢人數				9,590
產前保健	門診檢查	接受產前檢查總人數		295,475
		初檢人數		35,996
		34歲以上孕婦初檢人數		6,431
	採血			60,777
	產前遺傳診斷（羊膜穿刺、超音波檢查）			216,289
嬰幼兒保健	門診檢查	初診人數	健兒門診 新生兒	12,064
			嬰兒	23,364
			幼兒	16,375
	預防接種人次			158,363
	新生兒先天代謝異常疾病篩檢人數			138,570

資料來源：行政院衛生署八十七年衛生統計（一）

生兒篩檢的主要目的在早期發現異常情形，及早就醫，以減少兒童的缺損及死亡。衛生署自民國七十三年起，逐步推廣新生兒先天代謝異常疾患篩檢，不過，目前僅就五種疾病：先天性甲狀腺低能症、苯酮尿症、高胱銨酸尿症、半乳糖血症、葡萄糖六磷酸鹽去氫黴缺乏症（蠶豆症）進行篩檢（蘇淑貞，2000），篩檢種類有限，而且篩檢作業費時，延誤醫療先機。

據前所述，可以明顯地看出目前「優生保健」服務難以落實，一方面是由於社會意識缺乏優生保健的預防觀念，缺乏主動尋求資源的動機；另一方面整體醫療供給面也呈現不足的狀態。整體而言，（1）目前優生保健服務網尚未健全，婚前健康檢查、產前遺傳診斷、及特殊人口群（例如，智障學童、教養院殘障學童、血友病及地中海型貧血個案等）臨床遺傳服務等工作之

作業系統有待建立；（2）優生保健人力資源不足，臨床遺傳醫師、遺傳諮詢員、細胞生化及分子遺傳學檢驗技術人員均不足；（3）社會優生保健意識尚未普及；此外，（4）我國人口之遺傳疾病類別及其發生率調查，與特殊遺傳疾病之診斷方法之研究均待積極發展（衛生署保健處，2000），尚未將「優生保健」加以落實或推動，優生保健工作仍然需要積極的宣導與推展。

兒童健康照顧政策規範與執行面供需課題

兒童健康照顧需求

在學齡兒童的健康議題方面，呂鴻基（1999）針對學童常見疾病和健康問題的分析也指出：台灣學童蛀牙的盛行率從三十年前的30-68%，升為目前的35-92%；過去近視為3-4%，現在升為12-84%；肥胖現象則由過去的0%升至現在的17%；而兒童心臟病、腎臟病等慢性病的診斷，也經常被延誤；兒童氣喘與過敏之情況也日趨嚴重，這在在顯示現行的兒童健康照顧與醫療保健體系的運作顯然有其瓶頸，尚未有效回應兒童健康保健的需求。

兒童心理發展健康的責任歸屬，一向被歸於家庭功能的範疇，也多半由私領域提供兒童心理需求的滿足，這種兒童照顧責任的歸屬加上心理需求難以測度的本質，使得兒童心理發展需求很難成為政策的討論議題，而學術或實務界的討論也始終停留在父母角色功能的扮演與發揮上，雖然公部門的確存有邊緣性的心理發展協助單位（例如，心理衛生中心、學校輔導室等），卻也多半流於形式性的服務或低使用率，缺乏實質的效益。梁培勇

（1999）即描述了小學輔導工作面臨輔導工作在學校體制中的邊際角色和在專業訓練上的不足，使得包括「衡鑑」、「轉介」等學生輔導工作內涵的難以達成。

　　兒童既然無法爲自我需求進行表述，而既存的服務資源又處於邊際的地位，那麼兒童心理需求容易受到忽視是可以想見的，兒童心理未浮現的需求是否眞的表示不需要。蘇建璋（1999）針對南部地區國小四至六年級學生進行心理需求困擾相關研究，以生理、安全、愛與歸屬、尊重、與自我實現需求爲分析指標，結果發現學童的心理需求以「安全需求」與「尊重需求」呈現較高的困擾，而男生的困擾程度也顯著高於女生；低學業成績兒童心理需求困擾較高，低社經地位兒童則在自我實現上有較大的困擾。如此看來，兒童並非沒有心理發展上的需求困擾，只是需要以更主動的態度發現其需求，並提供滿足需求或減低困擾的資源，尤其是低學業成就和低社經地位兒童更應該顧及其心理健康，不則日後將有可能成爲社會偏差行爲的根源。

　　在兒童特殊心理病兆方面，陳淑惠（1999）將特發於兒童及青少年時期的心理疾病分爲六類：（1）與壓力反應有關的心理疾病，例如，適應障礙症、重大創傷後壓力症；（2）與焦慮有關的精神與心理疾病，例如，分離焦慮症、社交恐懼症、轉化症；（3）與情緒或情感障礙有關的精神與心理疾病，例如，憂鬱症；（4）與飲食習慣有關的精神與心理疾病，例如，心因性厭食症；（5）與思考、現實感障礙有關的精神疾病，例如，精神分裂症；（6）與社會規範、行爲控制有關的心理疾病，例如，注意力偏差／過動症、行爲違常症等。由於這些心理疾病的肇發原因受到生物層面的遺傳因素、個人的成長經驗、以及社會文化環境等因素交互影響。因此，有必要在兒童健康照顧服務的建構過程中，針對兒童提供適當的心理發展環境，並且對心理健

康的照顧積極規劃服務，以預防或提早發現兒童心理疾病的產
生。

兒童健康保健相關法令

兒童福利法

「兒童福利法」總則第一條即開宗明義地宣示「為維護兒童
身心健康，促進兒童正常發育，保障兒童福利，特制定本法」，
清楚地指出兒童福利法企圖包涵的二個層面：兒童身心發展的維
護與兒童權利的保障，並且以法令規範行使或禁止的方式，為兒
童劃設出一個受到保護、安全的發展環境。兒童福利法第三條指
出父母、養父母或監護人對兒童的保育責任，第七條與第八條規
範中央主管機關與省（市）主管機關掌理兒童心理衛生之計畫與
推動，也進一步彰顯政府的積極介入角色。綜觀兒童福利法及其
施行細則，法令對於兒童身心健康權益的保障，除了宣示性的意
義之外，也具有開展健康照顧服務的意涵，因此，將規劃與推展
的責任歸屬於各主管機關，中央與地方亦分層規劃。由此看來，
主管機關規劃的積極性，以及行政流程與服務輸送的銜接性，即
是兒童健康保健服務效益的關鍵。

全民健康保險預防保健實施辦法

由於兒童身心健康的保健實則與衛生醫療體系有不可切割的
關聯，衛生醫療法規中，關於兒童健康保健的規範在「全民健康
保險預防保健實施辦法」有較明確的規範。在兒童預防保健的實
施方面，自民國八十四年四月一日起，全民健康保險提供未滿四
歲兒童六次的兒童預防保健服務，「全民健康保險預防保健實施
辦法」第二條第一款規定兒童預防保健服務的實施對象以及提供

保險給付時程為「未滿一歲給付四次，每次間隔二至三個月；一歲以上至未滿三歲給付乙次；三歲以上至未滿四歲給付乙次」，第三條明定兒童預防保健的服務項目包括：身體檢查——個人及家族病史查詢、身高、體重、聽力、視力、口腔檢查、生長發育評估等，以及健康諮詢——預防接種史查詢、營養、事故傷害預防及口腔保健等。

這裡出現了二個引人注意的問題，第一、保險給付只提供給零歲至未滿四歲的幼兒，隱含了政府對四歲前兒童的預防保健工作展現積極的角色，將幼兒的保健工作視為政府及社會共同承擔的責任，而視四歲至十二歲兒童之預防保健為家庭的責任，這個階段的服務提供斷層，應該有什麼樣的服務規劃或給予替代性服務，才不致壓抑了兒童健康權的伸張？第二、法令規範的服務項目只包含生理層次的檢查或評估，缺乏對特殊疾病的檢查服務，也未包括對心理、智能、社會互動面向的評估。

本實施辦法中對實施對象的年齡限制，似乎意指了政府所辦理的全民健康保險醫療體系對兒童健康照顧的承諾，只限於四歲以前，而且並未對特殊疾病的檢查或心智評估提供給付，使得部分兒童的潛在疾病或心智發展障礙無法被發掘，失去「預防性」的效益，而且也使得兒童福利法對兒童整體身心發展提供照顧的承諾，因為全民健保預防保健實施辦法的規範，只能實踐在部分兒童身上，這二個議題是建構整體兒童健康照顧時應該加以考量的。

學校衛生法規

教育體系則針對國民小學學生的健康保健訂定多項學校衛生法規，包括：「學校衛生保健實施辦法」、「國民小學學生健康檢查實施辦法」、「學校輔導學生體重控制實施方案」、「中小學

外訂餐盒食品衛生管理要點」等衛生法規。「學校衛生保健實施辦法」第一條即明訂「教育部為加強推行學校衛生保健，培養學生健全體格，增進民族健康，特訂定本辦法」，表明教育體系對維護學生健康的意向；並指明各層級負責辦理之責任。從法規內亦可看出學生健康照顧必須涉及衛生署、內政部等相關單位推行，指涉了學校體系對學童健康保健，必須具備與外部其他體系的連結能力。

「國民小學學生健康檢查實施辦法」則明訂國民小學實施健康檢查的方式及項目，包括：（1）身高、體重：檢查學生生長情形及體重過輕或肥胖傾向；（2）視力及眼睛疾病：檢查視力、斜視、屈光、辨色力及其他異常等；（3）聽力及耳鼻喉檢查：檢查聽力、唇顎裂及其他異常等；（4）口腔檢查：檢查齲齒、缺牙、咬合不正、口腔衛生情況及其他異常等；（5）脊柱、胸廓、四肢檢查：檢查脊柱彎曲、四肢運動障礙、肢體畸型等；（6）皮膚檢查：檢查頭癬、頭蝨、疥瘡、人類乳突狀病毒感染（疣）、傳染性軟疣等；（7）心臟、呼吸系統及腹部檢查：檢查心臟疾病、氣喘等；（8）寄生蟲：檢查蛔蟲卵、蟯蟲卵等；（9）尿液：檢查尿蛋白、尿糖、尿血等；（10）其他疾病及異常：檢查疝氣、隱睪及地方性疾病等。

綜上所述，對於兒童健康保健的法令保障實則涉及了社會、衛生醫療、教育等體系的規劃與實施，兒童福利法基於對兒童權益的保障，對兒童的健康權有明確的宣示，然而，仍需要各體系法令的銜接與搭配，以及主責單位的執行能否落實而定。

兒童健康保健執行現況

內政部統計處民國八十五年台灣地區兒童生活狀況調查報告

指出：家長期待政府或民間團體再予加強提供的兒童福利措施之中，浮現出對「兒童健康保險」（重要度15.32居第四位）、「增設兒童專科醫療院所」（重要度11.74居第八位）、「增加兒童心理衛生服務」（重要度11.11居第九位）、「重病兒童醫療補助」（重要度6.65居第十二位）等需求，這個調查結果顯示了某些意涵，反映出現階段兒童健康照顧體系的零碎、分散及不足，並且也呈現了對兒童生活的調查研究主軸，仍將兒童的健康需求面向定位在對於疾病發生後的醫療需求，仍然缺乏將兒童健康需求提昇至預防保健的觀點。

茲將現有的健康保健服務策略分述如下：

嬰幼兒保健－新生兒母乳哺育宣導

母乳是嬰兒最佳食品，因為母乳中含有乳糖和脂肪酸，有助嬰兒腦部發育；營養狀況良好的母親，可供給嬰兒較多的鐵質及維生素；母乳中含適量的磷質，可促進鈣質的吸收，幫助嬰兒成長。而母乳哺育更可增加嬰兒對疾病的抵抗力，例如，初乳含豐富營養和抗體，可增強嬰兒對疾病的抵抗力及幫助胎便的排出，初乳中所含可抑制細菌或病毒侵入腸粘膜的抗體。母乳中所含免疫物質可維持，到產後4-6個月，能幫助嬰兒抵抗疾病。哺育母乳更可增加嬰兒依附關係的發展，促進嬰兒心理健全發展（衛生署保健處，2000）。

基於上述哺育新生兒母乳的優點，因此，在推展新生兒照顧者親職教育與衛生保健教育方面，母乳哺育為其宣導重點之一，主要在強調嬰兒期授母乳對兒童免疫能力及發展嬰兒適切的依附關係之重要性。然而，根據資料顯示，八十四年台灣地區未滿十二歲兒童在嬰兒期曾授母乳者佔40.68%，與八十年38.88%相較略增1.80%（參見表6-4），整體上來看，完全沒有授母乳者比例雖然約略降低，然而就兒童母親工作狀況因素而言，卻發現平均授

表6-4 台灣地區未滿十二歲兒童嬰兒期授母乳時間－按母親狀況分　　　　　　單位：人（％）

項目別	總計	未滿1個月	1個月至未滿2個月	2個月至未滿3個月	3個月至未滿4個月	4個月至未滿5個月	5個月至未滿6個月	6個月以上	完全沒有
民國80年	4,216,456	472,827 (11.21)	331,808 (7.87)	121,536 (2.88)	91,680 (2.17)	101,625 (2.41)	94,697 (2.25)	425,194 (10.08)	2,577,089 (61.12)
民國84年	3,885,267	566,720 (14.59)	403,227 (10.38)	112,290 (2.89)	65,807 (1.69)	47,864 (1.23)	54,409 (1.40)	330,223 (8.05)	2,304,727 (59.32)
有工作者	1,826,888	276,562 (15.14)	212,465 (11.63)	53,396 (2.92)	24,194 (1.32)	18,434 (1.01)	20,084 (1.10)	142,505 (7.80)	1,079,248 (59.08)
無工作者	2,003,116	286,456 (14.30)	187,046 (9.34)	55,568 (2.77)	39,408 (1.97)	29,430 (1.47)	30,421 (1.52)	186,896 (9.33)	1,187,891 (59.30)

資料整理自：內政部統計處（1997）。

乳期間較四年前短，此種現象或許與婦女投入職場人數增加有關，這種趨勢使得職場中「育嬰假」、「兒童照顧」，以及「育嬰室」的需求議題再次浮現出來，不過實際上母乳哺育還應涉及觀念宣導、醫療人員在母親懷孕期的教育、以及親授母乳前幾個月的問題解決等等。顯示醫療與社會體系之間應盡各自職責才能全面提昇母乳哺育之行為。

幼兒健康保健的實施

就幼兒預防保健服務使用現況而言，陳延芳等（1998）對台灣地區0-1歲嬰兒父母進行抽樣調查結果發現：兒童預防保健的使用率在加權後為32.1％，且在出生後二個月內使用者佔58％，顯示服務使用率偏低，民眾對兒童預防保健的認知仍有待提昇。而四歲至十二歲兒童預防保健服務，則因為「全民健康保險預防保健實施辦法」對實施對象年齡的規定，而被排除在服務範圍之外，本法對於零至四歲幼兒的預防保健服務項目，亦只範定於生理層次的一般性檢查，缺乏精密的檢查項目及心理層面的評估。

從兒童醫療資源的供給面來看，目前台灣的醫療資源，以現有的台大、榮總、長庚、三軍、馬偕、成大、及高醫等醫學中心醫療內涵，均以成人醫療為導向，缺乏兒童醫學中心，使得兒童醫療與研究的人力及設施有限。長庚醫院於1993年及1995年成立林口及高雄兒童醫院，有助於我國兒童次專科之發展（呂鴻基，1999），不過，呂鴻基（1999）也指出目前台灣小兒科專業人力約為每萬人口有1.29位兒科醫師，約同於瑞典的每萬人口1.2人，稍低於美國之每萬人口1.4人，可見人力是足夠的，不過仍欠缺兒童醫學中心之專業人力與設施。行政院1994年已核定國立兒童醫院興建計畫，並定名為國立台灣大學醫學院附設兒童醫院（呂鴻基，1999）。雖然國家級兒童醫學中心即將成立，然而，目前國家預算有問題存在，因此，經費編列仍然有困難，除此之外，朝向區域性均衡發展努力之提議恐怕還需假以時日才可能實現。

整體而言，從全民健保兒童預防保健服務與現有的兒童醫療資源來看，顯示出：（1）四歲至十二歲兒童的預防保健被排除於全民健保給付範圍之外，兒童的預防保健服務形成斷層；（2）現有預防保健服務項目仍著重於一般性的檢查項目，缺乏對兒童特殊疾病與心理、智能、社會層面的評估；（3）目前供給面的不足，有必要籌設兒童醫學中心或普設兒童醫院，以照顧重症病童，並進行各種兒童流行病學等基礎研究；（4）在醫療保健人力資源上，目前許多專業人力仍囿於證照及醫療法等限制（例如，語言治療師、心理師等），在現行證照制度或醫事法規中，仍未賦予其合法的資格，以行使其專業知能來滿足兒童健康照顧之需求，有待進一步解決此類法令限制或規範等問題。

國民小學學生健康保健的實施

教育部針對國民小學學校衛生訂定「學校衛生保健實施辦

法」、「國民小學學生健康檢查實施辦法」、「學校輔導學生體重控制實施方案」、「中小學外訂餐盒食品衛生管理要點」等衛生法規。「學校衛生保健實施辦法」中明訂「教部負責辦理全國學校衛生保健之策劃、督導與考核。其涉及衛生署、內政部等主管之事項者，由教育部會同衛生署、內政部等有關單位辦理」、「省（市）政府、縣（市）政府及學校應依教育部訂定之教職員工員額設置標準規定，置學校醫護人員，負責全校醫療保健工作」、「學校醫務室、保健室或健康中心，應按教育部訂頒之設備標準，充實設備，定期舉行健康檢查、視力保健、肝炎防治及其他缺點矯治，預防接種、簡易急救、健康輔導等工作，以維護學生健康」，在實施辦法中明列了推行學校衛生保健各項實施項目，以達促進學生健康的宗旨，不過，第五條「學校衛生保健之計畫及推行事宜，由各校訓導（教導）處負責辦理，亦顯示了實際的執行是否具成效則端視各校的積極性或主動性。

「國民小學學生健康檢查實施辦法」雖明訂國民小學應每學期實施一至六年級學生身高、體重、視力檢查各一次，並於每學年實施一、四年級學生健康檢查，也規範了學生健康檢查項目，然而，郭鐘隆（1994）針對台灣地區國民小學學生健康檢查進行調查研究，研究結果發現學生健康檢查仍以一般常規檢查（身高、體重、視力、胸圍等）及沿襲以往行政要求的檢查重點為主（寄生蟲、尿液篩檢、砂眼等），缺乏較精密的檢查，也未將健康檢查結果加以記錄、管理，以對學童加以追蹤、輔導、矯治、衛生教育、或轉介治療，失去實施健康檢查的意義；另外，學生健康檢查也缺乏相關醫護人員支援，檢查經費、設備、人力不足，學生健康檢查難有成效。

呂鴻基（1999）也指出學齡兒童健康保健實施面的服務連結問題，由於目前的運作分為學齡前及學齡兩個階段推動，學齡前

由衛生體系負責，學齡階段則歸教育單位主責，由衛生單位協助推動，然而，二個體系間缺乏協調整合，以致銜接性和成效皆不彰，尤其是針對學齡兒童的學校衛生保健，學齡階段的環境健康、營養與保健服務、心理輔導等需求面向，更因為涉及了教育、醫療、社會福利等不同的專業體系，而各系統間缺乏互動及對話，使得兒童健康照顧服務零星而分散，是目前極待整合的一個服務輸送面向，尤其在九二一震災之後，急更需要精神醫療系統、教育諮商輔導體系、社會福利體系的結合介入，強化學校或社區的心理輔導支持功能，以提供兒童心理層次的照顧服務。

在健康學習環境的提供上，為兒童設置適當的閱讀學習場所，對兒童的身心發展也很重要，例如，適當高度的課桌椅，以及適當的教室燈光，不過，在兒童局（2000）所舉辦的「健康與醫療」座談會會議記議中也指出，雖然衛生單位對學校環境的確有一整體評估的指標，然而，在各校考量經費支出的情況下，即使有符合規定的設備，實際上也不一定會使用。針對這種情況，應該強化民間團體的監督去落實政策規範的執行，才可能有其成效。

從這些實施結果來看，國民小學學童健康保健的實施，有幾項特點：（1）學童健康保健雖然是由學校體系規劃提供，然而，實則涉及了衛生及內政體系的法令配合；（2）目前學生健康檢查缺乏較精密的檢查項目，對檢查結果也未善加管理、追蹤；（3）學校對於健康環境的提供標準不一，或徒有設備而不用；除此之外，各校規劃的積極性，也是否能收其效的關鍵。

兒童心理衛生的實施

兒童心理健康的維護主要透過對兒童良好生活習慣的培養，促進其對事物價值觀的良好發展，因此，兒童心理健康照顧焦點

主要在於兒童的社會態度、人際相處能力與情意的反應。除此之外，針對學齡階段兒童的心理健康照顧，由於學校為其成長的重要環境，因此，也必須重視兒童與學習環境、教師、以及同儕的互動關係。

梁培勇（1999）分析國民小學輔導工作提出小學輔導工作的確有其在學校體制中的邊際角色以及在專業訓練上的不足的困境，因而使得學生輔導工作難收成效。在兒童局（2000）舉辦的「健康與醫療」座談會中，學者廖鳳池則對目前學校體系中的特殊教育執行現況提出其看法，認為現階段學校內的特殊教育，大多針對一些智能障礙或資賦優異的兒童為主，對所謂的情緒障礙兒童的協助仍然很少，一方面是由於師院體系內的教師培育，包括幼教老師及初教老師，其所受的輔導訓練主要是成人的輔導，仍少針對兒童遊戲治療加以重視，以致於在面對學校內的特殊教育問題，仍多所掣肘。

廖鳳池據此進一步指出社區性心理諮商中心有其可行之處，結合特教、臨床心理師、精神分析師等進行評估及服務，成為家庭及學校的支持性資源，接受家長主動諮詢及學校轉介的兒童，對於兒童心理發展有其重大的意義及助益。

簡而言之，目前兒童心理照顧的提供途徑中，（1）學校體制的輔導功能只存於邊際地位，國民小學輔導師資的培育過程中缺乏對兒童遊戲治療的關注，而替之以成人取向的輔導介入，使得輔導成效不彰；（2）社區性的心理衛生中心或諮詢中心，則由於設置時間較短，且型態新穎，尚在宣導階段，必須結合特教、心理及精神等專業，提供支持性服務。兒童心理健康照顧的落實仍需要積極的規劃與推動。

特殊發展需求兒童健康照顧的供需課題

潛藏的特殊發展需求兒童仍待發掘

除了一般性的兒童健康照顧議題之外,特殊發展需求兒童的健康照顧也呈現多面向的需求。根據內政部截至八十七年底的身心障礙人口統計資料指出, 0-14歲年齡組之身心障礙人口數為33,426人,在身心障礙人口總數524,978人中,約佔6.37%,尚不包括潛在未發掘的身心障礙人口。如果以聯合國衛生組織統計所指,發展遲緩兒童的發生率約為6~8%,即為以現今台灣兒童總數約三百八十五萬人來計算,發展遲緩兒童可能就有二十三萬人至三十萬人之多(參見表6-5)。根據民國八十五年進行的特殊兒童調查結果顯示,經篩檢後發現約有七萬名特殊兒童,其中智能不足與學習障礙兒童即佔其總數的三分之二(劉邦富,1999)。

圖6-1三項統計資料皆呈現出在發展上具特殊健康照顧需求的兒童人數眾多,並且根據其不同的發展特質而具多樣的健康照顧需求,然而除了已浮現特殊需求的兒童之外,其實大多數發展遲緩兒童仍未被發掘,對於兒童個人身心健康及社會整體發展有極大影響,如何發掘這群潛在的人口群,以適切提供健康照顧服務,是目前極待克服的困境。

特殊發展需求兒童健康照顧相關法令

身心障礙兒童與發展遲緩兒童的法令區隔

在發展上有特殊需求的兒童可分為二類,一為身心障礙兒童,另一為發展遲緩兒童。身心障礙兒童依身心障礙鑑定標準評

表6-5　零至十四歲身心障礙人口統計表（截至八十七年底）

年齡別	殘障等級	男	女	總計
0-4歲（未滿5歲）	極重度	456	327	783
	重度	1215	918	2133
	中度	921	701	162
	輕度	609	431	1040
	計	3201	2377	5578
5-9歲（未滿10歲）	極重度	921	648	1569
	重度	2478	1769	4247
	中度	2377	1516	3893
	輕度	1653	1065	2718
	計	7429	4998	12427
10-14歲（未滿14歲）	極重度	1482	999	2481
	重度	2563	1802	4365
	中度	2858	1917	4775
	輕度	2307	1493	3800
	計	9210	6211	15421
0-14歲總計		19840	13586	33426
各年齡別總計		319988	204990	524978

資料來源：內政部

圖6-1　零至十四歲身心障礙人數統計圖

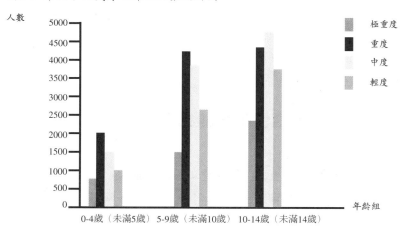

估鑑定之後,在健康照顧上歸由身心障礙者保護法來規範保障其健康照顧權益,進行各種健康檢查、醫療復健、以福利補助,這種身心障礙鑑定和分類系統,由各障別及等級架構而成,大多以生物體損傷的程度來分類並區分等級,這使得有些特殊病理損傷、障礙或功能受到阻礙者無法得到該法的保障,而徘徊在政府的社會安全保障範圍之外。

在這套分類系統之下,發展遲緩兒童也就因為發展狀況的不明,而排除在身心障礙者保護法的福利保障之外,但是其特殊的發展需求又非兒童福利法對一般兒童的保障即可滿足,對於此類特殊發展需求兒童的健康照顧規範,也只能模糊而零星地散見於兒童福利法、身心障礙者保護法、特殊教育法之中。

法令對特殊發展需求兒童健康照顧的規範

「兒童福利法」雖然已明文訂定兒童健康維護相關規範,然而,本法對於兒童健康照顧層面的權益,仍多半只具有宣示性的意義而缺乏實際的執行力,如第廿二條、廿三條規定縣市政府應自行創辦或獎勵民間辦理兒童醫院、發展遲緩兒童早期療育中心、兒童心理衛生中心等,但執行面人力物力資源的明顯不足或缺乏,以發展遲緩兒童的早期療育為例,邱怡玟、黃秀梨(1998)對台北市發展遲緩兒童早期療育醫療資源進行調查指出台北市目前尚無嚴謹而完整的通報及轉介服務系統,85.3%的醫療院所願意在發現發展遲緩兒童時進行通報,41.2%的醫院提供身心障礙的鑑定工作,只有11.8%的醫療院所提供整體性專業診斷與評估,而近九成的醫院無專門負責發展遲緩兒童治療及復健的部門及人員(邱怡玟、黃秀梨,1998),以醫療資源最為集中的台北市為分析基礎,仍呈顯了現階段資源供給面的困境,更遑論其他地區的實施窘境。王國羽(1996)也針對政策規範內涵提出評析,指出兒童福利法施行細則第十一條雖然對於發展遲緩兒童的

定義加以界定，不過，法令中並未清楚的指出主責的專業鑑定人員以及鑑定工具；而第十二第規定早期療育服務的團隊提供原則，但也未進一步說明負責主導服務提供與輸送的單位（王國羽，1996）。這種供給面嚴重缺乏的情況，使得政策的規範停留在宣示性的階段，也使兒童健康照顧服務始終無法落實。

　　其他幾個法令規範內容，例如，兒童福利法、身心障礙者保護法、及特殊教育法對早期療育服務的提供也有明確的規範，「兒童福利法」第四十二條「政府對發展遲緩及身心不健全之特殊兒童，應按其需要給予早期療育、醫療就業方面之特殊照顧」，明定了政府的責任及針對發展遲緩及身心不健全兒童必須提供適當服務；施行細則第十二條指明早期療育的服務內涵，並且以專業團隊的合作原則提供服務。「身心障礙者保護法」也明定中央衛生主管機關應建立六歲以下疑似身心障礙兒童通報系統；「身心障礙者保護法」第十七條規定中央衛生主管機關應整合全國醫療資源，辦理幼兒健康檢查，提供身心障礙者適當之醫療復健及早期醫療等相關服務，「特殊教育法」則規範了特殊發展需求學生的教育協助及安置。從這些法規內容的確可以看出政策對於兒童身心健康的關注，並且在其中彰顯了政府責任，以及各專業必須整合提供服務的執行方向。

　　綜上所述，由此看來，不難發現兒童的健康照顧的推行困境，並不是單指法令規範的缺乏，事實上，法令規範並非不存在，而是實際上涉及了衛生醫療、教育、社政、戶政等多專業的介入，只是專業之間缺乏對話和連結，使得服務的提供零碎或重疊，呈現片段且缺乏整體規劃的狀況，我們必須在執行面更進一步地檢視現行體制的執行現況及困境，以瞭解政策與執行面的落差。

特殊發展需求兒童之健康照顧服務實施現況

1.缺乏評估指標、工具與人力

兒童福利法第十三條二款中明定「對發展遲緩之特殊兒童建立早期通報系統並提供早期療育服務」，同時，在施行細則中，對於發展遲緩兒童的定義、主管機關、及相關專業人員的認定都有詳細的規範，雖有清晰的界定概念，但卻未指明執行鑑定的人員，也缺乏評估的鑑定工具，甚至缺乏比較的一般兒童發展常模。蘇淑貞（2000）指出目前評估與醫療方面的困境包括：醫療單位的評估流程與服務品質不一；續療育資源缺乏及不均，包括有：專業人才缺乏──不只醫師參與意願不高，職能、語言治療、聽力檢查師、視力檢查師等均無專業科系可培訓專業人力。現行醫療法規限制。鑑定時間過長，健保給付過低，醫療機構缺乏服務誘因。個案重複利用醫療資源。這些執行層面的困境，使得早期療育的整體服務在「評估」及「轉介」階段面臨了根本性的問題。

2.法令規範缺乏執行力

目前，台灣的早期療育服務流程大致可劃分爲四個階段：通報、轉介、評估鑑定、安置，北、中、南、東四區的規劃亦呈現極大的差異，在兒福法施行細則第十二、十三條中雖然明定「社會福利、衛生、教育等專業人員應以團隊合作方式提供必要之服務」、「從事與兒童業務有關之醫師、護士、社會工作員、臨床心理工作者、教育人員、保育人員、警察、司法人員及其他執行兒童福利業務人員，發現有疑似發展遲緩之特殊兒童，應通報當地主管機關；而主管機關接獲通報之後，結合機關單位共同辦

理」，然而，據中華民國智障者家長總會八十七年度提供發展遲緩兒童個案管理服務的執行經驗發現，經過通報中心派案的個案鮮少來自醫院的通報，呈現了早療通報系統與發現發展遲緩兒童的醫院合作關係仍然不足，往往因此錯失了早期發現的關鍵時期（中華民國智障者家長總會，1997），王國羽（1996）也認為兒童福利法施行細則雖然對於專業人員的通報義務有所規範，但是仍賴執行面的專業工作者對早期通報的概念，以及通報後資料的保管、建檔與使用。

整體而言，在政策規範中展現了政府積極介入保障兒童權益的態度，也隱含了由地方政府主責統籌通報轉介角色的意義，在通報義務的規範上，也有明確的人員界定。除此之外，在早期療育的實施規劃方面也考量了特殊需求兒童的複雜性，而規範了社會福利、衛生、教育三個領域跨專業整合提供服務。然而，由於法令中並沒有進一步說明主責服務輸送的單位，專業人員對於早期療育的提供內涵、流程、專業角色、以及團隊合作等尚未建立良好的共識，因而使得目前的早期療育服務的在專業整合及服務輸送流程上造成困擾，很容易流於形式上的服務，而無法達到早期療育的成效。因此，缺乏整體的發展遲緩鑑定、通報、轉介、療育與復健的體系。各縣市之做法有差異存在，而衛生、教育與社政等各部門的合作，亦視各縣市承辦人之意願而有不同。

兒童健康照顧方案規劃要項

綜前所述，本文不在政策方向與內涵提出建議，而是針對現況實施之不足提出落實政策執行力之意見和規劃建議。為滿足兒童發展階段的各種健康照顧需求面向，方案目標為「保障兒童基

本健康權益，照顧特殊兒童身心發展需要，並促使一般兒童獲得身心健全發展」。在此總目標之下，所嘗試建構兒童健康照顧體系與相關措施如下：

落實優生與成長照護保健工作

落實優生保健各項措施

健全優生保健服務網，建立婚前健康檢查、產前遺傳診斷、及特殊人口群臨床遺傳服務等作業系統；加強訓練——臨床遺傳醫師、遺傳諮詢員、細胞生化及分子遺傳學檢驗技術人員等優生保健專業人力資源；積極發展本土化人口遺傳疾病類別與發生率調查，並積極發展特殊遺傳疾病診斷方法之研究。

普設醫療復健設專科與醫療服務人力

獎勵及補助各醫學中心、區域醫院成立專屬兒童身心健康照護科別，補充醫療服務供給面的不足。或輔導分區設置兒童醫院或專屬科別，提供一般兒童疾病醫療、兒童身心障礙醫療復健，以照護保健兒童成長，並培養醫護等專業團隊工作人才。

建立並落實兒童健康護照

落實出生通報制度，並延長現有0-6歲的健康手冊為0-12歲的健康護照。透過建構各醫院診所兒童就診資料電腦登錄系統，以及各學校健康檢查結果，建立完整的兒童身心醫療史，並能有效追蹤兒童個別的疾病醫療狀況。此外也有助於整體性的兒童流行病學研究及建立兒童生長基礎。

加強優生與照顧保健之宣導

辦理重點宣傳月活動，利用各種傳播媒體及電腦網路，以多元化管道，提高民眾的關注與認知，並以津貼補助醫療檢查費用

支出等方式，鼓勵進行婚前健康檢查，以預防不當先天性疾病。

加強母乳哺育之教育推廣工作：

1. 除了加強限制奶粉過多廣告次數和內容，以避免誤導民眾之外，另應加強母乳對養育健康嬰兒之重要性。
2. 研擬擴大設置哺育室、育嬰假，以落實職業婦女母乳哺育之可能。

落實新生兒照顧者親職教育與衛生保健教育

結合社區民間團體與衛生所公共衛生護士，加強新生兒照顧者之親職教育與衛生保健教育。除了提供兒童健康教養環境之外，並落實兒童發展鑑定之工作。

加強兒童預防保健服務

1. 針對兒童預防保健服務加強宣導，以喚起社會重視及共識，並促進預防保健服務品質。
2. 強化國小環境衛生、營養、保健（近視、體重、體能）等工作，對特殊需求兒童提供巡迴醫療諮詢服務或設置醫療專責人員提供支持服務，例如，物理治療、職能治療……等。

建立兒童保健服務相關網站

結合媒體與電腦相關網站，建立兒童保健服務相關網站，提供兒童父母或主要照顧者隨時參閱使用。

定期實施兒童身心健康發展流行病學之研究

針對兒童健康和流行病學議題進行相關研究，以建立整體性

的兒童人口及健康需求統計資料，有利於建構出國內兒童身心發展常模，作為進一步兒童健康政策規劃的基礎，使兒童健康保健與醫療復健工作具實質的可行性。

兒童健康醫療照顧

發展遲緩兒童早期介入醫療照護政策

1. 推動發現發展遲緩兒童之工作

   ◇針對保母訓練與認證、托兒及幼教單位師資培育訓練課程，規劃兒童發展特殊需求之相關課程。

   ◇結合地方衛生所公共衛生人力與社會福利基層人力，於各醫院內和社區中共同推動新生兒照顧者親職教育、衛生保健教育；尤其針對發展遲緩發現的教育工作，以落實及早發現及早治療之政策。。

   ◇加強發展遲緩鑑定以及復健相關專業人員團隊之人力培訓。

   ◇加強對早產兒的身心發展之評鑑與復健工作。

2. 全面實施嬰幼兒健康檢查健保給付評估發展遲緩之高危險群兒童，篩檢出發展遲緩或異常之兒童，加以治療、轉介、或追蹤。

3. 積極發展本土化的兒童發展常模及發展遲緩評估標準與醫療復健服務方案結合相關專業人員團隊，建構醫療復健網絡，發展出評估兒童發展遲緩之標準與復健服務方案。

4. 研擬發展遲緩兒童評估費用納入健保給付。

5. 鼓勵各醫院成立兒童心智發展專科，以利鑑定資賦優異與

發展遲緩之兒童。

推動特殊需求兒童醫療照顧政策

針對身心障礙兒童、發展遲緩兒童、偏遠地區或不利社經地位兒童提供下列照顧：

1. 專案辦理偏遠地區兒童醫療照顧：成立正式制度化的巡迴醫療團隊，以提供偏遠或醫療資源缺乏地區之兒童定期免費健康檢查和醫療照護。
2. 開辦特殊疾病兒童健保與家庭生活照顧津貼：增加兒童特殊疾病之健保給付，以強化先天病理性缺損兒童、早產兒、重病兒童、以及其他罕見疾病兒童之家庭照顧功能。
3. 提供特殊需求兒童支持性服務（包括：醫療照顧及社會福利資源）：結合民間團體及醫療單位志願服務人力資源，提供特殊需求兒童支持性的照顧服務；包括：主要照顧者的喘息臨托服務、兒童的居家療育服務，或是提供專車接送療育服務，以降低機構安置之比例。
4. 針對與身心障礙者結婚的外籍新娘，進行優先保健教育與篩檢嬰兒之預防工作。
5. 結合教育單位落實身心發展特殊兒童之就學工作。

訂定「托兒所幼稚園兒童健康管理辦法計畫」

協調衛生、教育、及社政等單位，針對托兒所及幼稚園兒童實施兒童健康環境管理，並規定設置有證照護理人員，以及提供健康餐食與設備。

整合衛生單位、社會福利單位及學前托兒、教育單位

針對托兒、幼教環境設置提供諮詢與督導，並建立兒童健康

醫療巡迴輔導支持團隊。

落實兒童心理衛生工作

強化國小輔導室功能，並推展學校社會工作

結合學校輔導室及社會工作師，對學齡兒童的心理健康進行初級預防，強化現有的國小輔導室功能，並推展學校社會工作，以增強學校和家庭的聯繫，並建構學校社區健康環境。

擬定全面推動兒童心理衛生計畫

1. 為達成各區域心理衛生工作的初級預防功能，宜分區規劃設置地區心理衛生中心，以獎勵或購買式服務進行兒童心理健康之照顧服務，並確實將社會工作師或臨床心理師納入正式編制人員之內。
2. 研訂臨床心理師法與輔導師法，以確認專業地位，並鼓勵臨床心理師在當地醫院所屬社區內執業，並結合學校輔導人力與社工人力，建構促進心理健康網絡，以輔導兒童心理及行為問題，預防日後發生嚴重偏差行為。
3. 委託專業心理輔導機構或各師範院校特殊教育中心，辦理一般兒童與特殊兒童心理測驗與心理輔導等工作。
4. 鼓勵各大專院校設置兒童諮商與心理衛生照護之科系，以培育兒童心理專業人才。
5. 明定科目，並編列足夠經費，以利工作推動。
6. 加強父母認識兒童的身心發展及心理健康，以增進父母培養兒童健康生活習慣。
7. 利用暑寒假舉辦各項研習，增強學校相關之教育人員認識一般兒童與特殊兒童之身心發展及行為表現，以利兒童在支持性的健康環境下成長。

發展編製各類兒童發展之本土化測驗工具

獎勵專家學者發展編製各類兒童發展之本土化評估工具，以利國內兒童身心發展評估。

兒童健康照顧體系實施方案

基於上述之論述，本書將之整理出下列之採行方案以供參考（見表6-6）。

表6-6 兒童健康與醫療制度的議題

採行措施	主辦機關	協辦機關	時程
一、落實優生與成長照護保健政策			
1.輔導分區設置兒童醫院或專屬科別，實施身心障礙兒童、兒童疾病健康照護，並培養醫護專業人才。	衛生署 直轄市及 縣市政府	內政部兒童局	短程
2.建立與落實兒童健康護照，並連接各醫院診所電腦登錄資料，以利落實出生通報制度和建立0-12歲完整的身心醫療史	衛生署 戶政司	內政部兒童局	短／中程
3.結合社區民間團體與公共衛生護士，落實新生兒照顧者親職與衛生保健教育，以達成福利社區化，提昇醫療照護品質	衛生署 直轄市及 縣市政府	內政部兒童局	短程
4.加強兒童保健之宣導與行銷工作 （1）製作宣傳海報與單張，辦理重點宣傳月活動，利用各種傳播媒體及電腦網路，以多元化管道，提高民眾的認知與重視優生保健與成長照護之重要性 （2）針對兒童預防保健服務，加強宣導兒童預防保健服務，以提昇品質 （3）集合媒體與電腦相關網站，建立兒童保健服務相關網站，提供父母或監護人隨時參與使用	衛生署 新聞局	內政部兒童局	短程

續表6-6

採行措施	主辦機關	協辦機關	時程
5.落實優生保健工作 （1）鼓勵婚前健康檢查，開辦健保給付，以增強婚前健康檢查與醫療之意願，預防先天性疾病 （2）加強產前檢查與母體於懷孕期之生理及心理教育工作，以減低孕產期對胎兒可能造成的不利影響因素，避免胎兒病變的可能性 （3）加強宣導母乳哺育對嬰幼兒的重要性，並提供補助經費於公共場所普設哺育室，以利母親親自授乳政策之推行	衛生署	內政部兒童局	短程
6.定期實施全國性有關兒童身心健康發展概況與流行病學之研究，以利建構本土性常模，落實評估與預防工作	衛生署 國科會	內政部兒童局	短程
7.定期評鑑各地醫院與社區合作推廣兒童預防保健服務工作	衛生署	內政部兒童局	短程
8.確實編列經費，以利學校落實改善學校飲水、座椅和教室光線之工作	教育部	內政部兒童局	短程
二、兒童醫療照顧			
1.實踐及早發現及早治療之發展遲緩兒童醫療照護政策			
（1）推動多面向兒童發展遲緩發現與醫療復健之網絡 ◇針對保母訓練與考照加入發展遲緩課題，托兒單位教師培訓課程安排發展遲緩評估鑑定與醫療復健之相關課題。 ◇各地醫療院所公共衛生與社會工作師共同舉辦新生兒照顧者親職與衛生保健教育工作	衛生署 直轄市及 縣市政府 勞委會	內政部兒童局	短程
（2）全面實施嬰幼兒健康檢查健保給付，以利評估兒童發展遲緩高危險群，篩檢出異常個案者	衛生署	內政部兒童局	短程

續表6-6

採行措施	主辦機關	協辦機關	時程
（3）結合相關領域專業人員團隊，發展發展遲緩評估標準與復健服務方案	衛生署	內政部兒童局	短程
（4）加強宣導與列舉評估兒童身心發展要項，並定期察驗各地區發展遲緩兒童鑑定人數與發現之比例，以落實發展遲緩兒童評估鑑定工作和通報工作	衛生署	內政部兒童局	短程
2.推動特殊身分兒童醫療照護政策			
（1）專案辦理偏遠地區兒童醫療照顧工作，提供免費健康檢查，以及流行病學調查。	直轄市及縣市政府	內政部兒童局	短程
（2）開辦特殊疾病兒童健保，提供家庭生活照顧津貼，強化家庭照顧先天性缺陷兒童、早產兒童及重病兒童之功能，以避免父母輕易放棄兒童的早期篩檢及照顧	衛生署直轄市及縣市政府	內政部兒童局	短程
（3）結合民間團體及醫療志工人力資源，提供支持特殊兒童家庭醫療照護功能	衛生署	內政部兒童局	短程
3.訂定「托兒所幼稚園兒童健康辦法管理計畫」，設置健康工作專業人力與提供免費一般兒童健康檢查服務	衛生署	內政部兒童局	短程
4.重新評估並訂定國小校護之定位與工作內容，以利校園兒童健康政策之落實	教育部衛生署	內政部兒童局	短程
三、落實兒童心理衛生工作			
1.協助及獎勵或以公辦民營方式，由臨床社工師在社區內執業，以強化社區心理衛生功能	內政部兒童局		短程
2.強化國小輔導室功能與加強學校社工之輔導功能，落實輔導學生心理健康發展工作	教育部	內政部兒童局	短程

續表6-6

採行措施	主辦機關	協辦機關	時程
3.獎勵及補助各醫學中心、區域醫院成立專屬兒童身心健康照護科（或心理衛生中心）	衛生署	內政部兒童局	短程
4.獎勵專家學者編製各類種適合國情之兒童心理測驗工具，以利身心發展評估	教育部 國科會	內政部兒童局	短程
5.研訂臨床心理師法並鼓勵、協助臨床心理師在當地醫院所屬社區內執業，輔導兒童心理及行為問題	衛生署	內政部兒童局	短／中程
6.研訂輔導師法，以確認學校輔導人力之專業地位，有助於兒童心理及行為問題輔導工作	教育部	內政部兒童局	短／中程
7.委託專業心理輔導機構，各師範院校特殊教育中心辦理兒童心理測驗、心理輔導工作	內政部兒童局 教育部		短程
（1）擬定及推動兒童心理衛生計畫 （2）鼓勵各大專院校設置兒童諮商與心理衛生照護科系，以培育專業人才 （3）明定科目，確實編列足夠之經費 （4）加強父母認識兒童身心發展及心理健康之親職教育工作，培養兒童健康生活習慣，以落實兒童心理健康從家庭做起之政策 （5）利用暑寒假舉辦研習活，以加強學校相關教育人員認識一般兒童與特殊兒童之身心發展及行為表現，以利兒童在支持性的健康環境下成長	內政部兒童局 教育部 衛生署		短／中程

當代台灣地區兒童健康與醫療的相關文獻（1980-2000）

Nicklas , Theresa A. （姚元青翻譯）（1993），「一項學齡兒童健康促進的方法—學校餐飲計畫」，《學校衛生》第二二期：49。

Shprintzen, Robert & Witzel, Mary-annc （雲天湘整理）（1996），「如何幫助唇裂患者說得更好」，《聽語會刊》第十二期：93-98。

丁芳（1994 ），「尿液異常知多少—台北市國中國小學童尿液篩檢分析結果」，《北市衛生》第二卷第四期：23-25 。

于漱（1984），「台北市居民預防性健康行爲之調查研究」。國防醫學院公共衛生學研究所碩士論文。

中華民國安寧照顧基金會（1997a），「安寧療護之迷思」，《安寧照顧會訊》第二七期：20-29。

中華民國安寧照顧基金會（1998a），「各院安寧病房總覽」，《安寧照顧會訊》第三一期：44。

方曉娟（1991），「臺北市兒童醫療需求的實證研究」。國立政治大學經濟研究所碩士論文。

方韓等（1995 ），「學前教育專輯」，《教改通訊》第五期：20-38。

王士恬（1992），「台北市國小學童營養知識、態度及飲食行爲調查研究」。國立臺灣師範大學家政教育研究所碩士論文。

王天苗（1993），「心智發展障礙兒童家庭需要之研究」，《特殊教育研究學刊》第九期：73-90。

王天苗（1994），「心智發展障礙幼兒家庭狀況之研究」，《特殊

教育研究學刊》第十期：119-141。

王天苗（1995），「心智發展障礙幼兒家庭支援實施成效及其相關問題之研究」，《特殊教育研究學刊》第十二期：75-103。

王天苗（1996），「台灣地區心智發展障礙幼兒早期療育服務供需及相關問題之研究」，《特殊教育研究學刊》第一四期：21-44。

王木榮（1995），「新編中華智力量表之驗證性因素分析」，《初等教育研究集刊》第三期：97-111。

王春展（1998），「兒童情緒智力發展的影響因素與因應對策」，《教育資料文摘》第四一卷第五期：164-187。

王浴（1997），「癌症兒童安寧療護」，《中華民國兒童癌症基金會會訊》第五七期：100-102。

王華沛（1990），「台北市國小自閉症兒童教育安置現況調查及其學校生活適應相關因素之研究」。國立臺灣師範大學特殊教育研究所碩士論文。

王培綺（1994），「台北市學前兒童母親飲食教養方式研究」。國立臺灣師範大學家政教育研究所碩士論文。

王國羽（1994），「身心障礙兒童早期療育政策的相關理論模式與台灣法令之解析」，《東吳社會工作學報》，334-349。

王振德（1999），「簡易個別智力量表之編製」，《特殊教育研究學刊》第十七期：1-11。

王振德（1985），「語言系統的評量及治療原則」，《特殊教育季刊》第一六期：4-10。

王淑娟（1999），「口述故事教學策略在語言治療上之應用」，《進修學訊年刊》第五期：139-159。

王淑慧（1998），「不同溝通模式之國小聽障學生語言理解能力之影響因素分析研究」。台南師範學院國民教育研究所碩士

論文。

王瑞霞等（1992），「兒童與父母親間慢性病危險因子、健康知識、生活方式相關性之探討」，《高雄醫誌》第八期：779-691。

石曜堂（1997），「人口政策趨勢與兒童保健」，《臺灣衛生》第三五六期：4-7。

池華瑋等（1991），「大寮鄉與高雄市學齡前兒童蟯蟲感染情形之比較」，《輔英學報》第十一期：1-16。

池華瑋等（1994），「學齡前兒童蟯蟲感染情形與家長之蟯蟲感染知識關係之探討」，《輔英學報》第十四期：91-96。

池華瑋等（1996），「高雄縣大寮鄉學齡前兒童蟯蟲感染因素的探討」，《高雄科學醫學雜誌》第十二卷第九期：538-543。

江千代（1994），「以妊娠中期之母血篩檢罹患唐氏症胎兒之可行性」，《北市醫誌》第三十八卷第三期：39-40。

江姿瑩（1998），「肥胖者與正常者飲食營養狀況及其相關因素的探討」。台北醫學院保健營養學系碩士論文。

成曉英（1989），「肥胖兒童與正常兒童的攝食行為及心理特質等之比較研究」。國立臺灣師範大學衛生教育研究所碩士論文。

向時賢（1998），「兒童情緒問題處置面面觀」，《臺灣衛生》第三六二期：37-40。

沈青青（1992），「一位學齡前期白血病童之住院反應」，《榮總護理》第九卷第三期：321-328。

沈秉衡等（1996），「臺中榮總早產兒視網膜病變之篩檢及治療」，《中華民國眼科醫學會雜誌》第三十五卷第二期：47-53。

沈慶村（1992），「談小兒健康篩檢」，《北市醫誌》第三十六卷

第七期：25-29。

呂宗學等（1995），「國人週期性健康檢查建議表」，《基層醫學》第十卷第七期：133-136。

呂淑如（1993），「聽覺障礙兒童語言發展能力及相關因素之研究」。彰化師範大學特殊教育研究所碩士論文。

呂鴻基（1991），「兒童醫療與全民健康保險」，《中華民國小兒科醫學會雜誌》第三二期：80-106。

呂鴻基（1994），「兒童醫療人力與時間之研究」，《醫院》第二十七卷第六期：46-56。

呂鴻基（1999），「三十五年來臺灣兒童的健康水平」，《臺灣醫學》第三卷第五期：505-514。

呂鴻基等（1991），「兒童醫療與全民健康保險」，《中華民國小兒科醫學會雜誌》第三二期：80-106。

杞昭安（1996），「視覺障礙兒童的心理評量」，《測驗與輔導》第一三四期：2752-2759。

李宇芬等（1992），「婚前健康檢查」，《醫學繼續教育》第二卷第三期：446-448。

李宗政（1991），「台灣地區婦幼衛生服務模式之研究：零至壹歲嬰兒保健醫療服務模式之研究」。國防醫學院公共衛生學研究所碩士論文。

李明道（1999），「先天性聽力障礙整篩檢—改革的時機」，《中華民國新生兒科醫學會會刊》第八卷第一期：16-19。

李淑君（1997），「全民健康保險兒童預防保健服務利用情形及其相關因素初探」。國防醫學院公共衛生學研究所碩士論文。

李富言（1992），「哀，莫大於心死—無助感兒童的心理與輔導」，《教師之友》第三三卷第四期：13-16。

李雅玲（1997），「癌症病童居家照護需求評估」，《中華民國兒童癌症基金會會訊》第五七期：107-111。

李碧霞等（1999），「臺北市二國小高年級學生脊柱側彎篩檢研究」，《中華公共衛生雜誌》第十八卷第五期：303-312。

李慧鶯（1997），「國小學童體重控制介入計畫對肥胖指標及其相關因素的影響」。中山醫學院醫學研究所碩士論文。

李靜慧（1998），「父母飲食行為、飲食教養行為與國小中高年級學童異常飲食行為之關係研究」。國立臺灣師範大學家政教育研究所碩士論文。

李寶璽（1993），「三至六歲兒童意外傷害城鄉的比較研究」。國防醫學院公共衛生研究所碩士論文。

杜友蘭（1985），「兒童意外災害流行病學」，《婦幼衛生》第一輯。

杜友蘭等（1980），「台北市幼稚園拖兒所兒童意外災害流行病學之研究」，《醫學研究》第三期：951-66。

何佩姍（1995），「影響原住民與非原住民兒童就醫行為相關因素研究」。高雄醫學院公共衛生學研究所碩士論文。

阮淑宜（1991），「學前兒童情緒與認知之探討」，《幼兒教育年刊》第四期：87-94。

林宏熾（1998），「從美國1990年代身心障礙者相關法案談我國身心障礙者之轉銜服務與生涯規劃」，《社會福利》第一三四期：24-34。

林志嘉（1995），「兒童福利法修正及實施建議」，《政策月刊》第五期：8-9。

林忠道（1994），「走過從前—單親兒童（及孤兒）心理剖析」，《國教之友》第四六卷第二期：41-44。

林知遠（1999），「去機構化（De-institutionalization）的省思」，

《中化藥訊》第四一期：8-13。

林禹宏等（1993），「產前胎兒篩檢」，《當代醫學》第二十卷第
　　十二期：1026-1033。

林炫沛（1996），「兒童的情緒性問題與疾病」，《健康世界》第
　　一二六期：12-14。

林淑謹（1999），「早產兒家庭所面臨的課題及社工干預策略」，
　　《中華醫務社會工作學刊》第七期：57-63。

林莉馨（1995），「國小體重控制介入計畫效果之證實研究」。國
　　立臺灣師範大學衛生教育研究所碩士論文。

林清山（1966），「兒童語言發展的研究」，《台灣省立師範大學
　　教育研究所集刊》第九輯：1-157。

林惠芳（1992），「智障兒童家庭福利服務供需性研究－以台北
　　市爲例」。中國文化大學兒童福利研究所碩士論文。

林惠芳（1998），「發展遲緩兒童－早期療育個案管理服務」，
　　《社會服務》第一三四期：62-64。

林惠貞（1996），「從家庭功能談兒童的情緒困擾」，《教育資料
　　與研究》第十一期：10-11。

林惠美（1997），「由幼稚園兒童口腔衛生的篩檢來看新營市--學
　　齡前幼兒乳齒齲蝕的動態」，《臺灣衛生》第三五二期：63-
　　65。

林皓荷（1991），「兒童的心理健康教育」，《訓育研究》第三十
　　卷第一期：23-25。

林隆光等（1992），「臺灣省學齡前兒童視力篩檢先驅實驗計
　　畫」，《衛生教育雜誌》第十三期：51-61。

林媽利（1995），「臺灣產前檢查及輸血前配合試驗中Rh血型的
　　篩檢是必要的嗎」，《當代醫學》第二十二卷第十期：33-
　　36。

林錦英（1996），「以飯『碗』作爲均衡飲食的單位」，《研習資訊》第十三卷第六期：57-73。

林麗英（1993），「中、重度智障學童之功能性溝通訓練」，《同州會刊》第五期：16-19。

林麗英（1998），「發展障礙須早期治療」，《社會福利》第一三四期：59-61。

林寶貴等（1994），「學前兒童語言障礙評量表之編訂及其相關研究」，《特殊教育研究學刊》第十期：17-32。

吳立州（1994），「淺談新生兒先天代謝疾病篩檢的臨床意義」，《臺灣醫界》第三十七卷第四期 ：61-62 。

吳仁宇等（1999），「臺灣地區國民小學學生健康檢查制度的建構與發展」，《學校衛生》第三五期：1000-109。

吳正吉（1977），「學齡兒童發育與肥胖（第一報）」，《護理雜誌》第二四期：26-33。

吳幼妃（1980），「社經地位、智力、性別及城鄉背景與兒童語言能力關係之研究」，《教育學刊》第二期：93-119。

吳成方等（1994），「臺灣地區語言治療人員生產力及供需之分析研究」，《聽語會刊》第十期：2-19。

吳明灝（1998），「國小運動傷害的防護與保健」，《東師體育》第五期：64-71。

吳珍梅（1995），「父母離異兒童心理適應之相關因素及學校可行的輔導策略」，《諮商與輔導》第一一八期：15-19。

吳柏晏（1994），「新生兒髖關節之超音波檢查」，《中華民國小兒科醫學會雜誌》第三十五卷第五期 ：429-438 。

吳俊良等（1998），「以聽性腦幹反應篩檢初生體重低於1500公克早產兒之聽力」，《中華民國耳鼻喉科醫學會雜誌》第三十三卷第三期：32-38。

吳培源（1979），「排行、社經地位、親子交互作用與兒童語言行為的關係」，《師大特殊教育研究所集刊》，127-170。

吳淑芬等（1991），「幼童視力篩檢法之臨床評估」，《中華民國演科醫學會會刊》第三十卷第三期：126-132。

吳淑美（1991），「『語言治療』在學前特殊教育課程之應用」，《特殊教育》第四十期：13-18。

吳凱勳（1989），「兒童參加健康保險需求之研究」。中國文化大學兒童福利研究所碩士論文。

吳聰能等（1996），「兒童系統性血鉛篩檢必要性之探討」，《中華職業醫學雜誌》（復刊號）第三卷第一期：17-23。

吳耀明（1998），「如何提昇兒童的情緒智力」，《師友》第三七七期：25-27。

邱怡玟等（1998），「臺北市發展遲緩兒童早期療育醫療資源調查」，《中華公共衛生雜誌》第十七卷第五期：432-437。

邱淑如（1998），「癌症患孩主要照顧者對安寧療護認識與接受意願之探討」。國防醫學院護理研究所碩士論文。

邱淑娥等（1993），「一位受虐待兒童的護理經驗」，《護理雜誌》第四十卷第四期：65-72。

邱臺生等（1993），「改進健檢中心衛教方式之專案設計」，《榮總護理》第十卷第四期：467-467。

季力康（1997），「探討目標取向理論的發展觀點」，《中華體育》第十卷第四期：87-93。

社會局第三科（1998），「讓『愛』飛起來—漫談早期療育」，《福利社會》第六九期：26-27。

周月清（1996），「我國身心障礙者及其家庭個案管理的發展與實務工作相關議題之探討」，《社會福利》第一二七期：7-14。

周欣穎（1995），「特殊兒童家庭所面臨的問題及影響特殊兒童家庭適應能力因素之分析」，《學生輔導通訊》第二四期：7-14。

周輝政等（1997），「胎兒頸部肥厚與唐氏症篩檢」，《當代醫學》第二十四卷第六期：40-43。

侯登貴（1999），「臺灣事故傷害流行病學研究」。國立臺灣大學衛生政策與管理研究所。

洪振耀（1995），「語言治療與音樂治療」，《聽語會刊》第十一期：1-18。

施伶宜（1994），「唐氏症與優生保健」，《衛生報導》第四卷第三期：24-28。

施怡廷（1997），「發展遲緩兒童家庭對兒童照顧需求之研究」。東海大學社會工作研究所碩士論文。

施雅彬（1996），「國小性教育的內涵與實務（下）」，《研習資訊》第十三卷第三期：22-26。

姚振華等（1992），「臺北市國民小學童口腔健康教育介入之研究」，《中華牙醫學會雜誌》第十二卷第一期：12-26。

姚振華等（1998），「臺北市國小六年級學童口腔衛生教育介入對知識教育行為與牙菌斑控制之影響」，《中華牙醫學雜誌》第十七卷第一期：36-47。

姜逸群等（1995），「健康教育內容的省思」，《學校衛生》第二七期：11-16。

姜得勝（1998），「性教育當從小札根之事實辨證」，《研習資訊》第十五卷第三期：73-82。

涂靜宜等（1998），「中、美兩國個案管理在早期療育之運用比較—以臺北市、德州為例」，《兒童福利論叢》第二期：144-178。

徐大偉（1993），「理情團體諮商對國小情緒困擾兒童情緒反應之效果研究」，《教育資料文摘》第三十二第六期：143-155。

徐振傑（1994），「產前母血篩檢唐氏症」，《北市醫誌》第三十八卷第三期：41-43。

徐振傑（1994），「產前母血胎兒唐氏症」，《醫學繼續教育》第四卷第二期：202-203。

徐振傑（1998），「產前母血篩檢唐氏症之台灣經驗」，《臺灣醫界》第四十一卷第四期：12-13。

高永興（1990），「社工人員對個案管理認知之研究」。東海大學社會工作研究所碩士論文。

高迪理（1990），「個案管理：一個新興的專業社會工作概念」，《社區發展季刊》第四九期：43-53。

高淑芬等（1993），「兒童心理衛生中心初診個案之人口學及臨床特徵」，《中華精神醫學》第七卷第四期：246-256。

翁毓秀譯（1990），「發展性障礙者與他們的家庭」，《發展季刊》第四九期：28-41。

索任（1992），「花蓮縣山地鄉學齡前（0-5歲）兒童結核病發病情形調查」，《衛生行政》第十二卷第二期：67-72。

席行蕙（1991），「『診療─教學』模式在特殊兒童評量上之應用──個學習障礙兒童的個案實例」，《特教園丁》第六卷第四期：43-48。

唐學明（1999），「智慧拼圖之求解及其應用於智力測驗之研究」，《復興崗學報》第六八期：141-163。

莊弘毅等（1996），「桃園地區某幼稚園家長對兒童鉛危害的認知與接受血鉛篩檢的態度」，《中華民國家庭醫學雜誌》第六卷第二期：101-108。

莊妙芬（1987），「特殊兒童的早期介入」，《特殊教育季刊》第二二期：8-11。

莊凰如（1995），「發展遲緩兒童早期療育轉介中心實驗計畫評定」。陽明大學衛生福利研究所碩士論文。

麻兆勝（1993），「當前國小健康教育課程省思」，《教育資料文摘》第三十一卷第六期：179-182。

扈春安（1994），「生長發育障礙孩童之診療」，《中華民國內分泌暨糖尿病學會會訊》第五卷第三期：18-20。

章淑婷（1992），「兒童情緒發展之探討」，《幼兒教育學報》第一期：35-56。

許瑛真（1988），「臺北市托兒所衛生保健現況及其相關因素之調查研究」。中國文化大學兒童福利研究所碩士論文。

許雅玲等（1996），「發展遲緩兒童語言治療成效探討」，《聽語會刊》第十二期：33-45。

許勝雄（1997），「臺灣醫藥保健的發展遠景」，《社教資料雜誌》第二二九期：1-3。

許權振等（1997），「聽力檢查對耳蝸後病變診斷之有效度」，《中華民國耳鼻喉科醫學會雜誌》第三十二卷第二期：55-60。

連淑玲（1994），「用愛彌補─淺談唇裂兒童護理」，《康寧雜誌》第十五卷第八期：85-87。

常維鈺（1998），「漫談新生兒先天性代謝異常疾病篩檢」，《臺灣醫界》第四十一卷第六期：27-28。

陳小娟（1993），「國中小聽障學生個人助聽器之使用、知能與維護」，《特殊教育與復健學報》第三期：1-38。

陳小娟（1997），「助聽器視聽覺檢查與電子音效分析之成效」，《特殊教育學報》第十二期：63-74。

陳小娟（1998），「聽覺中樞功能篩檢測驗賡續研究」，《特殊教育與復健學報》第六期：39-63。

陳月枝等（1992），「臺灣癌症兒童的醫療照護—1981年與1991年的比較研究」，《中華民國癌症醫學會雜誌》第八卷第三期：80-106。

陳玉珍（1997），「紅玫瑰、黃玫瑰與藍玫瑰—發展遲緩兒童的認識與協助」，《蒙特梭利雙月刊》第十四期：10-13。

陳玉娟（1992），「幼稚園之健康教育」，《傳習》第十期：215-225。

陳玉賢（1999），「資優兒童的心理壓力與輔導」，《諮商與輔導》第一六四期：23-25。

陳育眞（1998），「麻煩小天使的另一片天空—早期介入實務分享」，《特教園丁》第十三卷第四期：18-19。

陳怡沁（1998），「小兒科專科醫師與家醫科專科醫師對於『全民健保兒童預防保健服務』的態度、認知與執業情形之研究調查」。國防醫學院公共衛生學研究所碩士論文。

陳明照（1998），「非營利組織行銷之道」，《人力發展》第五十一期：33-42。

陳柏瑞（1995），「全民健保醫療品質提昇」，《衛生報導》第五卷第十一期：19-21。

陳秋玫（1992），「早產兒母親社會支持系統與母親角色適應之研究」。中國文化大學兒童福利研究所碩士論文。

陳延芳等（1998），「臺灣地區嬰兒利用兒童預防保健服務之調查研究」，《公共衛生》第二十五卷第二期：121-137。

陳佩妮等（1997），「臺灣地區醫療品質指標適用性之探討」，《中華公共衛生雜誌》第十六卷第二期：133-142。

陳美珠等（1995），「台灣省學齡前兒童聽力篩檢先驅實驗計

畫」，《聽語會刊》第十一期：57-61。

陳振宇（1996），「『智能篩檢測驗』中文20版（CASIC20）的一些心裡計量特性及其可能存在的方言偏誤」，《中華精神醫學》第十卷第四期:13-21。

陳淑珍（1985），「兒童語音障礙診斷測驗」。輔仁大學語言學研究所碩士論文。

陳啓煌等（1998），「產前母血血清篩檢的現況」，《國防醫學》第二十六卷第六期 ：97-101+83。

陳國泰（1996），「以兒童哲學教室課程理念提昇學生思考能力」，《研習資訊》第十三卷第三期：40-45。

陳惠玉等（1997），「一位神經性膀胱功能障礙學齡期兒童之護理」，《榮總護理》第十五卷第二期：162-170。

陳偉德等（1993），「重高指數：簡易而正確之小兒體重評估法」，《臺灣醫誌》第九二期：S128-134。

陳瑞意（1991），「兒童的心理和行爲」，《訓育研究》第三十卷第一期：19-22。

陳滄智（1999），「資優生不同團體測驗篩選結果與分析」，國小特殊教育第二七期：42-52。

陳慶福等（1998），「單親與雙親兒童在自我觀念行爲困擾與學業表現之研究」，《國民教育研究》第二期：1-35。

陳慧媚（1990），「個案管理的根源與近期發展」，《社區發展季刊》第四九期：15-24。

陳麗鳳（1994），「肥胖兒童體重控制成效探討」。國立陽明醫學院衛生福利研究所碩士論文。

華筱玲（1998），「懷孕早期孕婦血清的唐氏症篩檢」，《臺灣醫學》第二卷第四期：442-445。

華筱玲等（1998），「孕婦血清篩檢唐氏症」，《臺灣醫學》第一

卷，第四期：544-555。

梁文洋等（1999），「妊娠期母血篩檢」，《基層醫學》第十四卷
　　第九期：174-176。

梁秋月（1992），「自閉症、智能不足與正常學齡前兒童溝通行
　　為之比較研究」，《特殊教育研究月刊》第八期：95-115。

郭明得等（1997），「漫談嬰兒聽力篩檢」，《當代醫學》第二十
　　四卷第一期：63-65。

郭鐘隆（1993），「美國學校健康教育之展望」，《學校衛生》第
　　二三期：48-51。

郭鐘隆（1994），「臺灣地區國民小學學生健康檢查實施現況及
　　其相關問題研究」，《學校衛生》第二五期：2-26。

郭繡珍（1998），「接受早期療育之學童在國小一年級學校生活
　　適應之個案研究」。國立高雄師範大學特殊教育學系碩士論
　　文。

曾文錄（1997），「『亞當與夏娃的對話』談學校性教育」，《教
　　育資料與研究》第十六期：34-37。

曾婉君（1998），「全民健康保險精神醫療支付制度及其對精神
　　醫療院所影響之質性研究」。國立陽明大學衛生福利研究所
　　碩士論文。

曾進興（1999），「也談專業團隊一兼談語言治療人力資源」，
　　《特教新知通訊》第六卷第三期：1-4。

張文隆（1995），「國小校護淺談」，《學校衛生》第二七期：17-
　　21。

張元玫（1991），「社會工作服務在兒童醫療過程中供需性之研
　　究」。中國文化大學兒童福利研究所碩士論文。

張正芬等（1986），「學前兒童語言發展量表之修訂及其相關研
　　究」，《特殊教育研究學刊》第二期：37-52。

張秀卿等（1990），「個案管理」，《社區發展季刊》第四九期：
6-13。

張美惠（1999），「兒科腸胃學之新進展對兒童健康的貢獻」，
《中華民國小兒科醫學雜誌》第三十八卷第三期：177。

張炯心（1995），「產前胎兒異常之超音波篩檢」，《醫學繼續教
育》第五卷第二期：224-225。

張素美（1998），「給孩子一個美麗希望的明天—談早療政策在
臺北市的執行成效」，《福利社會》第六八期：23-25。

張紹焱（1972），「聽覺障礙兒童心理特性」，《花蓮師專學報》
第三期：60-71。

張國欽等（1995），「婚前健康檢查與諮詢」，《臺灣醫界》第三
十八卷第二期：71-81。

張國欽等（1995），「婚前健康檢查與家庭計畫」，《臺灣醫界》
第三十八卷第三期：49-51。

張國欽等（1995），「婚前健康檢查與預防醫學」，《臺灣醫界》
第三十八卷第五期：37-40。

張琴音（1999），「發展遲緩兒童轉銜服務之探討」，《國小特殊
教育》第二七期：11-24。

張琴音（1999），「發展遲緩兒童轉銜服務之探討」，《臺東特教》
第九期：31-49。

張熙幗（1999），「兒童肥胖與家庭環境因素之關係探討」。國立
臺灣大學護理學研究所碩士論文。

彭莉香（1996），「怎麼教出健康來—國內教育衛生的困境：國
內的健康教育規劃藍圖在哪裡？」，《醫望》第十五期：72-
75。

彭淑華（1996），「暫時性疼痛？—論家庭內體罰與身體虐待之
關係」，《律師通訊》第二〇一期：21-26。

傅美玲等（1999），「一位青春期白血病病童住院之因應行為」，
　　《護理雜誌》第四六卷第四期：23-30。

湯澡薰（1998），「台灣醫療資源使用之公平性探討」，健康經濟
　　學研討會：1-21。

黃文俊（1999），「步行運動與兒童健康體適能」，《中華體育》
　　第十三卷第二期：108-114。

黃月桂等（1999），「全民健保兒童健檢服務施行初期評估」，
　　《中華公共衛生雜誌》第十八卷第二期：116-122。

黃世鈺（1999），「資優兒童情意行為觀察量表編製原理與實例
　　探析」，《國民教育研究學報》第五期：331-351。

黃秀梨等（1999），「護理人員對發展遲緩兒童早期療育應有的
　　認識」，《護理雜誌》第四十六卷第三期：67-72。

黃郁惠等（1999），「建立經皮測黃疸器在嬰兒室之使用指標」，
　　《慈濟醫學》第十一卷第四期：359-364。

黃美涓等（1996），「精簡化的臺灣兒童量表之設計及其臨床試
　　用」，《臺灣醫學》第一卷第四期：424-439。

黃奕燦（1995），「妊娠糖尿病篩檢為什麼要列入產檢項目？」，
　　《婦幼衛生》第一五四期 ：3-7 。

黃奕燦（1996），「產前為何應列入妊娠糖尿病篩檢？」，《臺灣
　　醫界》第三十八卷第六期：29-32 。

黃桂君（1998），「應用智力測驗應有的認識」，《國教世紀》第
　　一八〇期：4-7。

黃淑文等（1999），「中美兒童早期療育服務內容之比較」，《兒
　　童福利論叢》第三期：2559-1+256-293。

黃國禎（1993），「兒童福利法對身心障礙兒童的意義」，《特教
　　園丁季刊》第九期：34-41。

黃琪璘（1996），「健康教育和生活型態」，《國教之聲》第三十

卷第二期：53-60。

黃雅文（1996），「園長教師家長對健康教育的態度、幼稚園健康教育實施與幼兒健康習慣、體格生長相關問題之探討」，《學校衛生》第二三期：22-33。

黃雅文（1994），「幼稚園園長教師家長對健康教育需求之研究」，《國民教育》第三十四卷第五期：31-38。

黃雅文（1994），「幼稚園健康教育實施及其相關問題之探討」，《臺北師院學報》第七期：847-880。

黃雅文（1994），「公私立幼稚園園長教師家長之健康教育認知」，《幼教學刊》第二期：33-44。

黃雅文（1995），「幼稚園園長教師家長對健康教育需求之研究」，《幼教學刊》第三期：26-38。

黃雅文（1996），「健康教育內容之省思」，《幼教學刊》第四期：6-14。

黃榮村（1996），「身心障礙教育之問題與對策」，《教改通訊》第十六期：5-10。

黃璉華（1996），「學校護士的角色功能與未來展望」，《護理雜誌》第四十三卷第二期：18-24。

黃德業（1987），「聽障嬰兒早期教育的可行性與重要性」，《特殊教育季刊》第二二期：5-7。

黃麗蘭（1993），「優生保健與遺傳諮詢」，《榮總護理》第十卷第三期：282-286。

馮丹白（1996），「特殊需要學生之職業教育」，《技術及職業教育》第三四期：6-12。

游自達（1996），「從低年級兒童的心理發展談學習輔導」，《國教輔導》第三六卷第二期：9-16。

游美貴（1994），「顏面傷殘兒童家庭福利服務需求之研究」。中

國文化大學兒童福利研究所碩士論文。

游景明（1997），「美國發展遲緩兒童早期療育服務觀摩報告」，《社會福利》第一三三期：25-34。

游張松等（1997），「健保資料庫整體規劃及其架構」，《中華公共衛生雜誌》第十六卷第六期：522-526。

萬育維（1994），「長久以來被疏忽的問題－談學齡前兒童早期療育的規劃」，《社會福利》第一一五期：18-26。

萬育維等（1997），「從醫療與福利整合的角度探討－我國發展遲緩兒童之早期療育制度之規劃」，《社區發展季刊》第七二期：48-61。

萬育維等（1999），「慢性精神障礙者安置照顧模式之初探」，《東吳社會工作學報》第五期：1-40。

楊玉隆（1994），「懷孕期間無症狀菌尿症的篩檢及治療」，《北市醫誌》第三十八卷第五期：40-42。

楊育芬等（1997），「英語文學習之診斷與治療」，《國立雲林技術學院學報》第六卷第三期：317-338。

楊忠祥（1992），「兒童健康性體適能之測驗與評量」，《國民教育》第三二卷第六期：32-35。

楊玲芳（1999），「早期療育服務個案管理者執行工作內涵與困境相關因素之研究」。東海大學社會工作學系碩士論文。

楊冠洋等（1995），「兒童血中鉛濃度篩檢調查－臺北榮總職業病防治中心工作初報」，《中華職業醫學雜誌》（復刊號）第二卷第四期：184-193。

楊美華（1998），「早期療育中家庭服務的職業道德省思」，《特教園丁》第十三卷第四期：8-11。

楊勉力等（1994），「Fragile-X Syndrome與智障兒篩檢之新發展」，《臺灣醫界》第三十七卷第七期：37-40。

楊淑惠等（1999），「臺北市學齡前兒童的體位與營養素攝取和
　　　血液脂質生化的關係」，《中華民國營養學會雜誌》第二四
　　　卷第二期：139-151。

葉玉玲（1988），「柯韓二氏知覺測驗之修訂研究」。國立台灣教
　　　育（學院）特殊教育研究所碩士論文。

葉貞屏（1996），「從生長發展談兒童的成長焦慮」，《教育資料
　　　與研究》第十一期：17-19。

劉文俊（1995），「婚前健康檢查與諮詢」，《醫學繼續教育》第
　　　五卷第三期：307-315。

劉丹桂（1991），「新生兒先天性代謝異常疾病篩檢」，《衛生報
　　　導》第一卷第七期 ：14-16 。

劉永健（1995），「學校護士對過動兒提供的服務」，《國小特殊
　　　教育》第十八期：44-46。

劉坤仁（1996），「台灣地區的社會階層與健康不平等」。國立臺
　　　灣大學公共衛生研究所碩士論文。

劉殿楨等（1998），「學齡前兒童之聽力篩檢」，《臺灣醫學》第
　　　二卷第六期：616-622。

趙文元（1995），「小兒的聽力篩檢」，《當代醫學》第二十二卷
　　　第六期 ：481-483 。

廖華芳等（1999），「臺北市醫療機構兒童早期療育服務之調
　　　查」，《中華民國物理治療學會雜誌》第二十四卷第三期：
　　　161-173。

熊秉眞（1994），「中國近世士人筆下的兒童健康問題」，《中央
　　　研究院近代史研究所集刊》第二三期（上）：1-29。

熊秉眞（1995），「驚風：中國近世兒童疾病與健康研究之一」，
　　　《漢學研究》第十三卷第二期：169-203。

熊秉眞（1996），「小兒之吐一一個中國醫療發展史和兒童健康

史上的考察」,《中央研究院近代史研究所集刊》第二五
期:1-51。

黎小娟(1998),「母血篩檢唐氏症陽性反應的孕婦面對羊膜穿
刺之決策經驗」,《護理雜誌》第四十五卷第三期:51-64

黎小娟(1999),「母血篩檢唐氏症之臨床應用與諮詢」,《護理
雜誌》第四六卷第一期:81-87。

管美玲(1993),「新生兒聽力篩檢」,《中華民國小兒科醫學雜
誌》第三十四卷第六期:458-466。

蔡文友(1995),「臺灣地區先天性甲狀腺低能症新生兒篩檢─
臺大醫院篩檢中心之經驗」,《中華民國內分泌暨糖尿病學
會會訓》第九卷第一期:13-15。

蔡文友(1995),「臺灣地區先天性甲狀腺低能症新生兒篩檢─
臺大醫院篩檢中心之經驗」,《當代醫學》第二十二卷第十
期:49-50。

蔡阿鶴(1991),「智能不足兒童的生理保健」,《嘉義師院學報》
第五期:155-198。

蔡阿鶴(1992),「智能不足兒童的心理衛生」,《嘉義師院學報》
第六期:195-218。

蔡淑菁(1996),「台北市國小學生體能及其影響因素之研究」。
國立臺灣師範大學衛生教育研究所碩士論文。

蔡鶯鶯等(1999),「健保資訊的接觸管道對全民健保預防保健
服務利用之影響」,《新聞學研究》第六十一期:73-98。

賴正均(1999),「虛弱小兒免疫提昇的中醫藥調理原則及其日
常生活保健方法」,《臺北市中醫師公會中醫藥研究論叢》
第二卷第一期:98-106。

賴美淑等(1993),「優生保健與家庭計畫」,《醫學繼續教育》
第三卷第二期:292-295。

賴淑霞（1988），「中部地區精神疾病醫療網轉介照會工作實施現況之初步評定研究」。東海大學社會工作研究所碩士論文。

賴惠玲（1995），「肥胖兒童飲食行為改變實證研究」。國立臺灣師範大學衛生教育研究所碩士論文。

賴曉蓉（1996），「國小兒童健康體能及其相關因素之探討」。高雄醫學院護理學研究所碩士論文。

賴慧貞等（1993），「台灣早期療育資源探討」，《中華復健醫誌》第二一期：125-132。

鄭志宏（1998），「父母特性與兒童醫療照顧」。淡江大學產業經濟學系碩士論文。

鄭美金（1999），「一位海洋性貧血帶因孕婦之篩檢處境與因應行為」，《護理雜誌》第四六卷第五期：44-54。

鄭彩鳳（1994），「自然與加速預備狀態『兒童心理學』」，《高市文教》第五一期：32-34。

鄭雪霏（1998），「因應新課程教師應具備的素養—以健康教育為例」，《國民教育》第十五卷第四期：10-13。

鄭雪霏（1998），「腸病毒肆虐帶來的省思」，《研習資訊》。

鄭麗貞（1997），「我國學校衛生護理的現況」，《護理新象》第七卷第一期：2-9。

謝丞韋（1997），「身體能量活動自我評估法之效度研究」。國立臺灣師範大學體育研究所碩士論文。

謝明昆（1998），「兒童心理輔導與諮商」，《進修學訊年刊》第四期：19-26。

謝秀宜（1992），「我國全民健康保險醫療費用部分負擔制度之研究」。逢甲大學保險學研究所碩士論文。

謝啓瑞（1994），「兒童醫療需求的實證分析」，《經濟論文叢刊》

第二十二卷第一期：1-23。

謝啓瑞等（1998），「台灣醫療保健支出成長原因之探討」，《人文及社會科學期刊》第十卷第一期：1-32。

鍾美雲（1993），「肥胖兒童體重控制計畫文獻及現況探討」，《學校衛生》第二二期：38-48。

魏俊華（1997），「聽覺障礙兒童之心理壓力與因應」，《特教新知通訊》第四卷第六期：1-3。

蕭淑貞等（1992），「臺北市某幼稚園之保健工作模式—學齡前兒童生長發育之健康評估及健康服務」，《康寧雜誌》第十四卷第一期：13-35。

蕭淑貞等（1995），「學齡前兒童常出現之行為問題初探」，《公共衛生》第二一卷第四期：245-254。

蕭廣仁等（1991），「先天性腎上線增生症之新生兒篩檢」，《中華民國醫檢會報》第六卷第二期 ：17-18。

羅秀華（1997），「發展遲緩兒童之服務如何落實於家庭與社區社會工作」，《社區發展季刊》第七七期：83-92。

羅秋怡（1999），「分秒必爭錙銖必較—談早期療育」，《馬偕院訊》第十九卷第六期：221-224。

羅惠玲（1996），「一般及發展遲緩幼兒父母對托兒所收托發展遲緩幼兒態度之研究—以『台北市多元化托兒服務計畫』為例」。中國文化大學兒童福利研究所碩士論文。

蘇芊玲等（1998），「『關心兒童的心理衛生與成長心態』系列座談會（上）」，《醫望》第二六期：95-108。

蘇妃君（1991），「台灣北區國民中小學護士專業素養及未來培育需求之調查研究」。台灣師範大學衛生教育研究所碩士論文。

蘇瑞卿等（1993），「中小學學生健康檢查之探討—以臺北市實

施情形為例」，《學校衛生》第二二期：75-79。

顏兆熊（1995），「以母血生化標誌篩檢唐氏症」，《臺灣醫界》
第三十八卷第五期：21-26。

顧艷秋（1996），「護理部門在提昇醫療品質上之角色與功能」，
《臺灣醫學》第一卷第一期：116-117。

7

兒童教育與休閒活動服務方案

前言

　　新世紀的來臨，將面對人類社會更積極的挑戰，為了迎接這些挑戰，造就未來優質人類的工程──教育就益顯得重要，唯有對人類幼苗的教育，將來開花結果，才能適應未來變化多端的社會，而教育是多元性的，可以是學校教育，也可以是社會教育。學校教育比較制式化，社會教育應更有彈性，可以提供兒童另類的學習管道，例如，廣播、電視節目、兒童讀物等，就扮演相當重要的角色。此外，在兒童的成長過程中，影響健全身心發展的另一個關鍵就是育樂及休閒活動，這些活動（遊戲）可以消耗幼兒過剩的精力，可以回復在工作中消耗的精力，可以在學習之後為成人生活所需作準備，也可以調節日常生活中受挫的經驗，熟練並鞏固所學的技巧等（郭靜晃，1992）。因此，休閒活動也是兒童生活中不可或缺的內容之一，值得有關單位重視。

　　兒童局依兒童福利法第六條的規定於88年11月20日成立，千頭萬緒，百事待舉，很希望為我國兒童盡一份心力，然於法治國家中，事事講究依法行事，故在擬定施政方針之時，必須考量法規的問題，以下就列舉與兒童習習相關的兒童福利法及身心障礙者保護法中，有關教育及休閒的條文，作為施政的指標。

法源依據

　　兒童教育與休閒活動之行政法規可以說很多，特別是在教育體系之下的法律，例如，幼稚教育法、國民教育法、特殊教育法等，凡此均由教育部及其相關單位配合實施，不在本文討論之

列。本文擬就社政法規中的兒童福利法及身心障礙者保護法所列
的相關條文提出說明：

兒童福利法

第七條　　　　中央主管機關掌理下列事項：

　　　　　　　4.兒童福利事業之策劃與獎助及評鑑之規劃事項。
　　　　　　　6.特殊兒童輔導及殘障兒童重建之規劃事項。
　　　　　　　7.兒童福利專業人員之規劃訓練事項。
　　　　　　　11.兒童之母語及母語文化教育事項。

第八條　　　　省（市）主管機關掌理下列事項：

　　　　　　　4.特殊兒童輔導及殘障兒童重建之計畫與實施事
　　　　　　　　項。
　　　　　　　9.有關親職教育之規劃及辦理事項。

第十三條　　　縣（市）政府應辦理下列兒童福利措施：

　　　　　　　2.對發展遲緩之特殊兒童建立早期通報系統並提供
　　　　　　　　早期療育服務。

第二十二條　　縣（市）政府應自行創辦或獎勵民間辦理下列兒
　　　　　　　童福利機構：

　　　　　　　1.兒童樂園。
　　　　　　　2.兒童康樂中心。
　　　　　　　3.兒童圖書館。

身心障礙者保護法

第二條　　　　本法所稱主管機關：在中央爲內政部；在省（市）
　　　　　　爲省（市）政府社會處（局）；在縣（市）爲縣
　　　　　　（市）政府。本法所規定事項，涉及各目的事業主
　　　　　　管機關職掌者，由各目的事業主管機關辦理。

　　　　　　1.主管機關：主管身心障礙者人格及合法權益之維
　　　　　　　護，個人基本資料之建立，身心障礙手冊之核
　　　　　　　發、托育、養護、生活、諮詢、育樂、在宅服務
　　　　　　　等福利服務相關事宜之規劃及辦理。
　　　　　　3.教育主管機關：主管身心障礙者之教育及所需經
　　　　　　　費之補助、特殊教育教材、教學、輔助器具之研
　　　　　　　究發展、特殊教育教師之檢定及本法各類專業人
　　　　　　　員之教育培育，與身心障礙者就學及社會教育等
　　　　　　　相關事宜之規劃及辦理。

第十四條　　　爲適時提供療育與服務，中央相關目的事業主管
　　　　　　機關應建立彙報及下列通報系統：

　　　　　　1.教育主管機關應建立疑似身心障礙學生通報系
　　　　　　　統。

第十條　　　　各級政府應根據身心障礙者人口調查之資料，規
　　　　　　劃設立各級特殊教育學校、特殊教育班或以其他
　　　　　　方式教育不能就讀於普通學校或普通班之身心障
　　　　　　礙者，以維護其受教育之權益。
　　　　　　前項學齡身心障礙兒童無法自行上下學者，應由

政府免費提供交通工具；確有困難，無法提供
者，應補助其交通費；地方政府經費不足者，由
中央補助之。

第二十一條　各級教育主管機關應主動協助身心障礙者就學，
各級學校亦不得因其障礙類別、程度、或尚未設
置特殊教育班（學校）而拒絕其入學。

第二十二條　教育主管機關應視身心障礙者之障礙等級，優惠
其本人及子女受教育所需相關經費；其補助辦法
由中央教育主管機關定之。

第二十三條　各級教育主管機關辦理身心障礙者教育及入學考
試時，應依其障礙情況及學習需要，提供各項必
須之專業人員、特殊教材與各種教育輔助器材、
無障礙校園環境、點字讀物及相關教育資源，以
符公平合理接受教育之機會與應考條件。

第二十四條　各級政府應設立及獎勵民間設立學前療育機構，
並獎勵幼稚園、托兒所及其他學前療育機構，辦
理身心障礙幼兒學前教育、托育服務以及特殊訓
練。

第四十一條　爲強化家庭照顧身心障礙者之意願及能力，直轄
市及縣（市）政府應提供或結合民間資源提供下
列社區服務：

7.休閒服務。
8.親職教育。

第五十三條　各級政府及民間應採取下列措施豐富身心障礙者
之文化及精神生活：

1.透過廣播、電視、電影、報刊、圖書等方式，反映身心障礙者生活。
2.設立並獎助身心障礙者各障礙類別之讀物，開辦電視手語節目，在部分影視作品中增加字幕及解說。
3.舉辦並鼓勵身心障礙者參與各項文化、體育、娛樂等活動、特殊才藝表演，參加重大國際性比賽和交流。

前項實施辦法，由中央主管機關會同各目的事業主管機關定之。

有關兒童教育與休閒的基本議題論述

本單元主要在針對上述兒童福利法及身心障礙者保護法，有關兒童「教育與休閒」的部分作申論，就服務的觀點，這是「最低限度」的福利服務，而且都是「於法有據」的。

特殊教育與補救教學

舉辦特殊兒童普查

有始以來，我國共舉辦兩次特殊兒童普查，第一次在民國六十五年完成，在6～12歲學齡中，有34,001名身心障礙兒童，出現率為1.12%（引自徐享良，民88）。第二次則在民國七十九年至八十一年普查，本次共普查十一類特殊兒童，在6～14歲的兒童中，總共出現75,562名身心障礙兒童，出現率為2.121%（引自教

育部特殊兒童普查執行小組，民82）。自第二次全國特殊兒童普查以來，我國未再做普查，在此期間，歷經了由教育部執行的「發展改進特殊教育五年計畫」（民國八十三會計年度開始執行）。民國八十六年修訂的「特殊教育法」，以及新近所倡導的融合教育（inclusive education），在這諸多變革中，過去的普查資料實已失效，尤其是特殊兒童的分類及鑑定基準（請參考「身心障礙及資賦優異學生鑑定原則鑑定基準」，民國八十七年頒布）也作了改變，因此實有必要再作第三次全國特殊兒童普查，作為規劃設立區域性特殊學校、特殊班、資源班或以其他方式教育可能就讀於普通學校或普通班之特殊兒童。

補助教育經費

　　身心障礙者常因找不到工作，或無法在工作上全力以赴，導致經濟狀況較差，以台北市八十四年度低收入戶總調查報告中，致貧的原因為身心障礙者占14.9%，精神病者占9.6%（孫健忠，張清富，民85）。此外，家中有身心障礙者（不管是大人或小孩），可能額外需付出一些醫療及復健費用，更讓經濟生活雪上加霜，若因為這樣而影響到求學時，將不是為政者所樂於見到的，因此，只要編點預算，補助其求學經費，就可大大的改善身心障礙兒童的學習意願及情緒，依照身心障礙者保護法第二十條的規定，學齡身心障礙兒童無法自行上下學者，若政府無法提供交通工具時，應補助其交通費。第二十二條規定應優惠身心障礙者本人及子女受教育所需相關經費。此外，依「身心障礙者生活輔助器具輔助標準」的規定，對於學習所需要的一些輔助器具，例如，點字機、點字板、收錄音機、弱視特製眼鏡或放大器、傳真機等，也按家中經濟狀況給予補助，如此將更有利於身心障礙兒童的學習，當然，我們也希望政府及民間能夠廣開財源，補助更多的教育經費，例如，補救教學費用、學業用品費用、書籍費

用等，以提昇身心障礙兒童的潛能。

提供無障礙的學習環境

學習環境的障礙是身心障礙兒童的痛，他們常因而感到無奈與無助，導致學習效果也大大的打了折扣，因此，這也是吾人在提供福利服務所應考量的，根據身心障礙者保護法第二十條規定，學齡身心障礙兒童無法自行上下學者，應由政府免費提供交通工具。第二十一條不得以任何理由拒絕入學，第二十三條提供特殊教材與各種教育輔助器材，無障礙的校園環境，點字讀物及相關教育資源。此外，楊國賜（民81）認為吾人應從下列三者提供無障礙的學習環境：

1. 學校建築方面：基於「方便」與「安全」兩大原則，建立全面性無障礙校園環境。所謂「方便」係指校園內任一建築物或環境設施，皆應使身心障礙學生便於抵達、便於進入或便於使用。所謂「安全」係指校園內各項建築及設施，皆應顧及身心障礙學生行動安全，無二度傷害的顧慮。

2. 教學環境方面：由於身心障礙學生多數需藉輔助器具才能順利學習，所以教材教法教具應彈性調整，適應身心障礙學生的特殊需要，是排除其學習上有所障礙的必要措施。

3. 社會接納方面：就「無障礙校園環境」所引發接納身心障礙學生的做法包括：（1）提供身心障礙學生參與一般活動的機會，（2）一般師生避免取笑及議論某身心障礙學生，應給予援手適當協助，（3）加強身心障礙學生的輔導，（4）舉辦關懷身心障礙學生的活動。

研發特殊兒童鑑定工具

　　評量工具是篩選、鑑定特殊學生及為其進行教育評量時，不可或缺之憑藉。教育部社教司曾委託國立台灣師大特殊教育中心彙編《特殊學生評量工具》計185種（張蓓莉，民80），然觀其內容，並無法滿足現行各類特殊兒童的需要，且該書出版迄今已十年，常模已老舊不堪使用。近年來，公立單位及民間出版社（例如，中國行為科學社、心理出版社等）雖有新的測驗被研發出來，但至今仍感不足，故有賴各學術機構繼續發展適合各類特殊兒童的鑑定工具，辦理特殊兒童之鑑定，以便提供適當的教育安置。關於此一項目，教育部長楊朝祥（民88）也將改進特教測驗、評量工具列入日後的重點工作及施政方向，這是可喜的現象。

建立疑似身心障礙學生通報系統

　　發展遲緩幼兒若能獲得早期療育，遲緩的狀況似可獲得改善。而為能得到早期療育的機會，通報系統的建立就很重要，故特殊教育的主管單位—教育部應與衛生署、內政部等單位建立通報系統，期使每一位身心障礙兒童均能獲得早期療育、適當安置與接受福利服務的機會。

重視特殊兒童學前教育、托育服務及特殊訓練的機會

　　人類發展有其關鍵期，而許多身心發展，例如，粗動作、細動作、大肌肉、小肌肉、認知、情緒、社會等，最好能在六歲以前就積極涉入學習，特殊兒童的發展通常更為遲緩，早期的學前教育、托育服務，以及特殊的訓練（例如，語言矯正、生活自理能力、定向訓練、物理治療等）就更有必要實施。我國特殊教育法（民國八十六年修訂公布）第七條就明文規定：學前教育階段，在醫院、家庭、幼稚園、托兒所、特殊幼稚園（班）、特殊

教育學校幼稚部或其他適當場所實施。可見這是有法源依據的，也期望政府及民間共同來努力，作好此一工作。

輔導低成就的學童

對於低成就學生的輔導，首重原因的瞭解，是來自個人的因素、家庭的因素或學校的因素，對症下藥，可以解決低成就學生的問題。以個人因素為例，是否為智力低下、缺乏學習動機，或者是出現率頗高的學習障礙（learning disabilities），學習障礙的學童在發展上常顯現重大的內在差距，例如，知覺、視動能力、注意力、記憶力等發展的不平衡，亦可能係表現於潛在能力與實際成就之間的明顯差異（何華國，民88）。因此，有賴學校老師、家長給低成就的兒童作適當的輔導，所謂適當的輔導係指針對其潛能作合理的要求，例如，對於低智商者就要把水準降低。此外，對於輔導的方式，在學校可採用老師直接輔導、小老師輔導，或者課後輔導、資源班輔導。至於在家中，家長可就近輔導或請家庭教師幫助兒童的學習。

善用電腦、網際網路及遠距教學

隨著科技的進步，電腦、網際網路及遠距教學也可以好好的利用在身心障礙兒童的學習上。例如：

1. 身心障礙學生資料可以建立電子檔，如此可以應用在老師的教學工作。
2. 建置教學檔案，例如，特殊教育各類專業人才檔、特殊教材等。
3. 利用網路作特殊教育的宣導、解答特殊教育老師及特殊兒童的疑問。
4. 建立身心障礙學生的通報系統。

5.透過網路成立家長支持系統，並作兒童教導經驗的交流。

6.爲特殊兒童作遠距教學：遠距教學可分爲兩種，一爲同步教學，即老師與學生同時上課；另一種爲非同步教學，意爲老師把教材刊在網路，特殊兒童可以不定時上網學習。遠距教學可以解決特殊教育資源分佈不均的問題，也可以解決國內診斷人才缺乏與特教師資不足的問題，落實特殊教育的理想（孟瑛如、吳東光，民86）。

7.爲特殊老師、身心障礙福利服務人員及身心障礙學生提供各種社會資源。

充實融合教育的配套措施

近年來，特殊教育界高喊融合教育，各行政及學校也就急就章加以配合，美國維吉尼亞大學教授Kauffman（1999）就提及融合教育在美國受歡迎的原因有五：（1）他們相信學校裡的特殊班是失敗的，整個特殊教育對處理特殊的孩子並不成功；（2）受美國人權運動的影響；（3）推廣融合教育可以減少花費；（4）後現代哲學（postmodernism）和解構主義（deconstructivism）的興起，此二者是反科學的，認爲教育的價值是無法用科學驗證的，孩子的學習成就有無改變根本不是重點；（5）社會改革或教育改革的理念建議我們不要去發掘或標記學童，學校可以做根本上的改革或重建，使普通教育變得非常彈性，足以涵蓋所有的學童。然而，在台灣各種配套措施沒有同步進行之下，目前可以說是毀譽參半，爲了作好改進工作，似可從下列幾個方向著手：

1.師資培訓：由於普通班老師未必具有特殊教育的知能，就作融合教育時，讓老師覺得力不從心，不知如何輔導各類特殊兒童，特殊兒童也沒有得到應有的受教品質，因此，

各師資培育機構應廣開特殊教育學分，讓「準老師」有特殊教育的知能；至於現職的普通班教師則可利用短期研習、暑假調訓等方式接受特殊教育的專業訓練，以利教學。值得注意的是學前特教老師也應積極列入培訓。

2.充實軟硬體設施：特殊兒童進入普通班以後，為了符合其特殊需要，充實軟硬體設施有其必要性，例如，特殊教材、設備（特製桌椅、放大鏡、點字書、傳真機…）等。

3.行政配合：包括鑑定工作、安置、教師員額等，行政配合得宜，有利教師的教學工作。

成立特殊教育輔導團隊

特殊教育的專業除了教育以外，還包括：醫療、心理、社工等專業知識，常讓特殊教育老師使不上力，為了讓老師能更順利教學，各縣市宜整合小兒科醫師、耳鼻喉科醫師、復健科醫師、語言治療師、心理師、精神科醫師、社工師等組成輔導團隊，輔導老師從事教學工作。

社會教育宣導及圖書、廣電節目製作

利用媒體及電腦網際網路作社會教育：兒童追求知識、接受教育的管道應該是多元性的，報紙、廣播節目、有線及無線電視台、電腦網際網路等均可製作兒童教育單元，作好社會教育、補充學校教育之不足。

製作、評鑑、獎勵兒童讀物、漫畫、錄音帶、錄影帶、廣播節目、電視節目：各有關單位可以編定年度計畫，編製各類兒童有聲圖書及一般讀物，並且每年作評鑑工作，獎勵優良作品。此外，也可以向電視公司及廣播公司購買時段，播放優良兒童節

目，讓電視公司及廣播公司之兒童節目能永續經營，造福兒童。

設立社區化圖書館：近年來，兒童圖書館已逐漸普遍化，但至今城鄉差距仍很嚴重，為了調節此一現象，宜在各社區設立小型圖書館，設置地點可在村里活動中心、廟宇、教會或其他合適地點，讓每一村里、社區兒童在最近的距離可以借到課外讀物，造福偏遠地區兒童。至於一些中大型圖書館，可研發跨館際借書服務、跨館際資料查詢服務。

兒童母語及母語文化教育：在兒童福利法第七條明文規定應為兒童作母語及母語文化教育，在推行此一措施之時，吾人應先瞭解其真義何在。蓋因語言有其流通性、普遍性與統一性，作極少數兒童的母語教學不但無法有流通性，而且師資、教材也不易覓得；但若基於文化保存、尊重少數民族的觀點，母語文化教育就有其必要性，因此，釐清這樣的觀念後，將有助於訂定母語及母語文化教學的目標及教學內容。

編製兒童育樂、社會教育、廣電節目活動會訊：資訊不足常造成供需單位的不協調現象，不但造成資源的浪費，也讓兒童無法獲得應有的福利服務。因此，有關單位應該把各種兒童育樂、社會教育、廣電節目活動分成全國性的、地方性的作成會訊定期（按月）分送各學校、家長團體或個人訂戶，提供學校辦戶外教學、家長作親子活動的參考。

兒童育樂及休閒場所

設立各種兒童育樂及休閒場所：政府應自行創辦或獎勵民間設立各種兒童育樂及休閒場所，包括：兒童樂園、室內兒童康樂中心、動物園、科學館、博物館、文物中心等，除在大城市設立大型機構外，顧及普遍化原則，可在各縣市設立富地域性特色之小型機構，讓鄉下或偏遠地區之兒童也有合適的活動地點。

安全措施的維護：兒童育樂及休閒場所發生意外事件時有所聞，故安全措施之維護不可漠視，可從下列幾個方向著手：

1.政府有關單位定期作好安全檢查。
2.結合社區父母及民間團體，發揮守望相助，加強活動設施安全督導與管理。
3.鼓勵企業界認養公園內兒童育樂設施。

設立社區化兒童樂園：結合政府或民間力量在社區活動中心、廟宇或教會、公園設立簡易育樂活動場所，讓兒童有紓展身心的機會。

公私立小學、幼稚園及托兒所於假日開放運動與遊樂器材給社區內兒童使用：為達到物盡其用及普遍化原則，政府可補助經費給各公私立小學、幼稚園及托兒所，購買、保養及維修各種育樂設施，提供給社區內兒童使用。

提供公私立遊樂場所之入場券給弱勢族群之兒童：許多公私立遊樂場所之遊樂設施均相當吸引兒童，也具教育及娛樂效果，但因入場票價過高（尤其是私立遊樂場所），部分弱勢族群（例如，低收入戶、身心障礙、原住民等）之兒童無法前往消費，故政府對於公私立機構應定期購買入場券，免費提供給弱勢族群之兒童使用。

兒童教育與休閒活動服務方案

基於上面之論述，本書將之整理出下列之採行方案供參考（見表7-1）。

表7-1 兒童教育與輔導制度的提案

採行措施	主辦機關	協辦機關	時程
一、特殊教育及補救教學			
1.各級政府，應根據身心障礙者人口調查之資料，規劃設立區域性特殊學校、特殊班或以其他方式教育可能就讀於普通學校或普通班之特殊兒童	直轄市及各縣市政府	教育部內政部兒童局	立即辦理
2.學齡身心障礙兒童無法自行上下學者，提供免費交通工具，確有困難，無法提供者，應補助其交通費	直轄市及各縣市政府	教育部內政部兒童局	立即辦理
3.研發合適的特殊兒童鑑定工具、辦理特殊兒童之鑑定，提供適當之教育安置	衛生署教育部	內政部兒童局	立即辦理
4.建立疑似身心障礙學生通報系統	教育部	內政部兒童局	立即辦理
5.依身心障礙兒童之障礙等級優惠其受教育所需相關經費	直轄市及各縣市政府	內政部兒童局	立即辦理
6.辦理身心障礙兒童教育時，應依其障礙情形及學習的特殊需要提供各項必須之專業人員、特殊教材與各種教育補助器材、無障礙校園環境、點字讀物及相關教育資源	直轄市及各縣市政府教育部	內政部兒童局	立即辦理
7.設立及獎勵民間設立幼稚園、托兒所及其他學前療育機構，辦理身心障礙幼兒學前教育、托育服務及特殊訓練	直轄市及各縣市政府	內政部兒童局教育部	立即辦理
8.對於低成就之學童應以資源班或其他適當方式給予補救教學	各縣市政府	教育部	立即辦理
9.各縣市成立特殊兒童教育電子資訊檔、網站	直轄市及各縣市政府	教育部	立即辦理
10.爲特殊兒童作遠距教學	教育部		立即辦理
11.爲特教老師、身心障礙福利服務人員及特殊兒童利用適當管道提供社會資源資訊	教育部內政部兒童局	直轄市及各縣市政府	立即辦理
12.充實融合教育的配套措施（例如，師資培訓、軟硬體設施、行政配合等）	直轄市及各縣市政府	教育部	立即辦理

續表7-1

採行措施	主辦機關	協辦機關	時程
13.培育學前特殊教育教師	教育部		立即辦理
14.各縣市成立特殊教育輔導團隊	直轄市及 各縣市政府	教育部 衛生署 內政部兒童局	立即辦理
15.為私立小學、幼稚園特教老師比照 公立學校提供「特教津貼」	直轄市及 各縣市政府	教育部	立即辦理
二、社會教育宣導及圖書、廣電節目製作			
1.透過媒體及電腦網際網路宣導各項社 會教育，對兒童實施品德、禮節、衛 生常識、環境保護、性教育等知識	新聞局	教育部 內政部兒童局	立即辦理
2.獎勵兒童文學、讀物、漫畫之創作及 錄影帶、錄音帶之製作，並編製優良 兒童讀物（書刊、雜誌、漫畫等）	教育部	內政部兒童局 文建會	立即辦理
3.製作並定期評鑑、獎助優良兒童電視 、廣播節目	新聞局	教育部 內政部兒童局	立即辦理
4.普遍設立社區化兒童圖書館，並研擬 跨館際借書服務	直轄市及 各縣市政府	教育部 文建會	立即辦理
5.兒童之母語及母語文化教育事項	直轄市及 各縣市政府	原住民委員會 文建會 教育部 內政部兒童局	立即辦理
6.編製兒童育樂、社會教育、廣電節目 活動會訊	直轄市及 各縣市政府	內政部兒童局	立即辦理
7.向電視、廣播公司購買時段，播放優 良兒童節目	新聞局	教育部 文建會 內政部兒童局	立即辦理
三、兒童育樂及休閒場所			
1.各級政府結合資訊、教育及社政建立 兒童休閒網絡，規劃及倡導兒童休閒 及文化樂園之場地、空間與設施，以 滿足各類兒童之休閒多樣化之需求	直轄市及 各縣市政府 內政部營建署	內政部兒童局 勞委會 教育部	立即辦理
2.政府自行創辦或獎勵民間設立兒童樂 園並定期作安全檢查	直轄市及 各縣市政府	內政部兒童局 教育部	立即辦理

續表7-1

採行措施	主辦機關	協辦機關	時程
3.結合社區活動中心或民間機構設立社區化兒童康樂中心	直轄市及各縣市政府	內政部兒童局文建會教育部	立即辦理
4.政府自行創辦或獎勵民間設立社區化、精緻化之動物園、兒童博物館、文物中心、科學館	直轄市及各縣市政府	內政部兒童局教育部文建會	立即辦理
5.於各大、中、小型公園架設兒童遊戲、運動設施,並訂定法令以保障兒童遊戲、休閒場所、設施之安全	直轄市及各縣市政府	教育部內政部兒童局	立即辦理
6.結合社區父母及民間團體,發揮守望相助,加強活動設施安全督導與管理	直轄市及各縣市政府	教育部內政部兒童局警政署	立即辦理
7.鼓勵企業界認養公園內兒童育樂設施	直轄市及各縣市政府	內政部兒童局	立即辦理
8.補助公私立幼稚園及托兒所,於假日提供園所內運動及遊樂器材給社區內兒童使用	直轄市及各縣市政府	內政部兒童局	立即辦理
9.政府為低收入戶、身心障礙、原住民等弱勢家庭之兒童購買公私立遊樂場所之入場券	直轄市及各縣市政府	內政部兒童局	立即辦理

當代台灣地區兒童教育與休閒的相關文獻（1990-2000）

王文科等（1994），「我國特殊教育之現況與評估」，《特殊教育學報》第九期：1-31。

王亦榮（1994），「特殊教育發展指標與初探」，《特教新知通訊》第一卷第十期：3-4。

王保進等（1999），「台灣地區國民小學特殊教育資源分配公平性之研究」，《國民教育研究學報》第五期：63-94。

王淑芬等（1994），「台北市國小啓聰資源班概況分析報告」，《國小特殊教育》第十七期：18-26。

王培如（1993），「兒童對遊戲安全之認知與行爲關係之研究」。東海大學景觀設計所博士論文。

王滿足（1991），「特殊兒童的教育評量」，《特教園丁》第六卷第四期：27-31。

王寵惠等（1999），「促進身心障礙兒童發展的遊戲方法」，《國小特殊教育》第二十七期：25-30。

方南強（1994），「閩南語母語教學的回顧與前瞻」，《華文世界》第七十四期：48-52。

文軒（1996），「落實國民小學母語教學」，《師友》第三四三期：34-37。

史久莉（1991），「兒童圖書館公共關係探討」，《書苑》第十一期：72-81。

古明峰（1991），「不同的補救教學方式對於注音符號學習遲緩兒童之學習輔導效果研究」，《國小特殊教育》第十一期：79-85。

吉川重信（1995），「智障生教育的相關措施」，《台灣教育》第
　　五五零期：54-56。

江義德（1999），「民生主義休閒活動理論與實踐之研究」，《三
　　民主義學報》第一九期：103-131。

李旭原（1996），「特殊班的教學與適性教育」，《教育實習輔導》
　　第三卷第一期：47-52。

李志向（1995），「強化壽山動物園的社教功能」，《環境科學技
　　術教育專刊》第八期：32-34。

李慶良（1992），「認識特殊兒童與特殊教育」，《社教資料雜誌》
　　第一六二期：16-18。

李秀美等（1996），「兒童與電視節目」，《廣電人》第二八期：
　　2-30。

余益興（1997），「從融合教育談多元智慧對特殊教育的啓示」，
　　《台東特教》第八期：58-63。

余嬪（1998），「休閒活動的選擇與規劃」，《學生輔導通訊》第
　　六十期：20-31。

何素華（1997），「從有效教學的研究談特殊班有效教學的特
　　質」，《教師之友》第三八卷第一期：51-58。

宋明君（1994），「淺談特殊兒童教育的回歸主流」，《特殊教育》
　　第五十五期：17-21。

沈易達（1998），「淺談特殊教育之電腦活動設計」，《國小特殊
　　教育》第二十六期：24-31。

杜文正（1995），「母語教學的困境與省思」，《竹縣文教》第十
　　二期：15-18。

佐佐木信（1999），「蒙特梭利教育對特殊兒童的適用性
　　（上）」，《蒙特梭利雙月刊》第二十五期：25-28。

佐佐木信（2000），「蒙特梭利教育對特殊兒童的適用性

（下）」，《蒙特梭利雙月刊》第二十六期：39-43。

吳天泰（1998），「由多元文化的觀點看原住民母與教學的推展」，《原住民教育季刊》第十期：49-64。

吳武典（1996），「特殊教育國際學術交流的經驗與啓示」，《特殊教育》第六十期：1-7。

吳淑美（1995），「當前國小母語教學教材編輯之探討」，《東師語文學刊》第九期：97-109。

吳紹婓等（1993），「兒童讀物的選擇」，《書苑》第二十一期：33-43。

翠珍（1994），「學齡前兒童對兒童電視節目的注意力研究」，《教學科技與媒體》第三十期：11-23。

周二銘（1995），「我國特殊教育的曙光」，《通訊雜誌》第二十六期：19-22。

周美惠（1991），「社區兒童遊戲場所之規劃與設計」，《實踐學報》第二十二期：225-255。

孟瑛如（1996），「不要輸在起跑點：談早期療育的重要性」，《新幼教》第十五期：4-9。

邱方晞（1992），「兒童遊玩與兒童育樂活動的探討」，《台北市立兒童育樂中心》第一期：55-60。

邱麗瑛（1991），「幼稚園如何實施－兒童圖書館利用教育」，《育達學報》第五期：173-180。

林淑惠（1997），「台灣自然生態教育的反思－以兒童讀物的題材爲例」，《台灣人文》第三期：227-261。

林敏慧（1991），「特殊兒童的遊戲行爲」，《國小特殊教育》第十一期：89-91。

洪清一（1992），「學習障礙者之學業補救教學原則」，《特教園丁》第八卷第三期：32-36。

洪榮照（1996），「啓智班學生休閒生活與休閒教育之研究」，《台中師院學報》第十一期：511-578。

柯平順（1997），「特殊教育之再思考」，《特教新知通訊》第三卷第四期：1-2。

柯貴美（1998），「從教育改革聲中談特殊教育的轉型」，《國小特殊教育》第二十五期：52-59。

徐志成（1993），「過動兒的補救教學策略之探討」，《特教園丁》第九卷第二期：27-28。

高豫（1999），「特殊兒童網路教學研究」，《遠距教育》第十一期：53-66。

孫筱娟（1998），「台北地區兒童圖書館選書政策之調查研究」。國立台灣大學圖書資訊研究所碩士論文。

郭麗玲（1992），「爲何要爲兒童設計兒童讀物」，《社教雙月刊》第五十期：42-47。

郭麗玲（1993），「兒童讀物的特質與類別」，《社教雙月刊》第五十二期：50-56。

許建民（1997），「休閒活動形式與國小學童知覺能力自我概念關係之研究」。國立體育學院體育研究所碩士論文。

莊蕙瑛（1992），「兒童讀物向前看」，《精湛》第十六期：56-57。

莊蕙瑛（1993），「誰關心他們？談美國兒童特殊教育圖書」，《精湛》第十五期：16-17。

曹逢甫（1994），「台灣閩南語母語教學評述」，《台灣研究通訊》第五卷第六期：2-18。

黃瑞枝（1997），「國小課程要安排母與教學嗎？」，《國教天地》第一二二期：4-5。

張史如（1997），「父母親和教師在特殊兒童生涯教育中所扮演

的角色」，《國小特殊教育》第二十三期:19-23。

張自（1998），「如何落實特殊教育法精神，確實輔導普通班級中的特殊兒童」，《國小特殊教育》第二十四期:1-5。

張在明（1998），「特殊教育實施電腦輔助教學之相關問題探討」，《嘉義師範學報》第十二期：73-93。

張明顯（1994），「日本特殊教育現況」，《研考報導》第二十八期：51-57。

張秋珍（1992），「視覺障礙兒童家庭動力之研究」。彰化師範大學特殊教育研究所碩士論文。

張佩韻、蔡曉玲、范書菁（1998），「中美學習障礙兒童家庭福利需求及服務現況之比較」，《兒童福利論叢》第二期：1-75。

張俊紳（1996），「原住民國小教育的問題與改」，《教改通訊》第十七、十八期：51-53。

張俊彥（1996），「利用學校設施從事休閒活動之目標市場社會人口分析」，《教育研究》第五十二期：36-43。

張英鵬（1994），「特殊教育評量新取向—動態評量簡介」，《國民教育》第三十四卷第十一期：36-39。

張英鵬（1995），「國立臺北師院輔導區國小特殊班使用個別化教育方案電腦軟體之成效及其相關研究」，《臺北師院學報》第八期：413-450。

張英鵬（1999），「近十年（78-87）我國特殊教育安置與設班變遷之分析」，《屏東師院學報》第十二期：251-279。

張湘君（1995），「兒童讀物田園之春叢書—另一種鄉土教學的資源」，《北師語文教育通訊》第三期：17-25。

張勝成（1993），「日本特殊教育學校課程綱要修訂要點—中小學篇」，《特教園丁》第八卷第三期：37-40。

張蓓莉（1994），「論特殊教育教師及專業人員之培育」，《特教新知通訊》第一卷第七期：1-2。

張蓓莉（1999），「從個別化教育計畫實施概況談未來應努力的方向」，《特教新知通訊》第六卷第二期：1-4。

張翠娥（1996），「回歸主流式早期介入教育與幼兒能力發展之探究」，《幼兒教育年刊》第九期：213-231。

張德永（1995），「漫畫作為兒童讀物之省思」，《北縣教育》第九期：40-42。

張慶龍（1998），「國民小學鄉土語言教學的困難與突破」，《研習資訊》第十五卷第三期：22-26。

陳月英（1998），「兩位國小二年級低成就學生接受資源班國語科補救教學之探討」。臺中師範學院國民教育研究所碩士論文。

陳玉賢（1997），「漫談特殊兒童親職教育」，《國教世紀》第一八十期：35-39。

陳玉賢（1997），「從特殊教育法修正案－談身心障礙學生親職教育的加強」，《國小特殊教育》第二十三期：28-32。

陳玉賢（1997），「從特殊教育法修正案－談身心障礙學生家長參與的可行之道」，《特教園丁》第十二卷第四期：36-39。

陳忠本（1997），「身心障礙兒童教育之探討」，《國教輔導》第三十六卷第三期：22-23。

陳忠本（1997），「身心障礙兒童教育的省思與建議」，《臺灣教育》第五五五期：41-43。

陳東陞（1991），「個別化教育計畫（IEP）在特殊兒童學習輔導上的應用」，《教師天地》第五十期：22-26。

陳金池（1996），「融合安置及其對特殊教育的啟示」，《教師之友》第三十七卷第四期：49-54。

陳昭儀（1995），「身心障礙兒童與家庭」，《師大學報》第四十期：187-212。

陳昭志（1996），「兒童遊戲場實質環境與社會性遊戲行為關係之研究」。東海大學景觀學系碩士論文。

陳姿蓉（1997），「淺談學前特殊兒童轉銜計畫」，《特教園丁》第十二卷第四期：40-43。

陳政見（1992），「簡介回歸主流（Mainstreaming）特殊教育」，《教師之友》第三十三卷第四期：31-34。

陳政見（1997），「談特殊教育師資合流培育」，《特教新知通訊》第五卷第三期：1-3。

陳政見（1992），「特殊教育教學輔導改進意見調查報告」，《教師之友》第三十八卷第五期：54-57。

陳政見（1996），「多元文化社會的語言教育」，《研習資訊》第十三卷第三期：35-39。

陳俊仁、萬明美、洪振耀（1998），「視障者的語言問題:視障生之言談轉接」，《聽語會刊》第十三期：78-88。

陳娟娟（1996），「道德題材兒童讀物分析研究」。中國文化大學兒童福利研究所碩士論文。

陳素勤（1998），「美國特殊教育之轉銜理念與做法」，《技藝教育》第十七期：4-7。

陳海泓（1999），「兒童讀物、閱讀課和圖書館館藏對兒童學業成就以及教育機會均等之理論探討」，《臺南師院學報》第三十二期：1-25。

陳淑敏（1992），「學前兒童的遊戲互動與角色取替」，《高市文教》第四十六期：79-81。

陳進福（1996），「社會文化互動對特殊兒童認知發展得影響」，《國教輔導》第三十六期：17-21。

陳惠齡（1994），「從音樂治療—談奧福教學法在特殊教育上的應用」，《奧福教育年刊》第一期：64-78。

陳義智（1997），「由教改會建議項目反省小學資源班的功能」，《高市文教》第六十二期：43-21。

陳綠萍（1995），「特殊兒童應及早療育」，《國小特殊教育》第十八期：34-37。

陳綠萍（1995），「特殊兒童原理在一般教學的運用」，《國小特殊教育》第十九期：43-47。

陳綠萍（1997），「從回歸教育本質談特殊教育做法」，《國小特殊教育》第二十二期：31-34。

陳綠萍（1998），「特殊教育的趨勢與規劃」，《國小特殊教育》第二十五期：47-51。

陳歷渝、陳怡文（1998），「公園兒童遊戲設施之安全性評估—以臺北市中山區為例」，《空間》第一零四期：112-125。

陳龍安（1998），「智能結構模式特殊教育方案對學習障礙學生之學習效果實驗研究」，《臺北市立師範學院學報》第二十九期：265-289。

陳鴻霞（1995），「美國公共圖書館兒童服務之見聞及啟思」，《書苑》第三十期：56-63。

陳麗珠（1994），「特殊兒童的親職教育」，《特教園丁》第十卷第二期：24-25。

陳麗珠（1998），「教育券制度可行模式之研究」，《教育研究資訊》第六卷第三期：129-141。

陳麗鳳（1997），「兒童權利與兒童圖書館服務」，《書苑》第三十二期：9-16。

陳寶山（1997），「校園意外事件與校園安全」，《教育資料與研究》第十四期：21-28。

湯惠媛（1992），莉莉安・何曼著《兒童遊戲》：中譯與評介。
　　國立中山大學外國語言學系碩士論文。

傅秀媚（1996），「特教系組在職進修教師任教特殊班意願及相
　　關因素之探討」，《臺中師院學報》第十期：505-523。

傅秀媚（1997），「美國實施早期介入與學前特殊教育之法律基
　　礎」，《國教輔導》第三十六卷第三期：7-9。

程鈺雄（1999），「資源班教師如何協助家長改善學生的自尊
　　心」，《臺東特校》第九期：26- 30。

程鈺雄（1998），「資源班教師在班級經營的妙錦囊」，《臺東特
　　教》第八期：10-18。

程鈺雄、楊文（1999），「資源班教學實務融合普通班教學理念
　　—小荣鳥的補救教學個案筆記」，《臺東特教》第十期：10-
　　14。

程國選（1998），「早期介入（Early Intervention）」，《建中學
　　報》第四期：151-163。

彭駕騂（1997），「特殊教育應往下紮根—談學前啓智教育」，
　　《臺灣教育》第五五五期：15-18。

游松德（1994），「談國小特殊教育」，《特教園丁》第九卷第四
　　期：19-21。

游惠美、孟瑛如（1998），「電腦輔助教學應用方式對國小低成
　　就兒童注音符號補救教學成效之探討」，《特殊教育與復健
　　學報》第六期：07-347。

葉英晉（1999），「從請勿動手到請你動手—談兒童博物館的功
　　能」，《國立歷史博物館館刊》，（歷史文物）第八卷第四
　　期：73-85。

葉靖雲（1998），「資源教室的概念知多少？」，《特教園藝丁》
　　第十三卷第三期：19-22。

曾世杰（1996），「偏遠地區的身心障礙教育—以臺東縣為例」，《東臺灣研究》第一期：29-45。

曾怡惇（1991），「臺北市國小啓智班中度智能不足兒童與普通兒童口語表達能力之比較研究」。國立臺灣師範大學特殊教育研究所碩士論文。

曾啓勇（1999），「資源班的理念與實施效果」，《竹縣文教》第十八期：71+73-74。

曾雪娥（1997），「兒童圖書館利用教育」，《臺北市立圖書館館訊》第十四卷第四期：7-13。

曾淑賢（1996），「臺灣地區推展兒童圖書館利用教育之近況」，《書苑》第二十九期：49-63。

曾喜松（1996），「尋找中國的安徒生—本土兒童讀物創作者的困境與出路」。國立臺灣大學新聞研究所碩士論文。

曾琬淑（1995），「三種不同補救教學方式對國小數學低成就學生實施成效之比較研究」，《國民教育研究集刊》，（臺南師院）第一期：345-383。

葛守貞（1993），「特殊教育之音樂治療」，《社會科教育學報》，（花師）第二期：173-200。

萬家春、莊志明、何春枝（1992），「國民小學實施外語、方言或母語教學問題面面觀」，《教育研究》第二十三期：14-17。

詹文宏（1995），「科技化的特殊教育」，《國教輔導》第三十四卷第三期：35-38。

董媛卿（1994），「參與資源班學生的意願高低可影響資源教育的成敗」，《國教園地》第四十八期：45-50。

董媛卿（1996），「身心障礙資源班的班級輔導」，《學生輔導通訊》第四十五期：72-83。

董媛卿（1998），「休閒活動的重要」，《國教世紀》第一八二
　　期：38-44。

趙芝瑩（1991），「國小輕度智能不足學生日常生活問題解決能
　　力之研究」。國立彰化師範大學特殊教育研究所碩士論文。

趙建民（1995），「啓聰教育改革之建議」，《教改通訊》第九
　　期：15-16。

鄒小蘭（1992），「走入繪畫天地的唐氏兒—淺談特殊兒童的藝
　　術治療」，《特教園藝丁》第八卷第二期：14-18。

鄒小蘭（1994），「特殊班電腦補助教學應用實例與成效」，《特
　　教園丁》第九卷第四期：39-47。

雷游秀華（1997），「身心障礙者家長對特殊教育的期待」，《臺
　　灣教育》第五五五期：9-10。

楊坤堂（1992），「特殊教育基本概念與方法」，《研習資料》第
　　九卷第三期：22-26。

楊坤堂（1994），「學習障礙的補救教學（下）」，《國小特別教
　　育》第十六期：1-6。

楊坤堂（1994），「行爲管理法在特殊兒童輔導與教學上的應用
　　（1）」，《國小特殊教育》第一期：8-17。

楊坤堂（1995），「行爲管理法在特殊兒童輔導與教學上的應用
　　（2完）」，《國小特殊教育》第十八期：1-10。

楊坤堂（1996），「國小特殊兒童輔導活動（上）」，《國小特殊
　　教育》第二十期：1-6。

楊坤堂（1996），「國小特殊兒童輔導活動（中）」，《國小特殊
　　教育》第二十一期：4-9。

楊坤堂（1996），「國小特殊兒童輔導活動（下）」，《國小特殊
　　教育》第二十二期：1-10。

楊坤堂（1998），「身心障礙資源班課程模式的類別與內涵」，

《國小特殊教育》第二十四期：6-13。

楊坤堂（1998），「特殊教育的實施過程：鑑定、安置與輔導」，《國小特殊教育》第二十五期：41-46。

楊玲芳（1999），「早期療育服務個案管理者實行工作內涵與困境相關因素之研究」。東海大學社會工作學系博士論文。

楊惠琴（1998），「身心障礙兒童教育的品管－IEP」，《國教之聲》第三十一卷第四期：49-54。

楊隆輝（1995），「如何幫助身心障礙的孩子」，《國教輔導》第三十五卷第一期：53-54。

鄧美玲（1995），「注與不注間編輯千萬難－兒童讀物的注音符號爭議」，《中國時報》，開卷周報第四十六版。

鄧毓浩（1996），「臺灣地區中小學原住民母語教學問題之探討」，《公民訓育學報》第五期：153-166。

蓋浙生、鄭淑玲（1997），「如何落實補救教學」，《師說》第一一二期：8-13。

廖永（1990），「國小資賦優異兒童學業低成就影響因素之研究」。國立臺灣師範大學特殊教育研究所碩士論文。

廖永（1998），「特殊教育資訊網路介紹」，《教學科技與媒體》第二十四期：47-51。

廖玉滿（1997），「臺灣省推動特殊教育面面觀」，《特殊教育》第六十二期：39-40。

廖華芳（1998），「跨科技專業整合早期療育模式輔導教養院初步研究」，《中華民國物理治療學會雜誌》第二十三卷第一期：12-23。

潘幸山、陳韻如、蔡桂芳（1997），「有愛，無礙－專訪國立彰化師範大學特殊教育學系王教授文科談特殊需求學生的學習輔導」，《輔導通訊》第四十九期：10-15。

潘幸山（1999），「談危險性休閒活動」，《輔導通訊》第四十六期：29-30。

潘裕豐（1991），「國小批判思考教學效果之實驗研究」。國立臺灣師範大學特殊教育研究所碩士論文。

潘裕豐（1992），「從價值論談特別教育的價值觀」，《中等教育》第四十三卷第六期：11-16。

潘裕豐（1996），「希望交響曲－電腦輔助教學與特殊兒童認知學習」，《國小特殊教育》第二十一期：27-32+26。

潘裕豐（1997），「網路資源，支援教學－談網際網路在特殊教育教學上的應用」，《視聽教育》第三十九卷第三期：28-33。

潘裕豐（1998），「繪圖軟體在特殊兒童教學上的應用」，《國小特殊教育》第二十四期：14-21。

潘裕豐（2000），「記憶理論與特殊兒童的記憶學習策略」，《國小特殊教育》第二十六期：32-39。

潘慧玲（1992），「我國兒童之遊戲行為」，《師大學報》第三十七期：111-131。

潘慧玲（1992），「兒童遊戲之意涵及相關因素探討」，《科學啟蒙學報》，100-119。

劉春榮、林天佑、陳明終（1997），「學齡階段身心障礙學生安置問題研究」，《臺北市立師範學院學報》第二十八期：227-252。

劉惠玲（1995），「臺北市國小資優生、一般生、學障生工作承諾及其相關因素之研究」。臺北市立師範學院初等教育系碩士論文。

劉惠玲（1997），「特殊兒童的問題行為（個案研究）」，《國小特殊教育》第二十三期：57-60。

劉麗容、盧娟娟（1997），「聽障兒童語言發展之理論基礎與策略」，《教育資料與研究》第十七期：85-95。

鄭文瑞（1991），「豐富開放空間的規劃內容—從重視兒童遊戲空間開始」，《造園季刊》第八期：89-91。

鄭光甫（1996），「教育資源分配現況檢討及改革方向」，《教改通訊》第十七／十八期：：71-73。

鄭雪玫（1991），「臺北市公私立兒童圖書館（室）現況調查研究」，《圖書館學刊》，（臺大）第七期：107-131。

鄭雪玫（1993），「1945-1992年臺灣地區外國兒童讀物文學類作品中譯本調查研究計畫書」，《國立中央圖書館臺灣分館館訊》第十一期：11-14。

鄭雪玫（1993），「中國大陸兒童圖書館事業初探」，《臺北市立圖書館館訊》第十卷第四期：10-18。

鄭雪玫（1993），「臺灣地區兒童圖書館功能淺探」，《文訊月刊》第五十三期：29-32。

鄭雪玫（1993），「臺灣地區兒童讀物文學類中譯本出版狀況」，《文訊月刊》第六十三期：31-33。

鄭雪玫（1998），「美國兒童圖書館服務面臨的挑戰」，《書府》第十八／十九期：1-3。

鄭麗月（1995），「學校教育行政人員特殊教育背景及其對特殊教育態度之研究」，《臺北師院學報》第九期：721-754。

鄭麗月（1999），「從特殊兒童的融合教育談學校行政的配合」，《特教新知通訊》第六卷第一期：1-4。

蔣明珊（1997），「臺北市國小資優資源班課程內容之調查分析」，《特殊教育研究學刊》第十五期：331-350。

蔡文標（1999），「特殊教育行政之探討」，《教育資料文摘》第四十三卷第六期：132-154。

蔡文標（1999），「臺灣地區特殊教育學校教育資源分配公平性之研究」，《特殊教育學報》第十三期：153-177。

蔡文標（1999），「特殊教育之分流與合流」，《人文及社會學科教學通訊》第十卷第二期：124-140。

蔡平政（1991），「我國啓智教育機構組織結構與組織效能之研究」。國立臺灣師範大學特殊教育研究所碩士論文。

蔡典謨（1997），「資源整合與資優教育」，《資優教育》第六十四期：6-10。

蔡春美（1993），「我國學前階段特殊教育的現狀與展望」，《國民教育》第三十三卷第七／八期：8-15。

蔡崇建（1994），「特殊教育教師專業知能發展的需求評估」，《特殊教育研究學刊》第十期：103-117。

蔡淑玲（1996），「一個自閉症幼兒在融合教育政策實施下的狀況」。國立師範大學家政教育學系碩士論文。

蔡淑佳（1996），「無障礙環境特殊教育環境規劃與設計」，《師說》第九十一期：33-36。

蔡禎雄（1997），「現代休閒活動之研究」，《桃縣文教》（復刊號）第五期：18-24。

蔡福興（1997），「特殊教育網路資源」，《特教園丁》第十三卷第三期：27-33。

蔡麗仙（1991），「特殊教育諮詢服務之實施」，《特殊教育》第四十一期：29-35。

賴秀智（1998），「我國多元文化教育之現況探討」，《課程與教學》第一卷第二期：95-117+178-179。

賴明莉（1995），「走進特殊教育的萬花筒中—淺談普通班教師對特殊教育應有的理念」，《國教輔導》第三十四卷第三期：31-34。

賴美蓉（1990），「創造性英語教學策略對國小資優學生創造力和學業成績之影響」。國立彰化師範大學特殊教育研究所碩士論文。

賴壁禎（1991），「特殊教育教學法—肢體殘障兒童體育」，《中華體育》第五卷第二期：54-59。

賴慧貞（1993），「障礙兒日間托育與復健治療結合之成效報告」，《復健醫學會雜誌》第二十一期：117-124。

賴慧貞（1993），「臺灣早期療育資源探討」，《復健醫學會雜誌》第二十一期：125-133。

盧志文（1992），「啓智學校（班）國小部課程綱要實施現況及成效評估之研究」。國立彰化師範大學特殊教育研究所碩士論文。

盧美貴（1995），「幼教人談幼教改革」，《教改通訊》第五期：5-6。

謝友文（1998），「兒童遊戲權理念與實踐」，《中華民國建築學會會刊雜誌》第四十五期：21。

謝永齡（1993），「弱智兒童被性虐待的問題—對特殊教育的啓示」，《特殊教育》第四十六期：29-34。

謝金菊（1997），「臺灣圖書館事業之現況與遭遇的困難—兒童服務部分」，《中國圖書館學會會報》第五十八期：73-79。

謝美珍（1991），「淺說兒童遊戲空間」，《造園季刊》第八期：26。

謝政隆（1998），「完全融合教育模式之源流與意義」，《國教輔導》第三十七期：2-7。

謝建全（1997），「隔離（Time Out）策略在國小特殊兒童行爲矯正之應用（上）」，《臺東特教》第六期：22-28。

謝建全（1998），「特殊兒童評估之探討」，《國教之聲》第三十

一卷第四期：2-11。

謝建全（1998），「隔離（Time Out）策略在國小特殊兒童行為
　　矯正之應用（下）」，《臺東特教》第七期：14-22。

謝建全（1998），「由CIPP評鑑模式探討特殊教育資源規劃之可
　　行性—以臺東縣為例」，《臺東特教》第八期：1-6。

謝建全（1999），「偏遠地區特殊教育師資培育問題之探討」，
　　《臺東特教》第九期：1-11。

謝建全（1998），「區域性特殊教育工作的省思」，《臺東特教》
　　第十期：23-26。

戴明國（1992），「彰化縣特殊教育的現況與努力方向」，《特教
　　園丁》第七卷第三期：23-25。

戴明國（1994），「發揚人文精神—開創特殊教育的新境界」，
　　《特教園丁》第九卷第四期：1-5。

薛靜婷（1998），「環境教育遊戲化活動中兒童參與之研究」。國
　　立東華大學自然資源管理研究所碩士論文。

蕭芳玲（1995），「認識特殊兒童課程對國中生接納特殊兒童效
　　果之研究」，《特殊教育研究學刊》第十二期：179-196。

蕭金土（1995），「特殊教育班之班級經營」，《教育資料與研究》
　　第六期：16-17。

蕭金土（1996），「聽覺障礙學生數學錯誤類型分析與補救教學
　　效果之研究」，《特殊教育學報》第十一期：1-33。

蕭素眞（1998），「關於藝術治療」，《應用倫理研究通訊》第七
　　期：14-19。

蕭桂芳（1999），「臺灣九年一貫制新課程和英國交叉式課程設
　　計對中小學資訊教育之影響」，《教育部電子計算機中心簡
　　訊》八八零五期：43-50。

羅明訓（1998），「桃園縣國小六年級學生休閒活動之調查研

究」。臺中師範學院國民教育研究所碩士論文。

魏秀芬（1997），「補救教學系統宜儘速建立」，《政策月刊》第二十六期：14-15。

魏俊華（1996），「特殊兒童的轉銜（transition）方案」，《國教之聲》第三十卷第一期：4-10。

鵬來（1998），「談兒童讀物與國小國語言教學」，《國教世紀》第一八十期：50-53。

蘇婉容（1992），「兩種刺激退減方式對國小中度智能不足學生學習實用性詞彙之研究」。國立彰化師範大學特殊教育研究所碩士論文。

蘇楣雅（1998），「不同補救教學和學生個人特質對國小六年級學生數學學習的作用研究」。國立新竹師範學院國民教育研究所碩士論文。

鐘樹椽（1995），「落實電腦於特殊兒童學習相關因素之探討」，《教學科技與媒體》第二十四期：3-11。

鐘樹椽（1996），「如何應用電腦於特殊兒童教學」，《視聽教育》第三十七卷第六期：20-36。

蘇振明（1999），「認識兒童讀物插畫及其教育性」，《美育》第九十一期：1-10。

結論：邁向二十一世紀兒童福利的願景

——以兒童為本位、家庭為本位，落實整體兒童照顧政策

◎前言
◎當前兒童照顧政策與措施之評析
◎結語
◎我國整體兒童照顧走向之建議

前言

　　健全的兒童是明日社會的動力，兒童福利的健全發展可以增進人類的幸福，減少社會變遷所產生的困擾，爲兒童營造一個健全安定的成長環境是政府與社會大眾無可推諉的責任。給予我們的兒童有個美好的未來是我們的責任與希望，因爲兒童是我們的核心及未來的主人翁，更是未來高素質的生產人口，規劃整體的兒童福利政策有其必要。

　　在多元主義下，公共政策對資源的分配過程中，兒童係爲明顯的弱勢族群，如何使兒童獲得適切而合理的對待，便是兒童福利政策所要努力的標竿。兒童福利是社會福利的一環，兒童福利並無一放諸四海皆準的定義，其定義常依著國家的社會、經濟、文化、政治等發展層次不同而有差異；未開發國家視兒童福利爲兒童救濟；開發中國家的兒童福利不僅是消極的救濟，更要解決各種因素所導致的兒童問題，特別要救助不幸的兒童及家庭；對已開發國家而言，兒童福利意指促進兒童身心健全發展的一切活動而言（李鍾元，1986）。

　　在探討有關兒童福利政策的內涵時，廣義而言，它涵括一切能影響兒童福利的活動及政策立法，從衛生、教育到國防活動，義務教育政策到童工立法無所不包。但從狹義的觀點，尤其從社會工作專業服務的角度來看時，則是指經社區認可，針對兒童的問題及需求提供服務，以利於兒童的成長，而家庭是兒童最關鍵的環境，他們是透過家庭而獲得滿足。準此，兒童福利政策內涵實際反映當代的社會價值及對家庭的定位，而在探討兒童福利的同時當然也必須關注兒童成長所在的家庭（余漢儀，1990），此外，兒童福利之界定也回應政府與家庭對兒童照顧之權利義務之

消長（許純敏，1992）。

　　聯合國的兒童權利公約是全球人民戮力提昇兒童權利及保障
兒童權利的依據，尤其是1924年的日內瓦宣言更是全球各國追求
兒童福祉的依歸。兒童權利之基本原則：（1）所有兒童一律平
等；（2）為兒童謀求最大的福利；（3）兒童享有生存及發展的
權利；以及（4）尊重兒童的意見。我國兒童福利法開宗明義也
是保障兒童之權益為兒童謀取最佳利益，據此，兒童福利的工作
應立基於滿足兒童的需求，更積極落實兒童權利的保障及解決兒
童的不幸遭遇和問題。

　　兒童的福祉不再是單依個人或家庭的責任。反之，它必須是
由個人、家庭、社會及政府各階層結合的力量所共同完成的責任
或使命。因此，兒童福利工作之推展是要政府組織、非政府組
織、學術界及兒童福利實務工作人員的努力及通力合作更是無庸
置疑，所以政府應用多元的觀點來保障兒童的權利。本質上，對
於有關兒童人身權益相關議題的思索是一種雙重進路的探究策
略。亦即，以兒童照顧來舖陳作為一項發展模式的蛻變，一方
面，強調兒童照顧本身有其共有的發展脈絡意涵（contextual
implications），對此，我們有必要將對於兒童照顧的各種福利實
務（welfare practices）做為置放於臺灣社會變遷的視野底下，藉
此才能掌握到不同時期兒童照顧工作相關的時代背景因素
（temporal sequences），以及各個發展階段在整體歷史發展上的貫
連與落差；另一方面，兒童照顧工作本身有其分殊、獨特性
（particularities），因此，透過若干不同界面像是兒童發展（child
development）、親職教育（parent education）、托育服務（day
care service）、兒童津貼（child allowance）、孤兒年金（orphans
pension）、寄養照顧服務（foster care service）、幼兒教育券
（nursery education voucher）、兒童輔導（child guidance）、兒童

受虐與保護（child abuse & protection）、兒童犯罪（child delinquency）、兒童人權（child's right）、早期療育（early intervention）以及破碎家庭服務（broken family service）等等理論觀念的解析，方能探得兒童照顧的真實意義，從而尋找出兒童照顧工作的共通特徵（universality）。

持平來看，臺灣社會隨著經濟自由化、社會多元化以及政治民主化所帶動邁向福利國家的發展目標，政府以及民間部門亦嘗試著將對於兒童照顧的工作落實成為一種生活態度、價值共識以及制度措施，對此，底下，我們試著從變遷的角度切入，藉此勾勒出來有關當代臺灣地區兒童相關人身權益整體性的社會圖貌（holistic social pictures）。

兒童福利已不再是單純的人道主義問題，至少目前世界潮流對兒童福利努力的目標，已不只是消極性地針對需要特別救濟和特別保護的不幸兒童，而是更進一步地積極針對每個兒童權益的保護，包括：兒童的教育、衛生、社會各方面的福利事業。因此，兒童福利政策可以說是，運用一切有效之社會資源，滿足兒童時期生理、心理、社會環境的特殊需求，促使兒童得以充分發揮其潛能，達成均衡且健全發展之目的的計畫或方案，以落實兒童人口之需求與問題的解決，和為兒童創造健全與快樂的成長空間。

從工業國家兒童照顧政策的發展歷程來看，他們的社會福利系統歷經第二次世界大戰、貧窮的再發現（rediscovery of poverty）與因經濟不景氣所影響的福利國家緊縮等重大事件的影響，每個時期皆有其重大的發展方向，例如，為因應高貧窮、高嬰兒死亡率及國家問題所導致的低生育率而提出的生育給付及親職假及因應養育子女的經濟負擔的家庭津貼制度；為了顧及國家普遍照顧兒童的全民家庭性津貼制度會拖垮財政，而承擔部分兒童照顧的

制度〔失依兒童的救助（ADC）及失依兒童的家庭扶助（AFDC）以及兒童照顧的稅收扣減額（tax deduction）〕：為了因應婦女就業，保障婦女就業權利，設立更多的公立托育服務設施及建立更完善的產假與提供多元性的兒童照顧方案；及順應多元福利主義，將普及性的公共托育福利措施轉向由私人及非營利組織提供兒童福利照顧方案。

　　近年來，我國由於經濟與社會發展快速，國民所得已超過一萬四仟美元，並且政治結構也日趨民主化，然社會的長期成長卻未能同步跟進，導致家庭和社會不論在結構層面、功能內涵均起了相當的變化。根據內政部（1984-1993）統計資料顯示：民國七十三年十二歲以下兒童人口數共計4,629,185人，至民國八十二年底減為4,059,387人，十年當中，兒童人口數減少14.53%，佔全部人口19.33%，而至民國八十八年底，十二歲以下人口約為三百七十八萬人，佔總人口的17.13%；此外，又根據一九九七年行政院主計處統計，台灣家庭每戶平均人數為3.5人（行政院主計處，1997），諸如皆顯示台灣家庭已日趨朝「小家庭」模式型態發展，而且人口也呈穩定減少。王麗容、林顯宗、薛承泰（1995）及鄭淑燕（1991）研究亦發現我國離婚率有逐漸升高的趨勢，而離婚率的增加也促使單親家庭數目的成長，我國單親家庭佔全部兒童家庭的3.29%，且女性家庭佔單親家庭62.1%（劉邦富，2000：98）。加上我國已婚婦女勞動率也有逐年增加的趨勢，大約維持在50%上下，其中育有六歲以下子女的婦女勞動參與率則平均在40%以上（行政院主計處，1997），由於同工不同酬，婦女平均工資為男性的70%，雖然婦女就業率提增顯現婦女對家庭的經濟貢獻，但也顯現出婦女需要以家庭取向的照顧政策來支持他們因家庭與工作所帶來的角色壓力。

當前兒童照顧政策與措施之評析

兒童托育服務

　　我國現有的兒童照顧政策仍屬於福利多元主義的供給，包括：公部門（政府）、私部門（營利業者、企業）、志願部門（非營利組織之民間部門）及非正式部門（家庭成員）共同擔負福利服務所提供之角色。依托育服務之受托率近30%來看，我國福利服務較屬於私有化（privatization）及分散化（decentralization）。私有化指的是公有部門提供的不足；而分散化指的是政府將福利服務之供給責任的分散化，亦將公部門提供直接服務之沉重負擔，轉移到私有市場（此點較與美國的托育政策相似，而有別於英、法、德國之托育政策）以及中央政府職權（包括：預算、資源與分配的決策權）的下放，不只是從中央移到地方，再從地方政府將職權和資源繼續分散到鄰里或小型社會福利團體，以達到社區化的可能（林萬億，1994；馮燕、薛承泰，1998）。目前台灣托育服務之執行，以1993年兒童福利法之修訂即有分散化之用意，將實際運作之兒童福利機構設置標準與設立辦法訂定權責讓地方政府負責，再報請中央，以強調地方之特色因地制宜立法的精神與功效，而中央則掌管兒童福利人員資格要點之訂定及訓練課程之規劃以提昇專業人員的素質。然各地方政府在中央缺乏明確政策指引、地方政府財力及人力等資源不足、掌管托育法令之社政單位無法整合其他相關體系，例如，教育、衛生等，以及制法能力不足之情況下，而無法發揮地方制宜及整合體系的完整兒童照顧政策。

政府將托育服務私有化之好處可增加提供服務量或服務之普遍性（availability），使得服務更具多樣化和選擇性，而使得中產階層的家庭有更多的選擇服務的需求，但相對地，政府退出主動參與托育服務的提供，透過消費面，提供誘因讓購買服務者各自購買服務，而將設施標準降低讓私有機構增加服務提供量以嘉惠中高收入的家庭，而低或中低收入由於購買資源不足使得對托育服務之需求更為殷切及政策因管制角色鬆綁，消費者又缺乏監督之能力，因此私有化使得托育品質降低（馮燕、薛承泰，1998）。

　　為鼓勵托育服務類型之多元化，福利多元主義是發展趨勢，但是政府服務提供私有化的同時，其管制（regulation）及經費（financing）角色則不適應私有化（Kamerman, 1989），因此，政府應積極扮演規劃及監督者以達到品質控制。萬育維（1993）即提出政府為達到量及質並重的托育服務提供，除了私有化的政策，更應扮演下列六種角色：（1）監督者：做民間服務輸送體系中的監督；（2）規範者：負責訂立服務標準、制定規章、決定服務優先順序，並依職權受理申請，審核民間機構的資格；（3）協助者：當民間力有未逮，無法維持福利服務提供時，供給人力、物力、財力等資源，以協助民間增加供給能力；（4）協調者：避免重複供給及資源的浪費，並消弭供給者和服務消費者的差距；（5）風險分擔者：在民間營運發生困難時立即補位，降低衝擊；及（6）激勵者：政府可以減免稅收或是以其它方式刺激民間提供福利服務。

　　除了父母直接監督及政府的規劃與監督的角色外，在政府照顧不周、父母照顧不力之下，企業也應為兒童照顧開闢第三種選擇（天下雜誌，1999）。我國勞委會自1991年開始補助企業附設托育中心，其中只要通過勞委會的審核即可獲得補助開辦費用

200萬,每年還有最高40萬元的設備補助,目前一共有55家企業設立附設托兒所。

當前我國的兒童照顧政策較與美國相似,欠缺明顯的規範、立法及家庭政策及相關的配套措施。此種兒童照顧政策取向不但不能標明國家的政策定位,並且托育服務提供量有所不足,加上托育服務品質未能有效監控,也造成父母托育及對兒童照顧的殷切需求,尤其對近一百九十五萬餘的學齡兒童,亟需安全及有品質的課後安親服務等兒童托育及課輔中心來幫忙課後托育。

兒童諮詢服務

現代父母面臨社會各種變遷,造成家庭壓力日增,並可能衍生家庭生變或產生家庭暴力事件,因此現代父母對親職教育的需求日愈殷切。目前家長面臨養育子女的困難時,例如,孩童行為問題、托育資訊不足或家庭之人際相處問題等,皆以自己設法解決為主,其次是向親戚、朋友或學校求助,會向專業的政府或民間機關求救者仍是寥寥無幾(低於3%)(內政部,1997:54)。此外,王麗容(1993)的研究報告亦指出:家長對於政府籌設兒童福利服務中心、推廣親職教育、增加兒童心理衛生服務等項目需求殷切。可見我國在兒童福利服務除了殘補式之機構安置、收養、寄養之服務之外,對於發展性的福利服務,例如,休閒場地之規劃、親職教育的推廣以及兒童適應及行為問題的輔導等皆是強化家庭功能的有效方案,直接或間接促進兒童福祉。

兒童權益

聯合國兒童權利公約,尤其是日內瓦兒童權利宣言將兒童視為保護的對象,提昇兒童定位為人權的主體。而我國雖有立法保

障兒童權益，但是最近幾年來兒童福利專業工作者仍將兒童人權評為不及格。雖然兒童福利工作在民國八十二年立法修訂中以建立通報制度，政府也積極設置兒童福利服務中心，加強社區對兒童進行保護工作，並也積極制定相關法規，例如，兒童少年性犯罪防治條例、家庭暴力防治法等來加強對遭受性侵害兒童及施虐者之心理治療與後續追蹤輔導等工作。然兒童福利法開宗明義為維護兒童身心健康，促進兒童正常發育，保障兒童之福利，故兒童有免受恐懼、接受健康與照護等權利，所以兒童福利除人身安全的保障外，也應要對兒童權益的維護及提供促進兒童身心健康的成長環境以保障兒童身心健全的權益。至少要朝向聯合國兒童公約的標準及讓兒童生長於免於其式的無障礙空間中，平等享有社會參與、健康安全的成長，皆是我國兒童福利工作者應以此為勉勵的方向（劉邦富，1999：100-101）。

兒童保護與安置

強調「兒童是國家未來的主人翁」以及「兒童是家庭的珍寶」。這是一種價值與理念，更要落實具體的措施。兒童保護工作除了給予家庭經濟貧困之兒童給予生活及就業補助，以解除危機，暫獲安置，實有必要給予長期的追蹤輔導與關懷，建立以兒童最佳利益之服務。因此，政府應自忖量度自己能力範疇，界定一般群體，高危險群群體，標定群體到真正服務的群體，以提供最佳模式的兒童安置照顧方案。

投資一塊錢的預防工作，可以省下未來七塊錢的治療費用。兒童保護除了事後補救及治療以免兒童遭受不幸之影響，致力瞭解及預防兒童虐待的形成，例如，父母婚姻關係失調、暴力、家庭功能失常、施虐者的經濟壓力、失業以及親職教育的缺乏等因素。因此，避免家庭產生兒童虐待視兒童保護工作的首要課題。

至於發生兒童不幸事件之家庭，安置及輔導固然是一補救的工作，對於強化原生家庭之功能以及支持補助完整家庭的價值思維，並依危機事件之處理模式來提供家庭社會工作，例如，家庭維護方案以及家庭完整方案更是未來在兒童保護與安置服務措施應予優先運作。

此外，兒童保護的實務工作是需要高度專業，例如，受虐通報、家庭訪視調查、轉介安置、家庭危機處理、社區調查及寄養和收養家庭的調查等，而在地方政府缺錢缺人之窘境中，中央主管機關應及早規劃地方政府之人力配置及加強民間團體的契約或購置服務，以充實兒童保護工作的尖兵來源，以落實積極性兒童保護的服務工作。

經濟安全

兒童經濟安全制度是基於兒童的生存權而設計的保障措施，其基本內涵有：一為兒童生活風險的預防，另一為兒童生活保險的克服。前者一般是以社會保險的方式因應，而後者則以社會救助方式來解決。目前，我國已有全民健康保險制度，加上國民年金保險也即將實施，所以兒童的社會保險制度已趨健全。然新政府為配合三三三政策的競選諾言及五歲以上的教育券及幼兒托育津貼也無形中更加深財政的負擔。此外，在兒童的社會扶助體系，由於制度凌亂，名稱不一，縣市政府與直轄市給付標準不同，並且有重複浪費的現象。內政部兒童局為兒童福利之最高行政單位，應忖度財政稅收及預算平衡，實有責任整合亂象，規劃支持家庭的安全新制。雖然目前我國無法做到一些工業國家或福利國家的普及性津貼或提供多元稅額抵減或普及性公共托育制度來減輕人民對兒童照顧的經濟壓力，至少要優先規劃亟需照顧之兒童人口群及提供經濟安全標準以達到福利社會的目標。

兒童健康照顧

兒童福利法及其施行細則除了明白地宣示之外，也具有開展健康照顧服務的意涵。政府亦在民國八十四年四月一日實施全民健康保險，將三歲以下幼兒的保健工作由政府及社會共同承擔，而視四歲以上至未滿十二歲之兒童預防保健則爲家庭之責任。且新政府的三三三政策也僅將三歲以下兒童醫療由政府負擔，未來是否近一步延伸到四至十二歲兒童，更是對兒童健康照顧最佳保證。國內醫療照顧水準城鄉差距大，區域性醫療資源的設置與整合有其必要。現有預防保健仍著重於一般性的檢查項目，缺乏對兒童特殊疾病與心理、智能、社會層面的評估。因此，規劃提供強化預防的醫療保健，強化兒童生長環境之衛生、營養、視力、體適能及發展國內兒童身心發展之常模及建構優質之健康照顧服務體系，以防範兒童身心受到影響，皆是現階段兒童福利工作的重點。除此之外，兒童健康照顧，尤其在將特殊兒童方面更涉及社會福利、衛生及教育。

兒童教育與休閒

兒童福利工作之相關立法，例如，兒童福利法及身心障礙者保護法皆規範政府至少要舉辦特殊兒童普查、補助教育經費、提供無障礙的學習環境、研發特殊兒童鑑定工具、發展早期療育工作、建立疑似身心障礙學生通報系統、重視特殊兒童學前兒童教育、托育服務及特殊訓練的機會、輔導低成就兒童、充實融合教育之配套措施及成立特殊教育輔導團體。除了身心障礙者之保護與教育之外，對於一般兒童更要善盡社會監督，利用社會教育宣導及製作優良廣電節目、設立社區圖書館、發揚兒童母語及母語文化教育，並設立各種兒童育樂及休閒場所，督導兒童上學及遊

戲的安全等皆是社政主管單位應與教育單位一起配合爲兒童謀取最佳的教育及成長的環境。

結語

兒童福祉的照顧是文明社會與福利國家的一項發展性指標，就此而言，諸如：受虐兒童、重病醫治、危機處遇、緊急安置以及孤兒照顧等等以問題取向爲主的弱勢兒童福利工作，固然有迫切執行的優先考量，但是以正常兒童主體所提供的發展取向的一般兒童福利工作，則也是同樣地不可偏廢，比如，兒童的人權、休閒、安全與托育服務等。終極來看，如何形塑一個免於恐懼、免於人身安全危險的社會以及提供健全家庭功能、支持家庭的兒童照顧服務（child care services）也是當前整體社會共同追求的願景。

兒童照顧是爲國家大事，這也是所有爲人父母切身的問題，尤其在這變化快速、競爭猛烈的時代，在缺乏任何支持的家庭中，孩子照顧的品質以及父母身心壓力是令人擔憂的。兒童發展專家及科學家也一再疾呼兒童童年只有一個，三歲定一生，甚至三歲看大、六歲看老皆是反映兒童時期照顧與教育的重要。投資今天的幼兒，預防明日的社會危機。

養兒育女的兒童照顧責任到底是誰的責任？個人乎？社會乎？國家乎？先進國家的政府紛紛將社會最關注的焦點轉向最沉默、最弱勢的幼年族群，而各國政府也提撥預算，預定支持家庭的政策，結合企業及民間團體的力量，從福利與教育上下其手，以提供給下一代更優質的生活照顧。

台灣社會快速變遷情況下，家庭組織結構多樣化及家庭人口

數逐漸減少，雙生涯家庭增多之下，造成許多家庭功能逐漸式微，甚至無法承擔子女保護與照顧之職責，甚至於徘徊於工作與家庭之中而衍生了生活壓力。兒童照顧品質不夠，必然會造成日後的少年問題，甚至於成人的社會問題。

台灣的兒童照顧在量上是患「貧」，不患「均」。因此，政府應制定明顯規範支持家庭的國家整體的生育及兒童照顧政策，不但要能兼顧特殊需求及一般兒童以及多元家庭結構的需求。而解決兒童照顧不僅在量的提供上要普及，質的考量應更為重要。政府要結合相關體系及資源，並相互協調以建構支持家庭、健全兒童福祉的兒童照顧網絡──借鏡國外相關育嬰／兒假、家庭照顧假、彈性工時等家庭取向的勞工人事政策；提供對兒童照顧稅捐減免的財政政策；結合企業一起興辦企業托育中心或給予員工照顧幼兒的經濟補助；要求父母提供身教，以更積極、高品質的親子互動照顧及關懷孩子並與其他父母結合，共同負起協助監督改善兒童照顧機構的品質；以及結合教育資源協助對兒童照顧人員的訓練，投資兒童照顧的研究與評估，以作為規劃邁向廿一世紀社會發展遠景之參考。

我國整體兒童照顧走向之建議

台灣地區家庭結構趨向「家庭核心化」、「雙薪家庭增多」、「單親家庭增加」等三種趨勢，加上家庭平均人口逐漸減少，兩性工作不平等，兒童照顧方案與品質不夠支持現有家庭的需求。我國目前的家庭與兒童照顧的政策還是以隱含性及殘補性為原則，比較欠缺明顯的家庭政策與統一立法明訂政府的角色與定位，並且立法上缺乏各種體系的平行協調。整體來看，立法之精

神以宣示性大於實質上的意義，此種家庭政策與美國的福利制度較為雷同。相對於其他歐洲工業國家自1990年代起，對於兒童照顧政策能加以整合，從制定政策，一方面提供支持家庭的產假、親職假以保障父母的工作權以及親自照顧子女；另一方面也廣增托育設施以提增替代性照顧的量，另外也鼓勵企業參與，提供優惠抵稅的誘因，也提撥預算來充實幼兒照顧人員的專業品質，以提增兒童照顧的品質。

　　為了建構完整的兒童照顧的策略，政府可扮演更積極性角色來發展以家庭為本位的福利策略，以提供各種支持性的政策與策略來增強家庭環境功能，以協助家庭在照顧子女上強化權能（empowerment）。為使兒童照顧的政策更能落實家庭的支持功能，以提供家長更多彈性的選擇，政府在選擇兒童照顧的策略可能為：

家庭給付的經濟安全制度

　　工業國家為鼓勵婦女生育，避免養兒育女造成家庭負擔而給予現金給付（child allowance），除此之外，也可再針對低收入家庭兒童給予生活扶助，解決其家庭開支。這種現金給付方式的缺點，則可能因家庭開支受排擠效應，使低收入家庭受惠有限（Kahn & Kamerman, 1987）。我國除了低收入戶的家庭給付之外，就是少數縣市有提供教育券或托育津貼。雖然教育部與兒童局已宣布對五歲至六歲幼兒實施一年一萬元的幼兒教育券及托育津貼，但是未能普及到托兒所幼兒以及四歲以下幼兒照顧的津貼。

優惠家庭之財稅福利制度

家庭政策與財稅政策所協調之福利制度，可減輕家庭因養兒育女之經濟負擔，例如，扶養親屬寬減額即是，或增加育兒免稅額（tax exemption）或育兒退稅額（refundable child care tax credit）。然而，這種制度可能的缺點是在美國賦稅寬減額的津貼方式被認為具有優惠高收入家庭，使低收入家庭受排擠的效應（Kagan, 1989）。

兼顧家庭與工作福利制度

婦女參與工作對家庭生活品質，個人幸福感、企業生產力及社會的安定繁榮皆有影響。所以政府或企業可以加以考量以家庭為取向的人事政策來支持員工對兒童照顧需求的滿足。這些人事政策可以考量：

彈性工時

除了朝九晚五的上班工時，可以配合彈性工時及非全職工作來幫助員工（尤其是女性），協助工作／家庭的角色。

親職假

我國對勞工除了六至八週（公務員六週、勞工八週）的產假之外，少數企業提供三個月無薪給付的親職假，並保證回來給予與原來請假前相同職位的工作。近來，美商公司如IBM也提供家中有三歲之前的幼兒，可以請育嬰／兒假。此種支持家長有多一種選擇育兒模式以減輕工作與家庭衝突的策略，並增加員工工作效率及對公司的向心力。

興辦兒童托育工作

據內政部（1993）的兒童生活狀況調查統計顯示：台灣地區有將近七成之學齡前兒童是由未立案之托兒所、家庭保母、親戚或父母自己照顧，僅有30%是在已立案的托兒所／幼稚園或保母所提供的托育服務中。而內政部（1997）的兒童生活狀況調查有七成學齡兒童放學後，可以直接回家，或當鑰匙兒，或有大人照顧。換句話說，有三成左右國小學童是要到安親班或其它地方等待父母下班來接才能回家。上班父母生活壓力的來源之一是兒童的照顧問題，包括：學齡前及學齡兒童的托育問題。因此，政府除了擴大增加托育機構以增加收托率及量的增加，還要確保托育品質，另外還要有鼓勵企業加入興辦托育的行列（目前只有55家企業有興辦企業托兒）。除了鼓勵企業興辦托育機構，其餘可以鼓勵提出優惠員工托兒方案、照顧生病子女、提供托育資訊、補貼托育費用。

彈性福利方案

員工福利是個人所得的一部分，而員工福利對於雇主及員工皆有很大的影響，尤其雙生涯家庭常享用傳統的員工福利，例如，工／勞保、健保、退休金、病假及有給假期。然而彈性福利方案乃是讓員工依自己需求選擇福利方案，以迎合不同家庭型態之員工及幫助企業節省成本。

諮商及教育方案

企業可以提供一些教育方案幫助女性員工應付工作／家庭之問題，例如，減少因工作不確定之因素所影響、增加自己的專業能力、幫助親職功能、協調工作和家庭責任、工作壓力和財務管理技巧，以經濟方式來協調員工之雙重角色。

補償家務勞動制度

重新評價家務勞動的價值，使家務勞動成為一實質的經濟貢獻，例如，家務有給制。鼓勵兩性平等工作權、同工同賑以及減少兩性的職業區隔以鼓勵兩性公平分擔家務。有必要時，利用以工代酬的補助來提供照顧者津貼及必要之家庭福利服務。

提昇托育服務的量與質

普及式托育就是普設托兒所或普遍補貼托兒所，讓每一個兒童都能在政府補貼的托育設施內受照顧，它的好處是公平，沒有福利烙印，可促進婦女的勞動參與率（馮燕、薛承泰，1998）。但是在擴大托育機構的數量時，品質標準訂定，並且要確實執行品質監督時，甚至可以補助各種不同型態的托育設施及方式來增加選擇性。提昇幼兒機構的安全及品質更是政府責無旁貸的責任。

優先照顧弱勢人口及特殊需求的兒童

優先利用公立托育機構補貼及收托低收入戶、原住民等弱勢團體。此外，開辦收托身心障礙及特殊需求兒童的服務，並藉由補貼方式（例如，補貼機構）來增加托育服務量，以促進托育服務公平性。

加強兒童疾病早期鑑定以及及早發現

加強兒童疾病的早期鑑定及及早發現，並進行早期介入的療育，尤其是低收入戶家庭。

規劃強化現有的醫療資源

　　規劃強化現有的醫療資源，強化兒童健康照顧體系，優先對偏遠地區家庭的兒童開展預防與保健工作。

整合學校及社區資源

　　整合學校及社區資源，推展親職家庭休閒教育，促進親師合作，落實強化家庭功能的家庭社會工作以進行家庭危機之預防處遇。

各級政府應積極策動各項兒童福利規劃

　　各級政府應積極及有前瞻地策動各項兒童福利規劃，提供誘因和獎勵條件鼓勵民間企業及相關團體參與兒童福利工作的推廣，並充實兒童福利工作者的專業素養。

破除行政單位的本位主義

　　破除行政單位的本位主義，涉及相關兒童福利之相關單位，例如，社政、司法、教育、衛生等相關單位涉及有關兒童福利之業務，應全力配合，加強平行的聯繫與合作以建構以兒童為本未之福祉體系。

化約立法條文之宣示性兒童權利

　　化約立法條文之宣示性兒童權利，積極落實維護兒童權益及提供促進兒童身心健康成長環境，並以主導性兒童福利

（proactive child welfare service）取代替代性的兒童福利服務工作。

及早規劃以家庭維護方案及家庭完整方案的兒童保護措施

及早規劃以家庭維護方案及家庭完整方案的兒童保護措施，加強專業人員處理家庭危機的能力，以積極性家庭工作介入服務，以強化原生家庭的功能，以取代消極性機構式的安置服務措施。

定期舉辦一般兒童之家庭需求和特殊兒童普查

定期舉辦一般兒童之家庭需求和特殊兒童普查，研發特殊兒童鑑定工具及指標，充實及早鑑定和及早治療工作。

結合民間資源

結合民間資源，共同監督媒體製作優良廣電節目，加強對兒童及家長對媒體的識讀能力，以淨化兒童閱視環境；普及兒童母語及母語文化教育，充實兒童各種育樂和休閒場所，以謀取兒童最佳的教育及成長的環境。

參考文獻

◎中文部分

◎英文部分

中文部分

內政部（1981），《內政部兒童福利、老人福利、殘障福利促進
　　委員會組織章程》。台北：內政部。

內政部（1993），《中華民國八十一年臺灣地區兒童生活狀況調
　　查報告》。台北：內政部。

內政部（1997），《中華民國臺灣地區兒童生活狀況調查報告》。
　　台北：內政部。

內政部（2000），《兒童及少年福利促進委員會八十九年第一次
　　會議—內政部兒童局工作報告》。內政部編印。

內政部兒童局（2000），《兒童福利工作之現況與展望》。台中：
　　內政部兒童局。

內政部兒童局（2000），「健康與醫療」座談會（高雄）會議記
　　錄。

內政部社會司（2000），《社會福利白皮書—社福新願景》。台
　　北：內政部。

內政部統計處（1993），《中華民國八十一年台灣地區兒童生活
　　調查報告》。台北：內政部統計處。

內政部統計處（1997），《中華民國八十五年臺灣地區兒童生活
　　狀況調查報告》。內政部統計處編印。

內政部統計處（2000），《八十九年第七週參考資料（88年底各
　　縣市人口按六歲年組分）》。內政統計通報，網址：
　　http://www.moi.gov.tw/W3/stat/week/week07.htm。

內政部統計處編印（1999），《中華民國八十五年台灣地區兒童
　　生活狀況調查報告》。

內政部資訊中心編製（1998），《全國身心障礙殘障人數之年齡

分配表》。

天下雜誌（1999），海闊天空Ⅲ—二十一世紀從〇開始。

日本家政學會編（1997），《廿一世紀的生活經濟與生活保障》，建帛社。

王小瀅（1993），「兒童遊戲的活動場所及空間之研究」，兒童遊戲空間與安全研討會。

王天苗（1996），台灣地區心智發展障礙幼兒早期療育服務供需及相關問題之研究。《特殊教育研究學刊》，14，21-44。

王國羽（1996），身心障礙兒童早期療育政策的相關理論模式與台灣法令之解析。《東吳社會工作學報》，2，333-350。

王國聯（1991），《我國工商業國體制度之研究》。台北：東華書局。

王國聯（1994），漫談—民間團體參與社會福利服務。《社會福利》，111，26-31。

王順民（1999），「兒童福利的另類思考—以縣市長選舉兒童福利政見爲例」，《社會福利服務—困境、轉折與展望》，39-68。台北：亞太出版社。

王順民（2000），「兒童保護與安置政策」，發表於新世紀、新人類、新希望：展望廿一世紀青少年兒童福利研討會。中國文化大學社會福利學系。

王順民、郭登聰、蔡宏昭（1999），「結論：福利國家發展的歷史比較」，《超越福利國家？！社會福利的另類選擇》，58-65。台北：亞太出版社。

王麗美（1989），國小高年級一般學童與聽障學童休閒活動探討。《社會建設》，69，44-53。

王麗容（1993），「台北市婦女就業與兒童福利需求之研究」。台北市政府社會局委託研究。

王麗容（1994），「台北市婦女就業與兒童福利需求之研究」。台
　　北市政府社會局委託研究。

王麗容、林顯宗、薛承泰（1995），「婦女福利需求初步評估之
　　研究」。內政部社會司委託研究報告。

台北市志願服務協會（1999），《台北市社會福利資源手冊》。台
　　北：台北市志願服務協會。

台北市政府社會局（2000），《台北市政府社會局業務簡介》。台
　　北：台北市政府社會局。

台灣省政府社會處（1991），《台灣地區社會福利資源手冊》。台
　　灣省政府社會處出版。

台灣省政府社會處（1995），《台灣地區社會資源手冊》。台灣省
　　政府社會處出版。

石婉麗（1995），「家庭變遷中實施兒童津貼意義之探討—以現
　　行國家經驗為主」。中正大學社會福利研究所碩士論文。

行政院主計處（1997），《中華民國社會指標統計—民國七十三
　　年至八十五年》。台北：行政院主計處。

行政院主計處（1997），《中華民國社會指標統計—民國七十三
　　年至八十五年》。台北：行政院主計處。

行政院衛生署保健處（2000），國民保健三年計畫—優生保健，
　　網址：http://www.doh.gov.tw/org2/b1/b1_1_2.html。

行政院衛生署編印（1999），《中華民國八十七年衛生統計
　　（一）》。

行政院衛生署編印（1999），《中華民國八十七年衛生統計
　　（二）》。

何承謙（1997），「台北市兒童保護機構間協調及其影響因素之
　　探討」。中正大學社會福利研究所碩士論文。

何華國（1999），《特殊兒童心理與教育》。台北：五南圖書公

司。

余多年（1999），「各國學齡前兒童照顧支持政策之研究」。國立中正大學社會福利研究所碩士論文。

余漢儀（1990），「兒童福利專業人員之培育」。台北市政府社會局：兒童福利法規研討會實錄。

余漢儀（1995），受虐兒童通報法—兒童保護之迷思，《社區發展季刊》，第六九期，5-20。

余漢儀（1996），婦運對兒童保護之影響，《婦女與兩性學刊》，第七期，115-140。

余漢儀（1997），「兒童保護模式之探討-兼論社工決策及家外安置」。國科會研究計畫。

余漢儀（1997），「變調的兒童保護」，發表於台灣社會福利運動的回顧與展望研討會。台灣大學社會學系。

余漢儀（1997），家庭寄養照護—受虐兒童的幸或不幸？，《國立台灣大學社會學刊》，第廿五期：105-140。

余漢儀（1998），兒保過程中之社工決策，《國立政治大學社會學報》，第廿八期：81-116。

吳老德（1988），社會福利與民間資源結合之探討，《社區發展》，42，22-29。

呂鴻基（1999），三十五年來台灣兒童的健康水平，《台灣醫學》，3(5)，505-514。

李玉瑾（1991），談大眾休閒文化，《社教資料雜誌》，159，14-20。

李明宗（1993），兒童遊戲，《兒童遊戲空間規劃與安全研討會》，第二冊，1-5。

李園會編著（2000），《兒童權利公約》。內政部兒童局出版。

李鍾元（1986），《兒童福利：理論與方法》。台北：金鼎出版

社。

沈俊賢（1992），「兒童福利體系組織績效分析模型之研究—以我國爲例探討」，中國文化大學兒童福利研究所碩士論文。

周美惠（1993），社區兒童遊戲場所之規劃與設計。《兒童遊戲空間規劃與安全研討會》，第二冊。

孟瑛如、吳東光（1997），遠距診斷與教學系統在特殊教育上之應用，《特殊教育季刊》，56，29-33。

官有桓（1996），台灣民間社會福利機構與政府的競爭關係-以台灣基督教兒童福利基金會爲例，《空大行政學報》，第五期：125-175。

尙華（1990），省教育廳全力推動「休閒運動」，《師友月刊》，276，38。

林本炫（1989），探索新興休閒現象與休閒政策，《國家政策季刊》，4，117-122。

林惠芳（1998），發展遲緩兒童—早期療育個案管理服務，《社會福利》，134，62-64。

林萬億（1994），《福利國家—歷史比較的分析》。台北：巨流圖書公司。

林寶貴（1992），學齡階段身心障礙兒童出現率之探討—第二次全國特殊兒童普查結果初步報告（1991），《台灣醫界》，35(10)，56-57。

社區發展季刊社論（1998），由兒童局的設置談兒童福利的開創，《社區發展季刊》，81，p.1-3。

社會保障研究所編（1994），《美國的社會保障》。東大出版社。

社會保障研究所編（1995），《英國的社會保障》。東大出版社。

社會保障研究所編（1995），《瑞典的社會保障》。東大出版社。

社會保障研究所編（1996），《法國的社會保障》。東大出版社。

社會保障研究所編（1996），《德國的社會保障》。東大出版社。

邱兆偉（1991），休閒教育在1990年代，《台灣教育月刊》，482，28-35。

邱怡玟，黃秀梨（1998），台北市發展遲緩兒童早期療育醫療資源調查，《中華公共衛生雜誌》，17(5)，432-437。

侯世昌（1989），一項問卷調查告訴你：國小學生喜歡作何休閒？《師友月刊》，266，10。

俞筱鈞、郭靜晃（1995），「學齡前兒童托育問題之研究」，行政院研考會委託研究。

俞筱鈞、郭靜晃(1996)，「學齡前兒童托育服務之研究」。行政院研考會委託專案。

施怡廷（1998），「發展遲緩兒童家庭對兒童照顧需求之研究」，東海大學社會工作研究所碩士論文。

施教裕（1996），國內兒童及少年福利機構角色與功能轉型之探索一兼談多元化、專精化和社區化之展望，《社區發展季刊》，第七五期：57-67。

孫健忠（1988），民間參與社會福利的理念與方式，《社區發展》，10-11。

孫健忠、張清富（1996），《八十四年度低收入戶總清查報告》。台北市社會局出版。

徐永能（1989），休閒教育的科際整合，《師友月刊》，266，8-9。

徐享良（1999），緒論。編於王文科主編之《特殊教育導論》。台北：心理出版社。

殷正言（1985），休閒活動淺釋，《健康教育》，55，1-3。

翁文蒂（1999），中部地區專業人員對兒童保護認知與處遇之關聯性研究，《社會福利》，第一四二期：25-33。

高雄市政府社會局（2000），《高雄市政府社會福利簡介》。高
　　雄：高雄市政府社會局。

高蓮雲（1992），國小學童休閒閱讀現況之研究，《初等教育學
　　刊創刊號》，43-96。

健康保險組合連合會編（1999），《社會保障年鑑》。東洋經濟新
　　報社。

國立台灣師範大學特殊教育中心編印（1999），《中華民國特殊
　　教育法規彙編》。

張世雄（1996），《社會福利的理念與社會安全制度》。台北：唐
　　山出版社。

張春興（1983），《成長中自我的探索》。臺北：東華書局。

張素美（1998），給孩子一個美麗希望的明天─談早療政策在台
　　北市的執行成效，《福利社會》，68，23-25。

張潤書（1986），《行政學》，台北：三民書局。

張鑑騰（1987）　，《一九八七年科學博物館教育活動之理論與實
　　際》。台北：文史哲出版社。

教育部特殊兒童普查執行小組（1993），《中華民國第二次特殊
　　兒童普查報告》。台北：教育部教育研究委員會。

許純敏（1992），「社會變遷中兒童福利理念及措施之探討」。台
　　灣大學社會學研究所碩士論文。

許榮宗（1987），結合民間力量興辦社會福利事業，《社會福
　　利》，48，5-9。

郭靜晃（1996），兒童保護輸送體系之檢討與省思，《社區發展
　　季刊》，76，144-155。

郭靜晃（1998），「兒童托育服務輸送之檢討與省思」，邁向二十
　　一世紀社會工作管理專題研討會。私立東海大學。

郭靜晃（1999），邁向廿一世紀兒童福利的願景─以家庭為本

位，落實整體兒童照顧政策，《社區發展季刊》，88，118-131。

郭靜晃、曾華源（2000），建構社會福利資源網絡策略之探討--以兒少福利輸送服務為例，《社區發展季刊》，89，107-118。

郭靜晃等（1995），「兒童福利政策之研究」，內政部社會司委託研究。

郭靜晃等（1995），「學齡前兒童托育問題之研究」，行政院研考會委託。

郭靜晃譯（1992），《兒童遊戲》（James E. Johnson et al., Play and early childhood development），台北：揚智文化。

郭鐘隆（1994），台灣地區國民小學學生健康檢查實施現況及其相關問題研究，《學校衛生》，25，2-26。

陳小紅（1989），1980年美國社會福利政策的改革方向與啓示，《經社法制論叢》，4，1-17。

陳玉婕（1990），休閒、運動—突破水泥森林的樊籬，《師友月刊》，276，36-37。

陳延芳，陳妙青，陳姿伶，林金玉（1998），《台灣地區嬰兒利用兒童預防保健服務之調查研究》。台灣省公共衛生研究所出版。

陳怡潔譯（1998），《人類行為與社會環境》。台北：揚智。

陳武雄（1995），整合福利政策、法規、措施之理與作法—社會福利的理念與實踐，八十四年度國家建設研究會社會福利分組會議。

陳淑惠（1999），變調的少年之歌—簡介常見的青少年精神與心理疾病，《測驗與輔導》，153，3183-3187。

陳毓文、鄭麗珍（1999），「兒童及少年性交易防治工作的過去、現在與未來—社政作者與不幸少女觀點之比較」，《台

灣社會福利的發展-回顧與展望》，179-206。台北：五南圖書
　　出版公司。

彭淑華（1995），我國兒童福利法政策取向之評析，《社區發展
　　季刊》，第七二期：25-40。

曾晨（1989），休閒生活教育的理想，《師友月刊》，266，6-7。

焦興如（1996），由兒童福利法談我國發展遲緩兒童早期療育服
　　務之推展，《社會建設》，94，84-85。

馮燕（1993），台北市未立案托兒所課後托育中心全面清查計畫
　　報告書，台北市政府社會局委託研究。

馮燕（1994），兒童福利需求初步評估之研究，內政部社會司委
　　託研究。

馮燕（1995），《托育服務：生態觀點的分析》。台北：巨流。

馮燕（1998），我國中央兒童局的功能與意義，《社區發展季
　　刊》，81，p.29-48。

馮燕（1999），新世紀兒童福利的願景與新作法，《社區發展季
　　刊》，88，104-117。

馮燕、郭靜晃、秦文力（1992），兒童福利法執行成效之評估，
　　行政院研考會委託。

馮燕、薛承泰（1998），建立完整托育福利服務網絡之研究，內
　　政部社會司委託研究。

馮燕等（1994），《邁向二十一世紀社會福利之規劃與整合—兒
　　童福利需求初步評估報告》。台北：內政部社會司。

黃秀瑄（1981），從輔導觀點談休閒活動，《輔導月刊》，17，11-
　　12。

黃定國（1991），休閒的歷史回顧與展望，《台灣教育月刊》，
　　482，1-6。

黃定國（1992），從休閒理論探討台北市市區開放空間設計指標

及準則之研究，《台北工專學報》，25-2，195-261。

黃國禎（1993），兒童福利法對身心障礙兒童的意義，《特教園丁》，9(1)，34-37。

楊國賜（1992），一般大眾對無障礙校園環境應有的認識，編於張蓓莉、林坤燦主編之《無障礙校園環境實施手冊》。國立台灣師範大學特殊教育中心編印。

楊朝祥（1999），加強推動教育改革行動方案的重點工作及施政方向，88年6月21日教育部長於立法院教育委員會第四屆第一會期報告內文。

楊語芸，張文堯譯（1997），《社會環境中的人類行為》。台北：五南。

萬育維（1992），「從福利需求的滿足來看政府，民間與家庭的分工模式」，《福利社會雙月刊》，30。

萬育維（1994），長久以來被忽略的問題—談學齡前兒童早期療育的規劃，《社會福利》，115，18-26。

萬育維，莊鳳如（1995），從醫療與福利整合的角度探討我國發展遲緩兒童之早期療育制度之規劃，《社區發展季刊》，72，48-61。

葉佐偉、鍾偉恩、林亮吟（1998），影響兒童心智發展的危險因子—發展中的危機與轉機，《中華心理衛生學刊》，11(4)，1-28。

詹火生（1987），《社會政策要論》。台北：巨流圖書公司。

雷游秀華（2000），發展遲緩兒童的早期療育，於中華民國醫務社會工作協會舉辦「發展遲緩兒童早期療育」課程訓練基礎班講義。

郤爾敏（1993），高雄市公園、綠地、兒童遊戲場所開闢及兒童遊具維護概要，《兒童遊戲空間規則與安全研討會》，第一

冊。

趙文藝、張欣戊、盧金山、黃志成、謝友文、黃信仁（1984），
　　台北市國民小學兒童休閒活動之調查研究—讀物及玩具，
　　《青少年兒童福利學刊》，7，1-27。

劉邦富（1999），迎接千禧年兒童福利之展望，《社區發展季
　　刊》，88，97-103。

劉邦富（2000），「中華民國新世紀兒童福利服務政策與措施」。
　　中華兒童暨家庭扶助基金會：新世紀國際兒童福利政策與實
　　務研討會。

鄭文瑞（1993），豐富開放空間的規劃內涵—從重視兒童遊戲空
　　間開始，《兒童遊戲空間規劃與安全研討會》，第二冊。

鄭清風編譯（1993），《主要工業國家社會安全政策（勞工保險
　　研究叢書之廿二)》。台北：台閩地區勞工保險局。

鄭淑燕（1991），《兒童福利新課題之探究》。中華民國社區發展
　　研究訓練中心印行。

鄭瑞隆（1991），《兒童家庭福利服務，兒童福利》，周震歐等
　　著，（一版）台北：巨流出版。

賴慧貞等（1993），台灣早期療育資源探討，《復健醫學會雜
　　誌》，21，125-133。

謝友文（1991），《給孩子一個安全童年》。台北：牛頓出版公
　　司。

謝政諭（1994），當前社會休閒活動的省思，《自由青年》，6，
　　62-69。

謝美娥（1991），美國社會福利私有化爭議，《國立政治大學學
　　報》第六十二期，137-153。

謝園（1993），給一個安全的遊戲空間，《兒童遊戲空間規劃與
　　安全研討會》，第二冊。

鍾騰（1989），兒童休閒活動面面觀，《師友月刊》，266，11。

羅子濬（1995），建構正確的青少年休閒教育─國中生的校外生活談起，《師友月刊》，332，21-25。

蘇建璋（1999），「南部地區國小學生心理需求困擾及其相關因素之研究」，台南師範學院國民教育研究所碩士論文。

蘇淑貞（2000），醫療衛生行政體系對於早期療育業務的規劃內容與執行現況，中華民國醫務社會工作協會舉辦「發展遲緩兒童早期療育」課程訓練基礎班講義。

英文部分

Alan, K. (1986). Privatization and America's cities. *Public Management*, 68 (12), 3-5.

Atkinson, A. B. (1994). *On targeting social security: Theory and western with family benefit*. 25-68. Baltimore: The John Hopkins University Press.

Barbara, C. (1983). Frill or fundamental? The elementary school library. *Education Canada, Autumn*, 6-11.

Dianne, M. H. (1989). Elementary school library media programs and the promotion of positive self-concepts: A report of an exploratory study. *Library Quarterly*, 59 (2), 131-147.

Dye, T. R. (1975). *Understanding public policy*. Englewood Cliffs, N. J.: Prentice Hall.

Easton, D. (1953). *The political system*. New York: Knopt.

Esping-Andersen, G.(1990). *The three worlds of welfare capitalism*. Cambridge: Polity Press.

Esping-Andersen, G. & J. Micklewright (1991). *Welfare state models in OECD countries: An analysis for the debate in central and Eastern Europe.* Hants: Arebury.

Gauthier, A. H. (1996). *The state and the family: A comparative analysis of family policies in industrialized countries.* Oxford: Clarendon Press.

Gilbert, N., H. Specht and P. Terrell (1993). *Dimensions of social welfare policy,* 3rd ed. N. J., Englewood Cliffs: Prentice-Hall.

Hantrais, L. (1993). *Women, work and welfare in France.* 116-137. Hants: Edward Elgar.

Hayes, C. D., J. L. Palmer and M. J. Zaslow (eds.) (1990). *Who cares for America's children?: Child care policy for the 1990s.* Washington D. C.: National Academy Press.

Kadushin, A., & Martin, J. A.(1988). *Child welfare services.* New York: McMillan Publishing Co.,Inc.

Kagan, S. L.(1989). *The care and education of America's young children: At the brink of a paradigm shift?* In F. J., Macchiarola & A. Gartner (eds.). Caring for America's children. New York: The Academy of Political Science.

Kahn, A. J., & Kamerman S. B. (1987). *Child care: Facing the hard choices.* Dover: Auburn House Publishing.

Kamerman, S. B. (1996). *Child and family policies: An international overview.* New York: Cambridge University Press.

Kamerman, S. B.& A. J. Kahn (1989). Family policy: Has the United State learned from Europe?. *Policy Studies Review,* 8(3), 581-598.

Kamerman, S. B.& A. J. Kahn (1994). Family policy and the under-3s: Money, services and time in a policy package. *International Social Security Review*, 47 (3-4), 31-43.

Kauffman, J. (1999). 融合教育的另一個看法。《特殊教育季刊》，71，33-37。（註：本文爲演講稿，洪麗瑜翻譯，鄭惠霙記錄）

Lasswell, H. D. & Kaplan, A.(1950). *Power and society*. New Heven: Yale University Press.

McKillip, J. (1987). *Need analysis: Tools for the human services and education*. Sage Publications, Inc.

Seader, D.(1986). Privatization and America's cities. *Public Management*, 68(12), 6-9.

Social Security Administration (U.S.D.H.H.S.) (1997). Social security programs throughout the world--1997. http: //www.ssa.gov/statistics/ssptw97.html.

Zastrow. C.(1994). Introduction to social welfare institutions: Social problems, services and current issues (3rd ed.). 台北：雙葉書局.

兒童健康保健相關法令規範

相關	條文內容
兒童福利法	
第一條	為維護兒童身心健康，促進兒童正常發育，保障兒童福利，特制定本法。
第二條第一款	兒童出生後十日內，接生人應將出生之相關資料通報戶政及衛生主管機關備查。
第二條第二款	殘障兒童之父母、養父母或監護人得申請警政機關建立殘障兒童之指紋資料。
第三條	各級政府及有關公私立機構、團體應協助兒童之父母、養父母或監護人，維護兒童身心健康與促進正常發展，對於需要指導、管教、保護、身心矯治與殘障重建之兒童，應提供社會服務與措施。
第七條第五款、第六款	中央主管機關掌理「兒童心理衛生及犯罪預防之計畫事項」、「特殊兒童輔導及殘障兒童重建之規劃事項」。
第八條第三款、第四款	省（市）主管機關掌理「兒童心理衛生之推行事項」、「特殊兒童輔導及殘障兒童重建之計畫與實施事項」。
第十三條第一款	縣（市）政府應辦理「婦幼衛生、優生保健及預防注射之推行」。
第十三條第二款	對發展遲緩之特殊兒童建立早期通報系統並提供早期療育服務。

第十三條第四款	對於無力撫育未滿十二歲之子女者，予以家庭生活扶助或醫療補助。
第十三條第五款	早產兒、重病兒童之扶養義務人無力支付兒童全部或一部份醫療費用之醫療補助。
第廿一條	兒童及孕婦應優先獲得照顧。交通、衛生、醫療等公民營事業應訂定及實施兒童及孕婦優先照顧辦法。
第廿二條第五款、第六款	縣（市）政府應自行創辦或獎勵民間辦理「兒童心理及其家庭諮詢中心」、「兒童醫院」。
第四十二條	政府對發展遲緩及身心不健全之特殊兒童，應按其需要，給予早期療育、醫療、就學方面之特殊照顧。

兒童法施行細則

第十一條	本法第十三條第二款及第四十二條所稱發展遲緩之特殊兒童，係指認知發展、生理發展、語言及溝通發展、心理社會發展或生活自理技能等方面有異常或可預期會有發展異常之情形，而需要接受早期療育服務之未滿六歲之特殊兒童。
第十二條	本法第十三條第二款及第四十二條所稱早期療育服務，係指由社會福利、衛生、教育等專業人員以團隊合作方式，依發展遲緩之特殊兒童之個別需

求，提供必要之服務。

第十三條　　　　　　　從事與兒童業務有關之醫師、護士、社會工作員、臨床心理工作者、教育人員、保育人員、警察、司法人員及其他執行兒童福利業人員，發現有疑似發展遲緩之特殊兒童，應通報當地直轄市、縣（市）主管機關。

直轄市、縣（市）政府為及早發現發展遲緩之特殊兒童，必要時，得移請當地有關機關辦理兒童身心發展檢查。

直轄市、縣（市）政府對於發展遲緩之特殊兒童、其父母、養父母或監護人，應予適當之諮詢及協助。該特殊兒童需要早期療育服務者，福利、衛生、教育機關（單位）應相互配合辦理。經早期療育服務後仍不能改善者，輔導其依殘障福利法相關規定申請殘障鑑定。

身心障礙者保護法

第二條第二款第二項　　衛生主管機關主管身心障礙者之鑑定、醫療復健、早期醫療、健康保險與醫療復健輔助器具之研究發展等相關事宜之規劃及辦理。

第二條第二款第三項　　教育主管機關主管身心障礙者之教育及所需經費之補助、特殊教育教材、

	教學、輔助器具之研究發展、特殊教育教師之檢定及本法各類專業人員之教育培育，與身心障礙者就學及社會教育等相關事宜之規劃及辦理。
第三條	本法所稱身心障礙者，係指個人因生理或心理因素致其參與社會及從事生產活動功能受到限制或無法發揮，經鑑定符合中央衛生主管機關所定等級之下列障礙並領有身心障礙手冊爲爲範圍：視覺障礙者、聽覺機能障礙者、平衡機能障礙者、聲音機能或語言機能障礙者、肢體障礙者、智能障礙者、重要器官失去功能者、顏面損傷者、植物人、癡呆症者、自閉症者、慢性精神病患者、多重障礙者、其他經中央衛生主管機關認定之障礙者。
第五條	爲預防、減低身心障礙之發生，各級政府相關目的事業主管機關，應有計劃地推動身心障礙預防工作、優生保健、預防身心障礙之知識，針對遺傳、疾病、災害、環境污染和其他致殘因素，制定法律、法規，並相關宣導及社會教育。
第十四條第一項	衛生主管機關應建立疑似身心障礙六歲以下嬰幼兒早期發現通報系統；教育主管機關應建立疑似身心障礙學生

通報系統、戶政主管機關應建立身心障礙人口異動通報系統。

第十五條　　　　各級主管機關及目的事業主管機關應建立個別化專業服務制度（包括：個案管理、特殊教育、醫療復健等制度），經由專業人員之評估，依身心障礙者實際需要提供服務，使其獲得最適當之輔導及安置。

第十六條　　　　促進身心障礙復健及無障礙環境之研究發展及整合規劃之功能，中央應於本法公布施行日起三年內設立或輔導民間設立身心障礙復健研究發展中心。

第十七條　　　　中央衛生主管機關應整合全國醫療資源，辦理嬰幼兒健康檢查，提供身心障礙者適當之醫療復健及早期醫療等相關服務。

各級衛生主管機關對於安置於學前療育機構、相關服務機構及學校之身心障礙者，應配合提供其所需要之醫療復健服務。

第十八條　　　　為加強身心障礙者之醫療復健服務及醫療復健輔助器具之研究發展，當地衛生主管機關應依據各類身心障礙者之人口數及需要，設立或獎勵設立復健醫療機構、醫療復健輔助器具之研究發展機構與護理之家機構。

第十九條　　　　　　　各身心障礙者醫療復健所需之醫療費及醫療輔助器具，尚未納入全民健康保險給付範圍時，各級政府應視其障礙等級補助之。

特殊教育法

第七條第一款　　　　　學前教育階段，在醫院、家庭、幼稚園、托兒所、特殊幼稚園（班）、特殊教育學校幼稚部或其他適當場所實施。

第八條　　　　　　　　學前教育及國民教育階段之特殊教育，由直轄市或縣（市）主管教育行政機關辦理為原則。

第九條　　　　　　　　各階段特殊教育之學生入學年齡及修業年限，對身心障礙者，除依義務教育之年限規定辦理外，並應向下延伸至三歲，於本法公布施行六年內，逐步完成。

第十七條　　　　　　　為普及身心障礙兒童及青少年之學前教育、早期療育及職業教育，各級主管教育機關應妥當規劃加強推動師資培訓及在職訓練。

特殊教育學校（校）、特殊幼稚園（班），應依實際需要置特殊教師、相關專業服務人員及助理人員。特殊教育教師之資格及任用，依師資培育法及教育人員任用條例之規定；相關專

業人員及助理人員之遴用辦法，由中央主管教育行政機關定之。

特殊教育學校（班）、特殊幼稚園（班）設施之設置，應以適合個別化教學為原則，並提供無障礙之學習環境及適當之相關服務。

第廿五條　　　　　為提供身心障礙兒童及早接受療育之機會，各級政府應積極辦理學前兒童特殊教育。對於就讀幼兒教育機構者，得發給教育補助費。

第卅一條　　　　　各級主管教育行政機關為促進特殊教育發展及處理各項權益申訴事宜，應聘請專家、學者、相關團體、機構及家長代表為諮詢委員，並定期召開會議。

前項所指家長代表不得少於三分之一。

優生保健法

第一條　　　　　為實施優生保健，提高人口素質，保護母子健康及增進家庭幸福，特制定本法。

第三條　　　　　中央主管機關（衛生署），為推行優生保健，諮詢學者專家意見，得設優生保健諮詢委員會，研審人工流產及結紮手術之標準。

	省（市）縣（市）為推行優生保健，在衛生機關內，得設優生保健委員會，指導人民人工流產與結紮手術。
第六條	主管機關於必要時，得施行人民健康或婚前檢查。除一般健康檢查外，並包括：有關遺傳性疾病檢查、有關傳染性疾病檢查、有關精神疾病檢查。
第七條	主管機關應實施：生育調節服務及指導；孕前、產前、產後衛生保健服務及指導；嬰幼兒健康服務。

優生保健法施行細則

第二條	本法第六條所稱健康或婚前檢查項目：
	一、個人基本資料：本人職業史、配偶職業史、長期使用特殊藥物之經過、吸煙史、飲酒史、家族遺傳疾病史。
	二、一般健康檢查：身高、體重、視力、色盲、內外科一般健診、胸部X光檢查、驗血、驗尿、過去病史、以往之懷孕、分娩史及小孩出生時情況。
	三、遺傳性疾病檢查：家族疾病史問診、細胞酵素和染色體檢驗。
	四、傳染性疾病檢查：

　　　　　　　　　　一般檢查：包括結核病、梅毒、
　　　　　　　　　　淋病、肝炎、及其他濾過性病毒
　　　　　　　　　　等。
　　　　　　　　　　懷孕者檢查：除一般檢查外，並
　　　　　　　　　　應檢查德國麻疹及流行性感冒之
　　　　　　　　　　感染。
　　　　　五、精神疾病檢查：臨床精神科檢
　　　　　　　　査、心理測驗、腦波檢查、遺傳
　　　　　　　　性精神疾病之檢查，照遺傳性疾
　　　　　　　　病檢查之檢查項目。
第五條　　　　　本法第七條第二款所稱孕前、產期、
　　　　　產期、產後衛生保健服務及指導，係
　　　　　指對懷孕前、懷孕、分娩及產後之婦
　　　　　女，提供檢查、接生、營養及孕期衛
　　　　　生指導。
第六條　　　　　本法第七條第三款所稱嬰、幼兒健康
　　　　　服務，係指對未滿一歲之嬰兒及滿一
　　　　　歲至就學前之幼兒，提供健康檢查、
　　　　　預防接種、營養及各項衛生指導。
第十條　　　　　本法所稱有礙優生之遺傳性、傳染性
　　　　　疾病或精神疾病，其範圍：
　　　　　一、足以影響胎兒正常發育者，如苯
　　　　　　　酮尿症或德國麻疹之孕婦等。
　　　　　二、無能力照顧嬰兒者，如患重度智
　　　　　　　能不足或精神分裂症之男女等。
　　　　　三、可將異常染色體或基因傳至後代
　　　　　　　者，如唐氏症之婦女或亨汀頓氏

舞蹈症之男女等。

全民健康保險預防保健實施辦法

第二條第一款　全民健康保險預防保健提供兒童預防
保健服務保險給付時程：
一、未滿一歲給付四次，每次間隔二
至三個月。
二、一歲以上至未滿三歲給付乙次。
三、三歲以上至未滿四歲給付乙次。

第二條第四款　全民健康保險預防保健提供孕婦產前
檢查保險給付時程：
一、妊娠第一期：於妊娠未滿十七
週，給付二次。
二、妊娠第二期：於妊娠十七週至未
滿廿九週，給付二次。
三、妊娠第三期：於妊娠廿九週以
後，給付六次。

第三條第一款　兒童預防保健服務項目：
一、身體檢查：個人及家族病史查
詢、身高、體重、視力、口腔檢
查、生長發育評估等。
二、健康諮詢：預防接種史查詢、營
養、事故傷害預防及口腔保健
等。

第三條第四款　孕婦產前檢查項目：
一、身體檢查：個人及家族病史、個
人孕產史查詢、身高、體重、血

壓、胸部、腹部檢查等。

二、血液及尿液檢驗。

三、超音波檢查。

四、健康諮詢：營養、戒菸、飲酒、
藥物使用、生產徵兆等。

優生保健法

中華民國七十三年七月九日總統（七三）華總義字第三六○二號令公布

第一章　總則

第一條　　　為實施優生保健，提高人口素質，保護母子健
　　　　　　康及增進家庭幸福，特制定本法。本法未規定
　　　　　　者，適用其他有關法律之規定。
第二條　　　優生保健之主管機關：在中央為行政院衛生
　　　　　　署；在省（市）為省（市）政府；在縣（市）
　　　　　　為縣（市）政府。
第三條　　　中央主管機關，為推行優生保健，諮詢學者專
　　　　　　家意見，得設優生保健諮詢委員會，研審人工
　　　　　　流產及結紮手術之標準。其組織規程，由行政
　　　　　　院定之。
　　　　　　省（市）縣（市）為推行優生保健，在衛生機
　　　　　　關內，得設優生保健委員會，指導人民人工流
　　　　　　產與結紮手術。其設置辦法，由中央主管機關
　　　　　　定之。
第四條　　　稱人工流產者，謂經醫學上認定胎兒在母體外
　　　　　　不能自然保持其生命之期間內，以醫學技術，
　　　　　　使胎兒及其附屬物排除於母體外之方法。稱結
　　　　　　紮手術者，謂不除去生殖腺，以醫學技術將輸
　　　　　　卵管或輸精管阻塞或切斷，而使停止生育之方
　　　　　　法。
第五條　　　本法規定之人工流產或結紮手術，非經中央主
　　　　　　管機關指定之醫師不得為之。前項指定辦法，

由中央主管機關定之。

第二章　健康保護及生育調節

第六條　　　　　主管機關於必要時，得施行人民健康或婚前檢查。

　　　　　　　　前項檢查除一般健康檢查外，並包括下列檢查：

　　　　　　　　有關遺傳性疾病檢查。屁有關傳染性疾病檢查。剉有關精神疾病檢查。

　　　　　　　　前項檢查項目，由中央主管機關定之。

第七條　　　　　主管機關應實施下列事項：生育調節服務及指導。懷孕前、產前、產期、產後衛生保健服務及指導。嬰、幼兒健康服務。

第八條　　　　　避孕器材及藥品之使用，由中央主管機關定之。

第三章　人工流產及結紮手術

第九條　　　　　懷孕婦女經診斷或證明有下列情事之一者，得依其自願，施行人工流產：

　　　　　　　　本人或其配偶患有礙優生之遺傳性、傳染性疾病或精神疾病者。

　　　　　　　　本人或其配偶之四親等以內之血親患有礙優生之遺傳性疾病者。

　　　　　　　　有醫學上理由，足以認定懷孕或分娩有招致生命危險或危害身體或精神健康者。有醫學上理

由，足以認定胎兒有畸形發育之虞者。因被強姦、誘姦或與依法不得結婚者相姦而受孕者。因懷孕或生產，將影響其心理健康或家庭生活者。

未婚之未成年人或禁治產人，依前項規定施行人工流產，應得法定代理人之同意。有配偶者，依前項第六款規定施行人工流產，應得配偶之同意。但配偶生死不明或無意識或精神錯亂者，不在此限。第一項所定人工流產情事之認定，中央主管機關於必要時，得提經優生保健諮詢委員會研審後，訂定標準公告之。

第十條　　已婚男女經配偶同意者，得依其自願，施行結紮手術。但經診斷或證明有下列情事之一者，得逕依其自願行之：

本人或其配偶患有礙優生之遺傳性、傳染性疾病或精神疾病者。

本人或其配偶之四親等以內之血親患有礙優生之遺傳性疾病者。

本人或其配偶懷孕或分娩，有危及母體健康之虞者。

未婚男女有前項但書所定情事之一者，施行結紮手術，得依其自願行之；未婚之未成年人或禁治產人，施行結紮手術，應得法定代理人之同意。

第一項所定應得配偶同意，其配偶生死不明或無意識或精神錯亂者，不在此限。

第一項所定結紮手術情事之認定，中央主管機

關於必要時，得提經優生保健諮詢委員會研審後，訂定標準公告之。

第十一條　醫師發現患有礙優生之遺傳性、傳染性疾病或精神疾病者，應將實情告知患者或其法定代理人，並勸其接受治療。但對無法治癒者，認為有施行結紮手術之必要時，應勸其施行結紮手術。

懷孕婦女施行產前檢查，醫師如發現有胎兒不正常者，應將實情告知本人或其配偶，認為有施行人工流產之必要時，應勸其施行人工流產。

第四章　罰則

第十二條　非第五條所定之醫師施行人工流產或結紮手術者，處一萬元以上三萬元以下罰鍰。

第十三條　未取得合法醫師資格，擅自施行人工流產或結紮手術者，依醫師法第二十八條懲處。

第十四條　依本法所處罰鍰，經催告後逾期仍未繳納者，由主管機關移送法院強制執行。

第五章　附則

第十五條　本法所稱有礙優生之遺傳性、傳染性疾病或精神疾病之範圍，由中央主管機關定之。

第十六條　接受本法第六條、第七條、第九條、第十條所定之優生保健措施者，政府得減免或補助其費用。

　　　　　　　　前項減免或補助費用辦法，由中央主管機關擬
　　　　　　　　訂，報請行政院核定後行之。
第十七條　　　　本法施行細則，由中央主管機關定之。
第十八條　　　　本法自中華民國七十四年一月一日施行。

優生保健法施行細則

中華民國七十四年一月四日行政院衛生署衛署保字第四九九九六二號令訂定發布

第一條　　　　本細則依優生保健法（以下簡稱本法）第十七
　　　　　　　條規定訂定之。

第二條　　　　本法第六條所稱健康或婚前檢查，其項目如附
　　　　　　　件一。

第三條　　　　本法第六條第一項所稱必要時，係指有下列情
　　　　　　　事之一者：
　　　　　　　一、疑似罹患有礙優生之遺傳性、傳染性疾病
　　　　　　　　　或精神疾病者。
　　　　　　　二、本人之四親等以內血親罹患有礙優生之遺
　　　　　　　　　傳性疾病者。
　　　　　　　三、疑有應施行健康檢查之疾病者。
　　　　　　　各級公立醫療保健機構及私立醫院診所遇有前
　　　　　　　項情事之一時，應即報告當地主管機關。

第四條　　　　本法第七條第一款所稱生育調節服務及指導，
　　　　　　　係指對生育年齡男女提供各種避孕方法、器
　　　　　　　材、藥品、結紮手術及不孕症之診治。但結紮
　　　　　　　手術以合於本法第十條規定者為限。

第五條　　　　本法第七條第二款所稱孕前、產前、產期、產
　　　　　　　後衛生保健服務及指導，係指對懷孕前、懷
　　　　　　　孕、分娩及產後之婦女，提供檢查、接生、營
　　　　　　　養及孕期衛生指導。

第六條　　　　本法第七條第三款所稱嬰、幼兒健康服務，係
　　　　　　　指對未滿一歲之嬰兒及滿一歲至就學前之幼
　　　　　　　兒，提供健康檢查、預防接種、營養及各項衛
　　　　　　　生指導。

第七條　　　　　本法第六條、第七條規定之檢查、服務、指導
　　　　　　　　及教育，由各級公立醫療保健機構及私立醫院
　　　　　　　　診所辦理之。

第八條　　　　　各級公立醫療保健機構及私立醫院診所，應辦
　　　　　　　　理相關業務之門診，並製作個案紀錄，對需要
　　　　　　　　施行健康或婚前檢查者，勸導其接受檢查，發
　　　　　　　　現有疾病者，勸導其接受治療並給予生育調節
　　　　　　　　指導。
　　　　　　　　各級公立醫療保健機構及私立醫院診所，必要
　　　　　　　　時並得辦理家庭訪視及各種教育宣導。

第九條　　　　　各級公立醫療保健機構及私立醫院診所，應將
　　　　　　　　其辦理第八條所定事項按月報告當地主管機
　　　　　　　　關，並由各地方主管機關按季彙總呈報中央主
　　　　　　　　管機關，其報告表格式，由中央主管機關定
　　　　　　　　之。
　　　　　　　　前項規定於人工流產準用之。

第十條　　　　　本法所稱有礙優生之遺傳性、傳染性疾病或精
　　　　　　　　神疾病，其範圍如下：
　　　　　　　　一、足以影響胎兒正常發育者，如患苯酮尿症
　　　　　　　　　　或德國麻疹之孕婦等。
　　　　　　　　二、無能力照顧嬰兒者，如患重度智能不足或
　　　　　　　　　　精神分裂症之男女等。
　　　　　　　　三、可將異常染色體或基因傳至後代者，如患
　　　　　　　　　　唐氏症之婦女或亨汀頓氏舞蹈症之男女
　　　　　　　　　　等。

第十一條　　　　本法所稱懷孕或分娩有招致生命危險或危害身
　　　　　　　　體或精神健康之醫學上理由，其範圍如附件

二。

第十二條　　　　本法第九條第一項第四款所稱足以認定胎兒有
　　　　　　　　畸型發育之虞之醫學上理由，其範圍如附件
　　　　　　　　三。

第十三條　　　　本法第九條第一項第五款所稱依法不得結婚
　　　　　　　　者，其範圍依民法第九百八十三條之規定。

第十四條　　　　第十條至第十三條所定情事，由指定得施行人
　　　　　　　　工流產或結紮手術之醫師依規定認定之。

第十五條　　　　人工流產應於妊娠二十四週內施行。但屬於醫
　　　　　　　　療行為者，不在此限。
　　　　　　　　妊娠十二週以內，應於有施行人工流產醫師之
　　　　　　　　醫院診所施行；逾十二週者，應於有施行人工
　　　　　　　　流產醫師之醫院住院施行。

第十六條　　　　本法所定罰鍰之處分機關為直轄市及縣（市）
　　　　　　　　政府。

第十七條　　　　本細則自發布日施行。

附件一

健康或婚前檢查項目

個人基本資料

本人職業史、配偶職業史、長期使用特殊藥物之經過、吸煙史、飲酒史、家族遺傳疾病史。

一般健康檢查

身高、體重之測量、視力、色盲之鑑定、內外科一般健診、胸部 X 光檢查、驗血、驗尿、過去病史、已往之懷孕、分娩史及小孩出生時情況。

遺傳性疾病檢查

1.家族疾病史問診。
2.細胞酵素和染色體檢驗。

傳染性疾病檢查

1.一般檢查：包括結核病、梅毒、淋病、肝炎、及其他濾過性病毒等。
2.懷孕者檢查：除一般檢查外，並應檢查德國麻疹及流行性感冒之感染。

精神疾病檢查

1.臨床精神科檢查。
2.心理測驗。
3.腦波檢查。
4.遺傳性精神疾病之檢查，照遺傳性疾病檢查之檢查項目。

附件二

有醫學上理由，認定懷孕或分娩有招致生命危險或危害身體或精神健康範圍：

1.產科方面：如子宮破裂、子宮穿孔、子宮出血、子宮肌瘤切除或前胎剖腹產、復發性妊娠高血壓症、高齡（三十五歲以上）、多產等。
2.外科、婦科方面：如膀胱與陰道廔管縫合、子宮脫出矯正、腎臟移植、尿道轉向等。
3.骨科方面：如嚴重脊柱後側凸（彎）、軟骨病等。
4.血液科方面：如血栓性異常、紅血球素病變、丙球蛋白病變、凝血不全等。
5.心臟血管科方面：如復發性心臟衰竭或心肌炎、風濕性心臟病、曾有中風病史、高血壓或腦性高血壓、動脈瘤等。
6.胸腔科方面：如肺結核（使用抗結核藥物）、嚴重氣喘、支氣管擴張、肺氣腫、復發自發性氣胸、纖維性囊腫等。
7.泌尿科方面：如急性及慢性腎絲球炎、腎性高血壓、多發性腎囊腫、腎盂炎、任何引發腎功能不全之腎臟病變、單

腎等。

8.眼科方面：如眼球後神經炎等。

9.內分泌科方面：如嚴重糖尿病、嗜鉻細胞瘤、腎上腺、甲狀腺或副甲狀腺之功能過高或不全、眼球突出等。

10.腸胃科方面：如懷孕引發之黃疸、肝功能異常、腸系膜血栓、潰瘍性結腸炎、膈（肌）疝氣等。

11.免疫科方面：如免疫缺乏疾病、Rh同族免疫、類風濕關節炎、紅斑性狼瘡、結節性多發性動脈炎等。

12.神經科方面：如嚴重中樞神經病變、多發性硬化症、肌肉萎縮症、大發作型癲癇。

13.先天性疾病方面：如唐氏症、基因病變。

14.腫瘤學方面：如何杰金氏症、白血病、乳癌、所有孕期併發活動性瘤症等。

15.慢性病方面：如全身性黴菌感染、第三期梅毒、布氏桿菌病等。

16.精神科方面：

◇經醫師鑑定達心神喪失或精神耗弱之功能性、器質性精神疾病或智能不足者。
◇引起重度智能不足之遺傳性疾病。

17.耳鼻喉科方面：如耳骨硬化症等。

附件三

有關醫學上理由，認定胎兒有畸型發育之虞之範圍：

關於母體者

化學因素
如孕婦服用沙利竇邁度或誤食多氯聯苯等。

物理因素
如骨盆診斷或診療時接受過量之放射線照射等。

生物因素
如德國麻疹病毒、小兒麻痺病毒之感染等。

關於胎兒者

由下列產前診斷方法,可確知胎兒為畸型者。

羊膜腔穿刺術

1.羊水中胎兒阿爾發蛋白定量,發現開放性神經管缺損者, 如先天性無腦症及脊柱裂等。

2.羊水細胞培養後,經細胞遺傳學鑑定,發現有染色體萎妤 者,如唐氏症等。

3.羊水細胞培養後,經酵素分析發現胎兒有先天代謝異常疾 病者,如半乳糖血症、戴薩克司病等。

超音診斷術
如水腦症、無腦症、脊柱裂、 尾骨腫瘤、裂腹畸型等。

胎兒內視鏡術

發現胎兒外貌畸型者。

子宮內胎兒血液取樣檢查術

1.血紅素病變如地中海型貧血等。
2.血友病。

特殊教育法

中華民國七十三年十二月十七日
華總（一）義字第六六九二號令公布

第一章　總則

第一條　　　爲使資賦優異及身心障礙之國民，均有接受適合其能力之教育機會，充分發展身心潛能，培養健全人格，增進服務社會能力，特制定本法。本法未規定者，依其他有關法律之規定。

第二條　　　特殊教育內容，除以民族精神教育、國民生活教育爲中心外，對資賦優異者，應加強啓發其思考與創造之教學；對身心障礙者，應加強其身心復健及職業教育。

第三條　　　特殊教育之課程、教材及教法，應保持彈性，適合學生身心特性與需要。其辦法由教育部定之。

第四條　　　特殊教育之實施，分下列三階段：

一、學前教育階段，在家庭、幼稚園、特殊幼稚園（班）或特殊教育學校幼稚部實施。

二、國民教育階段，在國中、小學或特殊教育學校（班）實施。

三、國民教育完成後，在高級中等以上或特殊教育學校實施。接受各階段特殊教育之學生入學年齡及修業年限，對資賦優異者，得降低入學年齡或縮短修業年限；對身心障礙者，得提高或降低入學年齡或延長修業年限。其辦法由教育部定之。

第五條　　　　學前教育及國民教育階段之特殊教育，由直轄市或縣（市）主管行政機關辦理為原則。

國民教育完成後之特殊教育，由省（市）或中央主管教育行政機關辦理為原則。

各階段之特殊教育，除由政府辦理外，並鼓勵民間辦理。主管教育行政機關對私立特殊教育學校（班）應優予獎助。其辦法由教育部定之。

第六條　　　　特殊教育之設施，以適合個別化教學為原則。設置標準，由教育部定之。

第七條　　　　特殊教育師資，由師範校、院或大學相關係、科、所、部培養之；在職教師之進修，由各級主管教育行政機關策劃辦理。

第八條　　　　特殊教育教師之登記及所需專業人員之進用，其辦法由教育部定之。

第九條　　　　師範大學、師範學院、教育學院、師範專科學校或設有教育系、所之大學，為辦理特殊教育各項實驗研究，並供教學實習，得於其附屬中、小學或幼稚園設特殊教育實驗班。

第二章　資賦優異教育

第十條　　　　本法所稱資賦優異，指具有下列情形之一者：

一、一般能力優異。

二、學術性向優異。

三、特殊才能優異。

第十一條　　　接受特殊教育之資賦優異學生，其品學兼優或有特殊表現者，政府得給予獎學金；家境清寒

者，並得給予獎（助）學金。

第十二條　　　辦理資賦優異教育之學校（班），應主動與高一
　　　　　　　級或低一級有關學校密切聯繫，使學生之潛能
　　　　　　　得以充分發展。各公立社會教育及學術研究機
　　　　　　　構，應提供人力與設備資源，供資賦優異教育
　　　　　　　應用；必要時，並得為資賦優異學生辦理各種
　　　　　　　充實智能之活動。

第十三條　　　資賦優異學生經學力鑑定合格者，得以同等學
　　　　　　　力參加高一級學校入學考試或保送甄試升學。
　　　　　　　其辦法由教育部定之。

第十四條　　　縮短修業年限之資賦優異學生，其學籍及畢業
　　　　　　　資格，應由學校報請主管教育行政機關認定。

第三章　身心障礙教育

第十五條　　　本法所稱身心障礙，指具有下列情形之一者：
　　　　　　　一、智能不足。
　　　　　　　二、視覺障礙。
　　　　　　　三、聽覺障礙。
　　　　　　　四、語言障礙。
　　　　　　　五、肢體障礙。
　　　　　　　六、身體病弱。
　　　　　　　七、性格異常。
　　　　　　　八、行為異常。
　　　　　　　九、學習障礙。
　　　　　　　十、多重障礙。
　　　　　　　十一、其他顯著障礙。

第十六條　　　　　接受特殊教育之身心障礙學生，政府除得酌予
　　　　　　　　　減免學雜費、給予助學金及其個人必需之教育
　　　　　　　　　補助器材外，並得給予公費待遇。

第十七條　　　　　辦理身心障礙教育之學校（班），應主動聯繫醫
　　　　　　　　　療及社會福利有關機構，提供學生學業、生
　　　　　　　　　活、職業之輔導。醫療及社會福利有關機構，
　　　　　　　　　應提供學生學業、生活、職業之輔導；必要
　　　　　　　　　時，並應提供交通工具及有關復健服務。

第十八條　　　　　身心障礙學生得依鑑定結果，按身心發展狀況
　　　　　　　　　及學習需要，輔導其轉入其他特殊教育學校
　　　　　　　　　（班）或普通學校相當班級就讀。

第十九條　　　　　完成國民教育之身心障礙學生，依其志願，得
　　　　　　　　　經中央或省（市）主管教育行政機關甄試進入
　　　　　　　　　高級中等以上學校，各學校不得拒絕。其甄試
　　　　　　　　　辦法，由教育部定之。

第二十條　　　　　身心障礙學生，在特殊教育學校修業期滿，成
　　　　　　　　　績及格者，依規定發給畢業証書。

第四章　　附則

第廿一條　　　　　設立私立特殊教育學校，應依照私立學校法規
　　　　　　　　　定辦理。少年監獄、少年輔育院及社會福利機
　　　　　　　　　構附設私立特殊教育班，應報請主管教育行政
　　　　　　　　　機關核准後辦理。

第廿二條　　　　　各級政府，應按年從寬編列特殊教育預算。

第廿三條　　　　　教育部為諮詢學者專家意見，得聘特殊教育諮
　　　　　　　　　詢委員，為無給職。

第廿四條　　　本法施行細則、資賦優異及身心障礙學生鑑定
　　　　　　辦法，由教育部定之。
第廿五條　　　本法自公布日施行。

特殊教育法施行細則

中華民國七十六年三月二十五日台（七六）參字第一二六一九號令發布
中華民國八十七年五月二十九日台（八七）參字第八七－○五七二六六號令修正發布

第一條　　　　本細則依特殊教育法（以下簡稱本法）第三十
二條規定訂定之。

第二條　　　　本法第三條第二項各款所列身心障礙者及第四
條各款所列資賦優異者，其鑑定原則、鑑定基
準，由中央主管教育行政機關會商相關機關定
之。

第三條　　　　本法第七條第一項第一款所稱特殊幼稚園，指
為身心障礙或資賦優異者專設之幼稚園；所稱
特殊幼稚班，指在幼稚園為身心障礙或資賦優
異者專設之班。
本法第七條第一項第二款及第三款所稱特殊教
育學校，指為身心障礙或資賦優異者專設之學
校；所稱特殊教育班，指在國民小學、國民中
學、高級中學、職業學校或依本法第十六條第
二項為身心障礙或資賦優異者專設之班。
本法第七條第一項第三款所稱高級中等以上學
校，指高級中學、職業學校、專科學校及大
學。

第四條　　　　政府、民間依本法第八條規定辦理特殊教育學
校（班）者，其設立、變更及停辦之程序如
下：
一、公立特殊教育學校：
（一）、國立者，由中央主管教育行政機關
核定。
（二）、省（市）立者，由省（市）主管

教育行政機關核定，報請中央主
管教育行政機關備查。

(三)、縣（市）立者，由縣（市）主管教
育行政機關核定，報請省主管教育
行政機關備查。

二、公立學校之特殊教育班：由學校之主管教
育行政機關核定。

三、私立特殊教育學校：依私立學校法規定之
程序辦理。

四、私立學校之特殊教育班：由學校之主管教
育行政機關核定。

各階段特殊教育除依前項規定辦理外，公、私
立學校並得依學生之特殊教育需要，自行擬具
特殊教育方案，向各級主管教育行政機關申請
辦理之；其方案之基本內容及申請程序，由各
級主管教育行政機關定之。

第五條　　　各級主管教育行政機關得依本法第八條第三項
委託民間辦理特殊教育學校（班）或其他教育
方案，其委託方式及程序由各該主管教育行政
機關定之。

第六條　　　為辦理本法第九條第一項身心障礙學生入學年
齡向下延伸至三歲事項，直轄市、縣（市）政
府應普設學前特殊教育設施，提供適當之相關
服務。

直轄市、縣（市）政府對於前項接受學前特殊
教育之身心障礙學生，應視實際需要提供教育
補助費。

第一項所稱學前特殊教育設施，指在本法第七條第一項第一款所定場所設置之設備或提供之措施。

第七條　　　學前教育階段身心障礙兒童，應以與普通兒童一起就學為原則。

第八條　　　本法第十條所稱專責單位，指於各級主管教育行政機關置專任人員辦理特殊教育行政工作之單位。

第九條　　　本法第十二條所稱特殊教育學生鑑定及就學輔導委員會（以下簡稱鑑輔會），應以綜合服務及團隊方式，辦理下列事項：

一、議決鑑定、安置及輔導之實施方法與程序。

二、建議專業團隊及特殊教育資源中心應遴聘之專業人員。

三、評估特殊教育工作績效。

四、執行鑑定、安置及輔導工作。

五、其他有關特殊教育鑑定、安置及輔導事項。

直轄市、縣（市）主管教育行政機關應從寬編列鑑輔會年度預算，必要時由中央主管教育行政機關補助之。

鑑輔會應置主任委員一人，由直轄市、縣（市）主管教育行政機關首長兼任之；並指定專任人員辦理鑑輔會事務。鑑輔會之組織及運作方式由直轄市、縣（市）主管教育行政機關定之。

第十條　　　直轄市、縣（市）主管教育行政機關應結合鑑

輔會、特殊教育資源中心、特殊教育諮詢委員會、身心障礙教育專業團隊及其他相關組織，建立特殊教育行政支援系統；其聯繫及運作方式由直轄市、縣（市）主管教育行政機關定之。

前項所稱特殊教育資源中心，指直轄市、縣（市）主管教育行政機關為協助辦理特殊教育相關事項所設之任務編組；其成員，由直轄市、縣（市）主管教育行政機關就學校教師、學者專家或相關專業人員聘兼之。

第十一條　　鑑輔會依本法第十二條安置身心障礙學生，應於身心障礙學生教育安置會議七日前，將鑑定資料送交學生家長；家長得邀請教師、學者專家或相關專業人員陪同列席該會議。

鑑輔會應就前項會議所為安置決議，於身心障礙學生入學前，對安置機構以書面提出下列建議：

一、安置場所環境及設備之改良。

二、復健服務之提供。

三、教育輔助器材之準備。

四、生活協助之計畫。

前項安置決議，鑑輔會應依本法第十三條每年評估其適當性；必要時，得視實際狀況調整安置方式。

第十二條　　國民教育階段特殊教育學生之就學以就近入學為原則。但其學區無合適特殊教育場所可安置者，得經其主管鑑輔會鑑定後，安置於適當學

區之特殊教育場所。

前項特殊教育學生屬身心障礙者，直轄市、縣（市）主管教育行政機關應依本法第十九條第三項規定，提供交通工具或補助其交通費。

第十三條　依本法第十三條輔導特殊教育學生就讀普通學校相當班級時，該班級教師應參與特殊教育專業知能研習，且應接受特殊教育教師或相關專業人員所提供之諮詢服務。

本法第十三條所稱輔導就讀特殊教育學校（班），指下列就讀情形：

一、學生同時在普通班及資源班上課者。

二、學生同時在特殊教育班及普通班上課，且其在特殊教育班上課之時間超過其在校時間之二分之一者。

三、學生在校時間全部在特殊教育班上課者。

四、學生在特殊教育學校上課，且每日通學者。

五、學生在特殊教育學校上課，且在校住宿者。

申請在家教育之身心障礙學生，除依強迫入學條例第十三條規定程序辦理外，其接受安置之學校應邀請其家長參與該學生之個別化教育計畫之擬定；其計畫內應載明特殊教育教師或相關專業人員巡迴服務之項目及時間，並經其主管鑑輔會核准後實施。

第十四條　資賦優異學生入學後，學校應予有計畫之個別輔導；其輔導項目，應視學生需要定之。

第十五條　　　　資賦優異學生，如須轉入普通班或一般學校就讀者，原就讀學校應輔導轉班或轉校，並將個案資料隨同移轉，以便追蹤輔導。

第十六條　　　　各級主管教育行政機關於依本法第二十三條實施特殊教育學生狀況調查後，應建立各階段特殊教育學生通報系統，並與衛生、社政主管機關所建立之通報系統互相協調、結合。

本法第二十三條所定出版統計年報，應包含接受特殊教育服務之學生人數與比率、教育安置狀況、師資狀況及經費狀況等項目。

第十七條　　　　本法第二十六條所定提供特殊教育學生家庭支援服務，應由各級學校指定專責單位辦理。其服務內容應於開學後二週內告知特殊教育學生家長；必要時，應依據家長之個別需要調整服務內容及方式。

第十八條　　　　本法第二十七條所稱個別化教育計畫，指運用專業團隊合作方式，針對身心障礙學生個別特性所擬定之特殊教育及相關服務計畫，其內容應包括下列事項：

一、學生認知能力、溝通能力、行動能力、情緒、人際關係、感官功能、健康狀況、生活自理能力、國文、數學等學業能力之現況。

二、學生家庭狀況。

三、學生身心障礙狀況對其在普通班上課及生活之影響。

四、適合學生之評量方式。

五、學生因行為問題影響學習者，其行政支援及處理方式。

六、學年教育目標及學期教育目標。

七、學生所需要之特殊教育及相關專業服務。

八、學生能參與普通學校（班）之時間及項目。

九、學期教育目標是否達成之評量日期及標準。

十、學前教育大班、國小六年級、國中三年級及高中（職）三年級學生之轉銜服務內容。

前項第十款所稱轉銜服務，應依據各教育階段之需要，包括升學輔導、生活、就業、心理輔導、福利服務及其他相關專業服務等項目。

參與擬定個別化教育計畫之人員，應包括學校行政人員、教師、學生家長、相關專業人員等，並得邀請學生參與；必要時，學生家長得邀請相關人員陪同。

第十九條　前條個別化教育計畫，學校應於身心障礙學生開學後一個月內訂定，每學期至少檢討一次。

第二十條　依本法第二十九條第二項鑑定身心障礙之資賦優異學生及社經文化地位不利之資賦優異學生時，應選擇適用該學生之評量工具與程序，得不同於一般資賦優異學生。

依本法第二十九條第二項輔導身心障礙之資賦優異學生及社經文化地位不利之資賦優異學生時，其教育方案應保持最大彈性，不受人數限

　　　　　　　　　　制，並得跨校實施。

　　　　　　　　　　學校對於身心障礙之資賦優異學生之教學，應
　　　　　　　　　　就其身心狀況，予以特殊設計及支援。

第二十一條　　　　主管教育行政機關對各階段特殊教育，應至少
　　　　　　　　　　每二年評鑑一次；其評鑑項目，由各級主管教
　　　　　　　　　　育行政機關定之。

第二十二條　　　　本細則自發布日施行。

身心障礙者保護法

八十六年四月二十三日總統華總（一）義字第八六○○○九七八一─○號令修正公布全文七十五條
八十六年四月二十六日總統華總（一）義字第八六○○一─○一一九○號令修正公布第六十五條

第一章 總　則

第一條　　　　爲維護身心障礙者之合法權益及生活，保障其公平參與社會生活之機會，結合政府及民間資源，規劃並推行各項扶助及福利措施，特制定本法；本法未規定者，適用其他法律之規定。

第二條　　　　本法所稱主管機關，在中央爲內政部；在省（市）爲省（市）政府社會處（局）；在縣（市）爲縣（市）政府。本法所定事項，涉及各目的事業主管機關職掌者，由各目的事業主管機關辦理。

前二項各級主管機關及各目的事業主管機關權責劃分如下：

一、主管機關：主管身心障礙者人格及合法權益之維護、個人基本資料之建立、身心障礙手冊之核發、托育、養護、生活、諮詢、育樂、在宅服務等福利服務相關事宜之規劃及辦理。

二、衛生主管機關：主管身心障礙者之鑑定、醫療復健、早期醫療、健康保險與醫療復健輔助器具之研究發展等相關事宜之規劃及辦理。

三、教育主管機關：主管身心障礙者之教育及所需經費之補助、特殊教育教材、教學、輔助器具之研究發展、特殊教育教師之檢定及本法各類專業人員之教育培育，與身心障礙者就學及社會教育等相關事宜之規劃及辦理。

四、勞工主管機關：主管身心障礙者之職業訓練及就業服務、定額進用及就業保障之執行、薪資及勞動條件之維護、就業職業種類與輔助器具之研究發展、身心障礙者就業基金專戶經費之管理及運用等就業相關事宜之規劃及辦理。

五、建設、工務、國民住宅主管機關：提供身心障礙者申請公有公共場所零售商店、攤位、國民住宅、公共建築物停車位優惠事宜、公共設施及建築物無障礙生活環境等相關事宜之規劃及辦理。

六、交通主管機關：提供身心障礙者公共交通工具及公共停車場地優惠事宜、無障礙公共交通工具與生活通訊等相關事宜之規劃及辦理。

七、財政主管機關：主管身心障礙者及身心障礙福利機構稅捐之減免等相關事宜之規劃及辦理。

八、其他措施由各相關目的事業主管機關依職權辦理。

第三條　　　本法所稱身心障礙者，係指個人因生理或心理

因素致其參與社會及 從事生產活動功能受到限
制或無法發揮，經鑑定符合中央衛生主管機關
所定等級之下列障礙並領有身心障礙手冊者為
範圍：

一、視覺障礙者。

二、聽覺機能障礙者。

三、平衡機能障礙者。

四、聲音機能或語言機能障礙者。

五、肢體障礙者。

六、智能障礙者。

七、重要器官失去功能者。

八、顏面損傷者。

九、植物人。

十、癡呆症者。

十一、自閉症者。

十二、慢性精神病患者。

十三、多重障礙者。

十四、其他經中央衛生主管機關認定之障礙
　　　者。

前項障礙類別之等級、第七款重要器官及第十
四款其他障礙類別之 項目，由中央衛生主管機
關定之。

第四條　　　身心障礙者之人格及合法權益，應受尊重與保
　　　　　障，除能證明其無勝 任能力者外，不得單獨以
　　　　　身心障礙為理由，拒絕其接受教育、應考、進
　　　　　用或予其他不公平之待遇。

第五條　　　為預防、減低身心障礙之發生，各級政府相關

目的事業主管機關，應有計畫地推動身心障礙預防工作、優生保健、預防身心障礙的知識，針對遺傳、疾病、災害、環境污染和其他致殘因素，並推動相關宣導及社會教育。

第六條　　各級政府及各目的事業主管機關應設專責單位或置專責人員辦理身心障礙者權益相關事宜，其人數依其提供服務之實際需要定之。身心障礙福利相關業務應遴用專業人員辦理。

前項專業人員之遴用標準及培訓辦法，由中央各目的事業主管機關定之。

第七條　　各級主管機關應設立身心障礙者保護委員會，以行政首長為主任委員，各目的事業主管機關、身心障礙者或其監護人代表、身心障礙福利學者或專家、民意代表及民間相關機構、團體代表等為委員。其中身心障礙者或其監護人代表、民意代表及民間相關機構、團體代表等不得少於三分之一。

前項保護委員會辦理下列事項：

一、整合規劃、研究、諮詢、協調推動促進身心障礙者保護相關事宜。

二、審議身心障礙者權益受損申訴事宜。

三、其他促進身心障礙者權益及福利保護相關事宜。

第一項保護委員會組織規程，由中央主管機關定之。

身心障礙者權益遭受損失時，其最終申訴及仲裁，由中央主管機關之保護委員會辦理。

第八條　　　　　各級政府應至少每三年定期於十二月舉辦身心障礙者生活需求調查，出版統計報告。

行政院每十年辦理全國人口普查時，應將身心障礙者人口調查納入 普查項目。

第九條　　　　　身心障礙福利經費來源如下：

一、各級政府按年專列之身心障礙福利預算。

二、社會福利基金。

三、身心障礙者就業基金專戶。

四、私人或團體捐款。

五、其他收入。

前項第一款身心障礙福利預算，應以前條之調查報告爲依據，按年 從寬專列。

第一項第一款身心障礙福利預算，地方政府財政確有困難者，應由中央政府補助。

第十條　　　　　直轄市及縣（市）衛生主管機關應設鑑定小組指定醫療機構或鑑定 作業小組辦理第三條第一項之鑑定服務；對設戶籍於轄區內經鑑定合於規定者，應由主管機關主動核發身心障礙手冊。

前項鑑定作業辦法，由中央衛生主管機關定之；身心障礙手冊核發 辦法，由中央主管機關定之。

第十一條　　　　身心障礙者因障礙情況改變時，應依鑑定小組之指定或自行申請重 新鑑定。

對鑑定結果有異議時，得申請複檢一次，並負擔百分之四十之鑑定 費；其異議成立時，應退還之。

第十二條　　　有關身心障礙鑑定與免役鑑定間之相關問題，由內政部、教育部、衛生署會同國防部共同研商之。

第十三條　　　身心障礙者於障礙事實變更或消失時，應將身心障礙手冊繳還原發給機關變更或註銷。

原發給機關發現身心障礙者持有之身心障礙手冊，所記載之障礙類別及等級顯與事實不符時，應限期令其重新鑑定；逾期未重新鑑定者，原發給機關得逕行註銷其身心障礙手冊。

第十四條　　　為適時提供療育與服務，中央相關目的事業主管機關應建立彙報及下列通報系統：

一、衛生主管機關應建立疑似身心障礙六歲以下嬰幼兒早期發現通報系統。

二、教育主管機關應建立疑似身心障礙學生通報系統。

三、勞工主管機關應建立職業傷害通報系統。

四、警政主管機關應建立交通事故通報系統。

五、消防主管機關應建立緊急醫療救護通報系統。

六、戶政主管機關應建立身心障礙人口異動通報系統。各目的事業主管機關依前項通報系統，發現有疑似本法所稱身心障礙者時，應即時通知當地主管機關主動協助之。

第十五條　　　各級主管機關及目的事業主管機關應建立個別化專業服務制度，經由專業人員之評估，依身心障礙者實際需要提供服務，使其獲得最適當

之輔導及安置。

前項個別化專業服務制度包括個案管理、就業服務、特殊教育、醫療復健等制度；其實施由各級主管機關及目的事業主管機關依各相關法規規定辦理或委託、輔導民間辦理。

第十六條　爲促進身心障礙復健及無障礙環境之研究發展及整合規劃之功能，中央應於本法公布施行日起三年內設立或輔導民間設立身心障礙復健研究發展中心。

兒童福利法

中華民國六十二年二月八日總統台統(一)義字
第六二〇號令制定公布全文三十條
中華民國八十二年二月五日總統華總(一)義字
第〇四七五號令修正公布全文五十四條

第一章 總則

第一條　　　　為維護兒童身心健康，促進兒童正常發育，保障兒童福利，特制定本法。

第二條　　　　本法所稱兒童，指未滿十二歲之人。

兒童出生後十日內，接生人應將出生之相關資料通報戶政及衛生主管機關備查。

殘障兒童之父母、養父母或監護人得申請警政機關建立殘障兒童之指紋資料。

第三條　　　　父母、養父母或監護人對其兒童應負保育之責任。

各級政府及有關公私立機構、團體應協助兒童之父母、養父母或監護人，維護兒童身心健康與促進正常發展，對於需要指導、管教、保護、身心矯治與殘障重建之兒童，應提供社會服務與措施。

第四條　　　　各級政府及公私立兒童福利機構處理兒童相關事務時，應以兒童之最佳利益為優先考慮。有關兒童之保護與救助應優先受理。

第五條　　　　兒童之權益受到不法侵害時，政府應予適當之協助與保護。

第六條　　　　兒童福利之主管機關，在中央為內政部，在省（市）為社會處（局），在縣（市）為縣（市）

政府。

兒童福利主管機關應設置承辦兒童福利業務之專責單位，在中央為兒童局，在省（市）為兒童福利科，在縣（市）為兒童福利課（股）。

司法、教育、衛生等相關單位涉及前項業務時，應全力配合之。

第七條 　中央主管機關掌理下列事項：

一、兒童福利法規與政策之研擬事項。

二、地方兒童福利行政之監督與指導事項。

三、兒童福利工作之研究與實驗事項。

四、兒童福利事業之策劃與獎助及評鑑之規劃事項。

五、兒童心理衛生及犯罪預防之計畫事項。

六、特殊兒童輔導及殘障兒童重建之規劃事項。

七、兒童福利專業人員之規劃訓練事項。

八、兒童福利機構設置標準之審核事項。

九、國際兒童福利業務之聯繫與合作事項。

十、有關兒童福利法令之宣導及推廣事項。

十一、兒童之母語及文化教育事項。

十二、其他全國性兒童福利之策劃、委辦及督導事項。

第八條 　省（市）主管機關掌理下列事項：

一、縣（市）以下兒童福利行政之監督與指導事項。

二、兒童及其父母福利服務之策劃、推行事項。

三、兒童心理衛生之推行事項。

四、特殊兒童輔導及殘障兒童重建之計畫與實施事項。

五、兒童福利專業人員之訓練事項。

六、兒童福利機構設置標準之訂定與機構之檢查、監督事項。

七、兒童保護之規劃事項。

八、有關寄養家庭標準之訂定、審查及其有關之監督、輔導等事項。

九、有關親職教育之規劃及辦理事項。

十、其他全省（市）性之兒童福利事項。

第九條　　　縣（市）主管機關掌理下列事項：

一、兒童福利機構之籌辦事項。

二、托兒機構保育人員訓練之舉辦事項。

三、兒童社會服務個案集中管理事項。

四、兒童狀況之調查、統計、分析及其指導事項。

五、勸導並協助生父認領非婚生子女事項。

六、兒童福利機構之監督事項。

七、其他全縣（市）性之兒童保護事項。

第十條　　　各級主管機關為協調、研究、審議、諮詢及推動兒童福利，應設兒童福利促進委員會，其組織規程由中央主管機關定之。

第十一條　　政府應培養兒童福利專業人員，並應定期舉行職前訓練及在職訓練。

兒童福利專業人員之資格，由中央主管機關定之。

第十二 條　　　兒童福利經費之來源如下：

　　　　　　　一、各級政府年度預算及社會福利基金。

　　　　　　　二、私人或團體捐贈。

　　　　　　　三、兒童福利基金。

第二章　福利措施

第十三條　　　縣（市）政府應辦理下列兒童福利措施：

　　　　　　　一、婦幼衛生、優生保健及預防注射之推行。

　　　　　　　二、對發展遲緩之特殊兒童建立早期通報系統
　　　　　　　　　並提供早期療育服務。

　　　　　　　三、對兒童與家庭提供語詢輔導服務。

　　　　　　　四、對於無力撫育未滿十二歲之子女者，予以
　　　　　　　　　家庭生活扶助或醫療補助。

　　　　　　　五、早產兒、重病兒童之扶養義務人無力支付
　　　　　　　　　兒童全部或一部醫療費用之醫療補助。

　　　　　　　六、對於不適宜在其家庭內教養之兒童，予以
　　　　　　　　　適當之安置。

　　　　　　　七、對於棄嬰及無依兒童，予以適當之安置。

　　　　　　　八、其他兒童及其家庭之福利服務。

第十四 條　　　前條第四款之家庭生活扶助或醫療補助，以具
　　　　　　　有下列情形之一者爲限：

　　　　　　　一、父母失業、疾病或其他原因，無力維持子
　　　　　　　　　女生活者。

　　　　　　　二、父母一方死亡，他方無力撫育者。

　　　　　　　三、父母雙亡，其親屬願代爲撫養，而無經濟
　　　　　　　　　能力者。

四、未經認領之非婚生子女，其生母自行撫育，而無經濟能力者。

第十五條　兒童有下列各款情形之一，非立即給予緊急保護、安置或為其他處分，其生命、身體或自由有明顯而立即之危險者，應予緊急保護、安置或為其他必要之處分：

一、兒童未受適當之養育或照顧。

二、兒童有立即接受診治之必要，但未就醫者。

三、兒童遭遺棄、虐待、押賣，被強迫或引誘從事不正當之行為或工作者。

四、兒童遭受其他迫害，非立即安置難以有效保護者。

主管機關緊急安置兒童遭遇困難時，得請求檢察官或警方協助之。

安置期間，主管機關或受主管機關委任安置之機構在保護安置兒童之範圍內，代行原親權人或監護人之親權或監護權。主管機關或受主管機關委任之安置機構，經法院裁定繼續安置者，應選任其成員一人執行監護事務，並向法院陳報。

前項負責執行監護事務之人，應負與親權人相同之注意義務，並應按個案進展作成報告備查。

安置期間，非為貫徹保護兒童之目的；不得使兒童接受訪談、偵訊或身體檢查。

安置期間，兒童之原監護人、親友、師長經主

管機關許可，得依其指示時間、地點、方式探視兒童。不遵守者，主管機關得撤銷其許可。

安置之原因消滅時，主管機關或原監護人，得向法院聲請裁定停止安置，使兒童返回其家庭。

第十六條　依前條規定保護安置時，應即通知當地方法院。保護安置不得超過七十二小時，非七十二小時以上之安置不足以保護兒童者，得請聲請法院裁定繼續安置。繼續安置以三個月為限，必要時，法院得裁定延長一次。

對於前項裁定有不服者，得於裁定送達後五日內提起抗告。對於抗告法院之裁定不得再抗告。抗告期間，原安置機關得繼續安置。

第十七條　兒童因家庭發生重大變故，致無法正常生活於其家庭者，其父母、養父母、監護人、利害關係人或兒童福利機構，得申請當地主管機關安置或輔助。

第十五條及前項兒童之安置，當地主管機關得辦理家庭寄養或交付適當之兒童福利機構收容教養之。受寄養之家庭及收容之機構，應提供必要之服務，並得向撫養義務人酌收必要之費用。

第一項之家庭情況改善或主管機關認第十五條第一項各款情事已不存在或法院裁定停止安置者，被安置之兒童仍得返回其家庭。

第十八條　醫師、護士、社會工作員、臨床心理工作者、教育人員、保育人員、警察、司法人員及其他

執行兒童福利業務人員，知悉兒童有第十五條第一項及第二十六條各款情形或遭受其他傷害情事者，應於二十四小時內向當地主管機關報告。

前項報告人之身分資料應予保密。

第十九條　　依本法保護、安置、訪視、調查、輔導兒童或其家庭，應建立個案資料。

因職務知悉之秘密或隱私及所製作或持有之文書，應予保密，非有正當理由，不得洩漏或公開。

第二十條　　中央主管機關應會同目的事業主管機關擬訂辦法獎勵公民營機構設置育嬰室、托兒所等各類兒童福利設施及實施優待兒童、孕婦之措施。

第二十一條　兒童及孕婦應優先獲得照顧。

交通、衛生、醫療等公民營事業應訂定及實施兒童及孕婦優先照顧辦法。

第三章　福利機構

第二十二條　縣（市）政府應自行創辦或獎勵民間辦理下列兒童福利機構：

一、托兒所。

二、兒童樂園。

三、兒童福利服務中心。

四、兒童康樂中心。

五、兒童心理及其家庭諮詢中心。

六、兒童醫院。

七、兒童圖書館。

八、其他兒童福利機構。

第二十三條　省（市）及縣（市）政府為收容不適於家庭養護或寄養之無依兒童，及身心有重大缺陷不適宜於家庭撫養之兒童；應自行創辦或獎勵民間辦理下列兒童福利機構：

一、育幼院。

二、兒童緊急庇護所。

三、智能障礙兒童教養院。

四、傷殘兒童重建院。

五、發展遲緩兒童早期療養中心。

六、兒童心理衛生中心。

七、其他兒童教養處所。

對於未婚懷孕或分娩而遭遇困境之婦、嬰，應專設收容教養機構。

第二十四條　前二條各兒童福利機構之業務，應遴用專業人員辦理，其待遇、福利等另訂定之。

兒童福利機構設置標準與設立辦法，由省（市）政府訂定，報請中央主管機關報備。

第二十五條　私人或團體辦理兒童福利機構，應向主管機關申請立案，並於許可立案之日起六個月內辦理財團法人登記。但私人或團體辦理第二十二條之兒童福利機構，而不對外接受捐助者；得不辦理財團法人登記。

前項兒童福利機構不得兼營營利行為利用其事業為任何不當之宣傳。

各級主管機關應輔導、監督、檢查及評鑑第二

十二條、第二十三條之兒童福利機構，成績優
良者，應予獎助，辦理不善者，令其限期改
善。

第四章 保護措施

第二十六條　　任何人對於兒童不得有下列行為：
一、遺棄。
二、身心虐待。
三、利用兒童從事危害健康、危險性活動或欺
　　騙之行為。
四、利用殘障或畸形兒童供人參觀。
五、利用兒童行乞。
六、供應兒童觀看、閱讀、聽聞或使用有礙身
　　心之電影片、錄影節目帶、照片、出版
　　品、器物或設施。
七、剝奪或妨礙兒童接受國民教育之機會或非
　　法移送兒童至國外就學。
八、強迫兒童婚嫁。
九、拐騙、綁架、買賣、質押兒童，或以兒童
　　為擔保之行為。
十、強迫、引誘、容留、容認或媒介兒童為猥
　　藝行為或姦淫。
十一、供應兒童毒藥、毒品、麻醉藥品、刀
　　　械、槍砲、彈藥或其他危險物品。
十二、利用兒童攝製猥藝或暴力之影片、圖
　　　片。

十三、帶領或誘使兒童進入有礙其身心健康之場所。

十四、其他兒童或利用兒童犯罪或為不正當之行為。

第二十七條　法院認可兒童收養事件，應考慮兒童之最佳利益。決定兒童之最佳利益時，應斟酌收養人之人格、經濟能力、家庭狀況及以往照顧或監護其他兒童之紀錄。

滿七歲之兒童被收養時，兒童之意願應受尊重。兒童堅決反對時，非確信認可被收養，乃符合兒童最佳利益之唯一選擇外，法院應不予認可。

滿七歲之兒童於法院認可前，得准收養人與兒童先行共同生活一段期間，供法院決定認可之參考。

法院為第一、二項認可前，應命主管機關或其他兒童福利機構進行訪視，提出調查報告及建議。

收養之利害關係人亦得提出相關資料或證據，供法院斟酌。

法院對被遺棄兒童為前項認可前，應命主管機關調查其身分資料。

父母對於兒童出養之意見不一致，或一方所在不明時，父母之一方仍可向法院聲請認可。法院調查認為收養乃符合兒童之利益時，應予認可。

法院認可兒童收養者，應通知主管機關定期進

行訪視，並作成報告備查。

第二十八條　收養兒童經法院認可者，收養關係溯及於收養書面契約成立時發生效力。無書面契約者，以向法院聲請時爲收養關係成立之時。有試行收養之情形者，收養關係溯及於開始共同生活時發生效力。

聲請認可收養後，法院裁定前兒童死亡者，聲請程序終結。收養人死亡者，法院應命主管機關或其委託機構爲調查並提出報告及建議，法院認其於兒童有利益時，仍得爲認可收養之規定；其效力依前項之規定。

養父母均不能行使、負擔對於兒童之權利義務或養父母均死亡時，法院得依兒童、檢察官、主管機關或其他利害關係人之聲請選定監護人及指定監護之方法，不受民法第一千零九十四條之限制。

第二十九條　養父母對養子女有第二十六第一款、第二款、第四款、第五款及第七款至第十四款之行爲者，或有第三款及第六款之行爲而情節重大者，利害關係人或主管機關得向法院聲請宣告終止其收養關係。

第三十條　父母、養父母、監護人或其他實際照顧兒童之人，應禁止兒童從事不正當或危險之工作。

第三十一條　父母、養父母、監護人或其他實際照顧兒童之人，應禁止兒童吸菸、飲酒、嚼檳榔、吸食或施行迷幻藥、麻醉藥品或其他有害身心健康之物質。

任何人均不得供應前項之物質予兒童。

第三十二條　婦女懷孕期間應禁吸菸、酗酒、嚼檳榔、吸食或施打迷幻藥、麻醉藥品或其他有害胎兒發育之行爲。其他人亦不得鼓勵、引誘、強迫或使懷孕婦女爲有害胎兒發育之行爲。

第三十三條　父母、養父母、監護人或其他實際照顧兒童之人，應禁止兒童出入酒家、酒吧、酒館（店）舞廳（場）、特種咖啡茶室、賭博性電動遊樂場及其他涉及賭博、色情、暴力等其他足以危害其身心健康之場所。

父母、養父母、監護人或其他實際照顧兒童之人，應禁兒童充當前項場所之侍應或從事其他足以危害或影響其身心發展之工作。

第一項場所之負責人及從業人員應拒絕兒童進入。

任何人不得利用、僱用或誘迫兒童從事第二項之工作。

第三十四條　父母、養父母、監護人或其他實際照顧兒童之人不得使兒童獨處於易發生危險或傷害之環境，對於六歲以下兒童或需要特別看護之兒童不得使其獨處或由不適當之人代爲照顧。

第三十五條　任何發現有違反第二十六條、第三十條、第三十一條、第三十三條、第三十四條之規定或兒童有第十五條第一項之情事者，得通知當地主管機關、警察機關或兒童福利機構。警察機關或兒童福利機構發現前述情事或接獲通知後；應立即向主管機關報告，至遲不得超過二十四

小時。

前項機關或機構發現前項情事或接獲通知後，應迅即處理，不得超過二十四小時，並互予必要之協助。主管機關之承辦人員應於受理案件後四日內向其所屬單位提出調查報告。

前二項處理辦法，由省（市）政府訂定，報中央主管機關備查。

第三十六條　主管機關就本法規定事項，必要時得自行或委託其他機關或兒童福利有關機構進行訪視、調查主管機關或受其委託之機關或機構進行訪視、調查時，兒童之家長、家屬、師長、雇主、監護人員及其他與兒童有關之人員及其與兒童有關之人應予配合並提供相關資料。必要時，得請求警察、醫療、學校或其他相關機關或機構協助，被請求之機關或機構應予配合。

第三十七條　兒童有賣淫或營業性猥褻行為者，主管機關應將其安置於適當場所，觀察輔導二週至一個月。若有本法保護措施章程規定之其他情事時，併依各該規定處理之。

經前項觀察輔導後，主管機關認為必要時，得將兒童安置於專門機構，強制施予六個月之輔導教育，必要時得延長之。但輔導教員期間合計不得超過兩年。

在觀察輔導期間應建立個案資料，予其必要之協助。個案資料應予保密。

第一項兒童患有性病者，應免費強制治療，必要時得請求警察機關協助。

第三十八條　少年法庭處理兒童案件，經調查認其不宜責付於法定代理人者，得命責付於主管機關或兒童福利機構，認責付為不適當而需收容者，得命收容於主管機關或兒童福利機構。主管機關認有必要時；得將兒童安置或收容於寄養家庭、育幼院或其他兒童福利機構。於責付、安置或收容期間，應對兒童施予輔導教育。

少年法庭裁定兒童應交付感化教育者，得將其安置於兒童福利機構或寄養家庭，施予必要之輔導。

第三十九條　前二項安置所需之費用，得責由其扶養義務人負擔。

前項費用扶養義務人不支付者，主管機關得聲請法院裁定後強制執行。扶養義務人無支付能力，則自兒童福利經費中支付。

第四十條　母、養父母或監護人對兒童疏於保護、照顧情節嚴重或有第十五條第一項或第二十六條行為者，兒童最近尊親屬、主管機關、兒童福利機構或其他利害關係人，得向法院聲請停止宣告其親權或監護權，另行選定監護人。對於養父母，並得聲請法院宣告終止其收養關係。

法院依前項規定選定監護人時；不受民法第一千零九十四條之限制，得指定主管機關、兒童福利機構之負責人或其他適當之人為兒童之監護人。並得指定監護之方法及命其父母或養父母支付選定監護人相當之扶養費用及報酬。

第四十一條　父母離婚者，法院得依職權、兒童之父母、主

管機關或其他利害關係人之聲請，為兒童之利益，酌定或改定適當之監護人、監護之方法、負擔扶養費用之人或其方式，不受民法第一千零五十一條、第一千零五十五條、第一千零九十四條之限制。

法院為前項酌定或改定前，應為必要之調查，得命主管機關或兒童福利有關機構調查，向法院提出報告或到場陳述意見。

法院酌定或改定監護人時，應通知主管機關輔導、觀察其監護，於必要時應向法院提出觀察報告及建議。

依第十五條第三項所定之代行監護權人、第四十條所定之監護人、生父認領非婚生子女或父母對監護權行使意見不一致者，準用酌三項之規定。

第四十二條　政府對發展遲緩及身心不健全之特殊兒童，應按其需要，給予早期療育、醫療、就學方面之特殊照顧。

第五章　罰則

第四十三條　利用或對兒童犯罪者，加重其刑至二分之一。

但各該罪就被害人係兒童已設有特別處罰規定者，不在此限。

對於兒童犯告訴乃論之罪者，主管機關得獨立告訴。

第四十四條　違反第二條第二項規定者，處新臺幣一千元以下罰鍰。

違反第二十六條、第三十條規定者，處新台幣一萬元以上十二萬元以下罰鍰，並公告其姓名。

第四十五條　父母、養父母、監護人或其他實際照顧兒童之人，違反第三十一條第一項情節嚴重，或明知兒童在第三十三條第一項場所工作，不加制止者，處新臺六千元以上三萬元以下罰鍰，並公告其姓名。

父母、養父母、監護人或其他實際照顧兒童之人，違反第三十三條第一項或第二項者，處新台幣一千二百元以上六千元以罰鍰；並公告其姓名。

第四十六條　雇用或誘迫兒童在第三十三條第一項場所工作或供應迷幻、麻醉藥品或其他有害其身心健康之物質予兒童者，處新臺幣三萬元以上三十萬元以下罰鍰，並公告其姓名。情節嚴重或經警告仍不改善者，主管機關得勒令其停業、歇業，或移請其事業主管機關吊銷執照。

與從事賣淫或營業性猥褻行為之兒童為性交易者，處新臺幣三萬元以上十萬元以下罰鍰，並公告其姓名。

主管機關自行或委託其他機構，對前項性交易者施予輔導教育，其實施及處罰準用第四十八條之規定。

第四十七條　供應菸、酒及檳榔予兒童者，處新臺幣三千元以上一萬五千元以下罰鍰。

違反第三十三條第三項或第四項者，處新臺幣

一萬二千元以上六萬元以下罰鍰。

情節嚴重或經警告仍不改善者，主管機關得勒令其停業、歇業或移請其事業主管機關吊銷執照。

第四十八條　父母、養父母、監護人或其他實際照顧兒童之人：違反第二十六、第三十條、第三十一條第一項、第三十三第一項、第二項或第三十四條，情節嚴重，或有第十五條第一項所列各種情事者，主管機關應令其接受四小時以上之親職教育輔導。

前項親職教育輔導，如有正當理由，得申請原處罰之主管機關核准後延期參加。

不接受第一項親職教育輔導或時數不足者，處新臺幣一千二百元以上六千元以下罰鍰，經再通知仍不接受者，得按次處罰，至其參加為止。

第四十九條　違反第十八條規定者，處新臺幣六千元以上三萬元以下罰鍰。

兒童之家長、家屬、師長、雇主、醫護人員及其他與兒童有關之人違反第三十六條第二項規定而無正當理由者，處新臺幣三千元以上三百元以下罰鍰，並得連續處罰，至其配合或提供相關資料為止。

第五十條　兒童福利機構違反第二十五條第一項、第二項之規定者，處新臺幣三萬元以上三十萬元以下罰鍰，其經限期辦理立案或財團法人登記、或停止第二項之行為，逾期仍不辦理或停止者，

得連續處罰之，並公告其名稱，且得令其停辦。

兒童福利機構辦理不善，經依第二十五條第三項規定限期改善；逾期仍不改善者，得令其停辦。

依前二項規定令其停辦而拒不遵守者，再處新臺幣五萬元以上三十萬元以下罰鍰。經主管機關依前項規定處罰鍰，仍拒不停辦者，處行為人一年以下有期徒刑、拘役或科或併科新臺幣五十萬元以下罰金。

兒童福利機構停辦、停業、歇業、或決議解散時，主管機關對於該機構收容之兒童應即予以適當之安置，兒童福利機構應予配合。不予配合者，強制實施之，並處以新臺幣三萬元以上三十萬元以下罰鍰。

第五十一條　依本法應受處罰者，除依本法處罰外，其有犯罪嫌疑者，應移送司法機關處理。

第五十二條　依本法所處之罰鍰，逾期不繳納者，移送法院強制執行之。

第六章　附則

第五十三條　本法施行細則，由中央主管機關定之。

第五十四條　本法自公布日施行。

兒童福利法施行細則

中華民國六十二年七月七日內政部台內社字第五四九二四一號令發布
中華民國七十一年九月九日內政部台內社字第一零九零二三號令修正發布
中華民國八十三年五月十四日內政部台內社字第八三七五一三七號令第二次修正發布

第一條　　　　本細則依兒童福利法規（以下簡稱本法）第五
　　　　　　　十三條規訂定之。

第二條　　　　本法第十七條第一項、第二十七條第四項、第
　　　　　　　二十八條第三項、第二十九條、第四十條第一
　　　　　　　項及第四十一條第一項所稱利害關係人，係指
　　　　　　　兒童有直接利害關係之人。
　　　　　　　本法第十七條第一項之利害關係人，由主管機
　　　　　　　關認定之，本法第二十七條第四項、第二十八
　　　　　　　條第三項、第二十九條、第四十條第一項及第
　　　　　　　四十一條第一項之利害關係人，由法院認定
　　　　　　　之。

第三條　　　　本法第二條第二項所稱之出生相關資料，在醫
　　　　　　　院、診所或助產所接生者，係指出生證明書或
　　　　　　　死產證明書，非在醫院、診所或助產所接生
　　　　　　　者，係指出生調查證明書。
　　　　　　　本法第二條第二項所稱十日內，係以兒童出生
　　　　　　　之翌日起算，並以發信郵戳日為通報日，非郵
　　　　　　　寄者以送達日為通報日。
　　　　　　　依本法第二條第二項規定接受接生人通報之機
　　　　　　　關，應將逾期或未通報之接生人資料，移送當
　　　　　　　地主管機關。

第四條　　　　本法第二條第三項、第七條第六款、第八條第
　　　　　　　四款及第二十六條第四款所稱殘障兒童，係指
　　　　　　　依殘障福利法領有殘障手冊之兒童。

依本法第二條第三項建立殘障兒童指紋資料之管理規定，由中央警政主管機關定之。

第五條　本法第七條第六款及第八條第四款所稱特殊兒童，係指資賦優異或身心障礙之兒童。

第六條　本法第十一條第一項所稱政府應培養兒福利專業人員，得由中央主管機關商請大專院校相關科系培植，並得規劃委託有關機關選訓。

本法第十一條一項所稱定期舉行職前訓練及在職訓練，係指每年至少一次，由省（市）主管機關舉行職前及在職訓，直轄市、縣（主）管機關舉辦托兒機構保育人員在職訓練。

第七條　直轄市、縣（市）主管機關應定期對兒童福利需求、兒童福利機構及服務現況調查、統計、分析，以提供上級主管機關作為策劃全國（省）性兒童福利參考依據。

第八條　私人或團體捐贈兒童福利機構之財物、土地，得依法申請減免稅捐。

第九條　本法第十二條第三款所稱兒童福利基金來源如下：

一、政府預算撥充。

二、私人或團體捐贈。

前項兒童福利基金之設立、收支、保管及運用辦法，由各級主管機關定之。

第十條　本法第九條、第十三條、第二十二條所定縣（市）政府掌理之兒童福利事項、辦理之兒童福利措施及應自行創辦或獎勵民間辦理之兒童福利機構，直轄市政府準用之。

第十一條　　　　本法十三條第二款及第四十二條所稱發展遲緩之特殊兒童，係指認知發展、生理發展、語言及溝通發展、心理社會發展或生活自理技能等方面有異常或可預期會有發展異常之情形，而需要接受早期療育服務之未滿六歲之特殊兒童。

第十二條　　　　本法第十三條第二款及第四十二條所稱早期療育服務，係指由社會福利、衛生、教育等專業人員以團隊合作方式，依發展遲緩之特殊兒童之個別需求，提供必要之服務。

第十三條　　　　從事與兒童業務有關之醫師、護士、社會工作員、臨床心理工作者、教育人員、保育人員、警察、司法人員及其他執行兒童福利業務人員，發現有疑似發展遲緩之特殊兒童，應通報當地直轄市、縣（市）主管機關。

直轄市、縣市政府為及早發現發展遲緩之特殊兒童，必要時，得移請當地有關機關辦理兒童身心發展檢查。

直轄市、縣市政府對於發展遲緩之兒童、其父母、養父母或監護人，應予適當之諮詢及協助。

該特殊兒童需要早期療育服務者，福利、衛生、教育機關單位應相互配合辦理。經早期療育服務後仍不能改善者，輔導其依殘障福利法相關規定申請殘障鑑定。

第十四條　　　　以詐欺或其他不正當方法領取本法第十三條第四款、第五款核發之家庭生活扶助費或醫療補

助費者，主管機關應追回其已發之補助費用，涉及刑事責任者，移送司法機關辦理。

第十五條　　　　本法第十三條第七款所稱無依兒童，係指無法定扶養義務人或遭法令或契約應扶助、養育或保護之人遺棄，或不爲其生存所必要之扶助、養育或保護之兒童。

本法第十三條第七款所稱棄嬰，係指前項未滿一歲之兒童。

第十六條　　　　主管機關依本法第十三條第六款、第七或第十五條第一項規定安置兒童，應循下列順序爲之：

一、寄養於合適之親屬家庭。

二、寄養於已登記合格之寄養家庭。

三、收容於經政府核准立案之兒童教養機構。

第十七條　　　　本法第十六條第一項所稱七十二小時，自依本法第十五條規定保護安置兒童之即時起算。

第十八條　　　　本法第十七條第一項所稱家庭發生重大變故，致無法正常生活於其家庭者，係指兒童之家庭發生不可預期之事故，致家庭生活陷於困境，兒童無法獲得妥善照顧者。

而前項家庭發生重大變故，致無法正常生活於其家庭者，由當地主管機關認定之，必要時得洽商有關機關認定之。

第十九條　　　　直轄市、縣（市）主管機關於依本法安置之兒童及其家庭，應進行個案調查、諮商，並提供家庭服務。

直轄市、縣（市）主管機關依本法處理兒童個

案時，兒童戶籍所在地之主管機關應提供資料；認為有續予救助、輔導、保護兒童之必要者，得移送兒童戶籍所在地之主管機關處理。

第廿條　本法第十七條第二項所稱寄養家庭、收容機構得向撫養義務人酌收必要之費用，係指安置兒童所需之生活費、衛生保健費及其他與寄養或收容有關之費用，其費用標準由省（市）主管機關定之。

前項撫養義務人有本法第十四條各款情形而無力負擔費用時，當地主管機關應斟酌實際需要，對該寄養家庭或收容機構酌予補助。

依前項規定給予補助者，其原依本法第十三條四款發給之家庭生活扶助費，自安置於第一項之寄養家庭或收容機構時起，停止發給。

第廿一條　主管機關發現接受安置之兒童不能適應被安置之親屬家庭、寄養家庭或教養機構之生活時，應予另行安置。

第廿二條　依本第十八條規定報告時，應以書面為之。

前項報告書之格式由中央主管機關定之。

第廿三條　依本法第十九條第一項及第三十七條第三項建立之個案資料記載下列事項：

一、兒童及其家庭概況。

二、個案輔導之目標、策略、步驟與時間表。

三、有關個案觀察、訪視之報告。

第廿四條　公、私立兒童福利機構接受捐助，應公開徵信。

前項機構不得利率捐為設立目的以外之行為。

第廿五條	兒童福利機構之目的事業，應受各該目的事業主管機關之指導、監督。
第廿六條	私人或團體，對兒童福利著有貢獻者，政府應予獎勵。
第廿七條	主管機關依本法第二十五條第三項令兒童福利機構限期改善者，應填通知單，受處分者接獲通知單後，應提出改善計畫書，並由主管機關會同目的事業主管機關評估。
第廿八條	本法第三十四條所稱要特別看護之兒童，係指罹患疾病、身體受傷或身心障礙不能自理生活者。
第廿九條	本法第三十四條所稱不適當之人，係指有下列各款情形之一者： 一、無行為能力人。 二、七歲以上未滿十二歲之兒童。 三、有法定傳染病者。 四、身心有嚴重缺陷者。 五、其他有影響受照顧兒童安全之虞者。
第三十條	本法第三十七條第二項之專門機構對於安置之兒童，於執行強制輔導教育之十五日前，應檢具申請延長或停止執行之理由及事證，報請該管主管機關核定。經核定停止執行者，該主管機關並得視需要對該兒童為適當之安置或輔導。 本法第三十七條第二項規定之輔導教育執行前滿十二歲者，應移送少年福利主管機關繼續辦理，執行中滿十二歲者，由原機構續予執行。

第三十一條　依本法第三十七條第二項施予觀察輔導或輔導教育之兒童，逃離安置之場所或專門機構時，該場所或機構之負責人應立即通知警察機關協尋，並報告當地主管機關。逃離期間不計入觀察輔導或導教育期間。

第三十二條　少年法庭依本法第三十八條一項規定命責付、收容兒童於主管機關或兒童福利機構，或依本法第三十八條第二項規定安置於兒童福利機構或寄養家庭執行感化教育，得指定觀護人為適當之輔導。觀護人應將輔導或指導之結果，定期向少年法庭提出書面報告，並副知主管機關。

第三十三條　主管機關依本法第三十九條第一項規定責由扶養義務人負擔費用時，應填發繳費通知單通知扶養義務人。扶養義務人接獲通知單後，應於三十日內繳納或提出無支付能力之證明申請免繳、逾期未繳納或未提出證明申請免繳者，主管機關應派員調查，並於提出調查報告後，依本法第三十九條第二項規定辦理。

第三十四條　主管機關依本法第四十四條至第五十條規定處罰鍰，應填發處分書，受處分者應於收受處分書後三十日內繳納罰鍰，逾期未繳納者，移送法院強制執行。
　　　　　　主管機關依本法第四十六條規定處接受輔導教育或依本法第四十八條規定處接受親職教育輔導，應填發處分書，受處分者應於指定日期、時間，到達指定場所接受輔導，未申請核准延

期而未到達者，視同不接受輔導教育或親職教育輔導。

第三十五條　　本法第三十三條第一項營業場所之負責人應於場所入口明顯處，張貼禁止未滿十二歲兒童進入之標誌。

第三十六條　　主管機關依本法第四十四條至四十六條及第五十條之規定公告姓名或機構名稱時，得發布新聞。

第三十七條　　第二十三條、第二十七條、第三十三條及第三十四條規定之書表格式，由省（市）主管機關定之。

第三十八條　　本細則自發布日施行。

少年事件處理法

中華民國五十一年一月三十一日總統制定公布全文八十條

中華民國五十六年八月一日總統修正公布第四十二條、第六十四條條文

中華民國六十年五月十四日總統修正公布全文八十七條

中華民國六十五年二月十二日總統修正公布第三條、第十二條、第十三條、第十八條、第十九條、第二十二條、第二十三條、第二十六條、第二十七條、第三十九條、第四十二條、第四十三條、第四十五條、第五十條、第五十五條至第五十七條、第五十九條至第六十一條、第七十四條、第七十七條、第八十一條、第八十四條、第八十五條及第三章第三節節名：並增訂第二十三條之一、第六十四條之一、第八十三條之一、及第八十五條之一條文

中華民國六十九年七月四日總統（69）台統（一）義字第三七八九號令修正公布第八十五條之一及第八十六條條文

中華民國八十六年十月二十九日總統（86）華總（一）義字第八六○○二三一八七○號令修正公布

中華民國八十七年五月二十六日公布施行

中華民國八十九年二月二日總統 華總一義字第八九○○○二八四○○號令修正公布第十三條、第二十七條、第四十三條、第四十九條、第五十四條、第五十五條之三、第六十八條及第七十八條條文

第一章 總則

第一條　　　　　（立法目的）

　　　　　　　　為保障少年健全之自我成長，調整其成長環境，並矯治其性格，特制定本法。

第一條之一　　　（本法適用範圍）

　　　　　　　　少年保護事件及少年刑事案件之處理，依本法之規定；本法未規定者，適用其他法律。

第二條　　　　　（少年）

　　　　　　　　本法稱少年者，謂十二歲以上十八歲未滿之人。

第三條　　　　　（少年法院處理案件）

　　　　　　　　下列事件，由少年法院依本法處理之：

一、少年有觸犯刑罰法律之行為者。

二、少年有下列情形之一，依其性格及環境，而有觸犯刑罰法律之虞者：

   （一）經常與有犯罪習性之人交往者。

   （二）經常出入少年不當進入之場所者。

   （三）經常逃學或逃家者。

   （四）參加不良組織者。

   （五）無正當理由經常攜帶刀械者。

   （六）吸食或施打煙毒或麻醉藥品以外之迷幻物品者。

   （七）有預備犯罪或犯罪未遂而為法所不罰之行為者。

第三條之一　（輔佐人之選任及告知義務）

警察、檢察官、少年調查官、法官於偵查、調查或審理少年事件時，應告知少年犯罪事實或虞犯事由，聽取其陳述，並應告知其有選任輔佐人之權利。

第四條　（本法適用之對象）

少年犯罪依法應受軍事審判者，得由少年法院依本法處理之。

第二章 少年法院之組織

第五條　（少年法院之設置）

直轄市設少年法院，其他縣（市）得視其地理環境及案件多寡分別設少年法院。

尚未設少年法院地區，於地方法院設少年法庭。但得視實際情形，其職務由地方法院原編

制內人員兼任，依本法執行之。

高等法院及其分院設少年法庭。

第五條之一　　（少年法院之組織）

少年法院分設刑事庭、保護庭、調查保護處、公設輔佐人室，並應配置心理測驗員心理輔導員及佐理員。

第五條之二　　（準用）

少年法院之組織，除本法有特別規定者外，準用法院組織法有關地方法院之規定。

第五條之三　　（心理測驗員等之配置及其職等）

心理測驗員、心理輔導員及佐理員配置於調查保護處。

心理測驗員、心理輔導員，委任第五職等至薦任第八職等。佐理員委任第三職等至薦任第六職等。

第六條　　　　（刪除）

第七條　　　　（少年法院之成員）

少年法院院長、庭長及法官、高等法院及其分院少年法庭庭長及法官、公設輔佐人，除須具有一般之資格外，應遴選具有少年保護之學識、經驗及熱忱者充之。

前項院長、庭長及法官遴選辦法，由司法院定之。

第八條　　　　（刪除）

第九條　　　　（少年調查官等之職務及監督）

少年調查官職務如下：

一、調查、蒐集關於少年保護事件之資料。

二、對於少年觀護所少年之調查事項。

三、法律所定之其他事務。

少年保護官職務如下：

一、掌理由少年保護官執行之保護處分。

二、法律所定之其他事務。

少年調查官及少年保護官執行職務，應服從法官之監督。

第十條　　　（調查保護處之設置）

調查保護處置處長一人，由少年調查官或少年保護官兼任，綜理及分配少年調查及保護事務；其人數合計在六人以上者，應分組辦事，各組並以一人兼任組長，襄助處長。

第十一條　　（監督服從義務）

心理測驗員、心理輔導員、書記官、佐理員及執達員隨同少年調查官或少年保護官執行職務者，應服從其監督。

第十二條　　（刪除）

第十三條　　（處長等之編制）

少年法院兼任處長或組長之少年調查官、少年保護官薦任第九職等或簡任第十職等，其餘少年調查官、少年保護官薦任第七職等至第九職等。

高等法院少年法庭少年調查官薦任第八職等至第九職等或簡任第十職等。

第三章 少年保護事件

第一節 調查及審理

第十四條 （土地管轄）

少年保護事件由行爲地或少年之住所、居所或所在地之少年法院管轄。

第十五條 （移轉管轄）

少年法院就繫屬中之事件，經調查後認爲以由其他有管轄權之少年法院處理，可使少年受更適當之保護者，得以裁定移送於該管少年法院；受移送之法院，不得再行移送。

第十六條 （牽連及競合管轄）

刑事訴訟法第六條第一項、第二項，第七條及第八條前段之規定，於少年保護事件準用之。

第十七條 （報告義務）

不論何人知有第三條第一款之事件者，得向該管少年法院報告。

第十八條 （移送與處理之請求）

檢察官、司法警察官或法院於執行職務時，知有第三條之事件者，應移送該管少年法院。

對於少年有監督權人、少年之肄業學校或從事少年保護事業之機構，發現少年有第三條第二款之事件者，亦得請求少年法院處理之。

第十九條 （調查及訊問）

少年法院接受第十五條、第十七條及前條之移送、請求或報告事件後，應先由少年調查官調

查該少年與事件有關之行爲、其人之品格、經歷、身心狀況、家庭情形、社會環境、教育程度以及其他必要之事項，提出報告，並附具建議。

少年調查官調查之結果，不得採爲認定事實之唯一證據。

少年法院訊問關係人時書記官應製作筆錄。

第二十條　　　　（獨任審理）

少年法院審理少年保護事件，得以法官一人獨任行之。

第二十一條　　　（傳喚）

少年法院法官或少年調查官對於事件之調查，必要時得傳喚少年、少年之法定代理人或現在保護少年之人到場。

前項調查，應於相當期日前將調查之日、時及處所通知少年之輔佐人。

第一項之傳喚，應用通知書，記載下列事項，由法官簽名；其由少年調查官傳喚者，由少年調查官簽名：

一、被傳喚人之姓名、性別、年齡、出生地及住居所。

二、事由。

三、應到場之日、時及處所。

四、無正當理由不到場者，得強制其同行。

傳喚通知書應送達於被傳喚人。

第二十二條　　　（強制到場）

少年、少年之法定代理人或現在保護少年之

人，經合法傳喚，無正當理由不到場者，少年
法院法官得依職權或依少年調查官之請求發同
行書，強制其到場。但少年有刑事訴訟法第七
十六條所列各款情形之一，少年法院法官並認
為必要時，得不經傳喚，逕發同行書，強制其
到場。

同行書應記載下列事項，由法官簽名：

一、應同行人之姓名、性別、年齡、出生地、
　　國民身分證字號、住居所及其他足資辨別
　　之特徵。但年齡、出生地、國民身分證號
　　或住居所不明者，得免記載。

二、事由。

三、應與執行人同行到達之處所。

四、執行同行之期限。

第二十三條　　　（強制到場之程序）

同行書由執達員、司法警察官或司法警察執行
之。

同行書應備三聯，執行同行時，應各以一聯交
應同行人及其指定之親友，並應注意同行人之
身體及名譽。

執行同行後，應於同行書內記載執行之處所及
年、月、日；如不能執行者，記載其情形，由
執行人簽名提出於少年法院。

第二十三條之一　（協尋）

少年行蹤不明者，少年法院得通知各地區少年
法院、檢察官、司法警察機關協尋之。但不得
公告或登載報紙或以其他方法公開之。

協尋少年，應用協尋書，記載下列事項，由法官簽名：

一、少年之姓名、性別、年齡、出生地、國民身分證字號、住居所及其他足資辨別之特徵。但年齡、出生地、國民身分證字號或住居所不明者，得免記載。

二、事件之內容。

三、協尋之理由。

四、應護送之處所。

少年經尋獲後，少年調查官、檢察官、司法警察官或司法警察，得逕行護送少年至應到之處所。

協尋於其原因消滅或顯無必要時，應即撤銷。撤銷協尋之通知，準用第一項之規定。

第二十四條　（刑訴法證據規定之準用）

刑事訴訟法關於人證、鑑定、通譯、勘驗、搜索及扣押之規定，於少年保護事件性質不相違反者，準用之。

第二十五條　（協助義務）

少年法院因執行職務，得請警察機關、自治團體、學校、醫院或其他機關、團體為必要之協助。

第二十六條　（裁定責付或收容）

少年法院於必要時，對於少年得以裁定為下列之處置：

一、責付於少年之法定代理人、家長、最近親屬、現在保護少年之人或其他適當之機

關、團體或個人，並得在事件終結前，交
付少年調查官爲適當之輔導。

二、命收容於少年觀護所。但以不能責付或以
責付爲顯不適當，而需收容者爲限。

第二十六條之一 （收容書之應載事項）

收容少年應用收容書。

收容書應記載下列事項，由法官簽名：

一、少年之姓名、性別、年齡、出生地、國民
身分證字號、住居所及其他足資辨別之特
徵。但年齡、出生地、國民身分證字號或
住居所不明者，得免記載。

二、事件之內容。

三、收容之理由。

四、應收容之處所。

第二十三條第二項之規定，於執行收容準用
之。

第二十六條之二 （收容之期間）

少年觀護所收容少年之期間，調查或審理中均
不得逾二月。但有繼續收容之必要者，得於期
間未滿前，由少年法院裁定延長之；延長收容
期間不得逾一月，以一次爲限。收容之原因消
滅時，少年法院應將命收容之裁定撤銷之。

事件經抗告者，抗告法院之收容期間，自卷宗
及證物送交之日起算。

事件經發回者，其收容及延長收容之期間，應
更新計算。

裁定後送交前之收容期間，算入原審法院之收

容期間。

少年觀護所之組織，以法律定之。

第二十七條　（移送於檢察官之裁定）

少年法院依調查之結果，認為少年觸犯刑罰法律，具有下列情形之一者，應以裁定移送於有管轄權之法院檢察署檢察官：

一、犯最輕本刑為五年以上有期徒刑之罪者。

二、事件繫屬後已滿二十歲者。

除前項情形外，少年法院依調查之結果，認犯罪情節重大，參酌其品行、性格、經歷等情狀，以受刑事處分為適當者，得以裁定移送於有管轄權之法院檢察署檢察官。

前二項情形，於少年犯罪時未滿十四歲者，不適用之。

第二十八條　（應不付審理之裁定）

少年法院依調查之結果，認為無付保護處分之原因或以其他事由不應付審理者，應為不付審理之裁定。

少年因心神喪失而為前項裁定者，得令入相當處所實施治療。

第二十九條　（得不付審理之裁定）

少年法院依少年調查官調查之結果，認為情節輕微，以不付審理為適當者，得為不付審理之裁定，並為下列處分：

一、轉介兒童或少年福利或教養機構為適當之輔導。

二、交付兒童或少年之法定代理人或現在保護

少年之人嚴加管教。

三、告誡。

前項處分，均交由少年調查官執行之。

少年法院為第一項裁定前，得斟酌情形，經被害人同意，命少年為下列各款事項：

一、向被害人道歉。

二、立悔過書。

三、向被害人支付相當數額之慰撫金。

前項第三款之慰撫金，少年之法定代理人應負連帶支付之責任，並得為民事強制執行之名義。

第三十條　　　　（開始審理之裁定）

少年法院依調查之結果，認為應付審理者，應為開始審理之裁定。

第三十一條　　　（輔佐人）

少年或少年之法定代理人或現在保護少年之人，得隨時選任少年之輔佐人。

犯最輕本刑為三年以上有期徒刑之罪，未經選任輔佐人者，少年法院應指定適當之人輔佐少年。其他案件認有必要者亦同。

前項案件，選任輔佐人無正當理由不到庭者，少年法院亦得指定之。

前兩項指定輔佐人之案件，而該地區未設置公設輔佐人時，得由少年法院指定適當之人輔佐少年。

公設輔佐人準用公設辯護人條例有關規定。

少年保護事件中之輔佐人，於與少年保護事件

性質不相違反者，準用刑事訴訟法辯護人之相
關規定。

第三十一條之一　（輔佐人非律師）

選任非律師爲輔佐人者，應得少年法院之同
意。

第三十一條之二　（輔佐人之義務）

輔佐人除保障少年於程序上之權利外，應協助
少年法院促成少年之健全成長。

第三十二條　　　（審理期日）

少年法院審理事件應定審理期日。審理期日應
傳喚少年、少年之法定代理人或現在保護少年
之人，並通知少年之輔佐人。

少年法院指定審理期日時，應考慮少年、少年
之法定代理人、現在保護少年之人或輔佐人準
備審理所需之期間。但經少年及其法定代理
人或現在保護少年之人之同意，得及時開始審
理。

第二十一條第三項、第四項之規定，於第一項
傳喚準用之。

第三十三條　　　（審理筆錄）

審理期日，書記官應隨同法官出席，製作審理
筆錄。

第三十四條　　　（審理不公開）

調查及審理不公開。但得許少年之親屬、學校
教師、從事少年保護事業之人或其他認爲相當
之人在場旁聽。

第三十五條　　　（審理態度）

審理應以和藹懇切之態度行之。法官參酌事件
之性質與少年之身心、環境狀態，得不於法庭
內進行審理。

第三十六條　　　（陳述意見）
審理期日訊問少年時，應予少年之法定代理人
或現在保護少年之人及輔佐人陳述意見之機
會。

第三十七條　　　（調查證據）
審理期日，應調查必要之證據。
少年應受保護處分之原因、事實，應依證據認
定之。

第三十八條　　　（陳述時之處理）
少年法院認為必要時，得為下列處置：
一、少年為陳述時，不令少年以外之人在場。
二、少年以外之人為陳述時，不令少年在場。

第三十九條　　　（少年調查官之陳述）
少年調查官應於審理期日出庭陳述調查及處理
之意見。
少年法院不採少年調查官陳述之意見者，應於
裁定中記載不採之理由。

第四十條　　　　（疑送之裁定）
少年法院依審理之結果，認為事件有第二十七
條第一項之情形者，應為移送之裁定；有同條
第二項之情形者，得為移送之裁定。

第四十一條　　　（不付保護處分）
少年法院依審理之結果，認為事件不應或不宜
付保護處分者，應裁定諭知不付保護處分。

第二十八條第二項、第二十九條第三項、第四
項之規定，於少年法院認為事件不宜付保護處
分，而依前項規定為不付保護處分裁定之情形
準用之。

第四十二條　　（保護處分及禁戒治療）

少年法院審理事件，除為前二條處置者外，應
對少年以裁定諭知下列之保護處分：

一、訓誡，並得予以假日生活輔導。

二、交付保護管束並得命為勞動服務。

三、交付安置於適當之福利或教養機構輔導。

四、令入感化教育處所施以感化教育。

少年有下列情形之一者，得於為前項保護處分
之前或同時諭知下列處分：

一、少年染有煙毒或吸用麻醉、迷幻物品成
　　癮，或有酗酒習慣者，令入相當處所實施
　　禁戒。

二、少年身體或精神狀態顯有缺陷者，令入相
　　當處所實施治療。

第一項處分之期間，毋庸諭知。

第四十三條　　（沒收規定之準用）

刑法及其他法律有關沒收之規定，於第二十八
條、第二十九條、第四十一條及前條之裁定準
用之。

少年法院認供本法第三條第二款各目行為所用
或所得之物不宜發還者，得沒收之。

第四十四條　　（裁定交付觀察）

少年法院為決定宜否為保護處分或應為何種保

護處分，認有必要時，得以裁定將少年交付少年調查官爲六月以內期間之觀察。

前項觀察，少年法院得徵詢少年調查官之意見，將少年交付適當之機關、學校、團體或個人爲之，並受少年調查官之指導。

少年調查官應將觀察結果，附具建議提出報告。

少年法院得依職權或少年調查官之請求，變更觀察期間或停止觀察。

第四十五條　（保護處分之撤銷及定應執行刑之處分）

受保護處分之人，另受有期徒刑以上刑之宣告確定者，爲保護處分之少年法院，得以裁定將該處分撤銷之。

受保護處分之人，另受保安處分之宣告確定者，爲保護處分之少年法院，應以裁定定其應執行之處分。

第四十六條　（定應執行刑之處分及處分之撤銷）

受保護處分之人，復受另件保護處分，分別確定者，後爲處分之少年法院，得以裁定定其應執行之處分。

依前項裁定爲執行之處分者，其他處分無論已否開始執行，視爲撤銷。

第四十七條　（處分之撤銷及移送）

少年法院爲保護處分後，發見其無審判權者，應以裁定將該處分撤銷之，移送於有審判權之機關。

保護處分之執行機關，發見足認爲有前項情形

之資料者，應通知該少年法院。

第四十八條　　　　（應受送達人）

少年法院所為裁定，應以正本送達於少年、少年之法定代理人或現在保護少年之人、輔佐人及被害人，並通知少年調查官。

第四十九條　　　　（送達方法）

文書之送達，適用民事訴訟法關於送達之規定。但對於少年、少年之法定代理人、現在保護少年之人或輔佐人，及被害人或其法定代理人不得為下列之送達：

一、公示送達。

二、因未陳明送達代收人，而交付郵局以為送達。

第二節　保護處分之執行

第五十條　　　　　（訓誡及假日生活輔導之執行）

對於少年之訓誡，應由少年法院法官向少年指明其不良行為，曉諭以將來應遵守之事項，並得命立悔過書。

行訓誡時，應通知少年之法定代理人或現在保護少年之人及輔佐人到場。

少年之假日生活輔導為三次至十次，由少年法院交付少年保護官於假日為之，對少年施以個別或群體之品德教育，輔導其學業或其他作業，並得命為勞動服務，使其養成勤勉習慣及守法精神；其次數由少年保護官視其輔導成效而定。

前項假日生活輔導，少年法院得依少年保護官之意見，將少年交付適當之機關、團體或個人為之，受少年保護官之指導。

第五十一條　　　　（保護管束之執行）

對於少年之保護管束，由少年保護官掌理之；少年保護官應告少年以應遵守之事項，與之常保接觸，注意其行動，隨時加以指示；並就少年之教養、醫治疾病、謀求職業及改善環境，予以相當輔導。

少年保護官因執行前項職務，應與少年之法定代理人或現在保護少年之人為必要之洽商。

少年法院得依少年保護官之意見，將少年交付適當之福利或教養機構、慈善團體、少年之最近親屬或其他適當之人保護管束，受少年保護官之指導。

第五十二條　　　　（安置輔導及感化教育之執行）

對於少年之交付安置輔導及施以感化教育時，由少年法院依其行為性質、身心狀況、學業程度及其他必要事項，分類交付適當之福利、教養機構或感化教育機構執行之，受 少年法院之指導。

感化教育機構之組織及其教育之實施，以法律定之。

第五十三條　　　　（保護管束與感化教育之期間）

保護管束與感化教育之執行，其期間均不得逾三年。

第五十四條　　　　（轉介輔導處分及保護處分之年齡限制）

少年轉介輔導處分及保護處分之執行，至多執行至滿二十一歲為止。

執行安置輔導之福利及教養機構之設置及管理辦法，由少年福利機構及兒童福利機構之中央主管機關定之。

第五十五條　　（保護管束之考核）

保護管束之執行，已逾六月，著有成效，認無繼續之必要者，或因事實上原因，以不繼續執行為宜者，少年保護官得檢具事證，聲請少年法院免除其執行。

少年、少年之法定代理人、現在保護少年之人認保護管束之執行有前項情形時，得請求少年保護官為前項之聲請，除顯無理由外，少年保護官不得拒絕。

少年在保護管束執行期間，違反應遵守之事項，不服從勸導達二次以上，而有觀察之必要者，少年保護官得聲請少年法院裁定留置少年於少年觀護所中，予以五日以內之觀察。

少年在保護管束期間違反應遵守之事項，情節重大，或曾受前項觀察處分後，再違反應遵守之事項，足認保護管束難收效果者，少年保護官得聲請少年法院裁定撤銷保護管束，將所餘之執行期間令入感化處所施以感化教育，其所餘之期間不滿六月者，應執行至六月。

第五十五條之一　（勞動服務）

保護管束所命之勞動服務為三小時以上五十小時以下，由少年保護官執行，其期間視輔導之

成效而定。

第五十五條之二 （安置輔導期間及考核）

第四十二條第一項第三款之安置輔導為二月以上二年以下。

前項執行已逾二月，著有成效，認無繼續執行之必要者，或有事實上原因以不繼續執行為宜者，負責安置輔導之福利或教養機構、少年、少年之法定代理人或現在保護少年之人得檢具事證，聲請少年法院免除其執行。

安置輔導期滿，負責安置輔導之福利或教養機構、少年、少年之法定代理人或現在保護少年之人認有繼續安置輔導之必要者，得聲請少年法院裁定延長，延長執行之次數以一次為限，其期間不得逾二年。

第一項執行已逾二月，認有變更安置輔導之福利或教養機構之必要者，少年、少年之法定代理人或現在保護少年之人得檢具事證或敘明理由，聲請少年法院裁定變更。

少年在安置輔導期間違反應遵守之事項，情節重大，或曾受第五十五條之三留置觀察處分後，再違反應遵守之事項，足認安置輔導難收效果者，負責安置輔導之福利或教養機構、少年之法定代理人或現在保護少年之人得檢具事證，聲請少年法院裁定撤銷安置輔導，將所餘之執行期間令入感化處所施以感化教育，其所餘之期間不滿六月者，應執行至六月。

第五十五條之三 （勸導及留置觀察）

少年無正當理由拒絕接受第二十九條第一項或第四十二條第一項第一款、第三款之處分，少年調查官、少年保護官、少年之法定代理人或現在保護少年之人、少年福利或教養機構，得聲請少年法院核發勸導書，經勸導無效者，各該聲請人得聲請少年法院裁定留置少年於少年觀護所中，予以五日以內之察。

第五十六條　（感化教育之停免）

執行感化教育已逾六月，認無繼續執行之必要者，得由少年保護官或執行機關檢具事證，聲請少年法院裁定免除或停止其執行。

少年或少年之法定代理人認感化教育之執行有前項情形時，得請求少年保護官為前項之聲請，除顯無理由外，少年保護官不得拒絕。

第一項停止感化教育之執行者，所餘之執行時間，應由少年法院裁定交付保護管束。

第五十五條之規定，於前項之保護管束準用之；依該條第四項應繼續執行感化教育時，其停止期間不算入執行期間。

第五十七條　（保護管束等之執行）

第二十九條第一項之處分、第四十二條第一項第一款之處分及第五十五條第三項或第五十五條之三之留置觀察，應自處分裁定之日起，二年內執行之；逾期免予執行。

第四十二條第一項第二款、第三款、第四款及同條第二項之處分，自應執行之日起，經過三年未執行者，非經少年法院裁定應執行時，不

得執行之。

第五十八條　　　（禁戒治療之期間及執行）

第四十二條第二項第一款、第二款之處分期間，以戒絕治癒或至滿二十歲爲止；其處分與保護管束一併諭知者，同時執行之；與安置輔導或感化教育一併諭知者，先執行之。但其執行無礙於安置輔導或感化教育之執行者，同時執行之。

依禁戒或治療處分之執行，少年法院認爲無執行保護處分之必要者，得免其保護處分之執行。

第五十九條　　　（執行處分之措施）

少年法院法官因執行轉介處分、保護處分或留置觀察，於必要時，得對少年發通知書、同行書或請有關機關協尋之。

少年保護官因執行保護處分，於必要時得對少年發通知書。

第二十一條第三項、第四項、第二十二條第二項、第二十三條及第二十三條之一規定，於前二項通知書、同行書及協尋書準用之。

第六十條　　　（教養費用之負擔及執行）

少年法院諭知保護處分之裁定確定後，其執行保護處分所需教養費用，得斟酌少年本人或對少年負扶養義務人之資力，以裁定命其負擔全部或一部；其特殊清寒無力負擔者，豁免之。

前項裁定，得爲民事強制執行名義，由少年法院囑託各該法院民事執行處強制執行，免徵執

行費。

第三節 抗告及重新審理

第六十一條　（得抗告之主體及情形「一」）
少年、少年之法定代理人、現在保護少年之人或輔佐人，對於少年法院所為下列之裁定有不服者，得提起抗告。但輔佐人提起抗告，不得與選任人明示之意思相反：
一、第二十七條第一項、第二項之裁定。
二、第二十九條第一項之裁定。
三、第四十二條之處分。
四、第五十五條第三項、第五十五條之三留置觀察之裁定及第五十五條第四項之撤銷保護管束執行感化教育之處分。
五、第五十五條之二第三項延長安置輔導期間之裁定、第五項撤銷安置輔導執行感化教育之處分。
六、第五十六條第四項命繼續執行感化教育之處分。
七、第六十條命負擔教養費用之裁定。

第六十二條　（得抗告之主體及情形「二」）
少年行為之被害人或其法定代理人，對於少年法院之下列裁定，得提起抗告：
一、依第二十八條第一項所為不付審理之裁定。
二、依第二十九條第一項所為不付審理，並為轉介輔導、交付嚴加管教或告誡處分之裁

定。

三、依第四十一條第一項諭知不付保護處分之
　　裁定。

四、依第四十二條第一項諭知保護處分之裁
　　定。

被害人已死亡或有其他事實上之原因不能提起
抗告者，得由其配偶、直系血親、三親等內之
旁系血親、二親等內之姻親或家長家屬提起抗
告。

第六十三條　　（抗告管轄法院）

抗告以少年法院之上級法院為管轄法院。

對於抗告法院之裁定，不得再行抗告。

第六十四條　　（抗告期間及其他準用規定）

抗告期間為十日，自送達裁定後起算。但裁定
宣示後送達前之抗告亦有效力。

刑事訴訟法第四百零七條至第四百十四條及本
章第一節有關之規定，於本節抗告準用之。

第六十四條之一　　（重新審理「一」）

諭知保護處分之裁定確定後，有下列情形之
一，認為應不付保護處分者，

少年保護官、少年、少年之法定代理人、現在
保護少年之人或輔佐人得聲請為保護處分之少
年法院重新審理：

一、適用法規顯有錯誤，並足以影響裁定之結
　　果者。

二、因發見確實之新證據，足認受保護處分之
　　少年，應不付保護處分者。

三、有刑事訴訟法第四百二十條第一項第一
　　款、第二款、第四款或第五款所定得為再
　　審之情形者。
刑事訴訟法第四百二十三條、第四百二十九
條、第四百三十條前段、第四百三十一條至第
四百三十四條、第四百三十五條第一項、第二
項、第四百三十六條之規定，於前項之重新審
理程序準用之。
為保護處分之少年法院發見有第一項各款所列
情形之一者，亦得依職權為應重新審理之裁
定。
少年受保護處分之執行完畢後，因重新審理之
結果，須受刑事訴追者，其不利益不及於少
年，毋庸裁定移送於有管轄權之法院檢察署檢
察官。

第六十四條之二　（重新審理「二」）

諭知不付保護處分之裁定確定後有下列情形之
一，認為應諭知保護處分者，少年行為之被害
人或其法定代理人得聲請為不付保護處分之少
年法院重新審理：

一、有刑事訴訟法第四百二十二條第一款得為
　　再審之情形者。

二、經少年自白或發見確實之新證據，足認其
　　有第三條行為應諭知保護處分者。

刑事訴訟法第四百二十九條、第四百三十一條
至第四百三十四條、第四百三十五條第一項、
第二項及第四百三十六條之規定，於前項之重

新審理程序準用之。

爲不付保護處分之少年法院發見有第一項各款所列情形之一者，亦得依職權爲應重新審理之裁定。

第一項或前項之重新審理於諭知不付保護處分之裁定確定後，經過一年者不得爲之。

第四章　少年刑事案件

第六十五條　　（少年刑事案件之範圍及自訴之禁止）

對於少年犯罪之刑事追訴及處罰，以依第二十七條第一項、第二項移送之案件爲限。

刑事訴訟法關於自訴之規定，於少年刑事案件不適用之。

本章之規定，於少年犯罪後已滿十八歲者適用之。

第六十六條　　（偵查）

檢察官受理少年法院移送之少年刑事案件，應即開始偵查。

第六十七條　　（起訴及不起訴處分）

檢察官依偵查之結果，對於少年犯最重本刑五年以下有期徒刑之罪，參酌刑法第五十七條有關規定，認以不起訴處分而受保護處分爲適當者，得爲不起訴處分，移送少年法院依少年保護事件審理；認應起訴者，應向少年法院提起公訴。依第六十八條規定由少年法院管轄之案件，應向少年法院起訴。

前項經檢察官爲不起訴處分而移送少年法院依
少年保護事件審理之案件，如再經少年法院裁
定移送，檢察官不得依前項規定，再爲不起訴
處分而移送少年法院依少年保護事件審理。

第六十八條　　　（事務管轄）

下列刑事案件，應由少年法院管轄：

一、對兒童及少年有違反兒童福利法或少年福
　　利法之行爲，並觸犯刑罰法律之刑事案
　　件。

二、對兒童及少年犯兒童及少年性交易防制條
　　例刑事案件。

第六十九條　　　（一事不二罰）

對於少年犯罪已依第四十二條爲保護處分者，
不得就同一事件再爲刑事追訴或處罰。但其保
護處分經依第四十五條或第四十七條之規定撤
銷者，不在此限。

第七十條　　　　（準用）

少年刑事案件之偵查及審判，準用第三章第一
節及第三節有關之規定。

第七十一條　　　（不羈押原則）

少年被告非有不得已情形，不得羈押之。

少年被告應羈押於少年觀護所。於年滿二十歲
時，應移押於看守所。

少年刑事案件，於少年法院調查中之收容，視
爲未判決前之羈押，準用刑法第四十六條折抵
刑期之規定。

第七十二條　　　（隔離訊問）

少年被告於偵查審判時，應與其他被告隔離。但與一般刑事案件分別審理顯有困難或認有對質之必要時，不在此限。

第七十三 （審判不公開）

審判得不公開之。

第三十四條但書之規定，於審判不公開時準用之。

少年、少年之法定代理人或現在保護少年之人請求公開審判者，除有法定不得公開之原因外，法院不得拒絕。

第七十四條 （免刑及免刑後之處分）

法院審理第二十七條之少年刑事案件，對於少年犯最重本刑十年以下有期徒刑之罪，如顯可憫恕，認爲依刑法第五十九條規定減輕其刑仍嫌過重，且以受保護處分爲適當者，得免除其刑，諭知第四十二條第一項第二款至第四款之保護處分，並得同時諭知同條第二項各款之處分。

前項處分之執行，適用第三章第二節有關之規定。

第七十五條 （刪除）

第七十六條 （刪除）

第七十七條 （刪除）

第七十八條 （褫奪公權之禁止）

對於少年不得宣告褫奪公權及強制工作。

少年受刑之宣告，經執行完畢或赦免者，適用關於公權資格之法令時，視爲未曾犯罪。

第七十九條　　　（緩刑宣告）
　　　　　　　　刑法第七十四條緩刑之規定，於少年犯罪受三
　　　　　　　　年以下有期徒刑、拘役或罰金之宣告者適用
　　　　　　　　之。

第八十條　　　　（徒刑執行任意事項）
　　　　　　　　少年受刑人徒刑之執行，應注意監獄行刑法第
　　　　　　　　三條、第八條及第三十九條第二項之規定。

第八十一條　　　（假釋）
　　　　　　　　少年受徒刑之執行而有悛悔實據者，無期徒刑
　　　　　　　　逾七年後，有期徒刑逾執行期三分之一後，得
　　　　　　　　予假釋。
　　　　　　　　少年於本法施行前，已受徒刑之執行者，或在
　　　　　　　　本法施行前受徒刑宣告確定之案件於本法施行
　　　　　　　　後受執行者，準用前項之規定。

第八十二條　　　（緩刑假釋中保護管束之執行）
　　　　　　　　少年在緩刑或假釋期中應付保護管束，由少年
　　　　　　　　法院少年保護官行之。
　　　　　　　　前項保護管束之執行，準用第三章第二節保護
　　　　　　　　處分之執行之規定。

第五章　附則

第八十三條　　　（新聞不公開原則）
　　　　　　　　任何人不得於媒體、資訊或以其他公示方式揭
　　　　　　　　示有關少年保護事件或少年刑事案件之記事或
　　　　　　　　照片，使閱者由該項資料足以知悉其人為該保
　　　　　　　　護事件受調查、審理之少年或該刑事案件之被

告。

違反前項規定者，由主管機關依法予以處分。

第八十三條之一 （視爲未受宣告及記錄之抹消）

少年受第二十九條第一項之轉介處分執行完畢二年後，或受保護處分或刑之執行完畢或赦免三年後，或受不付審理或不付保護處分之裁定確定後，視爲未曾受各該宣告。

少年法院於前項情形應通知保存少年前科紀錄及有關資料之機關，將少年之前科紀錄及有關資料予以塗銷。

前項紀錄及資料非爲少年本人之利益或經少年本人同意，少年法院及其他任何機關不得提供。

第八十三條之二 （資料公開之處罰）

違反前條規定未將少年之前科紀錄及有關資料塗銷或無故提供者，處六月以下有期徒刑、拘役或新臺幣三萬元以下罰金。

第八十三條之三 （驅逐出境）

外國少年受轉介處分、保護處分或緩刑期內交付保護管束者，得以驅逐出境代之。

前項驅逐出境，得由少年調查官或少年保護官，向少年法院聲請，由司法警察機關執行之。

第八十四條 （法定代理人或監護人之處罰）

少年之法定代理人或監護人，因忽視教養，致少年有觸犯刑罰法律之行爲，或有第三條第二款觸犯刑罰法律之虞之行爲，而受保護處分或

刑之宣告，少年法院得裁定命其接受八小時以上五十小時以下之親職教育輔導。

拒不接受前項親職教育輔導或時數不足者，處新臺幣三千元以上一萬元以下罰鍰；經再通知仍不接受者，得按次連續處罰，至其接受為止。

前項罰鍰，由少年法院裁定之。受處分人得提起抗告，並準用第六十三條及刑事訴訟法第四百零六條至第四百十四條之規定。

前項裁定，得為民事強制執行名義，由少年法院囑託各該地方法院民事執行處強制執行之，免徵執行費。

少年之法定代理人或監護人有第一項前段情形，情況嚴重者，少年法院並得裁定公告其姓名。

前項裁定不得抗告。

第八十五條　　　　（成年犯之加重）

成年人教唆、幫助或利用未滿十八歲之人犯罪或與之共同實施犯罪者，依其所犯之罪，加重其刑至二分之一。

少年法院得裁定命前項之成年人負擔第六十條第一項教養費用全部或一部，並得公告其姓名。

第八十五條之一　（犯罪兒童之處理）

七歲以上未滿十二歲之人，有觸犯刑罰法律之行為者，由少年法院適用少年保護事件之規定處理之。

前項保護處分之執行，應參酌兒童福利法之規
定，由行政院會同司法院訂定辦法行之。

第八十六條　　　（施行細則及輔助法規之訂定）
本法施行細則，由司法院會同行政院定之。
少年保護事件審理細則，由司法院定之。
少年保護事件執行辦法，由行政院會同司法院
定之。
少年不良行為及虞犯之預防辦法，由內政部會
同法務部、教育部定之。

第八十七條　　　（施行日）
本法自中華民國六十年七月一日施行。
本法修正條文自公布日施行。

少年事件處理法施行細則

中華民國六十九年十二月三十一日司法院院臺廳二字第○四三八六號令、行政院臺法字第一四五九二號令會銜訂定發布
中華民國八十七年五月四日司法院（八七）院臺廳刑二字第○九一○六號、行政院臺八十七法字第一八八九六號令修正全文二十一條

第一條　　　　　（制度依據等）

本細則依少年事件處理法第八十六條第一項規定訂定之。

本細則所稱本法，係指中華民國八十六年十月三十一日修正施行之少年事件處理法。

第二條　　　　　（行使職權機關）

本法規定由少年法院行使之職權，於尚未設少年法院地區，由地方法院設少年法庭依本法執行之。但少年法庭得不分設刑事庭、保護庭、調查保護處及公設輔佐人室。

第三條　　　　　（少年刑事案件之意義）

本法所稱少年刑事案件，係指十四歲以上，觸犯刑罰法律，經依本法第二十七條移送檢察官開始偵查之案件。其依本法第六十五條第三項經檢察官開始偵查之案件，亦同。

第四條　　　　　（施行前已受理事件之適用）

本法施行前已受理之事件，除有特別規定外，其以後之調查、審理及執行程序，均應依本法之規定處理。

第五條　　　　　（裁定諭知及釋放）

本法施行前僅依修正前本法第三條第二款第六目規定移送少年法庭之事件，於本法施行後，應視其進行情形，分別諭知不付審理或不付保

護處分之裁定；收容中之少年，並應立即釋
放。

前項事件經裁定交付管訓處分確定者，其尚未
執行或未執行完畢之管訓處分，於本法施行
後，免予執行或繼續執行。

第六條　　　　（施行後未審理事件之適用）

本法施行後尚未裁定開始審理之事件，其未經
審理前調查者，應依本法第十九條第一項之規
定處理。

第七條　　　　（施行前已收容之少年期間之計算）

本法施行前已命收容之少年，其收容期間之計
算，於本法施行後，仍依修正前之規定處理

第八條　　　　（已滿十八歲少年刑案）

檢察官受理一般刑事案件，發現被告於犯罪時
未滿十八歲而於案件受理時已滿十八歲者，應
適用本法第四章之規定進行偵查；認應起訴
者，應向少年法院提起公訴。

少年刑事案件，少年法院就犯罪事實之一部移
送者，其效力及於全部，檢察官應就其全部犯
罪事實加以偵查。

第九條　　　　（施行前已移送或提起公訴案件之適用）

本法施行前已依修正前本法第二十七條第一
項、第二項移送檢察官或提起公訴之案件，依
本法施行後規定處理。

本法施行前，以少年犯罪後已滿十八歲移送檢
察官偵查或經提起公訴之案件，仍依修正前之
規定處理。但尚未偵查終結之案件，無修正前

本法第二十七條第一項、第二項規定之情形，且繫屬少年法庭時未滿十八歲者，於本法施行後，檢察官應為不起訴處分，並於處分確定後，將案件移送少年法院依少年保護事件處理。

本法施行前已受理之少年事件，無修正前本法第二十七條第一項、第二項規定之情形者，少年法院不得依本法第二十七條第二項之規定，裁定移送檢察官。

第十條　　　　（對十四歲以上少年犯告乃罪，告訴撤回、未經告訴或逾期之處理等）

少年法院於調查或審理中，對於觸犯告訴乃論之罪，而其未經告訴、告訴已經撤回或已逾告訴期間之十四歲以上少年，應逕依少年保護事件處理，毋庸裁定移送檢察官。

檢察官偵查少年刑事案件，認有前項情形者，應依刑事訴訟法第二百五十二條第五款規定為不起訴處分，並於處分確定後，將案件移送少年法院依少年保護事件處理。其因未經告訴或告訴不合法而未為處分者，亦同。

少年法院審理少年刑事案件，認有第一項情形者，應依刑事訴訟法第三百零三條第三款之規定諭知不受理判決，並於判決確定後，依少年保護事件處理。

其因檢察官起訴違背本法第六十五條第一項、第三項規定，經依刑事訴訟法第三百零三條第一款之規定諭知不受理判決確定，而應以少年

保護事件處理者，亦同。

前三項所定應依保護事件處理之情形，於少年超過二十一歲者，不適用之。

第十一條 （七歲以上未滿十四歲少年案件）

檢察官、司法警察官或法院於執行職務時，知七歲以上未滿十二歲之兒童有觸犯刑罰法律之行為者，應依本法第八十五條之一第一項移送該管少年法院。

不論何人知兒童有前項之行為者，得向該管少年法院報告。

第十二條 （檢察官對少年法庭移送案件之處理）

檢察官對少年法院依本法第二十七條第一項第一款規定移送之案件，經偵查結果，認為係犯該款規定以外之罪者，應依刑事訴訟法第二百五十五條第一項規定為不起訴處分，並於處分確定後，將案件移送少年法院。

第十三條 （保護管束之執行）

少年受保安處分之保護管束宣告，並另受保護處分之保護管束宣告，依本法第四十五條第二項定其應執行處分者，少年法院得裁定執行其一，或併執行之。

第十四條 （適用訓誡處分執行期間事件）

本法第五十七條第一項有關第四十二條第一項第一款處分之執行期間規定，於本法施行後宣告之事件始有適用。

第十五條 （不得抗告之裁定適用本法）

修正前本法第六十一條及第六十二條規定不得

抗告之裁定，依本法規定得爲抗告，其確定在本法生效前者，仍不得抗告；其確定在本法生效後者，適用本法之規定。

第十六條　　　（適用重新審理之案件）

本法第六十四條之二之規定，於本法施行後受理之案件始有適用。

第十七條　　　（少年法院之一般刑案以少年刑案爲限）

本法第六十八條第四款規定由少年法院管轄之一般刑事案件，以一般刑事案件起訴時已有少年刑事案件者爲限。

一人犯數罪而其中一罪或數罪與少年刑事案件相牽連之一般刑事案件，或數人與少年共犯一罪或數罪之一般刑事案件，均合併由少年法院管轄。

數人共犯一罪或數罪而其中一人或數人所犯與少年刑事案件相牽連者，僅該一人或數人之一般刑事案件合併由少年法院管轄。

第十八條　　　（少年刑事案件之調查及訊問）

少年法院審理少年刑事案件認有必要時，得依本法第十九條第一項規定辦理。

第十九條　　　（施行前少年事件之適用塗銷前科紀錄等）

本法第八十三條之一第二項、第三項關於塗銷少年前科紀錄及有關資料與不得無故提供之規定，於本法施行前之少年事件，亦有適用。

前項紀錄及有關資料塗銷之規定，於法院不適用之。

第二十條　　　（少年前科紀錄及有關資料之意義）

本法第八十三條之一第二項所稱之少年前科紀錄及有關資料，係指保存機關依其主管業務就同條第一項事件或案件所建立之移送、調查、偵查、審理、執行之紀錄，但不含保存機關因調查、偵查、審理、執行該事件或案件所編纂之卷宗。

第二十一條　（施行日）
本細則自發布日施行。

少年不良行爲及虞犯預防方法

中華民國六十一年九月二十七日司法行政部 (61) 台刑 (二) 字第08224號、教育部 (61) 台
參字第 23307字、內政部台內警字第 492085 號令會銜訂定發布同年十二月一日施行
中華民國六十五年八月三十日司法行政部 (65) 台函刑字第 07474號、教育部 (65)台訓字
第 23125號、內政部台內警字第 700186號令會銜修正發布全文 18 條
中華民國七十年三月四日內政部台內警字第 2730 號、法務部法 (70) 檢字第 3166 號教育
部 (70) 台訓字第 5966 號函會銜修正發布
中華民國八十八年十一月十七日修正發布

第一條　　　　　（訂定依據）

　　　　　　　　本辦法依少年事件處理法（以下簡稱本法）第
　　　　　　　　八十六條第四項規定訂定之。本辦法未規定
　　　　　　　　者，適用其他有關法令之規定。

第二條　　　　　（適用本法之對象）

　　　　　　　　七歲以上未滿十二歲之人，有不良行為或觸犯
　　　　　　　　刑罰法律之虞者，準用本辦法之規定。

第三條　　　　　（少年不良行為之定義）

　　　　　　　　本辦法所稱少年不良行為，指少年有下列行為
　　　　　　　　之一者：

　　　　　　　　一、與有犯罪習性之人交往。

　　　　　　　　二、出入妨害身心健康場所或其他少年不當進
　　　　　　　　　　入之場所。

　　　　　　　　三、逃學或逃家。

　　　　　　　　四、無正當理由攜帶具有殺傷力之器械、化學
　　　　　　　　　　製劑或其他危險物品。

　　　　　　　　五、深夜遊蕩。

　　　　　　　　六、對父母、尊長或教師態度傲慢、舉止粗
　　　　　　　　　　暴。

　　　　　　　　七、於非公共場或非公眾得出入之職業賭博場
　　　　　　　　　　所，賭博財物。

八、以猥褻之言語、舉動或其他方法，調戲他人。

九、持有猥褻圖片、文字、錄影帶、光碟、出版品或其他物品。

十、加暴行於人或互相鬥毆未至傷害。

十一、無正當理由跟追他人，經勸阻不聽。

十二、藉端滋擾住戶、工廠、公司行號、公共場所或公眾得出入之場所。

十三、吸菸、嚼檳榔、飲酒或在公共場所高聲喧嘩。

十四、無照駕駛汽車、機車。

十五、其他有妨害善良風俗或公共秩序之行為。

第四條　（少年虞犯之定義）

本辦法所稱少年虞犯，指有本法第三條第二款各目所列行為之一者。

第五條　（警察機關對於少年不良行為及虞犯之預防措施）

警察機關對於少年不良行為及虞犯之預防，除應利用巡邏查察等各種勤務經常注意勸導、檢查、盤詰、制止外，於週末、假日及寒暑假期間，並應協調主管教育行政機關邀集學校、社會團體派員組成聯合巡邏查察隊，加強實施上開工作。

學校、社會團體、各目的事業主管機關（構）得知少年有不良行為或虞犯等情事，必要時通知警察機關協助處理。

第六條　　　　　（警察機關發現少年不良行爲或虞犯時之處理）
　　　　　　　　警察機關發現少年不良行爲或虞犯時，除得予
　　　　　　　　登記或勸導制止外，應視其情節依下列規定處
　　　　　　　　理：
　　　　　　　　一、少年不良行爲違反社會秩序維護法觸犯其
　　　　　　　　　　他法令者，分別依各該規定處理。
　　　　　　　　二、少年虞犯依本法移送少年法院（庭）處
　　　　　　　　　　理。
　　　　　　　　三、少年虞犯事件與違反社會秩序維護法案件
　　　　　　　　　　相牽連者，應先送少年法院（庭）處理。
　　　　　　　　　　經少年法院（庭）裁定應不付審理或不付
　　　　　　　　　　保護處分者，其違反社會秩序維護法部分
　　　　　　　　　　，如未逾二個月，仍得依社會秩序維護法
　　　　　　　　　　處罰。
　　　　　　　　警察機關依前項規定處理完畢後，得酌情採適
　　　　　　　　當方式通知少年之家長、就讀學校或在職機構
　　　　　　　　加強管教。
第七條　　　　　（少年法院之通知責任）
　　　　　　　　少年法院（庭）處理之少年事件，於裁判後均
　　　　　　　　應將裁判書正本分送原移送之警察機關；非警
　　　　　　　　察機關移送者，應分送該少年住居地之警察機
　　　　　　　　關。
第八條　　　　　（少年法院及執行保護管束者之通知責任）
　　　　　　　　少年法院（庭）將少年交付警察機關以外之機
　　　　　　　　構、社會團體或其他適當之人保護管束時，應
　　　　　　　　通知該少年住居地之警察機關。
第九條　　　　　（執行機關之通知責任）

受刑事或保護處分執行完畢之少年，應由執行
機關將曾受處分之人製作名冊並附有關考核等
資料，送該少年住居地或原移送之警察機關。

第十條　　　　　（警察機關之責任）

警察機關對於受刑事或保護處分執行完畢之少
年，應根據其素行隨時瞭解其生活情形，如發
現異狀，即予適當之處理。

第十一條　　　　（少輔會）

各直轄市、縣（市）政府應設置少年輔導委員
會，綜理規劃並協調推動預防少年犯罪之相關
事宜。

少年輔導委員會應依受輔導少年之需要，協同
或會同各目的事業主管機關及少年輔導機構，
加強少年之輔導；並視其情形辦理各種技藝訓
練、輔導就業與舉辦有關少年福利服務及其他
輔導活動。

少年輔導委員得遴聘當地熱心公益人士或大專
校院相關科系學生，協助少年不良行為或虞犯
之預防工作。

第十二條　　　　（少輔會之輔導）

少年有下列情形之一者，應由少年輔導委員會
綜理協調，予以妥善輔導：

一、受刑事、保護處分或經社會秩序維護法處
　　罰執行完畢而在失學、失業或失養中者。

二、經少年法院（庭）裁定不付審理，諭知少
　　年之法定代理人或現在保護少年之人對該
　　少年嚴加管教或由少年調查官予以告誡

者。

三、其他認有輔導必要者。

前項規定之少年，得由有關機關或少年之法定
代理人或有監護權人送請輔導之。

第十三條　　　(終止輔導條件)

依前條規定應予輔導之少年，有下列情形之一
者，終止輔導：

一、年滿十八歲者。

二、實施輔導滿三年者。

三、具有其他法令上或事實上原因者。

第十四條　　　(預防少年犯罪協調會報之召集)

為發揮整體功能，強化少年不良行為及虞犯預
防績效，得由內政部邀集相關單位及有關少年
輔導機構、社會團體或專家學者，舉行「預防
少年犯罪協調會報」，從事預防工作之規劃、協
調、聯繫及推動事宜。

第十五條　　　(少年輔導委員會之綜理協調責任)

父母或監護人發現子女或受監護之少年有不良
傾向難予管教時，得商請少年輔導委員會綜理
協調教育、衛生、社政、警察及有關少年輔導
機構、社會團體協助管教或作必要之矯治輔
導。

第十六條　　　(各級學校和教育機關、社教、文化等機構之
責任)

各級學校為預防在學少年不良行為及虞犯之發
生，應加強執行輔導管教措施，推廣生活教育
活動，並與學生家長及警察機關保持密切聯

繫。

各級主管教育行政機關應嚴格督導考核各級學校對於前項規定之執行成效。

各級主管教育行政機關、社政機關、社會教育機構及少年福利機構應經常舉辦有關有益少年身心健康之各項活動。

主管文化、新聞、出版之機關應協調大眾傳播媒體加強預防少年犯罪之宣導，並對足以戕害少年身心健康之傳播依法嚴加處分。

第十七條　　　　（施行日期）

本辦法自發布日施行。

兒童及少年性交易防制條例

中華民國八十四年七月十三日立法院制定全文三十九條
中華民國八十四年八月十一日總統公布
中華民國八十八年三月三十日修正二條刪除一條
中華民國八十八年四月二十一日公布
中華民國八十八年五月十一日修正五條
中華民國八十八年六月二日公布

第一章 總則

第一條　　　　　（立法目的）
　　　　　　　　為防制、消弭以兒童少年為性交易對象事件，特制定本條例。

第二條　　　　　（性交易之定義）
　　　　　　　　本條例所稱性交易指有對價之性交或猥褻行為。

第三條　　　　　（主管機關）
　　　　　　　　本條例所稱主管機關：在中央為內政部；在省（市）為社會處（局）；在縣（市）為縣（市）政府。各該主管機關應獨立編列預算並置專職人員辦理兒童及少年性交易防制業務。
　　　　　　　　法務、教育、衛生、國防、新聞、經濟、交通等相關單位涉及兒童及少年性交易防制業務時，應全力配合之，各單位應於本條例施行後六個月內訂定教育宣導等防制辦法。
　　　　　　　　主管機關應於本條例施行後六個月內會同前項相關單位成立兒童及少年性交易防制之督導會報，定期公布並檢討教育宣導、救援、加害者處罰、安置保護之成果。

第四條　　　　　（兒童及少年性交易防制課程或教育宣導內容）

本條例所稱兒童及少年性交易防制之課程或教育宣導內容如下：

一、正確性心理之建立。

二、對他人性自由之尊重。

三、錯誤性觀念之矯正。

四、性不得作爲交易對象之宣導。

五、兒童或少年從事性交易之遭遇。

六、其他有關兒童或少年性交易防制事件。

第五條　　　　　（適用範圍）

本條例爲有關兒童及少年性交易防制事項之特別法，優先他法適用。本條例未規定者，適用其他法律之規定。

第二章　救援

第六條　　　　　（檢警專責任務編組之成立）

法務部與內政部應於本條例施行後六個月內，指定所屬機關成立檢警之專責任務編組，負責全國性有關本條例犯罪之偵查工作。

第七條　　　　　（全國性救援專線之設立）

前條單位成立後，應即設立或委由民間機構設立全國性救援專線。

第八條　　　　　（獎懲辦法之訂定）

法務部與內政部應於本條例施行後六個月內訂定獎懲辦法，以激勵救援及偵辦工作。

第九條　　　　　（報告主管機關之義務）

醫師、藥師、護理人員、社會工作人員、臨床

心理工作人員、教育人員、保育人員、警察、司法人員、觀光業從業人員及其他執行兒童福利或少年福利業務人員，知悉未滿十八歲之人從事性交易或有從事之虞者，或知有本條例第四章之犯罪嫌疑者，應即向當地主管機關或第六條所定之單位報告。

本條例報告人及告發人之身分資料應予保密。

第十條　　　　　（案件偵查審判）

本條例第四章之案件偵查、審判中，於訊問兒童或少年時，主管機關應指派社工人員陪同在場，並得陳述意見。

兒童或少年於前項案件偵查、審判中，已經合法訊問，其陳述明確別無訊問之必要者，不得再行傳喚。

第三章　安置、保護

第十一條　　　　（中途輟學學生通報辦法）

國民小學及國民中學發現學生有未經請假、不明原因未到校上課達三天以上者，或轉學生未向轉入學校報到者，應立即通知主管機關及教育主管機關。

主管機關應立即指派社工人員調查及採取必要措施。

教育部應於本條例施行後六個月內頒布前項中途輟學學生通報辦法。

第十二條　　　　（關懷中心之設立）

爲免脫離家庭之未滿十八歲兒童或少年淪入色

情場所，主管機關應於本條例施行後六個月內設立或委託民間機構設立關懷中心，提供緊急庇護、諮詢、連繫或其他必要措施。

第十三條　（緊急、短期收容中心之設置）

市、縣（市）主管機關應於本條例施行後六個月內，設置專門安置從事性交易或有從事之虞之兒童或少年之緊急收容中心及短期收容中心。

市、縣（市）主管機關於緊急收容中心及短期收容中心應聘請專業人員辦理觀察、輔導及醫療等事項。

第十四條　（中途學校之設置）

教育部與內政部應於本條例施行後一年內，聯合協調省市主管機關共同設置專門安置從事性交易之兒童或少年之中途學校。

中途學校應聘請社工、心理、特殊教育等專業人員提供特殊教育。

中途學校學生之學籍應分散設於普通學校，畢業證書應由該普通學校發給。

第十五條　（查獲從事性交易之兒童或少年或自行求助者之處理）

法官、檢察官、司法警察官、司法警察、聯合稽查小組或本條例第六條之任務編組查獲及救援從事性交易或有從事之虞之兒童或少年時，應立即通知主管機關指派專業人員陪同兒童或少年進行加害者之指認及必要之訊問，並於二十四小時內將該兒童或少年移送市、縣（市）

主管機關設置之緊急收容中心。

第九條之人員或他人向主管機關報告或主管機關發現兒童或少年從事性交易或有從事之虞者，主管機關應將該兒童或少年暫時安置於其所設之緊急收容中心。

從事性交易或有從事之虞之兒童或少年自行救助者，主管機關應提供必要之保護、安置或其他協助。

第十六條　（不得安置於短期收容中心之情形）

市、縣（市）主管機關所設之緊急收容中心應於安置起七十二小時內，提出報告，聲請法院裁定。

法院受理前項報告時，除有下列情形外，應裁定將兒童或少年交付主管機關安置於短期收容中心：

一、該兒童或少年顯無從事性交易或從事之虞者，法院應裁定不予安置並交付該兒童或少年之法定代理人、家長、最近親屬或其他適當之人。

二、該兒童或少年有特殊事由致不宜安置於短期收容中心者，法院得裁定交由主管機關安置於其他適當場所。

第十七條　（觀察輔導報告及建議處遇方式）

主管機關依前條安置後，應於二週至一個月內，向法院提出觀察輔導報告及建議處遇方式，並聲請法院裁定。

法院受理前項聲請時，應於二週內為第十八條

之裁定。如前項報告不足，法院得命主管機關於一週內補正，法院應於主管機關補正後二週內裁定。

第十八條　　　（安置中途學校之除外情形）

法院依審理之結果，認為該兒童或少年無從事性交易或從事之虞者，應裁定不予安置並交付該兒童或少年之法定代理人、家長、最近親屬或其他適當之人。

法院依審理之結果，認為該兒童或少年有從事性交易者，除有下列情形之一者外，法院應裁定將其安置於中途學校，施予二年之特殊教育：

一、罹患愛滋病者。

二、懷孕者。

三、外國籍者。

四、來自大陸地區者。

五、智障者。

六、有事實足證較適宜由父母監護者。

七、其他有事實足證不適合中途學校之特殊教育，且有其他適當之處遇者。

法院就前項所列七款情形，及兒童或少年有從事性交易之虞者，應分別情形裁定將兒童或少年安置於主管機關委託之兒童福利機構、少年福利機構、寄養家庭或其他適當醫療或教育機構，或裁定遣送、或交由父母監護，或為其他適當處遇，並通知主管機關續予輔導及協助。

安置於中途學校之兒童或少年如於接受特殊教

育期間，年滿十八歲者，中途學校得繼續安置至兩年期滿。

特殊教育實施逾一年，主管機關認為無繼續特殊教育之必要者，或因事實上之原因以不繼續特殊教育為宜者，得聲請法院裁定，免除特殊教育。

特殊教育實施逾二年，主管機關認為有繼續特殊教育之必要者，得聲請法院裁定，延長至滿二十歲為止。

第十九條　　　（有無另犯其他罪之處理）

未滿十八歲之兒童或少年從事性交易或有從事之虞者，如無另犯其他之罪，不適用少年事件處理法及社會秩序維護法之規定。

未滿十八歲之兒童或少年從事性交易或有從事之虞者，如另犯其他之罪，應依第十六條至第十八條之規定裁定後，再依少年事件處理法移送少年法庭處理。

第二十條　　　（監護人之選定）

主管機關及教育部依第十六條至第十八條之規定，於安置、輔導、保護收容兒童及少年期間，對該兒童或少年有監護權，代行原親權人或監護人之親權或監護權。

父母、養父母或監護人對未滿十八歲之子女、養子女或被監護人犯第二十三條至第二十八條之罪者，檢察官、兒童或少年最近尊親屬、主管機關、兒童或少年福利機構或其他利害關係人，得向法院聲請宣告停止其親權或監護權，

另行選定監護人。對於養父母，並得聲請法院
宣告終止其收養關係。

法院依前項規定選定監護人時，不受民法第一
千零九十四條之限制，得指定主管機關、兒童
或少年福利機構之負責人或其他適當之人爲兒
童或少年之監護人。並得指定監護之方法及命
其父母或養父母支付選定監護人相當之扶養費
用及報酬。

第二十一條　　　（非出於自願者，得請求保護）

十八歲以上之人，如遭他人以強暴、脅迫、略
誘、買賣、或其他違反本人意願之方法而與他
人爲性交易者，得請求依本條例安置保護。

第四章　罰則

第二十二條　　　（罰則）

與未滿十六歲之人爲性交易者，依刑法之規定
處罰之。

十八歲以上之人與十六歲以上未滿十八歲之人
爲性交易者，處一年以下有期徒刑，拘役或新
臺幣十萬元以下罰金。

中華民國人民在中華民國領域外犯前二項之罪
者，不問犯罪地之法律有無處罰規定，均依本
條例處罰。

第二十三條　　　（罰則）

引誘、容留、媒介、協助、或以他法，使未滿
十八歲之人爲性交易者，處一年以上七年以下
有期徒刑，得併科新臺幣一百萬元以下罰金。

意圖營利而犯前項之罪者，處三年以上十年以下有期徒刑，應併科新臺幣五百萬元以下罰金。

以犯前項之罪爲常業者，處五年以上有期徒刑，應併科新臺幣一千萬元以下罰金。

收受、藏匿前三項被害人或使之隱避者，處一年以上七年以下有期徒刑，得併科新臺幣三十萬元以下罰金。

爲前項行爲之媒介者，亦同。

第一項、第二項、第四項及第五項之未遂犯罰之。

第二十四條　（罰則）

以強暴、脅迫、藥劑、詐術、催眠術或其他違反本人意願之方法，使未滿十八歲之人爲性交易者，處五年以上有期徒刑，得併科新臺幣二百萬元以下罰金。

意圖營利而犯前項之罪者，處七年以上有期徒刑，應併科新臺幣七百萬元以下罰金。

以犯前項之罪爲常業者，處無期徒刑或十年以上有期徒刑，應併科新臺幣一千萬元以下罰金。

收受、藏匿前三項被害人或使之隱避者，處五年以上有期徒刑，得併科新臺幣五十萬元以下罰金。

爲前項行爲之媒介者，亦同。

第一項、第二項、第四項及第五項之未遂犯罰之。

第二十五條　　　（罰則）

意圖使未滿十八歲之人爲性交易，而買賣、質押或以他法，爲他人人身之交付或收受者，處五年以上有期徒刑，應併科新臺幣七百萬元以下罰金。

以強暴、脅迫、藥劑、詐術、催眠術或其他違反本人意願之方法犯前項之罪者，處七年以上有期徒刑，應併科新臺幣一千萬元以下罰金。

爲前二項行爲之媒介者，處五年以上有期徒刑，應併科新臺幣五百萬元以下罰金。

以犯前三項之罪爲常業者，處無期徒刑或十年以上有期徒刑，應併科新臺幣二千萬元以下罰金。

收受、藏匿第一項及第二項之被害人或使之隱避者，依各該項規定處罰。

爲前項行爲之媒介者，亦同。

第一項、第二項、第三項、第五項及第六項之未遂犯罰之。

預備犯第一項至第三項之罪者，處一年以上七年以下有期徒刑。

第二十六條　　　（罰則）

犯第二十四條第一項、第二項或第二十五條第二項之罪，而故意殺害被害人，或因而致被害人於死者，處死刑；致重傷者，處無期徒刑。

第二十七條　　　（罰則）

拍攝、製造未滿十八歲之人爲性交或猥褻行爲之圖畫、錄影帶、影片、光碟、電子訊號或其

他物品者,處六個月以上五年以下有期徒刑,得併科新臺幣五十萬元以下罰金。

意圖營利犯前引誘、媒介或以他法,使未滿十八歲之人被拍攝、製造性交或猥褻行為之圖畫、錄影帶、影片、光碟、電子訊號或其他物品者,處一年以上七年以下之有期徒刑,得併科　新臺幣一百萬元以下罰金。

以強暴、脅迫、藥劑、詐術、催眠術或其他違反本人意願之方法,使未滿十八歲之人被拍攝、製造性交或猥褻行為之圖畫、錄影帶、影片、光碟、電子訊號或其他物品者,處五年以上有期徒刑,得併科新臺幣三百萬元以下罰金。

以犯第二項至第四項之罪為常業者,處七年以上有期徒刑,應併科新臺幣一千萬元以下罰金。

第一項至第四項之未遂犯罰之。

第一項至第四項之物品,不問屬於犯人與否,沒收之。

第二十八條　　　（罰則）

散布或販賣前條拍攝、製造之圖畫、錄影帶、影片、光碟、電子訊號或其他物品,或公然陳列,或以他法供人觀覽者,處三年以下有期徒刑,得併科新臺幣五百萬元以下罰金。

前項之物品,不問屬於犯人與否,沒收之。

第二十九條　　　（罰則）

以廣告物、出版品、廣播、電視、電子訊號、

電腦網路或其他媒體，散布、播送或刊登足以引誘、媒介、暗示或其他促使人為性交易之訊息者，處五年以下有期徒刑，得併科新臺幣一百萬元以下罰金。

第三十條　　　　　（罰則）

公務員或經選舉產生之公職人員犯本條例之罪，或包庇他人犯本條例之罪者，依各該條項之規定，加重其刑至二分之一。

第三十一條　　　　（罰則）

意圖犯第二十三條至第二十七條之罪，而移送被害人入出臺灣地區者，依各該條項之規定，加重其刑至二分之一。

第三十二條　　　　（罰則）

父母對其子女犯本條例之罪因自白、自首或供訴，而查獲第二十三條至二十八條之犯罪者，減輕或免除其刑。

犯第二十二條之罪自白或自首，因而查獲第二十三條至第二十八條之犯罪者，減輕或免除其刑。

第三十三條　　　　（罰則）

廣告物、出版品、廣播、電視、電子訊號、電腦網路或其他媒體，散布、播送、或刊登足以引誘、媒介、暗示、或其他促使人為性交易之訊息者，由各目的事業主管機關處以新臺幣五萬元以上六十萬元以下罰鍰。

前項所處罰鍰，經通知逾期不繳納者，得移送法院強制執行。

新聞主管機關對於違反第一項規定之媒體，應發布新聞並公告之。

第三十四條　　（罰則）

犯第二十二條至第二十九條之罪，經判刑確定者，主管機關應公告其姓名、照片及判決要旨。

前項之行為未滿十八歲者，不適用前項之規定。

第三十五條　　（罰則）

犯第二十二條至第二十九條之罪，經判決確定者，主管機關應對其實施輔導教育；其輔導教育辦法，由主管機關定之。

不接受前項輔導教育或接受之時數不足者，處新臺幣六千元以上三萬元以下罰鍰；經再通知仍不接受者，得按次連續處罰。

第三十六條　　（罰則）

違反第九條第一項之規定者，處新臺幣六千元以上三萬元以下罰鍰。但醫護人員為避免兒童、少年生命身體緊急危難而違反者，不罰。

第五章　附則

第三十七條　　（刪除）

第三十八條　　（施行細則）

本條例施行細則，由中央主管機關於本條例公布後六個月內訂定之。

第三十九條　　（施行日）

本條例自公布日施行。

兒童及少年性交易防制條例施行細則

中華民國八十五年二月十日
內政部臺內社字第八五七六○九四號令公布施行

第一章 總則

第一條　　　　本細則依兒童及少年性交易防制條例（以下簡
　　　　　　　稱本條例）第三十八條規定訂定之。

第二條　　　　本條例第十條第一項所稱主管機關，係指兒童
　　　　　　　或少年所在地之直轄市、縣（市）主管機關。
　　　　　　　本條例第十一條第一項、第十八條所稱主管機
　　　　　　　關，係指兒童或少年住所地之直轄市、縣（市）
　　　　　　　主管機關。但所在地與住所地不同時，係指所
　　　　　　　在地之直轄市、縣（市）主管機關。
　　　　　　　本條例第十二條所稱主管機關，係指直轄市、
　　　　　　　縣（市）主管機關。
　　　　　　　本條例第十五條至第十七條所稱主管機關，係
　　　　　　　指行為地之直轄市、縣（市）主管機關。
　　　　　　　本條例第二十條第二項、第三項所稱主管機
　　　　　　　關，係指兒童或少年住所地之直轄市、縣（市）
　　　　　　　主管機關。
　　　　　　　本條例第三十三條第一項所稱新聞主管機關，
　　　　　　　係指省（市）政府及縣（市）政府。
　　　　　　　本條例第三十四條第一項、第三十五條第一項
　　　　　　　前段所稱主管機關，係指犯罪行為人住所或居
　　　　　　　所地之直轄市、縣（市）主管機關。但犯罪行
　　　　　　　為人無住居所者，係指犯罪地之直轄市、縣
　　　　　　　（市）主管機關。

本條例第三十五條第一項後段所稱輔導教育辦法，由中央主管機關定之。

第三條　　　　司法機關為本條例第四章之案件偵查、審判中，或法院為第三章之事件審理、裁定中，傳喚安置中兒童或少年時，安置兒童或少年之主管機關應指派社工人員護送兒童或少年到場。

第四條　　　　本條例第十六條第一項、第十七條第一項之聲請，由行為地主管機關為之。

第二章　名詞定義

第五條　　　　本條例第十條第一項、第十一條第一項所稱社工人員，第十五條第一項所稱專業人員，係指下列人員：
　　　　　　　一、主管機關編制內或聘僱之社會工作及社會行政人員。
　　　　　　　二、受主管機關委託之兒童福利機構、少年福利機構之社會工作人員。
　　　　　　　三、其他受主管機關委託之適當人員。

第六條　　　　本條例第十二條第二項所稱專業人員，包括下列人員：
　　　　　　　一、社會工作人員。
　　　　　　　二、心理輔導人員。
　　　　　　　三、醫師。
　　　　　　　四、護理人員。
　　　　　　　五、其他有關專業人員。
　　　　　　　前項人員，得以特約方式設置。

第七條　　　　　本條例第十六條第二項第二款所稱其他適當場
　　　　　　　　所，係指行爲地主管機關委託之兒童福利機
　　　　　　　　構、少年福利機構或寄養家庭。

第八條　　　　　本條例第三十一條所稱臺灣地區，係指臺灣、
　　　　　　　　澎湖、金門、馬祖及政府統治權所及之其他地
　　　　　　　　區。

第三章　文書

第九條　　　　　主管機關或本條例第六條所定之單位依本條例
　　　　　　　　第九條受理報告，應塡具三聯單。第一聯送當
　　　　　　　　地檢察機關，第二聯照會其他得受理報告之單
　　　　　　　　位，第三聯由受理報告單位自存。
　　　　　　　　前項三聯單之格式，由中央主管機關會同法務
　　　　　　　　部定之。

第十條　　　　　法官、檢察官、司法警察官、司法警察、聯合
　　　　　　　　稽查小組或本條例第六條之任務編組爲本條例
　　　　　　　　第十五條第一項之移送時，應檢具現存之證據
　　　　　　　　或其他可供參考之資料，並以移送書載明下列
　　　　　　　　事項：
　　　　　　　　一、被移送人之姓名、性別、出生年月日、國
　　　　　　　　　　民身分證統一編號、職業、住所或居所及
　　　　　　　　　　其他足資辨別之特徵。
　　　　　　　　二、具體事實。

第十一條　　　　依本條例第十六條第一項、第十七條第一項規
　　　　　　　　定報告時，應以書面爲之。
　　　　　　　　前項報告書之格式，由中央主管機關協商司法
　　　　　　　　院定之。

第十二條　　　　受理本條例第九條第一項報告之機關或單位，
　　　　　　　　對報告人及告發人之身分資料應另行封存，不
　　　　　　　　得附入移送法院審理之文書內。

第四章　期日及期間

第十三條　　　　本條例第十五條第一項所稱二十四小時，自依
　　　　　　　　同條項規定通知主管機關時起算。
　　　　　　　　本條例第十六條第一項所稱七十二小時期間之
　　　　　　　　終止，逾法定上班時間者，以次日上午代之。
　　　　　　　　其次日為休息日時，以其休息日之次日上午代
　　　　　　　　之。

第十四條　　　　下列時間不計入本條例第十五條第一項、第十
　　　　　　　　六條第一項所定期間之計算：
　　　　　　　　一、在途護送時間。
　　　　　　　　二、交通障礙時間。
　　　　　　　　三、其他不可抗力之事由所生不得已之遲滯時
　　　　　　　　　　間。

第十五條　　　　主管機關於接獲法院依本條例第十六條第二
　　　　　　　　項、第十七條第二項規定之裁定前，應繼續安
　　　　　　　　置兒童或少年。
　　　　　　　　前項繼續安置期間，應分別併計入短期收容中
　　　　　　　　心之觀察輔導期間、中途學校之特殊教育期
　　　　　　　　間。

第十六條　　　　本條例第十八條第六項之延長特殊教育期間之
　　　　　　　　裁定，不以一次為限，其每次延長之期間不得
　　　　　　　　逾二年。但以延長至滿二十歲為止。

第五章　機構

第十七條　　　本條例第十三條第一項規定市、縣（市）主管機關應置之緊急收容中心及短期收容中心，得視實際情形合併設置，並得採行公設民營或委託民間之方式辦理。
省政府辦理兒童及少年性交易防制事項，得準用前項規定，設置緊急收容中心及短期收容中心。

第十八條　　　兒童或少年被安置後，短期收容中心應行健康及性病檢查，有下列情形之一者，主管機關應於聲請裁定時，建議法院爲適當之處遇：
一、罹患愛滋病或性病者。
二、罹患精神疾病之嚴重病人。
三、懷孕者。
四、罹患法定傳染病者。
五、智障者。
前項檢查報告，短期收容中心應依法院裁定，通知各該主管機關。

第六章　保護程序

第十九條　　　兒童或少年有下列行爲之一，而有從事性交易之虞者，應依本條例第十五條至第十八條規定處理：
一、坐檯陪酒。
二、伴遊、伴唱或伴舞。
三、其他涉及色情之侍應工作。

第二十條　　　本條例第十五條第一項規定之指認及訊問前，主管機關指派之專業人員得要求與兒童或少年單獨晤談。

兒童或少年進行指認加害者時，警察機關應使之隔離或採間接方式。

第二十一條　　法官、檢察官、司法警察官、司法警察、聯合稽查小組或本條例第六條之任務編組依本條例第十五條第一項通知主管機關指派專業人員到場，應給予適當之在途時間。

主辦機關指派之專業人員迄時未能到場，前項通知單位應記明事實，並得在不妨礙該兒童或少年身心情況下，逕為本條例第十五條第一項之指認及訊問。

第二十二條　　主管機關依本條例第十五條第一項安置兒童或少年後應向其法定代理人或最近尊親屬敘明安置之依據，並告知其應配合事項。但其法定代理人或最近尊親屬無法通知者，不在此限。

第二十三條　　主管機關依本條例第十五條、第十六條安置兒童或少年期間，發現另有犯本條例第二十二條至第二十九條之罪者，應通知檢察機關或本條例第六條所定之單位。

第二十四條　　依本條例第十六條第一項安置兒童或少年時，應建立個案資料；必要時，得請該兒童或少年住所地之直轄市、縣（市）主管機關配合提供資料。

第二十五條　　依本條例第十七條第一項安置兒童或少年時，應建立個案資料；並通知該兒童或少年住所地

之直轄市、縣（市）主管機關評估其家庭之適任程度。

前項家庭適任評估，應於二週內完成，並以書面送達行為地之直轄市、縣（市）主管機關。

第二十六條　依本條例第十六條第一項、第十七條第一項規定聲請法院裁定，不得隨案移送兒童或少年。但法院請求隨案移送時，不在此限。

第二十七條　主管機關依本條例第十六條第一項、第十七條第一項規定安置少年期間，少年年滿十八歲者，仍應依本條例規定處理。

第二十八條　兒童或少年經法院依本條例第十六條第二項第一款、第十八條第一項裁定不予安置，或依本條例第十八條第三項裁定交由父母監護者，如應受交付之人經催告仍不領回兒童或少年，主管機關應暫予適當之安置。

第二十九條　主管機關對法院依本條例第十六條第二項第一款、第十八條第一項裁定不予安置之兒童或少年，應視法院交付對象，通知其住所或所在地之兒童福利或少年福利主管機關。

第三十條　主管機關依本條例第十八條第三項對交由父母監護或為其他適當處遇之兒童或少年續予輔導及協助時，得以書面指定時間、地點，通知其到場。

前項輔導及協助，主管機關應指派專業人員為之。

第三十一條　主管機關依本條例第十八條第五項、第六項認有或無繼續特殊教育之必要，應於中途學校檢

具事證以書面通知後始得爲之。

主管機關接獲前項通知，應邀集專家學者評估，中途學校應予配合，並給予必要協助。

第三十二條　經前條評估確認兒童或少年無繼續特殊教育之必要者，於聲請法院裁定前，或接受特殊教育期滿，認爲無繼續特殊教育之必要者，主管機關應協助該兒童或少年及其家庭預爲必要之返家準備。

兒童或少年返家後，主管機關應續予輔導及協助，其期間至少一年或至其年滿二十歲止。

前項輔導與協助，教育、勞工、衛生、警察等單位，應全力配合。

第三十三條　主管機關依本條例第十五條第三項或第十八條第三項規定，對十五歲以上或國民中學畢業而從事性交易或有從事之虞者，認有提供職業訓練或就業服務必要時，應移請當地公共職業訓練機構或公立就業服務機構依其意願施予職業訓練或推介就業。

主管機關對移由公共職業訓練機構或公立就業服務機構提供協助者，應定期或不定期派社工人員訪視，以協助其適應社會生活。

第三十四條　本條例第十八條第四項規定之特殊教育期滿或法院依本條例第十八條第五項規定裁定免除特殊教育後，兒童或少年之法定代理人經催告仍不領回該兒童或少年，主管機關應委託兒童福利機構、少年福利機構或其他適當場所續予安置。

第三十五條　返家後之兒童或少年，與社會、家庭、學校發生失調情況者，住所地之直轄市、縣（市）主管機關認有保護之必要時，依兒童福利法或少年福利法之規定處理。

第三十六條　主管機關依本條例第十五條第三項或第十八條第三項規定，對兒童或少年續予輔導及協助期間，兒童或少年因就學、接受職業訓練或就業等因素，經其法定代理人同意離開家庭居住，主管機關認有續予輔導及協助之必要者，得移請其所在地之直轄市、縣（市）主管機關處理。

第三十七條　兒童或少年逃離安置之場所或中途學校，或返家後脫離家庭者，主管機關應立即以書面通知逃脫當地警察機關協尋。逃離期間不計入緊急收容、短期收容及特殊教育期間。

協尋於其原因消滅或少年年滿二十歲時，主管機關應即以書面通知前項警察機關撤銷協尋。

第七章　自行救助者之保護

第三十八條　直轄市、縣（市）政府或本條例第六條所定之單位依本條例第二十一條受理十八歲以上之人之請求，應通知行為地之直轄市、縣（市）主管機關。

行為地之直轄市、縣（市）主管機關接獲前項通知後，應迅即處理；處理遭遇困難時，得請求檢察機關或警察機關予以必要之協助。

第三十九條　對於十八歲以上之人之安置保護，應視其性向

及志願，就其生活、醫療、就學、就業、接受
職業訓練或法律訴訟等，給予適當輔導及協
助。

第八章 處分程序

第四十條　　　　犯本條例第二十三條至第二十九條之罪，經判
刑確定者，犯罪行為人住所或居所地之直轄
市、縣（市）主管機關接獲法院之確定判決
後，應公告犯罪行為人之姓名、照片及判決要
旨。但犯罪行為人無住居所者，應由犯罪地之
直轄市、縣（市）主管機關公告之。

第四十一條　　　本條例第三十四條之主管機關於取得照片遭遇
困難時，得請求原移送警察機關或執行監所配
合提供。

第四十二條　　　主管機關依本條例第三十五條第二項、第三十
六條規定處罰鍰，應填發處分書，受處分者應
於收受處分書後三十日內繳納罰鍰。
前項處分書格式，由中央主管機關定之。

第九章 附則

第四十三條　　　行為地之直轄市、縣（市）主管機關接獲警察
機關、檢察機關及法院對加害者為移送、不起
訴、起訴或判決之書面通知，應納入個案資料
檔案，並依個案安置狀況，通知各該主管機
關。

第四十四條　　　本細則自發布日施行。

性侵害犯罪防治法

中華民國八十五年十二月三十一日立法院制定全文二十條
中華民國八十六年一月二十二日華總(一)義字第八六○○○一六二三○號令制定公布

第一條　　　　　（立法目的）

　　　　　　　　為防治性侵害犯罪及保護被害人權益，特制定
　　　　　　　　本法。

第二條　　　　　（性侵害犯罪之定義）

　　　　　　　　本法所稱性侵害犯罪，係指刑法第二百二十一
　　　　　　　　條至第二百二十九條及第二百三十三條之犯
　　　　　　　　罪。

第三條　　　　　（主管機關）

　　　　　　　　本法所稱主管機關：在中央為內政部；在省
　　　　　　　　（市）為省（市）政府；在縣（市）為縣（市）
　　　　　　　　政府。

第四條　　　　　（性侵害防治委員會之設置及職掌）

　　　　　　　　內政部應設立性侵害防治委員會，其職掌如
　　　　　　　　下：

　　　　　　　　一、協調及監督有關機關性侵害防治事項之執
　　　　　　　　　　行。

　　　　　　　　二、研擬性侵害防治政策。

　　　　　　　　三、監督各級政府建立性侵害處理程序、服務
　　　　　　　　　　及醫療網絡。

　　　　　　　　四、督導、推展性侵害防治教育。

　　　　　　　　五、性侵害有關問題之研議。

　　　　　　　　六、其他性侵害防治有關事項。

第五條　　　　　（性侵害防治委員會之組織）

　　　　　　　　性侵害防治委員會，以內政部長為主任委員，
　　　　　　　　民間團體代表、學者及專家之比例不得少於委

員總數二分之一。

性侵害防治委員會應配置專人分組處理有關業務；其組織規程由中央主管機關定之。

第六條（地方政府性侵害防治中心之設置及措施）

各直轄市政府及縣（市）政府應各設立性侵害防治中心，辦理下列措施，以保護被害人之權益並防止侵害事件之發生：

一、二十四小時電話專線。

二、被害人之心理治療、輔導、緊急安置與法律扶助。

三、協調教學醫院成立專門處理性侵害之醫療小組。

四、給予被害人二十四小時緊急救援、一般及緊急診療、協助驗傷及取得證據。

五、加害人之追蹤輔導與身心治療。

六、推廣各種教育、訓練與宣傳。

七、其他與性侵害有關之措施。

前項中心應配置社工、警察、醫療及其他相關專業人員；其組織規程由地方主管機關定之。

地方政府應編列預算辦理前二項事宜，不足由中央主管機關編列專款補助。

第七條　（建立加害人之檔案資料）

中央主管機關應建立全國性侵害加害人之檔案資料。

前項檔案資料之內容，應包含指紋、去氧核醣核酸比對；其管理及使用辦法，由中央主管機

關定之。

第八條　（性侵害防治教育課程）

各級中小學每學年應至少有四小時以上之性侵害防治教育課程。

前項所稱性侵害防治教育課程應包括：

一、兩性平等之教育。

二、正確性心理之建立。

三、對他人性自由之尊重。

四、性侵害犯罪之認識。

五、性侵害危機之處理。

六、性侵害防範之技巧。

七、其他與性侵害有關之教育。

第九條　（醫療單位不得拒診或拒開驗傷診斷書）

醫院、診所對於性侵害犯罪之被害人，不得無故拒絕診療及開立驗傷診斷書。

前項驗傷診斷書之格式，由中央衛生主管機關會同司法院、法務部共同訂定之。

違反第一項規定者，衛生主管機關得處以新臺幣六千元以上三萬元以下罰鍰。

第十條　（禁止新聞及文書揭露被害人身分之資訊）

宣傳品、出版品、廣播電視、網際網路或其他媒體不得報導或記載性侵害事件被害人之姓名或其他足以識別被害人身分之資訊。但經被害人同意或因偵查犯罪之必要者，不在此限。

違反前項規定者，新聞主管機關對其負責人及行為人，得各處以新臺幣三萬元以上三十萬元以下罰鍰，並得沒入前項物品。

行政機關及司法機關所製作必須公示之文書，不得揭露足以識別被害人身分之資訊。

第十一條　（執法人員專業要求）

司法院、法務部、內政部、警政署、行政院衛生署，應制定性侵害事件之處理準則，以保障被害人之權益。

法院、檢察署、警察機關，應指定專人辦理性侵害犯罪案件。

前項專人應接受專業訓練。專業訓練內容由各機關訂定之。

第十二條　（告訴人代理人）

性侵害犯罪之告訴人得委任代理人到場。但檢察官或法院認為必要時，得命本人到場。

律師擔任告訴代理人時，得於審判中檢閱卷宗及證物，並得抄錄或攝影。

法院依刑事訴訟法第二百八十九條行言詞辯論程序前，應予告訴人陳述意見之機會。但告訴人陳明不願到場或經合法傳喚無正當理由而不到場者，不在此限。

第十三條　（被害人之一定親屬及社工人員得陪同出庭）

性侵害犯罪被害人之法定代理人、配偶、直系或三親等內旁系血親、家長、家屬或主管機關指派之社工人員得於偵查或審判中，陪同被害人在場，並得陳述意見。

第十四條　（禁止揭露性侵害犯罪被害人過去性歷史）

性侵害犯罪中之被告或其辯護人不得詰問或提出有關被害人與被告以外之人之性經驗證據。

但法官或檢察官如認有必要者，不在此限。

第十五條　　　（智障或幼兒被害人審判保護措施）

偵查、審判中對智障被害人或十六歲以下性侵害被害人之訊問或詰問，得依聲請或職權在法庭外為之，或採雙向電視系統將被害人與被告、被告律師或法官隔離。

前項被害人之陳訴得為證據。

第十六條　　　（審判不公開）

性侵害犯罪之案件，審判不得公開。但經被害人同意，如被害人已死亡者，經其配偶及直系血親全部同意，不在此限。

第十七條　　　（被害人補償原則）

地方主管機關得依性侵害被害人之聲請核發下列補助：

一、醫療費用。

二、心理復健費用。

三、訴訟費用及律師費用。

四、其他費用。

前項補助辦法，由地方主管機關定之。

第十八條　　　（強制治療）

性侵害犯罪之加害人經判決有罪確定，而有下列情形之一者，主管機關應對其實施身心治療及輔導教育：

一、刑及保安處分之執行完畢。

二、假釋。

三、緩刑。

四、免刑。

五、赦免。

前項身心治療及輔導教育之期間及辦法，由中央主管機關會同法務、教育、衛生等機關定之。

不接受第一項身心治療或輔導教育，或接受之時數不足者，處新臺幣六千元以上三萬元以下罰鍰；經再通知仍不接受者，得按次連續處罰至接受為止。

第十九條　（施行細則）

本法施行細則，由中央主管機關於本法公布後六個月內訂定之。

第二十條　（施行日）

本法自公布日施行。

警察機關及性侵害防治中心辦理性侵害事件處理準則

中華民國八十七年五月十三日內政部台（87）內防字第八七八一九四四號令訂定發布

第一條　　　　本準則依性侵害犯罪防治法第十一條第一項規定訂定之。

第二條　　　　警察機關及直轄市、縣（市）政府性侵害防治中心應指定專責人員處理性侵害事件。

前項專責人員，應接受有關性侵害防治專業訓練或講習。

第三條　　　　警察機關應指定女性警察人員或資深穩重、平實溫和之已婚偵查員或小隊長辦理性侵害案件。但受理案件被害人為女性時，應由女性警察人員處理，如有需要，得通知女子警察隊（小組）到場協助。

第四條　　　　警察人員詢問被害人，應於適當處所採隔離方式為之；如有對質或指認之必要時，應採取適當保護被害人之措施。

性侵害案件調查詢問中，犯罪嫌疑人或其辯護人提出有關被害人與犯罪嫌疑人以外之人之性經驗證據，警察人員應予制止。

第五條　　　　警察人員詢問被害人，應以懇切態度耐心為之，並以一次詢畢為原則，非有必要，不得再次詢問。對於智障或其他陳述有困難之被害人，應給予充分陳述之機會，詳細調查。

前項詢問內容應參考檢察暨司法警察機關偵辦性侵害案件參考要領辦理。

第六條　　　　警察機關受理性侵害案件，應注意現場跡證之勘驗蒐證，並於徵得被害人同意後，協助被害人驗傷及取得證據。

被害人之驗傷及身體證物之採集，應至醫療院所為之，並得由警察人員陪同。

前項被害人為女性時，應由女性警察人員陪同。

第七條　依前條規定採集之證物，應保全於證物袋內，依證物袋上之說明正確處理；並應於證物袋外包裝上註明案由、證物種類、特性、採證時間、採證人等，檢同性侵害案件被害人調查表立即送驗。

警察機關受理之性侵害案件，如經告訴或知其已提起自訴者，應將前項證物連同鑑驗結果送檢察機關或法院；若尚未提起告訴或自訴者，應將證物移送犯罪發生地之直轄市或政府性侵害防治中心保管。

第八條　警察機關辦理性侵害案件，因調查犯罪情形或蒐集證據之需，通知犯罪嫌疑人到場接受詢問或執行搜索、扣押時，不得在通知書或搜索扣押證明筆錄等文書上揭露足以識別被害人身分之資訊。

通知被害人到場說明時，其通知之文書毋需記載案由。

第九條　性侵害案件移送書上，不得揭露足以識別被害人身分之資訊，對被害人姓名可以代號稱之，並以對照表方式密封附卷，以避免洩露被害人身分。

第十條　性侵害犯罪案件移送時，應檢同移送書副本、性侵害案件嫌疑人調查表、連同犯罪嫌疑人指

紋卡片及可萃取去氧核醣核酸之檢體送刑事警
察局化驗、比對。

第十一條　警察機關辦理性侵害犯罪案件，如發現被害人
有接受心理治療、輔導、安置、法律扶助、緊
急診療之需要時，應即通知轄區直轄市、縣
（市）政府性侵害防治中心協助處理。

直轄市、縣（市）警察局、警察分局接獲性侵
害防治中心、醫療院所或相關單位通報請求協
助處理性侵害案件時，應立即派遣第三條之專
責人員到場協助處理。

第十二條　性侵害防治中心接獲警察、醫療或其他相關單
位通報，請求協助處理性侵害事件時，應指派
專責人員協助處理。

第十三條　性侵害防治中心二十四小時電話專線應提供諮
詢、報案、救援等各項服務。

第十四條　性侵害防治中心辦理性侵害事件時，得經被害
人之同意，指派社工或其他專責人員，陪同至
醫療院所診療、驗傷及取得證據。

第十五條　性侵害防治中心受理性侵害事件時，應注意被
害人身心狀況，適時指派社工或其他專責人員
安撫其情緒，並給予適當之協助。

第十六條　性侵害被害人有緊急安置需要時，性侵害防治
中心應予協助安置於緊急庇護中心，或協調社
政單位提供必要之安置服務。

第十七條　性侵害被害人有法律扶助或心理輔導需要時，
性侵害防治中心應予協助處理，或協調相關機
關、團體協助辦理。

第十八條　　　　　性侵害被害人有職業訓練、就業服務或復學輔
　　　　　　　　　導之需要時，性侵害防治中心應協調相關機
　　　　　　　　　關、學校、團體協助辦理。

第十九條　　　　　性侵害防治中心為推展性侵害防治業務，得召
　　　　　　　　　募志工協助辦理。
　　　　　　　　　前項志工應分別接受職前及在職訓練。

第二十條　　　　　警察機關、性侵害防治中心之人員辦理性侵害
　　　　　　　　　事件，除法令另有規定外，應遵循保密原則，
　　　　　　　　　不得對外洩露有關被害人任何之資訊。
　　　　　　　　　性侵害防治中心志工服務隊及受委託相關機
　　　　　　　　　構、學校、團體之人員，適用前項之規定。

第二十一條　　　　受理性侵害事件，被害人如係兒童或少年者，
　　　　　　　　　應視事件性質，配合兒童福利法第十八條、少
　　　　　　　　　年福利法第二十二條或兒童及少年性交易防制
　　　　　　　　　條例第九條及第十五條之規定辦理。

第二十二條　　　　本準則自發布日施行。

家庭暴力防治法

中華民國八十七年六月二十四日總統　（87）華總　（一）義字第八七○○一二二八二○號令制定公布全文 54 條

第一章　通則

第一條　　　　為促進家庭和諧，防治家庭暴力行為及保護被害人權益，特制定本法。

第二條　　　　本法所稱家庭暴力者，謂家庭成員間實施身體或精神上不法侵害之行為。

　　　　　　　本法所稱家庭暴力罪者，謂家庭成員間故意實施家庭暴力行為而成立其他法律所規定之犯罪。

　　　　　　　本法所稱騷擾者，謂任何打擾、警告、嘲弄或辱罵他人之言語、動作或製造使人心生畏怖情境之行為。

第三條　　　　本法所稱家庭成員，包括下列各員及其未成年子女：

　　　　　　　一、配偶或前配偶。

　　　　　　　二、現有或曾有事實上之夫妻關係、家長家屬或家屬間關係者。

　　　　　　　三、現為或曾為直系血親或直系姻親。

　　　　　　　四、現為或曾為四親等以內之旁系血親或旁系姻親。

第四條　　　　本法所稱主管機關：在中央為內政部家庭暴力防治委員會；在省（市）為省（市）政府；在縣（市）為縣（市）政府。

第五條　　　　內政部應設立家庭暴力防治委員會，其職掌如

下：

一、研擬家庭暴力防治法規及政策。

二、協調、督導及考核有關機關家庭暴力防治
　　事項之執行。

三、提高家庭暴力防治有關機構之服務效能。

四、提供大眾家庭暴力防治教育。

五、協調被害人保護計畫與加害人處遇計畫。

六、協助公、私立機構建立家庭暴力處理程序
　　及推展家庭暴力防治教育。

七、統籌家庭暴力之整體資料，供法官、檢察
　　官、警察人員、醫護人員及其他政府機關
　　相互參酌並對被害人之身分予以保密。

八、協助地方政府推動家庭暴力防治業務並提
　　供輔導及補助。

前項第七款資料之建立、管理及使用辦法，由
中央主管機關另定之。

第六條　　　　家庭暴力防治委員會，以內政部長為主任委
員，民間團體代表、學者及專家之比例不得少
於委員總數二分之一。

家庭暴力防治委員會應配置專人分組處理有關
業務；其組織規程由中央主管機關定之。

第七條　　　　各級地方政府得設立家庭暴力防治委員會，其
職掌如下：

一、研擬家庭暴力防治法規及政策。

二、協調、督導及考核有關機關家庭暴力防治
　　事項之執行。

三、提高家庭暴力防治有關機構之服務效能。

四、提供大眾家庭暴力防治教育。

五、協調被害人保護計畫與加害人處遇計畫。

六、協助公、私立機構建立家庭暴力處理程序及推展家庭暴力防治教育。

七、統籌家庭暴力之整體資料，供法官、檢察官、警察人員、醫護人員及其他政府機關相互參酌並對被害人之身分予以保密。

前項家庭暴力防治委員會之組織規程由地方政府定之。

第八條　各級地方政府應各設立家庭暴力防治中心，並結合警政、教育、衛生、社政、戶政、司法等相關單位，辦理下列措施，以保護被害人之權益並防止家庭暴力事件之發生：

一、二十四小時電話專線。

二、被害人之心理輔導、職業輔導、住宅輔導、緊急安置與法律扶助。

三、給予被害人二十四小時緊急救援、協助診療、驗傷及取得證據。

四、加害人之追蹤輔導之轉介。

五、被害人與加害人身心治療之轉介。

六、推廣各種教育、訓練與宣傳。

七、其他與家庭暴力有關之措施。

前項中心得單獨設立或與性侵害防治中心合併設立，並應配置社工、警察、醫療及其他相關專業人員；其組織規程由地方主管機關定之。

第二章 民事保護令

第九條　　　　　保護令分爲通常保護令及暫時保護令。

被害人、檢察官、警察機關或直轄市、縣（市）主管機關得向法院聲請保護令。

被害人爲未成年人、身心障礙者或因故難以委任代理人者，其法定代理人、三親等以內之血親或姻親，得爲其向法院聲請保護令。

第十條　　　　　保護令之聲請，由被害人之住居所地、相對人之住居所地或家庭暴力發生地之法院管轄。

第十一條　　　　保護令之聲請，應以書面爲之。但被害人有受家庭暴力之急迫危險者，檢察官、警察機關、或直轄市、縣（市）主管機關，得以言詞、電信傳眞或其他科技設備傳送之方式聲請，並得於夜間或休息日爲之。

前項聲請得不記載聲請人或被害人之住居所，僅記載其送達處所。

法院爲定管轄權，得調查被害人之住居所。如聲請人或被害人要求保密被害人之住居所，法院應以秘密方式訊問，將該筆錄及相關資料密封，並禁止閱覽。

第十二條　　　　保護令事件之審理不公開。

法院得依職權調查證據，必要時得隔別訊問。

法院於審理終結前，得聽取直轄市、縣（市）主管機關或社會福利機構之意見。

保護令事件不得進行調解或和解。

法院不得以當事人間有其他案件偵查或訴訟繫屬爲由，延緩核發保護令。

第十三條　法院受理通常保護令之聲請後，除有不合法之情形逕以裁定駁回者外，應即行審理程序。

法院於審理終結後，認有家庭暴力之事實且有必要者，應依聲請或依職權核發包括下列一款或數款之通常保護令：

一、禁止相對人對於被害人或其特定家庭成員實施家庭暴力。

二、禁止相對人直接或間接對於被害人為騷擾、通話、通信或其他非必要之聯絡行為。

三、命相對人遷出被害人之住居所，必要時並得禁止相對人就該不動產為處分行為或為其他假處分。

四、命相對人遠離下列場所特定距離：被害人之住居所、學校、工作場所或其他被害人或其特定家庭成員經常出入之特定場所。

五、定汽、機車及其他個人生活上、職業上或教育上必需品之使用權，必要時並得命交付之。

六、定暫時對未成年子女權利義務之行使或負擔由當事人之一方或雙方共同任之、行使或負擔之內容及方法，必要時並得命交付子女。

七、定相對人對未成年子女會面交往之方式，必要時並得禁止會面交往。

八、命相對人給付被害人住居所之租金或被害人及其未成年子女之扶養費。

九、命相對人交付被害人或特定家庭成員之醫
　　療、輔導、庇護所或財物損害等費用。
十、命相對人完成加害人處遇計畫：戒癮治
　　療、精神治療、心理輔導或其他治療、輔
　　導。
十一、命相對人負擔相當之律師費。
十二、命其他保護被害人及其特定家庭成員之
　　　必要命令。

第十四條　　　通常保護令之有效期間為一年以下，自核發時
　　　　　　起生效。
　　　　　　通常保護令失效前，當事人及被害人得聲請法
　　　　　　院撤銷、變更或延長之。延長之期間為一年以
　　　　　　下，並以一次為限。
　　　　　　通常保護令所定之命令，於期間屆滿前經法院
　　　　　　另為裁判確定者，該命令失其效力。

第十五條　　　法院為保護被害人，得不經審理程序或於審理
　　　　　　終結前，依聲請核發暫時保護令。
　　　　　　法院核發暫時保護令時，得依聲請或依職權核
　　　　　　發第十三條第二項第一款至第六款及第十二款
　　　　　　之命令。
　　　　　　法院於受理第十一條第一項但書之暫時保護令
　　　　　　聲請後，依警察人員到庭或電話陳述家庭暴力
　　　　　　之事實，有正當理由足認被害人有受家庭暴力
　　　　　　之急迫危險者，除有正當事由外，應於四小時
　　　　　　內以書面核發暫時保護令，並得以電信傳真或
　　　　　　其他科技設備傳送暫時保護令予警察機關。
　　　　　　聲請人於聲請通常保護令前聲請暫時保護令，

其經法院准許核發者，視爲已有通常保護令之
聲請。

暫時保護令自核發時起生效，於法院審理終結
核發通常保護令或駁回聲請時失其效力。

暫時保護令失效前，法院得依當事人及被害人
之聲請或依職權撤銷或變更之。

第十六條　　　命相對人遷出被害人住居所或遠離被害人之保
護令，不因被害人同意相對人不遷出或不遠離
而失其效力。

第十七條　　　保護令除第十五條第三項情形外，應於核發後
二十四小時內發送當事人、被害人、警察機關
及直轄市、縣（市）主管機關。

直轄市、縣（市）主管機關應登錄各法院所核
發之保護令，並隨時供法院、警察機關及其他
政府機關查閱。

第十八條　　　法院應提供被害人或證人安全出庭之環境與措
施。

第十九條　　　關於保護令之裁定，除有特別規定者外，得爲
抗告。

保護令之程序，除本章別有規定外，準用非訟
事件法有關規定。

非訟事件法未規定者，準用民事訴訟法有關規
定。

第二十條　　　保護令之執行，由警察機關爲之。但關於金錢
給付之保護令，得爲執行名義，向法院聲請強
制執行。

警察機關應依保護令，保護被害人至被害人或

相對人之住居所，確保其安全占有住居所、汽、機車或其他個人生活上、職業上或教育上必需品。

當事人或利害關係人對於警察機關執行保護令之內容有異議時，得於保護令失效前，向原核發保護令之法院聲明異議。

關於聲明異議之程序，準用強制執行法之規定。

第二十一條　外國法院關於家庭暴力之保護令，經聲請中華民國法院裁定承認後，得執行之。

當事人聲請法院承認之外國法院關於家庭暴力之保護令，有民事訴訟法第四百零二條第一款至第三款所列情形之一者，法院應駁回其聲請。

外國法院關於家庭暴力之保護令，其核發地國對於中華民國法院之保護令不予承認者，法院得駁回其聲請。

第三章　刑事程序

第二十二條　警察人員發現家庭暴力罪或違反保護令罪之現行犯時，應逕行逮捕之，並依刑事訴訟法第九十二條規定處理。

雖非現行犯，但警察人員認其犯家庭暴力罪嫌疑重大，且有繼續侵害家庭成員生命、身體或自由之危險，而符合刑事訴訟法所定之逕行拘提要件者，應逕行拘提之。並即報請檢察官簽

發拘票。如檢察官不簽發拘票時，應即將被拘提人釋放。

第二十三條　家庭暴力罪或違反保護令罪之被告經檢察官或法院訊問後，認無羈押之必要，而逕命具保、責付、限制住居或釋放者，得附下列一款或數款條件命被告遵守：

一、禁止實施家庭暴力行為。

二、命遷出被害人之住居所。

三、禁止對被害人為直接或間接之騷擾、接觸、通話或其他聯絡行為。

四、其他保護被害人安全之事項。

檢察官或法院得依當事人之聲請或依職權撤銷或變更依前項規定所附之條件。

第二十四條　被告違反檢察官或法院依前條第一項規定所附之條件者，檢察官或法院得命撤銷原處分，另為適當之處分；如有繳納保證金者，並得沒入其保證金。

前項情形，偵查中檢察官得聲請法院羈押之；審判中法院得命羈押之。

第二十五條　第二十三條、第二十四條第一項之規定，於羈押中之被告，經法院裁定停止羈押者，準用之。

停止羈押中之被告違反法院依前項規定所附之釋放條件者，法院於認有羈押必要時，得命再執行羈押。

第二十六條　檢察官或法院為第二十三條第一項及前條第一項之附條件處分或裁定時，應以書面為之，並

送達於被告及被害人。

第二十七條　警察人員發現被告違反檢察官或法院依第二十三條第一項、第二十五條第一項規定所附之條件者，應即報告檢察官或法院。第二十二條之規定於本條情形準用之。

第二十八條　家庭暴力罪及違反保護令罪之告訴人得委任代理人到場。但檢察官或法院認為必要時，得命本人到場。

對智障被害人或十六歲以下被害人之訊問或詰問，得依聲請或依職權在法庭外為之，或採取適當隔離措施。被害人於本項情形所為之陳述，得為證據。

第二十九條　對於家庭暴力罪或違反保護令罪案件所為之起訴書、不起訴處分書、裁定書或判決書，應送達於被害人。

第三十條　犯家庭暴力罪或違反保護令罪而受緩刑之宣告者，在緩刑期內應付保護管束。

法院為前項緩刑宣告時，得命被告於緩刑付保護管束期間內，遵守下列一款或數款事項：

一、禁止實施家庭暴力行為。

二、命遷出被害人之住居所。

三、禁止對被害人為直接或間接之騷擾、接觸、通話或其他聯絡行為。

四、命接受加害人處遇計畫：戒癮治療、精神治療、心理輔導或其他治療、輔導。

五、其他保護被害人或其特定家庭成員安全或更生保護之事項。

法院爲第一項之緩刑宣告時，應即通知被害人及其住居所所在地之警察機關。

受保護管束人違反第二項保護管束事項情節重大者，撤銷其緩刑之宣告。

第三十一條　前條之規定，於受刑人經假釋出獄付保護管束者，準用之。

第三十二條　檢察官或法院依第二十三條第一項、第二十五條第一項、第三十條第二項或前條規定所附之條件，得指揮司法警察執行之。

第三十三條　有關政府機關應訂定並執行家庭暴力罪或違反保護令罪受刑人之處遇計畫。

前項計畫之訂定及執行之相關人員應接受家庭暴力防治教育及訓練。

第三十四條　監獄長官應將家庭暴力罪或違反保護令罪受刑人預定出獄之日期或脫逃之事實通知被害人。但被害人之所在不明者，不在此限。

第四章　父母子女與和解調解程序

第三十五條　法院依法爲未成年子女酌定或改定權利義務之行使或負擔之人時，對已發生家庭暴力者，推定由加害人行使或負擔權利義務不利於該子女。

第三十六條　法院依法爲未成年子女酌定或改定權利義務之行使或負擔之人或會面交往之裁判後，發生家庭暴力者，法院得依被害人、未成年子女、主管機關、社會福利機構或其他利害關係人之請求爲子女之最佳利益改定之。

第三十七條　法院依法准許家庭暴力加害人會面交往其未成年子女時，應審酌子女及被害人之安全，並得為下列一款或數款命令：

一、命於特定安全場所交付子女。

二、命由第三人或機關團體監督會面交往，並得定會面交往時應遵守之事項。

三、以加害人完成加害人處遇計畫或其他特定輔導為會面交往條件。

四、命加害人負擔監督會面交往費用。

五、禁止過夜會面交往。

六、命加害人出具準時、安全交還子女之保證金。

七、其他保護子女、被害人或其他家庭成員安全之條件。

法院如認有違背前項命令之情形，或准許會面交往無法確保被害人或其子女之安全者，得依聲請或依職權禁止之。如違背前項第六款命令，並得沒入保證金。

法院於必要時，得命有關機關或有關人員保密被害人或子女住居所。

第三十八條　各直轄市及縣（市）政府應設未成年子女會面交往處所或委託辦理。

前項會面交往處所應有受過家庭暴力安全及防制訓練之人員，其設置辦法及監督會面交往與交付子女之程序由各直轄市及縣（市）主管機關另訂之。

第三十九條　法院於訴訟或調解程序中如認為有家庭暴力之

情事時，不得進行和解或調解，但有下列情形之一者，不在此限：

一、行和解或調解之人曾受家庭暴力防治之訓練並以確保被害人安全之方式進行和解或調解。

二、准許被害人選定輔助人參與和解或調解。

三、其他行和解或調解之人認為能使被害人免受加害人脅迫之程序。

第五章 預防與治療

第四十條　　警察人員處理家庭暴力案件，必要時應採取下列方法保護被害人及防止家庭暴力之發生：

一、於法院核發第十五條第三項之暫時保護令前，在被害人住居所守護或採取其他保護被害人及其家庭成員之必要安全措施。

二、保護被害人及其子女至庇護所或醫療處所。

三、保護被害人至被害人或相對人之住居所，確保其安全占有保護令所定個人生活上、職業上或教育上之必需品。

四、告知被害人其得行使之權利、救濟途徑及服務措施。

警察人員處理家庭暴力案件，應製作書面紀錄，其格式由中央警政主管機關訂之。

第四十一條　醫事人員、社工人員、臨床心理人員、教育人員、保育人員、警察人員及其他執行家庭暴力防治人員，在執行職務時知有家庭暴力之犯罪

嫌疑者，應通報當地主管機關。

前項通報人之身分資料應予保密。

主管機關接獲通報後，必要時得自行或委託其他機關或防治家庭暴力有關機構、團體進行訪視、調查。

主管機關或受其委託之機關、機構或團體進行訪視、調查時，得請求警察、醫療、學校或其他相關機關或機構協助，被請求之機關或機構應予配合。

第四十二條　醫院、診所對於家庭暴力之被害人，不得無故拒絕診療及開立驗傷診斷書。

第四十三條　衛生主管機關應擬訂及推廣有關家庭暴力防治之衛生教育宣導計畫。

第四十四條　直轄市及縣（市）政府應製作家庭暴力被害人權益、救濟及服務之書面資料，以供被害人取閱，並提供執業醫師、醫療機構及警察機關使用。

醫師在執行業務時，知悉其病人為家庭暴力被害人時，應將前項資料交付病人。

第一項資料不得記明庇護所之住址。

第四十五條　中央衛生主管機關應訂定家庭暴力加害人處遇計畫規範，其內容包括下列各款：

一、處遇計畫之評估標準。

二、司法機關、家庭暴力被害人保護計畫之執行機關（構）、加害人處遇計畫之執行機關（構）間之連繫及評估制度。

三、執行機關（構）之資格。

第四十六條　　　加害人處遇計畫之執行機關（構）得爲下列事
項：
一、將加害人接受處遇情事告知被害人及其辯
護人。
二、調查加害人在其他機構之處遇資料。
三、將加害人之資料告知司法機關、監獄監務
委員會、家庭暴力防治中心及其他有關機
構。
加害人處遇計畫之執行機關（構）應將加害人
之恐嚇、施暴、不遵守計畫等行爲告知相關機
關。

第四十七條　　　直轄市、縣（市）政府應提供醫療機構及戶政
機關家庭暴力防治之相關資料，俾醫療機構及
戶政機關將該相關資料提供新生兒之父母、住
院未成年人之父母、辦理結婚登記之新婚夫妻
及辦理出生登記之人。
前項資料內容應包括家庭暴力對於子女及家庭
之影響及家庭暴力之防治服務。

第四十八條　　　社會行政主管機關應辦理社工人員及保育人員
防治家庭暴力之在職教育。
警政主管機關應辦理警察人員防治家庭暴力之
在職教育。
司法院及法務部應辦理相關司法人員防治家庭
暴力之在職教育。
衛生主管機關應辦理或督促相關醫療團體辦理
醫護人員防治家庭暴力之在職教育。
教育主管機關應辦理學校之輔導人員、行政

人、教師及學生防治家庭暴力之在職教育及學校教育。

第四十九條　各級中小學每學年應有家庭暴力防治課程。

第六章　罰則

第五十條　違反法院依第十三條、第十五條所為之下列裁定者，為本法所稱之違反保護令罪，處三年以下有期徒刑、拘役或科或併科新臺幣十萬元以下罰金：

一、禁止實施家庭暴力行為。

二、禁止直接或間接騷擾、接觸、通話或其他連絡行為。

三、命遷出住居所。

四、遠離住居所、工作場所、學校或其他特定場所。

五、命完成加害人處遇計畫：戒癮治療、精神治療、心理輔導或其他治療、輔導。

第五十一條　違反第四十一條第一項規定者，處新台幣六千元以上三萬元以下罰鍰。但醫事人員為避免被害人身體緊急危難而違反者，不罰。

違反第四十二條規定者，處新臺幣六千元以上三萬元以下之罰鍰。

第七章　附則

第五十二條　警察機關執行保護令及處理家庭暴力案件辦法，由中央主管機關定之。

第五十三條　　　本法施行細則，由中央主管機關定之。

第五十四條　　　本法自公布日施行。

第二章至第四章、第五章第四十條、第四十一

條、第六章自公布後一年施行。

家庭暴力防治法施行細則

中華民國八十八年六月二十二日內政部臺（八八）內家字第八八八一○二四號令訂定全文十九條

第一條　　　　本細則依家庭暴力防治法（以下簡稱本法）第
　　　　　　　五十三條規定訂定之。

第二條　　　　本法所稱各級地方政府，指直轄市政府及縣
　　　　　　　（市）政府。

第三條　　　　各級地方政府依本法處理被害人保護相關事
　　　　　　　務，應以被害人之最佳利益為優先考量。

第四條　　　　各級地方政府家庭暴力防治中心對於需要職業
　　　　　　　輔導之被害人，得將其轉介至當地公立職業訓
　　　　　　　練或就業服務機構，參加職業訓練或輔導就
　　　　　　　業。

第五條　　　　各級地方政府家庭暴力防治中心每半年應邀集
　　　　　　　當地警政、教育、衛生、社政、戶政、司法、
　　　　　　　勞政等相關單位舉行業務協調會報，研議辦理
　　　　　　　本法第八條第一項各款措施相關事宜，必要時
　　　　　　　得召開臨時會議。

第六條　　　　檢察官、警察機關或直轄市、縣（市）主管機
　　　　　　　關依本法第十一條第一項但書規定聲請暫時保
　　　　　　　護令時，應考量被害人有無遭受相對人虐待、
　　　　　　　威嚇、傷害或其他身體上、精神上不現時危
　　　　　　　險，或如不核發暫時保護令，將導致無
　　　　　　　法回復之損害等情形。

第七條　　　　本法第九條第一項所稱通常保護令，指由法院
　　　　　　　以終局裁定所核發之保護令；所稱暫時保護
　　　　　　　令，指於通常保護令聲請前或法院審理終結
　　　　　　　前，法院依本法第十一條第一項但書或第十五

條第一項之聲請而核發之保護令。

第八條　　　依本法第十一條第一項前段規定以書面聲請保護令者，應記載下列事項：

一、聲請人非被害人者，其姓名、住居所、送達處所、公務所或事務所及與被害人之關係。

二、被害人之姓名、性別、出生年月日、住居所或送達處所。

三、相對人之姓名、性別、出生年月日、住居所或送達處所及與被害人之關係。

四、有代理人者，其姓名、性別、職業、住居所或事務所、營業所。

五、聲請之意旨及其原因、事實。

六、供證明之或釋明之證據。

七、附件及其件數。

八、法院。

九、年、月、日。

第九條　　　檢察官、警察機關或直轄市、縣（市）主管機關依本法第十一條第一項但書規定以言詞、電信傳眞或其他科技設備傳送之方式聲請暫時保護令時，應表明前條各款事項，除有特殊情形外，並應以法院之專線為之。

第十條　　　本法第十一條第一項但書規定所稱夜間，為日出前，日沒後；所稱休息日，為星期例假日、應放假之紀念日及其他由中央人事主管機關規定應放假之日。

第十一條　　法院受理本法第十一條第一項但書規定暫時保

護令聲請之事件，如認現有資料無法審認被害人有受家庭暴力之急迫危險者，得請警察人員協助調查。

第十二條　　　　法院受理本法第十一條第一項但書規定暫時保護令聲請之事件，得請警察人員電話或到庭陳述家庭暴力之事實，警察人員不得拒絕。

第十三條　　　　警察人員依本法第二十七條規定報告檢察官及法院時，應以書面爲之，並檢具事證及其他相關資料。但情況急迫者，得以言詞、電信傳眞或其他科技設備傳送之方式報告。

第十四條　　　　家庭暴力罪及違反保護令罪之告訴人依本法第二十八條第一項規定委任代理人到場者，應提出委任書狀。

第十五條　　　　警察人員發現受保護管束人違反本法第三十條第二項於保護管束期間應遵守之事項時，應檢具事證，報告受保護管束人所在地或其最後住所地之地方法院檢察署檢察官。

第十六條　　　　本法第三十三條第一項家庭暴力罪或違反保護令罪受刑人之處遇計畫，由法務部會商行政院衛生署定之。

第十七條　　　　本法第四十一條第一項規定之通報，其方式及內容，由中央主管機關定之。

第十八條　　　　本法所定之罰鍰，由直轄市、縣（市）主管機關處罰之。

第十九條　　　　本細則自發布日施行。

警察機關執行保護令及處理家庭暴力案件辦法

內政部中華民國八十八年六月二十二日台（八八）內家字第八八八九七三七號令公布

第一條　　　　本辦法依家庭暴力防治法（以下簡稱本法）第
　　　　　　　五十二條規定訂定之。

第二條　　　　各直轄市、縣（市）警察局、警察分局應指定
　　　　　　　專責人員承辦家庭暴力防治業務。

第三條　　　　警察機關處理家庭暴力案件之管轄，以發生地
　　　　　　　警察機關為主，被害人住、居所地或相對人
　　　　　　　住、居所地之警察機關協助處理。

第四條　　　　警察機關受理家庭暴力案件，應即派員處理。
　　　　　　　非管轄案件，受理後應即通報管轄警察機關處
　　　　　　　理。

第五條　　　　警察人員處理家庭暴力案件，應以適當方法優
　　　　　　　先保護被害人及其家庭成員之安全；發現傷患
　　　　　　　應即協助急救處理。

第六條　　　　警察人員處理家庭暴力案件，應縝密蒐證，製
　　　　　　　作處理家庭暴力案件調查紀錄表，凡至暴力發
　　　　　　　生現場處理者，並應製作處理家庭暴力案件現
　　　　　　　場報告表。發現有家庭暴力之犯罪嫌疑者，應
　　　　　　　即進行調查，並通報當地主管機關。

第七條　　　　警察人員發現家庭暴力罪或違反保護令罪之現
　　　　　　　行犯時，應逕行逮捕之，並即解送檢察官。但
　　　　　　　所犯最重本刑為一年以下有期徒刑、拘役或專
　　　　　　　科罰金之罪、告訴或請求乃論之罪，其告訴或
　　　　　　　請求已經撤回或已逾告訴期間者，得經檢察官
　　　　　　　之許可，不予解送。

雖非現行犯，但認其犯家庭暴力罪嫌疑重大，且有繼續侵害家庭成員生命、身體或自由之危險，而符合逕行拘提要件者，應依刑事訴訟法第八十八條之一規定處理。

第八條　　　　警察人員處理家庭暴力案件，應告知被害人其得行使之權利、救濟途徑及服務措施。

第九條　　　　警察機關得為被害人聲請保護令，並應以書面為之。聲請時得檢具處理家庭暴力案件調查紀錄表或處理家庭暴力案件現場報告表等資料佐證。如被害人要求保密住、居所，應予保密，並於聲請保護令之書面敘明。

第十條　　　　警察人員發現被害人有遭受家庭暴力之急迫危險者，應即報請警察分局向法院聲請暫時保護令。

前項聲請得以言詞、電信傳真或其他科技設備傳送之方式為之，並得於夜間或休息日為之。

第十一條　　　警察機關於法院核發本法第十五條第三項之暫時保護令前，為保護被害人及防止家庭暴力之發生，必要時應派員於被害人住、居所守護或採取下列方法保護被害人及其家庭成員之安全：

一、協助轉介緊急安置。

二、緊急救助。

三、安全護送。

四、其他必要且妥適之安全措施。

第十二條　　　警察機關執行保護令，由接獲保護令之警察分局主辦；跨越不同轄區時，並應協調、通報相

關警察分局配合執行。

第十三條　　　　警察機關接獲法院核發之保護令，除本法第二
　　　　　　　　十條第一項但書外，應派員執行；必要時得通
　　　　　　　　知被害人協助。

第十四條　　　　警察機關執行保護令，應即查閱保護令及通報
　　　　　　　　主辦警察分局，並應依主辦警察分局之協調，
　　　　　　　　配合執行之。但被害人有生命、身體或自由遭
　　　　　　　　受急迫危險之虞者，應即救助、處理。

第十五條　　　　警察機關接獲被害人申請執行法院依本法第十
　　　　　　　　三條第二項第八款、第九款、第十一款規定核
　　　　　　　　發之保護令時，應告知申請人關於金錢給付之
　　　　　　　　保護令，得為執行名義，向法院聲請強制執
　　　　　　　　行。

第十六條　　　　警察機關執行保護令，對保護令所列禁止行為
　　　　　　　　及遵守事項，應命相對人確實遵行。

第十七條　　　　警察機關依保護令命相對人遷出被害人之住、
　　　　　　　　居所時，應確認相對人完成遷出之行為，確保
　　　　　　　　被害人安全占有住、居所。

第十八條　　　　警察機關依保護令執行命相對人交付汽、機車
　　　　　　　　或其他個人生活上、職業上或教育上之必需品
　　　　　　　　時，應由被害人指明標的物所在地，命相對人
　　　　　　　　交付之。相對人拒不交付者，得強制取交被害
　　　　　　　　人。但不得逾越必要之程度。
　　　　　　　　交付物品應製作清單並記錄執行過程。

第十九條　　　　警察機關依保護令執行交付未成年子女時，得
　　　　　　　　審酌被害人與相對人之意見，決定交付之時
　　　　　　　　間、地點及方式。

前項執行遇有困難無法完成交付者，應記錄執
行情形，並報告保護令原核發法院。

第二十條　　　　警察機關遇當事人或利害關係人對執行保護令
之內容有異議時，應告知其得向原核發保護令
之法院聲明異議；未經原核發法院撤銷、變更
或停止執行之裁定前，仍應繼續執行。

第二十一條　　　警察機關執行保護令，對於被害人或子女住、
居所，應依法院之命令、被害人或申請人之要
求，於相關文書及執行過程予以保密。

第二十二條　　　警察機關發現或經舉報有違反保護令罪之嫌疑
者，應即進行調查，並依調查結果檢具事證移
送管轄之地方法院檢察署偵辦。

第二十三條　　　警察機關執行保護令，應製作保護令執行紀錄
表，並依個案專卷保存。
配合執行保護令之警察機關，應將前項紀錄表
副送執行該保護令之主辦警察機關保存。
警察機關應將保護令執行情形通報當地家庭暴
力防治中心。

第二十四條　　　警察機關處理家庭暴力案件，發現被害人有接
受心理治療、輔導、安置、法律扶助及緊急診
療之需要時，應即通知當地家庭暴力防治中心
處理。
警察機關接獲家庭暴力防治中心、醫療院所或
相關單位通報請求協助處理家庭暴力案件時，
應即派員協助處理。

第二十五條　　　本辦法有關執行保護令之規定，於警察人員受
檢察官或法院依本法第三十二條規定指揮執行

第二十三條第一項、第二十五條第一項、第三
十條第二項或第三十一條所附之條件時，準用
之。

第二十六條　　警察機關於被害人或利害關係人，因被告或受
保護管束人違反本法第二十三條第一項、第二
十五條第一項、第三十條第二項或第三十一條
規定所附之條件向警察機關舉報時，應詳細詢
明違反情節，並請其提供相關事證資料。

第二十七條　　本辦法自發布日施行。

兒童福利__ 兒童照顧方案規劃

著　　　者／王順民 郭靜晃 黃志成 張瓊云 曾華源 蔡宏昭 劉邦富
出 版 者／揚智文化事業股份有限公司
發 行 人／葉忠賢
責任編輯／賴筱彌
登 記 證／局版北市業字第 1117 號
地　　　址／台北市新生南路三段 88 號 5 樓之 6
電　　　話／（02）23660309　（02）23660313
傳　　　真／（02）23660310
印　　　刷／鼎易印刷事業股份有限公司
法律顧問／北辰著作權事務所　蕭雄淋律師
初版二刷／2001 年 10 月
 I S B N ／957-818-188-4
定　　　價／新台幣 550 元

郵政劃撥／14534976
帳　　　戶／揚智文化事業股份有限公司
 E－mail ／tn605541@ms6.tisnet.net.tw
網　　　址／http://www.ycrc.com.tw

國家圖書館出版品預行編目資料

兒童福利：兒童照顧方案規劃 / 王順民等著.
--初版.--臺北市：揚智文化, 2000[民 89]
面； 公分.
參考書目：面
ISBN：957-818-188-4(平裝)

1.兒童福利

548.13   89012378